INTERVENÇÃO ESCOLAR CENTRADA EM SOLUÇÕES

Dados Internacionais de Catalogação na Publicação (CIP)
(Câmara Brasileira do Livro, SP, Brasil)

Vega, Marga Herrero de
  Intervenção escolar centrada em soluções : um manual prático para profissionais da educação / Marga Herrero de Vega, Mark Beyebach ; tradução Ricardo A. Rosenbuch. – 1. ed. – Petrópolis, RJ : Vozes, 2023.
  Título original: Intervención escolar centrada en soluciones.
  Bibliografia.
  ISBN 978-65-5713-625-6
  1. Adolescentes – Educação 2. Família e educação 3. Psicologia da educação 4. Relações professor – Alunos I. Beyebach, Mark. II. Título.

22-120692 CDD-370.733

Índices para catálogo sistemático:
1. Professores : Práticas docentes : Educação
370.733
Aline Graziele Benitez – Bibliotecária – CRB-1/3129

MARGA HERRERO DE VEGA
MARK BEYEBACH

INTERVENÇÃO ESCOLAR CENTRADA EM SOLUÇÕES

Um manual prático para profissionais da educação

Tradução de Ricardo A. Rosenbusch

EDITORA VOZES

Petrópolis

© 2018 Marga Herrero de Vega e Mark Beyebach
© 2018 Herder Editorial, S.L., Barcelona
Edição brasileira publicada por intermédio da Agência Literária Eulama.

Tradução realizada a partir do original em espanhol intitulado *Intervención escolar centrada en soluciones. Conversaciones para el cambio en la escuela. Um manual práctico para profesionales de la educación*

Direitos de publicação em língua portuguesa – Brasil:
2023, Editora Vozes Ltda.
Rua Frei Luís, 100
25689-900 Petrópolis, RJ
www.vozes.com.br
Brasil

Todos os direitos reservados. Nenhuma parte desta obra poderá ser reproduzida ou transmitida por qualquer forma e/ou quaisquer meios (eletrônico ou mecânico, incluindo fotocópia e gravação) ou arquivada em qualquer sistema ou banco de dados sem permissão escrita da editora.

CONSELHO EDITORIAL

Diretor
Gilberto Gonçalves Garcia

Editores
Aline dos Santos Carneiro
Edrian Josué Pasini
Marilac Loraine Oleniki
Welder Lancieri Marchini

Conselheiros
Elói Dionísio Piva
Francisco Morás
Ludovico Garmus
Teobaldo Heidemann
Volney J. Berkenbrock

Secretário executivo
Leonardo A.R.T. dos Santos

Editoração: Débora Spanamberg Wink
Diagramação: Sheilandre Desenv. Gráfico
Revisão gráfica: Alessandra Karl
Capa: WM design

ISBN 978-65-5713-625-6 (Brasil)
ISBN 978-84-254-4034-2 (Espanha)

Este livro foi composto e impresso pela Editora Vozes Ltda.

Para meus pais, Sibylle e Rolf.
E para Nahia, a mais miúda da família.

Para Noelia, o mais sabido de meus ratinhos corados.

Sumário

Introdução, 13
Parte I – Conceitos, 25
1 Rumo a uma (nova?) visão dos problemas escolares e sua resolução, 27
  1.1 Questionamento do conceito de transtorno mental, 31
  1.2 Uma visão não patológica dos problemas escolares, 36
  1.3 A terapia breve centrada em soluções e sua aplicação na escola: intervenção escolar centrada em soluções, 40
  1.4 A intervenção centrada em soluções na escola como uma prática baseada na evidência, 46
2 A postura centrada em soluções do profissional na escola, 53
  2.1 Uma postura construtivista e construcionista, 54
  2.2 Uma atitude de colaboração ativa com nossos interlocutores, 60
  2.3 Uma aposta na mudança, 63
  2.4 Um olhar contextual, 67
  2.5 Simplicidade, 69
  2.6 Algumas crenças úteis para uma intervenção centrada em soluções, 70

Parte II – Técnicas, 73
3 Como conversar – Ferramentas e condições para uma conversa centrada em soluções, 75
  3.1 Perguntas, 76

3.2 Paráfrases, 78

3.3 Elogios, 81

3.4 A criação de marcas de contexto, 83

4 Delimitando a nossa ajuda – A construção de um projeto de trabalho, 90

    4.1 Quando o ponto de entrada é um pedido explícito de ajuda para resolver um problema, 92

    4.2 Quando o ponto de entrada é uma reclamação, 94

    4.3 Quando o ponto de entrada é a demanda para que nos encarreguemos do problema, 96

    4.4 Quando o ponto de partida é um projeto, 98

    4.5 Quando a iniciativa da intervenção é nossa, 100

    4.6 Quando nosso interlocutor comparece obrigado por um terceiro, 101

5 Sobre o que conversar – Projeção para o futuro e trabalho com exceções, 106

    5.1 Três estratégias comunicacionais transversais: elicitar, ampliar, ancorar, 106

    5.2 Projeção de futuro, 111

    5.3 Exceções e mudanças pré-tratamento, 117

6 Sobre o que conversar – Escalas, perguntas de enfrentamento e externalização, 125

    6.1 Perguntas de escala, 125

    6.2 Perguntas de enfrentamento, 135

    6.3 A externalização do problema, 138

7 Se não der certo, faça algo diferente, 144

    7.1 Quando a solução é o problema: a virada de 180 graus, 145

    7.2 Intervenções para interromper a sequência-problema: as viradas de 30 graus, 151

    7.3 Como lidar com o bloqueio na intervenção, 157

Parte III – Aplicações, 161
8 Conversações centradas em soluções com alunos, 163
 8.1 Passos em uma conversa individual centrada em soluções com um aluno, 164
 8.2 O encerramento da conversa, 177
 8.3 As conversas seguintes: trabalhando as melhorias, 183
 8.4 Aspectos diferenciais e dificuldades específicas que podem se apresentar, 189
9 Intervenção centrada em soluções na sala de aula, 196
 9.1 Prevenção de problemas de conduta em sala de aula: criação de uma convivência positiva mediante a IECS, 199
 9.2 O manejo centrado em soluções dos problemas de conduta em sala de aula, 215
 9.3 Aspectos diferenciais e possíveis dificuldades no trabalho com um grupo-turma, 228
10 Conversações com os pais centradas em soluções, 232
 10.1 Passos em uma entrevista centrada em soluções com os pais, 234
 10.2 Aspectos diferenciais e dificuldades na intervenção com pais e famílias, 244
 10.3 Outras práticas escolares centradas em soluções destinadas aos pais, 248
11 Conversações com docentes centradas em soluções, 251
 11.1 Passos em uma entrevista com docentes centrada em soluções, 252
 11.2 Aspectos diferenciais na intervenção com professores, 263
12 A escola centrada em soluções, 268
 12.1 Outras práticas centradas em soluções na escola, 268
 12.2 A IECS como arcabouço integrador: psicoeducação centrada em soluções, 286

12.3 Centros educacionais centrados em soluções como meta, 287

12.4 O que é um centro educativo centrado em soluções?, 291

Parte IV – Experiências, 295

EDUCAÇÃO INFANTIL

13 Uma escola de pais centrada em soluções, 297

13.1 Onde começamos, 297

13.2 Projeto de estimulação da linguagem oral na etapa de educação infantil, 298

13.3 Oficina Como estimulo a linguagem do meu filho?: características gerais, 300

13.4 Oficina Como estimulo a linguagem do meu filho? Descrição das atividades realizadas, 301

13.5 Avaliação da experiência, 304

13.6 Conclusões, 305

ENSINO FUNDAMENTAL

14 Intervenção grupal centrada em soluções para reduzir a segregação por gênero em uma sala de aula, 306

14.1 Segregação por gênero na escola, 306

14.2 Descrição da intervenção, 307

14.3 Resultados, 326

15 Como ajudar os alunos a resolverem problemas mediante o enfoque *Kids' Skills* – Um estudo de caso, 328

16 Um caso de problema de comportamento – Do porquê ao como, 335

16.1 Como trabalhar?, 336

16.2 Descrição do problema, 337

16.3 O que fizemos até agora para resolver o problema e não deu certo?, 338

16.4 Estratégias para resolver o problema, 339

16.5 Mudanças obtidas na segunda sessão, 340

16.6 Intervenção no contexto escolar, 342

16.7 Consolidação das mudanças, 345

17 O programa EmPeCemos – Uma experiência de intervenção sobre os problemas de conduta a partir da escola, 347

17.1 O programa EmPeCemos: uma intervenção multicomponente para a prevenção indicada dos problemas de conduta, 349

17.2 Componentes do programa EmPeCemos, 350

17.3 Procedimento de aplicação do programa: elementos sistêmicos e centrados em soluções, 353

17.4 Resultados do programa EmPeCemos: avaliação e acompanhamento após sete anos, 359

ENSINO MÉDIO

18 *The Good Boys* – Salvos da expulsão, 362

18.1 De hoje em diante todos contaremos piadas... e falaremos de exceções, 365

18.2 Milagres acontecem?, 368

18.3 Um nome para o grupo, 372

18.4 *The Good Boys*, 373

18.5 Do milagre à surpresa, 376

18.6 Reflexões, 377

19 Uma tutoria epistolar centrada em soluções, 380

19.1 O ponto de partida, 380

19.2 A primeira carta, 381

19.3 Primeira avaliação, 384

19.4 Exemplos de "conversações por carta", 386

19.5 Segunda avaliação, 392

20 Intervenção centrada em soluções em um caso de assédio na escola – *Anti-bullying* em ação, 397

20.1 História prévia e contexto da intervenção, 397

20.2 Fazendo algo diferente: o caso de Luís, 400

20.3 Análise da experiência, 407

20.4 Conclusões, 410

EDUCAÇÃO UNIVERSITÁRIA

21 Como criar uma turma universitária centrada em soluções, 414
  21.1 A primeira sessão com o grupo, 415
  21.2 Como acompanhamos esse processo e como o avaliamos nas aulas seguintes?, 418
  21.3 Terceira e última sessão com o grupo, 420

Epílogo – Como começar, 423

Referências, 427

Introdução

Galileo, Mois, Quique, Alejandro, Javier, Kintas, Jony e Juanito são os alunos de 2ª do programa de formação profissional básica de Fabricação e Montagem do Centro Menesiano Zamora Jovem. Esse centro é uma alternativa educacional para jovens em situação de risco ou exclusão social, oferecendo diversos recursos e programas educacionais de inclusão que visam facilitar a integração social e no mercado de trabalho de alunos sem título de ESO*. É tutor desse grupo o educador David Gago Ruiz.

Durante uma formação ministrada por Marga aos educadores do centro, David comenta com ela que enfrenta sérios problemas com seus alunos. Preocupa-se com o elevado absenteísmo, as constantes discussões entre os alunos e, sobretudo, o consumo de maconha, que resulta em brigas entre eles e afeta seu rendimento acadêmico. São também constantes as condutas disruptivas em sala de aula. David pergunta a Marga se ela poderia comparecer a uma de suas tutorias e ajudá-lo com o grupo.

Na primeira tutoria, em novembro de 2016, Marga verifica que se trata mesmo de um grupo difícil: os meninos não param de falar, lançam farpas e provocações, não prestam atenção ao professor, criticam tudo o que é proposto... Marga resolve não abordar diretamente nenhuma dessas atitudes negativas e, em lugar disso, fazer uma *scaling party* (HJERTH, 2008) com os alunos para tentar estabelecer alguns objetivos em que David possa trabalhar.

---

* A Educação Secundária Obrigatória (ESO) é o sistema educacional espanhol de ensino secundário, vigente desde o ano letivo de 1996-1997 [N.T.].

A *scaling party* consiste em simular em sala de aula uma escala, em que os meninos podem movimentar-se entre as mesas, nas quais foi disposto algo para beber e petiscar (refrigerantes, batatas fritas etc.). Quando tudo está pronto, Marga pede aos meninos que fiquem num lado da sala de aula e, assim que eles o fazem, propõe-lhes o seguinte:

MARGA: Imaginem que esta sala é uma escala. Aqui, onde agora estamos, é o número 1 e ali, no outro lado, é o 10. 1 significa o pior momento que vocês passaram no Centro, desmotivados, nada lhes interessava... o pior; e 10 significa o contrário, vocês estão no Centro como realmente gostariam de estar.

Marga pede que os participantes se posicionem no número da escala em que cada um entende se encontrar naquele momento e, depois de escolhido o número, propõe que eles olhem para o 1 e pensem nas mudanças acontecidas entre essa pontuação e aquela que escolheram. Em seguida, convida-os a se deslocarem para o 10 e, uma vez posicionados, diz-lhes:

MARGA: Bem-vindos ao 10! Vocês conseguiram tudo aquilo a que se propuseram, estão no centro como desejavam, pensem: o que é diferente agora, no 10? Como estão as coisas para vocês? O que está sendo diferente? O que vocês estão fazendo de outro jeito?

Depois de dar um tempo para os alunos refletirem sobre essas questões, Marga convida-os a voltarem para seus respectivos pontos de partida e insta-os a pensar em qual poderia ser um pequeno passo que os ajudaria a avançar em direção ao 10. Após eles pensarem em silêncio, ela pede que se desloquem pela sala de aula como se estivessem num coquetel e conversem, de dois em dois, para cada um contar aos colegas o que vai fazer para dar esse pequeno passo e ascender na escala. O aluno escuta, dá seus parabéns e um abraço ao colega e vai contar o que ouviu a outro estudante. Essa atividade desenvolve-se enquanto os alunos comem e bebem o que foi distribuído nas mesas.

Os objetivos mencionados pelos alunos ao final dessa dinâmica são: praticarem o respeito mútuo, serem mais ouvidos e frequentarem as aulas com regularidade. Para surpresa de todos, um deles até se propõe a parar de consumir maconha. Marga e David acham esses objetivos mais do que suficientes para começar e apreciam, em especial, que tenham sido propostos pelos próprios estudantes. Agora, David percebe com clareza o que precisa trabalhar com os alunos nas tutorias.

Encerrada a tutoria, acontece uma reviravolta inesperada: os alunos perguntam se Marga pode voltar outro dia para falar com eles. Isso não estava previsto, mas parece claro que se os meninos o solicitam é porque houve boa sintonia com ela. Marga aproveita o pedido dos meninos para perguntar-lhes o que gostariam de abordar se ela voltasse. Os alunos respondem que, com ajuda de Marga, gostariam de:

- Vir mais contentes para o centro.
- Sentir-se mais motivados.
- Ser mais produtivos nas aulas e passar no curso.
- Estar mais animados.
- Estar mais descontraídos.
- Poder desabafar.
- Vir menos "fumados" (intoxicados por maconha).
- Ser atenciosos com os colegas.
- Relacionar-se mais com todos.
- Consolidar a relação e tornar duradouro o companheirismo.
- Estar entrosados.

Quando perguntados sobre por que querem mudar, a maioria deles dá a mesma resposta: querem demonstrar que são capazes para seus familiares, os quais os criticam e questionam. Visto o interesse dos meninos, David e Marga combinam que ela irá uma vez por mês trabalhar voluntariamente com os alunos, na hora da tutoria, com a condição de eles se comprometerem a começar a trabalhar nos seus objetivos. Marga acrescenta que, caso perceba que eles não aproveitam suas visitas, talvez opte por não retornar ao centro.

15

Marga regressa um mês depois para uma segunda tutoria. Antes de começar, ela tem uma breve conversa com David na qual ele a informa sobre como transcorreu o mês. Explica que houve problemas de convivência e que alguns dos meninos chegaram às vias de fato. Ao entrarem na sala de aula, Marga e David percebem o ambiente muito tenso, pois todos os participantes da briga estão presentes. Dedicam um momento para falar sobre o acontecido, e cada um apresenta a sua versão. Marga orienta o diálogo para que seja produtivo e não fique apenas em censuras e desqualificações. Quando a situação se acalma um pouco, Marga resolve mudar de tema e avançar numa trilha mais centrada em soluções. Pergunta aos alunos sobre seus interesses e as coisas em que eles têm sucesso. Os meninos começam a falar, e seus rostos vão mudando, começam a empolgar-se ao relatarem aquilo de que realmente gostam. Eis alguns exemplos:

• Os animais, cuidar deles, ajudá-los...

• Mediar quando há problemas entre as pessoas, sou muito conciliador.

• Os esportes, o futebol. Sou bom treinador de crianças.

• Apreciar a arte e desenhar.

Diante das respostas, Marga e David propõem aos alunos a criação de comissões voltadas para essas atividades; assim, seus interesses poderão ter uma repercussão positiva no centro e beneficiar alunos de outras turmas. Os meninos ficam surpresos, mas acham a ideia genial, sendo encorajados por Marga e David a darem nome a cada comissão que quiserem criar. Inicialmente, são criadas a Comissão de Ajuda aos Animais, a Comissão de Arte e Cultura, a Comissão de Resolução de Conflitos e a Comissão de Esportes. Depois, essas comissões seriam reorganizadas em três: a de Solidariedade e Direitos Humanos, a de Convivência e a de Lazer, Cultura e Viagens. Ao concluir a tutoria, Marga sugere aos alunos que, no mês seguinte, analisem como vão desenvolver as comissões e, se possível, comecem a implementá-las.

Na terceira tutoria, em fevereiro de 2017, os alunos explicam, orgulhosos, que têm trabalhado intensamente com David na questão das comissões e, de fato, conseguiram concretizar muitas iniciativas interessantes, como organizar uma palestra sobre direitos humanos com um representante da Anistia Internacional ou uma oficina sobre voluntariado com a Cruz Vermelha (Comissão de Solidariedade e Direitos Humanos), até diversas excursões de tipo cultural e recreativo a Zamora, Salamanca e Portugal (Comissão de Lazer, Cultura e Viagens). Em todas essas atividades houve altíssima participação e excelente convivência entre os alunos.

Marga pesquisa para saber se houve outras melhorias desde a sessão anterior, dedicando muito tempo a obter detalhes e analisar como os alunos conseguiram-nas. Eles descrevem muitas mudanças:

- Frequentam mais as aulas.
- Vão às aulas mais motivados.
- Concentram-se mais na aula.
- Nas aulas, respeitam sua vez de intervir.
- O tom de voz está melhor.
- Há mais amizade e companheirismo.
- São mais claros e transparentes.
- Zangam-se menos.
- Já não há rixas constantes entre eles.
- Lidam melhor com as zangas: em vez de "irem embora amuados", agora ficam e refletem.

No plano acadêmico, essas mudanças todas trouxeram uma melhoria nas notas e também nas anotações nas fichas de acompanhamento dos alunos. Por sua vez, David também se surpreende com as mudanças que tem constatado. Comenta ter havido uma evolução positiva da turma ao longo do curso, desde os momentos realmente difíceis do início até o clima positivo e de trabalho constante que hoje existe, com poucas situações de tensão entre os alunos e mais companheirismo.

Marga aproveita para perguntar aos alunos quais mudanças eles notaram em seu tutor. Os meninos comentam que David passou a escutá-los mais e atentar mais para as coisas que eles pedem. De fato, sentem que ele se tornou um verdadeiro porta-voz de suas inquietações perante o claustro. No final da tutoria, diante de todas as melhorias obtidas, todos concordam em organizar uma pequena comemoração em maio, quando o curso acabar.

Sete dos oito meninos participam da comemoração – um não pode comparecer por motivos pessoais. Cada um leva algo para os comes e bebes. O ambiente é muito agradável e descontraído. Quando Marga indaga como eles concluíram o curso, eles relatam suas realizações com evidente satisfação. Todos passaram de ano, exceto um menino que vai repetir. Aliás, um deles já conseguiu emprego, e os demais começam as práticas com muitas esperanças de arrumar trabalho depois. O mais notável é, provavelmente, que todos pararam de consumir maconha, com exceção de um menino o qual, ao menos, conseguiu diminuir seu consumo. Além disso, todos percebem um ambiente de autêntica amizade entre eles.

David explica que o Centro mudou a forma de abordar as tutorias, nas quais hoje a conversa com os alunos tem maior peso. Dessas conversas extraem-se conclusões que permitem focar o trabalho na sala de aula e com o restante dos educadores.

Durante a comemoração, os meninos dizem que se sentem muito orgulhosos do que conseguiram e percebem também o orgulho e a satisfação de seus familiares. Todos concordam que o esforço para melhorar as coisas valeu a pena. Certamente por essa razão, quando Marga lhes pede licença para incluir essa experiência num livro que está escrevendo com Mark, eles não só dão seu consentimento entusiástico como também pedem que seus nomes constem no livro. Por isso a história deles transformou-se na introdução desta obra.

Abrimos a introdução com essa história porque dessa forma prestamos homenagem não só a seus protagonistas como também, indiretamente, a todas as pessoas cujas experiências e contribuições ensejaram o que é, em muitos sentidos, uma obra coletiva a recolher as soluções geradas em centros educacionais espanhóis e estrangeiros por muitos e diversos profissionais da área da educação. Este livro baseia-se em nossa própria experiência como terapeutas familiares que desde a década de 1990 temos intervindo em problemas de crianças e adolescentes. Nessa tarefa temos trabalhado com meninos e meninas, com suas famílias e muitas vezes também com membros relevantes do sistema educativo.

A essa trajetória prévia acrescentou-se, nos últimos dez anos, um contato cada vez mais frequente e estreito com diversos membros da comunidade educacional. De um lado, graças à oportunidade de realizar formações e supervisões *in situ* com educadores e docentes de instituições como o Centro Menesiano Zamora Jovem em Zamora, a Fundação Pioneiros em Logronho ou o Colégio Quercus em Madri. De outro, porque tivemos cada vez mais profissionais da educação em formações externas dirigidas ou levadas por nós. Assim pudemos refletir sobre a prática a partir não só do contato direto com a intervenção educativa, mas também da perspectiva privilegiada proporcionada pela supervisão de mestres, orientadores, especialistas em pedagogia terapêutica ou professores técnicos de serviços à comunidade.

O objetivo deste livro é mostrar de que maneira pode-se aplicar uma abordagem como a intervenção escolar centrada em soluções, tão simples, embora tão difícil, num contexto como o escolar, repleto de problemas e amiúde carente de recursos. Nossa meta é que este texto contribua para construir uma educação melhor, mais colaborativa e mais centrada em soluções, a qual aproveite ao máximo as potencialidades não só dos alunos como também dos professores e dos pais.

Com o intuito de atingirmos esse objetivo, dividimos o livro em quatro partes. A primeira, "Conceitos", consta de dois capítulos em que se apresentam as bases teóricas da intervenção escolar centrada em soluções. Na segunda, "Técnicas", oferecemos cinco capítulos dedicados às ferramentas práticas de intervenção centrada em soluções. Quisemos escrever essa segunda parte de um modo que qualquer leitor reflexivo e motivado possa começar a se utilizar das ferramentas que nela descrevemos; daí a exposição detalhada e o recurso a a várias vinhetas e exemplos de caso[1]. Na terceira parte, "Aplicações", o leitor encontrará cinco capítulos nos quais descrevemos especificamente como adaptar essas ferramentas conceituais e técnicas a diferentes situações na escola: a intervenção com alunos de forma individual (cap. 8), a intervenção com a turma toda (cap. 9), as conversas com os pais (cap. 10) e com os professores (cap. 11) e, finalmente, outras práticas centradas em soluções no contexto geral de um centro educativo (cap. 12).

A quarta e última parte do livro, "Experiências", concretiza ainda mais as aplicações da intervenção centrada em soluções, apresentando nove experiências concretas de intervenção, espanholas e internacionais, que cobrem um amplo leque desde a educação infantil (cap. 13) até a universitária (cap. 21). Seis dessas experiências estão centradas em soluções, aplicações criativas e originais de formatos e conteúdos muito diversos; outras duas se realizam com base em perspectivas complementares àquela centrada em soluções: de um lado, David Riera e Anna Sala apresentam uma maneira estratégica de se trabalhar, que se liga com o capítulo 7; de outro, o capítulo de Paula Villar, Estrella Romero e Laura López-Romero apresenta uma intervenção de corte cognitivo-comportamental, porém com surpreendentes afinidades com o que nós propomos, especialmente no capítulo 9. Ademais, esses dois capítulos são os únicos escritos "de fora" do centro educativo – no caso de David e Anna, partindo de

---

1. Em terapia familiar, durante muitos anos tivemos a oportunidade de gravar nossas intervenções em vídeo, o que nos permitiu aprender com elas e também utilizá-las – sempre preservando o anonimato dos clientes – em nossas publicações. Infelizmente, nos centros educativos há muitas restrições à gravação em áudio ou vídeo. É por isso que, embora tenhamos conseguido gravar e transcrever algumas intervenções, neste livro temos de recorrer muitas vezes ao que chamaremos de "vinhetas" (diálogos fictícios com base em conversas reais) e "exemplos de caso" (diálogos reais reconstruídos *a posteriori*). Além disso, há "transcrições" propriamente ditas que reproduzem fielmente o que foi dito, em maior número na terceira e na quarta partes do livro. De modo a proteger o anonimato, usaremos apenas nomes fictícios.

uma consulta particular de psicologia; no de Paula e sua equipe, a partir de um programa de pesquisa liderado pela Universidade de Santiago de Compostela.

É nossa aspiração, por certo ambiciosa, que neste livro todos os atores profissionais envolvidos no sistema educacional achem ferramentas úteis, do ensino infantil à escola primária, ao ensino médio e até ao superior; da professora em sala de aula até a atuação dentro de uma equipe de orientação ou a partir da direção de um centro; do mestre generalista de uma escola rural até a especialista em pedagogia terapêutica (PT), o professor técnico de serviços à comunidade (PTSC) ou a enfermeira escolar; da professora de física de um instituto até a trabalhadora social escolar, a logopedista ou o tutor numa turma de ensino fundamental. Isto é, não escrevemos este livro apenas para professores ou pedagogos, nem exclusivamente para psicólogos ou psicopedagogos; pelo contrário, pretendemos que qualquer profissional que num dado momento intervier com uma ou outra função num centro educacional possa incorporar ao seu trabalho procedimentos centrados em soluções.

Quanto a essa última questão, gostaríamos de fazer um esclarecimento. Não pretendemos, por óbvio, que o leitor abandone seu jeito habitual de intervir e substitua-o por uma metodologia centrada em soluções. Isso é uma possibilidade, sem dúvida, como atesta a experiência dos centros educacionais que se estruturam baseando-se exclusivamente numa filosofia centrada em soluções, como mostraremos no capítulo 12. Mas não é preciso, talvez nem seja conveniente. Afinal, nenhum procedimento terapêutico nem educativo é uma panaceia, portanto a intervenção escolar centrada em soluções tampouco o é. De mais a mais, os profissionais da educação já fazem tantas coisas tão bem, com tamanho acerto e tanta destreza, que seria um desperdício fazer *tabula rasa* de todo esse conhecimento consolidado. Assim, contentamo--nos se a pessoa que nos ler se atrever a incluir no seu modo de agir habitual algumas práticas um pouco mais colaborativas, mais centradas no usuário; ou seja, mais centradas em soluções.

21

Gostaríamos de concluir esta introdução agradecendo às muitas pessoas que nos ajudaram a fazer com que este livro se tornasse realidade. Em primeiro lugar, claro, aos autores que contribuíram com capítulos para a quarta parte, ao exporem com proximidade e rigor experiências concretas de aplicação na escola dos princípios centrados em soluções. Em segundo lugar, às instituições que nos permitiram introduzir técnicas centradas em soluções e supervisionar a sua aplicação: o Centro Menesiano Zamora Jovem (Zamora), a Fundação Pioneiros (Logronho) e o Colégio Quercus (Madri).

Um agradecimento muito especial às pessoas que puseram em prática nossos ensinamentos na linha de frente: os professores, especialistas em PT e orientadores que tivemos como alunos nos *Trainings* da Aliança Espanhola de Terapia Sistêmica Breve; o entusiasta grupo de orientadoras e PTSCs supervisionado por Marga em Palência; os alunos de magistério da Universidade Pública de Navarra que ao longo de quatro anos têm feito excelentes trabalhos de formatura centrados em soluções orientados por Mark. Por certo, também àqueles que nos permitiram difundir essas ideias na Espanha e conversar sobre elas: a Associação Castelhano-Leonesa de Orientação Escolar, a Associação Estremenha de Orientação Familiar, os Centros Caleidoscopi e Creixer de Palma de Maiorca e o Institut Gestalt de Barcelona (obrigado, Santi e Adela).

Àqueles que, às vezes sem saber, contribuíam com suas acertadas opiniões para refinar nosso pensamento a respeito da intervenção escolar: os colegas centrados em soluções da European Brief Therapy Association (com menção especial a Michael Hjerth, Sue Young e Manfred Vogt), os colegas de Mark no departamento de Pedagogia e Psicologia da Universidade Pública de Navarra e, certamente, Jesús Bernal, em Valladolid, com quem compartilhamos tantas anedotas sobre intervenção na escola ao longo dos últimos vinte anos.

Àqueles que nos ajudaram com a revisão das últimas versões do manuscrito: os orientadores escolares Isabel García Hernández, de Toledo, e Javier García, de Zamora, bem como ao corretor de estilo Leonardo Olguín Rincón. A Raimund Herder e sua equipe da editora Herder, sempre dispostos a se deixarem seduzir por novos projetos editoriais. Aos alunos e pais com quem tivemos o prazer de trabalhar ao longo desses anos. E, *last but not least*, às nossas famílias, que nos apoiaram com carinho e paciência durante a gestação deste livro.

A todos, muito obrigado.

PARTE I

Conceitos

1

Rumo a uma (nova?) visão dos problemas escolares e sua resolução

As escolas e os institutos são lugares cheios de problemas. Com frequência os alunos parecem pouco interessados em aprender, estão desmotivados e entediados; grande parte dos professores encontra-se assoberbada pela indisciplina em sala de aula e questionada por estudantes desafiadores; os pais muitas vezes se sentem acusados pela escola e, por sua vez, culpam e criticam os professores. Os dirigentes tentam conter o descontentamento e sobreviver à avalanche de requerimentos burocráticos enquanto lutam por uma educação de qualidade. Orientadoras, PTSCs e integrantes das equipes multiprofissionais sentem-se impotentes, com demasiada frequência, diante da falta de meios, tempo e espaço, num contexto social em que a educação fica cada vez mais desatendida e muitos alunos vivem em situação de precariedade e até de pobreza.

Entretanto, escolas e institutos também são lugares cheios de soluções. Muitos alunos desfrutam da companhia dos colegas e também das aulas, ajudam e apoiam uns aos outros, até acordam de manhã com empolgação para ir à escola. A maioria dos professores empenha-se não apenas em ensinar, mas também em educar realmente seus alunos; sente-se satisfeita após uma boa aula e motivada quando participa de algum projeto de inovação educacional. Muitos pais apoiam seus filhos, envolvem-se nas associações de mães e pais de alunos (Ampa) e mantêm uma relação de colaboração com o centro de ensino. Muitos profissionais da educação obtêm excelentes resultados, em que pesem as suas condições de trabalho.

Portanto, no campo da educação podemos nos deparar com inúmeros problemas, mas também com muitos recursos e muitas forças. O fato de nos centrarmos em uns ou em outros tem profundas implicações, como se evidencia nos dois exemplos de caso a seguir:

Anastásia, professora de 4ª série de ensino fundamental, foi falar com a psicóloga da equipe multidisciplinar de intervenção escolar para pedir que se efetuasse o diagnóstico e o tratamento do TDAH de Jonathan, um menino guineano de 10 anos que ingressara no colégio no meio do ano letivo, dois meses antes. Anastásia estava cansada do comportamento de seu aluno, que, em vez de ficar sentado na sua cadeira, perambulava pela sala e interferia nas tarefas dos colegas. Além disso, ele falava muito alto e respondia às perguntas da professora de maneira irrefletida e sem aguardar a sua vez. Anastásia tentara controlar a situação e fazer com que Jonathan se adaptasse ao ritmo da turma, mas tinha conseguido só que os colegas dele também começassem a se desconcentrar. Ainda por cima, o menino costumava vir sem ter feito o dever e muitas vezes deixava o material escolar em casa; Anastásia não conhecia os pais, mas suspeitava que eles descuidavam do filho. A psicóloga, assoberbada por sua carga de trabalho naquele momento, optou por encaminhar o caso diretamente à saúde mental, com a ideia de que o menino fosse medicado. Além disso, ela deu à profissional de PTSC a recomendação de fazer uma visita aos pais do aluno a fim de avaliar a sua possível negligência e ensiná-los a impor limites a seu filho.

A entrevista da PTSC com os pais do menino acabou sendo desencorajadora. O pai não compareceu, a mãe ficou na defensiva assim que se cogitou a possibilidade de seu filho ser medicado: acabou por acusar a professora de não saber lidar com Jonathan, e a PTSC de racista. A PTSC saiu da casa do menino com a suspeita de que a mãe dele tinha um transtorno de personalidade e a certeza de que não poderia contar com ela. Confirmada a má disposição dos pais, orientadora e PTSC concluíram que não poderiam esperar o apoio deles para ajudar o Jonathan e reafirmaram a necessidade de o menino ser medicado. Decidiram também levar a situação ao conhecimento dos serviços sociais.

* * *

Comparemos esse caso com uma história diferente:

* * *

Merichel, professora de 4ª série do ensino fundamental, estava farta das condutas perturbadoras de Manuel. Manuel tinha dificuldade em prestar atenção nas aulas e concentrar-se nas tarefas escolares; além disso, às vezes incomodava seus colegas de carteira. Quebrara seus trabalhos manuais em várias ocasiões e até tinha chegado a espetar seu companheiro de carteira com uma tesoura. Quando Merichel falou com a orientadora da equipe multiprofissional, ela a escutou com atenção e depois lhe perguntou o que era diferente nas ocasiões em que Manuel prestava atenção na aula e colaborava com seus colegas. Merichel demorou um pouco a responder, mas conseguiu discernir diversas situações nas quais a conduta de Manuel era melhor: ele mostrava muito interesse em alguns temas, bem como havia um grupo de meninos com quem ele se comportava um pouco melhor. A orientadora pediu à professora que tentasse observar, ao longo da semana seguinte, todas as ocasiões em que Manuel prestava mais atenção e comportava-se melhor com os colegas; pediu-lhe também que procurasse fazer Manuel se dar conta de que seu bom comportamento não passava despercebido.

Na conversa seguinte, elas falaram sobre essas ocasiões, e a orientadora também dedicou algum tempo a analisar o que Merichel fazia diferente nesses momentos. Uma vez que repararam em algumas atitudes da professora que pareciam ter efeito positivo sobre Manuel, elas combinaram que, na semana seguinte, Merichel tentaria repetir essas atitudes com maior frequência e observaria os efeitos por elas provocados. Na terceira conversa, as coisas haviam melhorado o bastante para a professora se dar por satisfeita. A orientadora teve uma breve entrevista com Manuel, mostrou sua curiosidade ante suas muitas melhorias e pediu que ele explicasse qual tinha sido a sua "receita" para estar mais atento em aula e dar-se melhor com os colegas. Manuel deu essa receita com orgulho e permitiu que ela fosse revelada a outros meninos dispostos a melhorar como ele. Além disso, explicou à orientadora quais as coisas que Merichel fizera que o tinham ajudado.

Embora haja muitas maneiras de se analisarem as diferenças entre esses dois casos, interessa-nos ressaltar a contraposição entre uma *intervenção centrada nos problemas* e uma *intervenção centrada nas soluções*. No primeiro caso, as profissionais focam a possível patologia individual, atentam mais para a etiqueta do que para as condutas e abordam a situação com as limitações dos alunos e dos pais. O resultado é um cenário de confronto e culpabilização entre as profissionais e a família. No segundo caso, as profissionais dão mais atenção às possibilidades do caso, concentram-se em condutas interacionais concretas e abordam a situação a partir dos recursos pessoais tanto de Manuel quanto da professora. O resultado é não só uma melhoria da situação na sala de aula como também o fortalecimento da colaboração entre os envolvidos.

Neste primeiro capítulo, descreveremos o que são as intervenções centradas em soluções e como podem ser aplicadas. Começaremos por questionar a abordagem dos problemas escolares como se resultassem de transtornos mentais dos alunos, para depois oferecer uma visão alternativa do modo como surgem os problemas escolares e propor uma maneira diferente de encará-

-los. Definiremos a terapia breve centrada nas soluções e apresentaremos as vantagens que ela oferece com relação à intervenção na escola. Concluiremos o capítulo com uma rápida revisão da evidência empírica sobre a efetividade e a eficiência desse enfoque aplicado à educação.

1.1 Questionamento do conceito de transtorno mental

Como acabamos de frisar, os problemas abundam nos centros educativos. Apresentam-se em todos os contextos, de sorte que podemos ter aulas conflitivas, corredores inseguros, pátios perigosos ou salas de professores que parecem verdadeiros campos de batalha. Além disso, eles afetam todos os atores envolvidos, daí ouvirmos falar em alunos perturbadores, professores desmotivados, pais negligentes, dirigentes desumanizados e profissionais sobrecarregados. No entanto, do ponto de vista dos profissionais da educação, costuma-se atribuir a maior parte desses problemas quer aos alunos, quer às suas famílias.

No primeiro caso – a culpabilização dos alunos –, é muito comum assumir que há problemas escolares porquanto existem alunos com dificuldades de aprendizagem ou com necessidades especiais, porque há alunos desmotivados pelo estudo e sobretudo pelos problemas de convívio e gestão na sala de aula que geram alunos "conflitivos" ou "indisciplinados". E foi a partir desse pensamento que se consolidou nas últimas décadas uma determinada maneira de entender essas situações. Uma forma de compreender os problemas na escola que se vale cada vez mais da psicopatologia e do conceito de transtorno mental para tentar explicar por que alguns alunos se comportam como se comportam ou – ainda pior – por que são como são. Sob o poderoso influxo do jargão psiquiátrico, sintetizado no auge das sucessivas edições do *Manual diagnóstico e estatístico de transtornos mentais* (DSM), cada vez com maior frequência se ouve falar em "crianças com fobia escolar", "crianças com transtorno do déficit de atenção com hiperatividade (TDAH)" (ou simplesmente "crianças TDAH"), crianças com "transtorno negativista desafiador", "alunas *borderline*" ou "alunos com transtorno obsessivo-compulsivo (TOC)".

O problema é que usar a linguagem dessa forma leva a pensar que um comportamento obsessivo-compulsivo, uma fobia ou um TDAH não só existem como estão aí, presentes, como uma pedra pode estar num rim ou um tumor no cérebro, isto é, como alguma coisa *dentro* do indivíduo.

Em meados do século passado, o antropólogo e estudioso da comunicação Gregory Bateson (1976) ponderava que pretender explicar comportamentos problemáticos sustentando a existência de transtornos pessoais subjacentes era, na verdade, lançar mão de pseudoexplicações tautológicas. Ele chamou esse tipo de explicações de "princípios dormitivos", por analogia com a pseudoexplicação de que o ópio tem efeito sonífero porque possui um "princípio dormitivo". Infelizmente, apesar dessas precisas advertências feitas décadas atrás, escolas e institutos do mundo ocidental encheram-se nos últimos vinte anos de presumíveis "transtornos mentais". Pretender explicar a tristeza de uma criança atribuindo-a à "depressão infantil" ou a irrequietação de um aluno na aula "por ele ser um TDAH" não só implica nos contentarmos com uma pseudoexplicação como a do "princípio dormitivo", como também contribui para criar, em virtude do poder construtor da linguagem, realidades problemáticas, estáticas e estigmatizantes que ocultam a matriz relacional na qual os problemas se inserem. No caso da educação, essas expectativas se consolidam com as práticas profissionais decorrentes da psicopatologização – em cada vez mais comunidades autônomas da Espanha, para uma criança receber uma intervenção especializada ou simplesmente apoio escolar, é condição prévia que ela tenha recebido um diagnóstico, porém não apenas um diagnóstico das necessidades e dos pontos fortes desse aluno e de sua família, ao que pouco se poderia objetar, e sim um diagnóstico de transtorno mental. Aliás, em comunidades autônomas como a de Navarra, por exemplo, o papel dos orientadores escolares foi reelaborado para que eles não mais avaliassem necessidades e propostas de intervenção, mas se limitassem a diagnosticar.

Ainda que um diagnóstico possa ter alguns efeitos positivos, como isentar de culpa os pais de uma criança problemática ou proporcionar a ela um modo de dar sentido ao que lhe acontece, os efeitos negativos são evidentes. O diagnóstico cria uma poderosa expectativa a condicionar o que se espera do aluno e como ele é tratado, tornando-se uma profecia autorrealizável que estigmatiza a criança (ROSENTHAL; JACOBSON, 1968). Além disso, um rótulo psicopatológico torna mais difícil mudar as condutas às quais é aplicado: pode-se ajudar uma "criança irrequieta" a mudar incluindo-a num grupo mais dinâmico, transferindo-a para uma turma menor ou uma escola na qual se desenvolvam mais atividades, mas a mudança será muito mais difícil se acharmos que a criança "tem" um TDAH do qual é preciso "curá-la", sem modificar as condições ambientais (FRANCES, 2014). Se vemos uma menina que chora desconsolada na hora de entrar na escola, certamente poderemos ajudá-la falando com ela ou com seus pais ou mediante alguma pequena mudança em sua rotina das manhãs, mas será mais difícil lidar com a situação se supormos que ela "tem" uma fobia a qual exige tratamento.

Além dos possíveis efeitos negativos do diagnóstico psicopatológico, muitas argumentações têm sido oferecidas, com base em posições estritamente metodológicas e científicas, para rejeitar a própria noção de "transtorno mental" devido a sua fragilidade científica, sua falta de rigor e sua escassa fiabilidade (GONZÁLEZ PARDO; PÉREZ ÁLVAREZ, 2007). Temos um bom exemplo no transtorno do déficit de atenção com hiperatividade (TDAH), um suposto transtorno que não tem marcador biológico algum, mas é considerado há décadas uma etiologia cerebral nunca demonstrada, cujo diagnóstico se baseia em relatos subjetivos de pais e professores. Dessa forma, como denunciam García de Vinuesa, González Pardo e Pérez Álvarez (2014), os extremos de uma distribuição normal de traços como a atividade, a impulsividade ou a capacidade de atenção são usados para definir uma patologia presumível a qual, uma vez definida, é aplicada a uma porcentagem cada vez maior de condutas antes consideradas absolutamente normais. Assim, não surpreende que o número de alunos diagnosticados com algum tipo de transtorno psicopatológico tenha crescido aceleradamente nos últimos anos. Em alguns estados dos Estados Unidos, a porcentagem de alunos entre 4 e 17 anos com diagnóstico de TDAH chega a 15% (HINSHAW; SCHEFFLER, 2014). O que complica ainda mais o panorama é o fato de esse processo de rotulação se mostrar funcional para quase todos os atores envolvidos. Por exemplo, um diagnóstico de TDAH pode ser uma libertação para os pais ("até que enfim sabemos o que acontece com ele") e isentá-los de culpa ("não é que estejamos fazendo algo errado, é que a criança está doente"), pode também trazer conforto para os professores ("finalmente um especialista vai tratar do rapaz"), bem como ser muito lucrativo para a indústria de psicofármacos. Além disso, do ponto de vista político, isso se enquadra perfeitamente na atual época de cortes na educação: no curto prazo, é bem mais barato medicar alunos do que contratar professores de apoio ou reduzir o número de alunos por sala de aula (REDÍN ESLAVA, 2017).

De fato, já foram denunciadas as más práticas da indústria farmacêutica nessa questão. Por exemplo, efetuar campanhas de *marketing* maciço para divulgar a existência de certos transtornos e alertar quanto à sua suposta incidência crescente e mesmo epidêmica, de modo a, em seguida, comercializar os psicofármacos destinados a tratar tais transtornos (GARCÍA VALDECASAS; CAMPELO; VISPE ASTOLA, 2011). Esse fenômeno apresenta-se especialmente no campo da psicopatologia infantil, que é para as empresas farmacêuticas um mercado emergente e oferece grandes possibilidades de negócio, ampliadas, ademais, porque os menores pouco podem se defender da medicação. Chega-se assim a fatos alarmantes como, na Espanha, o aumento do consumo de ritalina, que se multiplicou por vinte entre 2000 e 2011 (GARCÍA DE VINUESA; GONZÁLEZ PARDO; PÉREZ ÁLVAREZ, 2014).

Queremos ressaltar que não negamos que na escola haja alunos que alvoroçam ou se distraem nas aulas, mais ou mesmo muito mais do que seus colegas, que existem crianças realmente muito desanimadas, tristes e apáticas, ou alunos com graves problemas de alimentação, de dependências ou de condutas de autolesão. Sabemos também que há muitos professores estressados pelos problemas de conduta nas salas de aula, bem como muitos pais necessitados de ajuda e apoio. O que questionamos é se essas situações devam ser entendidas como expressão de um transtorno mental individual e, ainda, se tais supostos transtornos devam ser tratados com psicofármacos. Embora a medicação possa ser uma boa opção terapêutica, e inclusive uma condição necessária para a adequada recuperação em alguns casos, a maioria dos problemas que se apresentam na escola podem ser abordados entendendo-se o sentido das condutas problemáticas no contexto interpessoal em que ocorrem e introduzindo mudanças adequadas na conduta dos alunos, dos professores e dos pais. Assim, portanto, pode-se compreender a origem desses problemas de uma maneira bem mais simples e menos patológica.

A outra explicação frequente para os problemas dos alunos em sala de aula consiste em atribui-los à má influência da família, especificamente dos pais. É surpreendente a facilidade com que se recorre na escola a essa falsa explicação para dar sentido a qualquer problema que se dê com o aluno, quer seja de indisciplina, falta de motivação ou qualquer outra circunstância: "É que ele vem de uma família muito desestruturada"; "Não me surpreende que ele apronte na aula, sabe-se lá o que está vendo em casa..." etc. Mesmo que esse tipo de explicação seja mais contextual e relacional e que leve em consideração o efeito que os problemas vividos na família podem causar sobre um aluno, valer-se dela de forma automática, sem uma verdadeira análise das circunstâncias, implica passar sem mais nem menos da psicopatologia do aluno para a culpabilização dos pais. Portanto, isso tampouco contribui para gerar soluções colaborativas no contexto escolar. Pelo contrário, seu efeito pragmático é desempoderar os docentes (que com tal explicação "dão bola fora"), assim como os pais – a quem se acusa – e os próprios alunos (que passam a ser vistos como vítimas passivas de seus progenitores).

- Existe uma considerável pressão cultural para os problemas na escola serem vistos como resultado da patologia individual dos alunos. Essa visão desempodera alunos, pais e professores.
- No caso dos problemas de conduta, essa visão psicopatológica transforma o que amiúde é apenas um problema de disciplina ou de convivência em um problema de saúde mental, que muitas vezes acaba na medicação do aluno.
- Atribuir os problemas dos alunos às supostas disfunções da família também tem um efeito desempoderador, além de dificultar a colaboração entre os professores e os pais.

1.2 Uma visão não patológica dos problemas escolares

Qual seria uma forma alternativa de se entender a gênese dos problemas escolares? De um ponto de vista interacional e sistêmico, prefere-se analisar os fenômenos observando a interação, não a dinâmica interpessoal (BATESON, 1976; BAVELAS, 2005; WATZLAWICK; WEAKLAND, 1977). Com base nesse olhar contextual, podemos entender os problemas humanos como o resultado de processos de ampliação do desvio que se verificam nos contextos interpessoais[2].

De um ponto de vista comunicacional, esse processo tem início na dialética entre, de um lado, os eventos vitais estressantes e, de outro, as habilidades de enfrentamento, sustentadas no apoio social, nas diretrizes de apego e nos cuidados interpessoais

---

2. A ampliação do desvio foi originalmente descrita por Bateson em seus estudos de antropologia (1958) como um processo pelo qual, a partir de uma diferença primária, ocorre uma divergência cada vez maior em relação ao estado inicial, sem que possíveis mecanismos de correção consigam reverter a situação. São exemplos clássicos a escalada bélica da Guerra Fria ou – em nível micro – uma discussão na qual se perde a compostura. Em psicopatologia do desenvolvimento fala-se também em efeito cascata ou efeitos "bola de neve" (MARTEL *et al.*, 2009 *apud* ROMERO *et al.*, 2009) e, a partir das abordagens cognitivo-comportamentais, em "cadeias comportamentais" ou "ciclos de escalada" (COLVIN; SCOTT, 2015). Nos capítulos 9 e 17 ofereceremos opções de intervenção que visam evitar – e eventualmente deter – esse processo.

(EZAMA; ALONSO; FONTANIL, 2010; FERNÁNDEZ MÉNDEZ, 2015). Por exemplo, para muitas crianças o primeiro dia na escola é um evento muitíssimo estressante, mas, se a criança dispuser de boas habilidades de enfrentamento, se contar com o apoio da sua família e se receber adequadas condutas de cuidado dela e da professora, o processo será muito mais simples do que se um ou mais desses elementos faltarem.

Caso o sujeito consiga enfrentar adequadamente o evento estressante, os resultados serão o sucesso e o crescimento; caso fracasse, o que começou como uma dificuldade a superar há de virar um "problema" a resolver, em face do qual diversas "soluções tentadas" serão experimentadas. Se a tentativa de solução aplicada for bem-sucedida, não haverá um problema; se não for, surgem duas possibilidades diferentes. De um lado, é possível que a pessoa ou as pessoas envolvidas percebam que sua tentativa é ineficaz e mudem de estratégia, descobrindo outra mais eficaz. Todavia, cabe também a possibilidade de, dada a ausência de resultados, essas pessoas entenderem que não aplicaram uma dose suficiente da solução tentada e persistirem em seus esforços ineficazes. Nesse caso pode sobrevir uma situação de "mais do mesmo", um círculo vicioso em que, quanto mais os envolvidos se empenham em resolver a dificuldade inicial, mais ela se enraíza, de maneira que a solução é que passa a ser o problema (FISCH; SCHLANGER, 2002; FISCH; WEAKLAND; SEGAL, 1982).

No curso desse processo, a pessoa fica cada vez mais ciente de seu problema e sua incapacidade de resolvê-lo, sem atentar para as ocasiões em que o problema não se apresenta ou se dá com menor intensidade ou duração (DE SHAZER, 1991, 1994). Assim, a professora que percebe que sua aula é um desastre e que ela é incapaz de impor ordem tenderá a ignorar as ocasiões em que o clima na sala é mais positivo, o que por sua vez a levará ao desânimo e a ser menos eficaz ao lidar com os momentos de indisciplina. Ou então o pai que reclama porque sua filha *nunca* leva o dever feito, mas provavelmente não repara que há certos dias em que ela o faz; por não perceber essas exceções, ele não poderá elogiá-las nem as encorajar. Em outras palavras, o enfoque "temos um problema" impede a detecção de possíveis variações e exceções. Do ponto de vista narrativo (WHITE; EPSON, 1990), diríamos que essa história repleta de problemas impede o acesso a histórias alternativas. Uma vez ocorrido o processo de ampliação do desvio, encontramo-nos numa situação de bloqueio caracterizada pela *restrição cognitiva* (a dificuldade em perceber exceções e histórias alternativas), pela *redundância comportamental* (reiteração de tentativas ineficazes de solução) e pela *desmoralização* (sensação subjetiva de ser incapaz de enfrentar o problema) (FRANK, 1961).

Vejamos um exemplo real, relatado por um colega psiquiatra a quem foi encaminhada uma menina de 8 anos com diagnóstico de fobia escolar e pedido de prescrição de ansiolítico (BEYEBACH, 2013). Felizmente, o psiquiatra dedicou o tempo suficiente para ganhar a confiança da menina e conversar com ela sobre como se chegara à situação de evitação da escola. Acontecia que a menina comia praticamente de tudo, porém tinha nojo de bananas; certo dia, essa tinha sido a sobremesa servida no refeitório escolar.

O educador responsável pelo refeitório naquele dia tentou convencer a menina a comer a sobremesa. Ela se recusou, mas o educador insistiu e finalmente a obrigou a comer a banana, entre engulhos e soluços. No dia seguinte a esse incidente, receando ter de passar de novo por aquilo, a menina não quis ir à escola.

No início, a mãe da menina insistiu para que ela fosse, mas, diante da teimosia da criança, concordou e deixou que ficasse em casa. Como resultado, no dia seguinte a negativa foi ainda mais irredutível, e dessa vez, mesmo não querendo ceder, a mãe não conseguiu levar a filha à escola, entre outros motivos porque a ansiedade fez com que a menina vomitasse. A participação do pai, que ameaçou castigar a menina, só fez aumentar a tensão tanto da filha quanto da mãe. Após alguns dias de falta às aulas, houve a intervenção de uma psicóloga da equipe de absenteísmo escolar, que diagnosticou uma fobia escolar e encaminhou o caso ao colega psiquiatra.

A dificuldade inicial, o evento estressante o qual enseja toda a cadeia de acontecimentos que culmina num problema escolar tornado crônico pode ser de diversos tipos. Muitas vezes trata-se simplesmente de uma dificuldade associada a uma mudança evolutiva normativa (por exemplo, a aquisição do controle de esfíncteres ou o início da puberdade) ou aos desafios cotidianos da vida (as críticas entre colegas, as exigências acadêmicas ou os reveses esportivos). Outras vezes pode ter relação com acontecimentos inteiramente fortuitos (como o exemplo que acabamos de referir ou circunstâncias como uma mudança de professor ou de escola), com circunstâncias familiares adversas (divórcio dos pais, doença grave ou falecimento de um familiar) ou com problemas sociais (situações de pobreza e marginalidade).

Em outras ocasiões, trata-se de dificuldades relacionadas a algum tipo de déficit ou limitação (gagueira, problemas de leitura e escrita ou dificuldades de aprendizagem, entre outros), entretanto, mesmo nesse caso, o problema decorre não apenas do déficit em si, mas também da forma como se lida com ele. Talvez a criança tenha, com efeito, dificuldades de raciocínio abstrato que possam demandar um apoio adicional ou uma adaptação curricular, porém isso não é, em si, um problema. O que pode ser um problema é, em volta dessa dificuldade, começar a se articular uma série de tentativas ineficazes de solução (descrever a menina com dificuldades de raciocínio como "preguiçosa" e obrigá-la a estudar cinco horas por dia; ralhar com ela por demorar demais a fazer o dever etc.) e persistir nelas. Esse processo ocorre em geral na própria escola, nas interações entre alunos e professores, ainda que possa ser reforçado também no sistema familiar, por exemplo, gerando uma série de benefícios secundários que contribuem para manter o problema. A intervenção de profissionais externos pode ser benfazeja, no entanto também pode acrescentar uma camada de "complicações", naquilo que Matthew Selekman (2005) denomina "nós sistêmicos".

Com base nessa lógica interacional, a solução de um problema que foi se consolidando da maneira descrita passaria pelo desbloqueio da situação, ou seja, pelo encontro de uma maneira de todos ou ao menos alguns dos atores envolvidos mudarem seu modo de perceber e reagir ao comportamento dos outros. Uma maneira de alcançar essa mudança é a intervenção centrada em soluções, que descreveremos na seção a seguir.

- De um ponto de vista interacional, prefere-se considerar os problemas na escola como resultado de um processo do tipo "bola de neve", em que as respostas às dificuldades iniciais e as tentativas bem-intencionadas de solução agravam a situação e acabam por torná-la crônica.
- O corolário dessa visão interacional é que é possível abordar os problemas escolares modificando o contexto interpessoal que os mantém.

1.3 A terapia breve centrada em soluções e sua aplicação na escola: intervenção escolar centrada em soluções

A terapia breve centrada em soluções é um enfoque terapêutico no qual se inverte o jeito tradicional de abordar os problemas humanos: em lugar de defini-los, analisar as suas características e determinar suas causas de modo a saná-las, opta-se por trabalhar dando pequenos passos rumo ao futuro preferido pelos consultantes (os objetivos), tendo como apoio os momentos em que alguns desses objetivos já são atingidos (as exceções).

Joanna, aluna de 2ª série do ensino médio, foi falar com sua tutora após a primeira avaliação porque estava preocupada com a queda em suas notas. Tinha certeza de que queria estudar medicina, mas com as notas que vinha tirando corria o risco de não poder ter acesso à carreira que desejava. Nos primeiros minutos de conversa, ficou claro que era a própria pressão por obter bons resultados que estava diminuindo o rendimento de Joanna, e ela e a tutora concordaram em que seria bom "relaxar" um pouco.

A tutora instou Joanna a imaginar o que aconteceria se no dia seguinte amanhecesse "totalmente relaxada" e indagou em detalhe o que seria diferente em sua atitude em aula, no estudo em casa, nas conversas com suas amigas etc. Essa conversa permitiu perceber pequenas mudanças desejáveis na conduta de Joanna. Quando a tutora perguntou em quais ocasiões ela já conseguia algumas dessas mudanças, ainda que só em parte, Joanna descobriu que no primeiro mês de aulas tinha conseguido ficar mais relaxada e que, com efeito, se saíra melhor nos primeiros exames.

Então, a conversa focou como Joanna conseguira ficar mais relaxada naquelas semanas, o que permitiu identificar algumas coisas que haviam funcionado bem e que Joanna podia voltar a fazer, como acordar 20 minutos mais tarde e tomar um café da manhã melhor; mesmo tendo muito para estudar, voltar a se encontrar com as amigas nas tardes de sexta-feira; estudar em blocos de no máximo uma hora e meia; retomar as aulas de natação que deixara de frequentar. A tutora propôs que Joanna fizesse o experimento de prosseguir com essas condutas e observasse como isso a ajudava a relaxar e obter melhor resultado. Alguns meses depois, Joanna contou, orgulhosa, que, apesar de a Prova de Acesso à Universidade (PAU) estar mais próxima, ela conseguia se manter "tão relaxada quanto possível na 2ª série do ensino médio".

Esse exemplo mostra que a terapia breve centrada em soluções não é um método de *resolução de problemas*, mas sim de *construção de soluções*. Sua ênfase nos pontos fortes e nos recursos assinala sua relação com outras propostas anteriores, como as terapias humanistas de Rogers e de Maslow datadas da década de 1960 e outras posteriores, como o *coaching*[3] (COX; BACHKIROVA; CLUTTERBUCK, 2014), a indagação apreciati-

---

3. A terapia breve centrada em soluções é anterior ao *coaching* e também à psicologia positiva, embora os três métodos apresentem muitas semelhanças. Para uma excelente análise das similaridades e diferenças, recomendamos Bannick e Jackson (2011).

41

va (COOPERRIDER *et al.*, 1999) e a psicologia positiva (PETERSON; SELIGMAN, 2004; SELIGMAN, 2002).

Os antecedentes históricos da terapia breve centrada em soluções situam-se na terapia breve desenvolvida no Instituto de Pesquisa Mental (MRI) de Palo Alto, Califórnia. Na década de 1960, dois membros do MRI, John Weakland e Don D. Jackson viajaram com frequência a Phoenix, Arizona, para entrevistar Milton H. Erickson, psiquiatra que com suas técnicas heterodoxas conseguia ajudar seus pacientes de uma maneira surpreendente, eficaz e, às vezes, em bem poucas sessões. Os ensinamentos de Erickson deram forma ao projeto de terapia breve do MRI, no qual se fixou em dez o número máximo de entrevistas, de modo a experimentar as possibilidades de ensejar mudanças em poucas sessões (FISCH; WEAKLAND; SEGAL, 1982). No MRI, John Weakland foi mentor de Steve de Shazer, sociólogo por formação, e de Insoo Kim Berg, trabalhadora social. Steve e Insoo casaram-se e estabeleceram-se em Milwaukee, onde fundaram com outros colegas o Centro de Terapia Familiar Breve (BFTC) e começaram a introduzir modificações na terapia breve que aprenderam no MRI (DE SHAZER *et al.*, 1986). Para tanto, aplicaram um método de pesquisa qualitativa o qual consistia em rever repetidas vezes os vídeos das entrevistas por eles realizadas, visando determinar quais técnicas de entrevista davam certo e quais não. A primeira descoberta foi que sempre havia exceções aos problemas, ocasiões em que eles não se apresentavam ou se davam com menor frequência ou intensidade. Além disso, os pesquisadores observaram que as melhorias não apareciam apenas a partir da primeira entrevista, mas mesmo antes dela, o que os levou a propor a análise dessas "mudanças pré-tratamento" em todas as primeiras sessões (WEINER-DAVIS; DE SHAZER; GINGERICH, 1987). A equipe do BFTC descobriu também o efeito positivo obtido ao encerrar as sessões com elogios, além de desenvolver diversas propostas para fazer em casa. Posteriormente, eles elaboraram a "pergunta milagre" e outras formas de instar as famílias a descreverem seu futuro preferido, bem como descobriram a utilidade do uso de diversas variantes das perguntas de escala. No curso dessa evolução, ficou em primeiro plano tudo relacionado às soluções (objetivos, exceções, mudanças pré-tratamento, elogios), enquanto a descrição dos problemas perdia relevância. Por isso De Shazer (1994) sugeriu finalmente que a construção de soluções e a exploração de problemas constituem dois "jogos de linguagem" diferentes: é possível construir soluções sem indagar a respeito do problema. Em outras palavras, a linguagem das soluções e a linguagem dos problemas têm lógicas distintas: para construir soluções não costuma ser útil conversar sobre o problema, mas sim sobre o futuro preferido e as exceções.

Os princípios que a equipe do BTFC descobriu e desenvolveu não são apenas ferramentas para achar soluções concretas para problemas concretos; trata-se de uma série de procedimentos conversacionais para ajudar um indivíduo ou uma organização a atingir o máximo potencial. Como aponta Sue Young, no âmbito escolar,

> [a] prática centrada em soluções é um meio para atingir objetivos sem a necessidade de procurar problemas a resolver nem barreiras a ultrapassar. [...] Nesse sentido, ela é importante para todos os membros da comunidade escolar, incluídos os professores, alunos, pais e serviços de apoio, pois todos compartilham o objetivo de alcançar o máximo potencial das crianças. É um modelo para todas as escolas, não só para abordar problemas nas escolas ou escolas com problemas; é um modelo para todos os alunos, não apenas para os problemas com os alunos ou os alunos com problemas (YOUNG, 2009, p. 19-20).

Para tanto, pode-se considerar a terapia breve centrada em soluções não só como um modelo de terapia breve mas também como um procedimento geral aplicável a qualquer contexto. Com efeito, existem numerosas publicações não somente sobre *terapia breve centrada em soluções* como também sobre *trabalho social centrado em soluções* (BERG, 1994), *proteção de menores centrada em soluções* (BERG; KELLY, 2000; TURNELL;

43

EDWARDS, 1999), *coaching*, *counseling* e *mediação centrados em soluções* (BANNINK, 2007; GRANT, 2003), *enfermaria centrada em soluções* (McALLISTER, 2007), *psicologia organizacional baseada em soluções* (McKERGOW, 2012) ou, inclusive, *pastoral centrada em soluções* (KOLLAR, 1997). A terapia breve centrada em soluções tem tido especial difusão no campo da educação em geral (KELLY; KIM; FRANKLIN, 2008; MÅHLBERG; SJÖBLOM, 2008; RHODES; AJMAL, 1995) e no da orientação/intervenção escolar em particular (METCALF, 1995; MURPHY, 1996; YOUNG, 2009). No âmbito escolar preferimos falar de *intervenção escolar centrada em soluções* (doravante, IECS) (BEYEBACH, 2012).

Entendemos que há muitos motivos pelos quais o enfoque centrado em soluções se adequa especialmente bem à intervenção escolar (BEYEBACH, 2012; KELLY; KIM; FRANKLIN, 2008; METCALF, 1995):

• Não psicopatologiza os problemas escolares; nesse sentido, é coerente com um contexto não clínico, como o escolar, *dedicado à aprendizagem e ao crescimento*.

• Adota uma *epistemologia construtivista e construcionista*, na linha da maioria dos enfoques pedagógicos modernos.

• Inspira esperança e confiança na capacidade de mudança. Nesse sentido, é mais *empoderador* do que os procedimentos centrados no problema ou na patologia.

• É *simples*, aspecto de especial importância num sistema complexo como o escolar.

• Privilegia as *pequenas mudanças* e promove ativamente sua manutenção e sua extensão.

• Pode ser tão *breve* ou tão prolongado no tempo quanto for necessário, isto é, dependerá de cada caso. O primeiro é muito importante na realidade educacional da Espanha, onde a sobrecarga de trabalho é habitual tanto para os profissionais quanto para os alunos e suas famílias. O segundo é fundamental quando é necessária uma intervenção mais estendida temporalmente – por exemplo, no apoio a alunos com necessidades especiais.

• É *aplicável* em todos os níveis de escolarização (pré-escola, ensino fundamental, ensino médio e inclusive formação profissional e ensino superior) e de intervenção (universal, indicada, específica), a todos os atores da escola (alunos, professores, pais, especialistas e pessoal de serviços de apoio), em todos os formatos de intervenção (trabalho individual, familiar, com grupos) e em todos os contextos do mundo escolar (a sala de aula, o pátio, as reuniões de professores, as entrevistas com pais etc.).

• É adequado para a intervenção em alunos com *necessidades educativas especiais*, pois é um enfoque centrado em objetivos e orientado pelos resultados.

• É *colaborativo*, uma vez que leva em consideração os desejos e objetivos de todos os integrantes do sistema escolar, impulsionando ativamente a cooperação com todos eles e de todos eles.

• É um enfoque *centrado na pessoa*, que se baseia no respeito aos valores e interesses dos interlocutores e, portanto, é adequado para abordar a diversidade e a multiculturalidade. Na IECS, a adoção de uma atitude de curiosidade e de aceitação facilita um modo de trabalho culturalmente sensível.

• É um enfoque facilmente *disseminável*, pois pode ser aprendido mediante formação e supervisão relativamente breves.

• É um enfoque *flexível*, uma vez que combinável com técnicas e abordagens de outras orientações, em especial a cognitivo-comportamental (BEYEBACH, 2016)[4].

• Como veremos na seção a seguir, começa a se tornar um enfoque *baseado na evidência*, que está gerando pesquisa sobre sua efetividade e sua eficiência.

---

4. Alguns pesquisadores veem a terapia breve centrada em soluções como uma nova modalidade de terapia cognitivo-comportamental (BOYER *et al.*, 2014; ISEBAERT, 2005).

> A IECS é a aplicação, no âmbito da escola, dos princípios e técnicas da terapia breve centrada em soluções.

> A IECS propõe uma abordagem diferente dos problemas escolares, baseada na negociação de objetivos, na ativação de pontos fortes e na colaboração.

> A IECS não é um método de resolução de problemas, mas sim uma metodologia de construção de soluções.

1.4 A intervenção centrada em soluções na escola como uma prática baseada na evidência

1.4.1 O status *empírico da terapia breve centrada nas soluções*

Como acabamos de ressaltar, a terapia breve centrada em soluções nasceu na década de 1980 num contexto de pesquisa clínica no qual Steve de Shazer, Insoo Kim Berg e seus colegas de Milwaukee se utilizavam de um processo recursivo de observação de entrevistas, identificação do que funcionava, uso sistemático dos elementos eficazes e análise de seus resultados (LIPCHIK *et al.*, 2012). Esse espírito de rigor e indagação constante disseminou-se como parte integrante da terapia breve centrada em soluções e propiciou pesquisas sobre seus resultados e seus processos no mundo inteiro.

Graças ao crescimento exponencial da pesquisa desde 2000, hoje temos constância da publicação de 134 estudos controlados sobre a efetividade da terapia breve centrada em soluções (MAcDONALD, 2017). Dos 94 estudos que comparam esse tratamento com outra modalidade de intervenção, 66 mostram resultados favoráveis à terapia breve centrada em soluções. Tais estudos foram analisados novamente em muitas revisões sistemáticas (BOND *et al.*, 2013; CORCORAN; PILLAI, 2007; FRANKLIN *et al.*, 2017; GINGERICH; EISENGART, 2000; GINGERICH; PETERSON, 2013; KIM, 2012; KIM; FRANKLIN, 2009; SUITT; FRANKLIN; KIM, 2016) e meta-análises (CARR *et al.*, 2017; GONG; HSU, 2015, 2016; KIM DONG, LEE HYE EUN;

PARK EUNJI, 2017; KIM, 2008; KIM *et al.*, 2015; PARK, 2014; STAMS *et al.*, 2006).

Também foram publicados mais de 300 estudos de acompanhamento e dúzias de pesquisas de processo e processo-resultado. Considerando o conjunto dessas pesquisas, podemos tirar as seguintes conclusões:

• Os dados confirmam que a terapia breve centrada em soluções é uma intervenção breve que possibilita resultados positivos em um pequeno número de sessões, pois a maioria das pesquisas publicadas relatam entre três e seis encontros. A evidência disponível sugere que esses resultados tendem a se manter ao longo do tempo.

• Tomando-se as pesquisas em conjunto, os dados parecem sugerir que essa intervenção tem um impacto entre moderado e alto: enquanto nas primeiras meta-análises (STAMS *et al.*, 2006; KIM, 2008) os tamanhos de efeito achados foram médios[5] (entre d = 0,26 e d = 0,57), nas mais recentes (GONG; HSU, 2016; KIM DONG *et al.*, 2017; KIM *et al.*, 2015; PARK, 2014) os grandes tamanhos de efeito são superiores a d = 1.

• Atualmente dispomos de considerável número de estudos de processo e processo-resultado (FRANKLIN *et al.*, 2007) que sustentam o efeito positivo de determinadas técnicas centradas em soluções, como a negociação de objetivos e a conversação sobre mudanças pré-tratamento (BEYEBACH *et al.*, 1996) ou a tarefa de fórmula de primeira sessão (ADAMS; PIERCY; JURICH, 1991). Ademais, esses estudos lançam

---

5. Embora os tamanhos de efeito deveriam de fato ser interpretados no contexto de um campo de pesquisa concreta, aceita-se a convenção de que acima de d = 0,20 temos efeitos pequenos, acima de d = 0,50 os efeitos são médios, e acima de d = 0,80 trata-se de efeitos grandes (COHEN, 1988). Um efeito de d = 0,80 significa que a pessoa média do grupo experimental supera 79% das pessoas do grupo de controle. Cohen aponta que um d = 0,80 corresponderia, por exemplo, à diferença na média do Quociente de Inteligência entre alunos do primeiro ano de um curso e alunos que obtiveram o doutorado.

luz sobre a maneira de se utilizar a linguagem ao aplicar essas técnicas – por exemplo, na desconstrução (SÁNCHEZ PRADA; BEYEBACH, 2014) – e reconhecem o risco de abusar delas – por exemplo, da linguagem pressuposicional (MAcMARTIN, 2008) – ou não as adaptar às circunstâncias dos consultantes – por exemplo, as dificuldades para empregar a pergunta milagre com pessoas surdas (ESTRADA; BEYEBACH, 2007) ou com mães de filhos com deficiência (LLOYD; DALLOS, 2008).

Para concluir, as pesquisas já feitas a respeito da terapia breve centrada em soluções parecem respaldar a ideia de que se trata de um tratamento breve e eficaz que gera mudanças duradouras, além de ser aplicável a diversos problemas.

1.4.2 O status *empírico da intervenção escolar centrada em soluções*

Os estudos sobre a terapia breve centrada em soluções para o âmbito educacional começaram um pouco depois do que no campo clínico, com o início deste século. Em uma primeira revisão, Kim e Franklin (2009) identificaram sete estudos controlados feitos nos Estados Unidos que documentavam o efeito da IECS sobre diversas variáveis dos alunos, como a frequência escolar e as avaliações acadêmicas (FRANKLIN *et al.*, 2007; NEWSOME, 2004), assim como a autoestima (KVARME *et al.*, 2010), os sintomas de TDAH (BOYER *et al.*, 2014, 2015) e os problemas de conduta em sala de aula (OSENTON; CHANG, 1999). Embora os resultados não fossem conclusivos, a intervenção centrada em soluções conseguia, em geral, efeitos similares ou superiores às intervenções com as quais era comparada.

Posteriormente surgiu uma considerável quantidade de estudos publicados na China, em Taiwan e na Coreia que, por questões linguísticas, são mais difíceis de examinar. Os autores que o fizeram observaram que a produção bibliográfica chinesa sobre o assunto se assemelha muito à dos Estados Unidos, o que confirmaria a eficácia do enfoque centrado em soluções para a intervenção escolar (KIM *et al.*, 2015). Com efeito, na meta--análise de Gong e Hsu (2016) sobre 24 estudos realizados na China e em Taiwan, os autores concluíram que essa modalidade de intervenção é perfeitamente aplicável em centros educacionais chineses e taiwaneses. Essa meta-análise examinou o efeito das sessões grupais de terapia breve centrada em soluções efetuadas com alunos de ensino fundamental (6 a 12 anos), primeiro ciclo (13 a 15 anos) e segundo ciclo (16 a 18 anos) do ensino médio, bem como do ensino superior. Nos estudos analisados, media--se o efeito da intervenção centrada em soluções sobre variáveis como ansiedade, depressão, autoeficácia nos estudos e problemas interpessoais. Para todos os níveis de escolarização, a intervenção centrada em soluções teve resultados acima do grupo de controle, com tamanhos de efeito grandes (entre 1,03 e 1,09) para todos os grupos etários, com exceção dos alunos de 13 a 15 anos, cujos resultados foram moderados (0,80). Esses resultados mantiveram-se no acompanhamento. Na Coreia do Sul, Park (2014) fez uma meta-análise de 20 estudos controlados sobre o efeito de sessões grupais centradas em soluções com alunos de ensino fundamental em escolas coreanas. A intervenção centrada em soluções teve efeitos positivos na autoestima, no ajustamento escolar, nas relações interpessoais e na autoeficácia dos alunos. Todos esses efeitos foram grandes (entre d = 1,02 e d = 1,35).

Uma das aplicações específicas da IECS na China visa melhorar a gestão da sala de aula em escolas primárias e secundárias (LIU *et al.*, 2015), de maneira análoga àquela pela qual a metodologia Working on What Works (KELLY; KIM; FRANKLIN, 2008; cf. cap. 9) tem sido pesquisada nos Estados Unidos. Nesse âmbito, a bibliografia elaborada na China também sustenta a utilidade de se manter um enfoque positivo, explorar os pontos fortes dos alunos e transformar as reclamações em objetivos (YANG; LIU; ZHANG, 2005). Outra área em que a pesquisa sobre IECS desenvolveu-se muito é a orientação vocacional de estudantes do segundo ciclo de ensino médio, com uma dúzia de estudos controlados que mostram os efeitos positivos de uma abordagem centrada em soluções na tomada de decisões quanto ao curso superior a se escolher.

Também há um número considerável de pesquisas publicadas sobre o uso do enfoque centrado em soluções com intuito de ajudar estudantes universitários a melhorarem sua adequação interpessoal, desenvolverem suas habilidades sociais e reduzirem a depressão. Também aqui se dá um paralelismo com o desenvolvimento de programas de *counseling* para universitários (PAKROSNIS; CEPUKIENE, 2015) e tutorias centradas em soluções para professores universitários (DEVLIN, 2003) em países ocidentais.

1.4.3 Alguns exemplos

Boa parte das aplicações centradas em soluções que tem sido objeto de pesquisa nos últimos anos são intervenções breves, com cinco a oito sessões, adicionadas a um programa de apoio ou ao currículo corrente. Descreveremos, a título de exemplo, alguns dos estudos desenvolvidos em países ocidentais.

Fearrington, McCallum e Skinner (2011) realizaram um estudo nos Estados Unidos com crianças afro-americanas da 5ª série do ensino fundamental que foram reprovadas em matemática. Cada sessão durava 30 minutos. Entre três e cinco das primeiras semanas foram dedicadas ao trabalho individual com os alunos, e as cinco semanas seguintes ao trabalho em duplas. As variáveis dependentes foram a realização do dever e sua exatidão. O rendimento dos alunos melhorou: quanto à realização do dever, passou-se de 29% para 80% de exercícios concluídos, e de 23% para 50% na exatidão das respostas.

Em um estudo em grande escala feito nos Países Baixos, Boyer *et al.* (2014) compararam a terapia breve centrada em soluções com uma terapia cognitivo-comportamental para adolescentes (de 12 a 17 anos) com diagnóstico de TDAH. O objetivo era melhorar o comportamento desses adolescentes sem lançar mão de novas medicações ou sem aumentar a dose da medicação que eles já recebiam. Mediu-se o efeito dessas terapias a partir de diversas medidas de resultados, inclusive medidas neuropsicológicas e medidas observacionais, como a avaliação dos professores. Em ambas as intervenções, houve oito sessões com os adolescentes e duas com os seus pais. A principal diferença entre os dois métodos consistia em que, na intervenção centrada em soluções, os jovens é que decidiam o que queriam trabalhar, e o terapeuta era apenas um guia a encaminhá-los para a solução, ao passo que no programa cognitivo-comportamental as habilidades sobre as quais se trabalharia em cada sessão eram predeterminadas. Os resultados foram muito similares em ambos os casos, com grandes tamanhos de efeito, o que sugere que os dois métodos eram efetivos. No acompanhamento feito após o transcurso de um ano, verificou-se que os resultados continuavam a ser equivalentes (BOYER *et al.*, 2015).

Nos Estados Unidos, Daki e Savage (2010) efetuaram um estudo randomizado com crianças de 7 a 14 anos. Todas elas participavam de um programa de apoio à leitura, e a maioria apresentava algum diagnóstico prévio (TDAH, dislexia, problemas de aprendizagem). No grupo experimental, o programa de apoio à leitura foi acrescido de cinco sessões adicionais centradas em soluções, de 40 minutos cada. Fez-se uma avaliação muito completa de diversas variáveis relacionadas com a velocidade e a qualidade da leitura. O grupo experimental obteve melhores resultados em 26 das 38 variáveis dependentes, com grandes tamanhos de efeito.

Num estudo oriental, Zhou e Luo (2011) valeram-se da terapia breve centrada em soluções para melhorar a confiança e a autoeficácia de alunos de faculdade na aprendizagem do inglês. Seus resultados mostraram que a terapia breve centrada em soluções ajudava os estudantes a mobilizarem suas emoções positivas, reduzirem sua ansiedade em face do estudo e aumentarem sua motivação.

Finalmente, num estudo controlado não randomizado realizado em 14 escolas na Noruega, Kvarme *et al.* (2010) ofereceram grupos centrados em soluções (FURMAN, 2009) para alunos do nível primário isolados socialmente. Os resultados demonstraram que a autoeficácia desses alunos melhorava no fim do estudo e no acompanhamento (ambos os sexos), apesar de a superioridade do grupo experimental sobre o grupo de controle só ter se manifestado em algumas das medidas de autoeficácia.

Concluindo, existem abundantes estudos a demonstrarem a efetividade da IECS em diferentes modalidades, formatos e aplicações. Apesar de ainda restar muito a avançar do ponto de vista da pesquisa (entre outras coisas, a identificação de indicações mais específicas, a replicação dos estudos e o acompanhamento no longo prazo), pode-se afirmar que existe uma ampla base empírica que justifica a utilização da IECS no âmbito escolar. Embora ainda não se tenham feito pesquisas sobre a IECS em países latinos, a variedade de contextos culturais e sistemas escolares nos quais essa metodologia foi aplicada com sucesso leva a pensar que não há motivo para ela não ser igualmente eficaz na Espanha.

- A terapia breve centrada em soluções demonstrou sua efetividade em centenas de estudos no campo clínico e no do trabalho social.
- No âmbito escolar, existe uma base empírica incipiente, porém já importante, que permitiu efetuar três meta-análises dos estudos publicados. Essas meta-análises confirmam o efeito positivo das intervenções centradas em soluções em todos os níveis de escolarização, e com grandes efeitos.

2

A postura centrada em soluções do profissional na escola

> *Como terapeutas centrados em soluções, resolvemos passar muito do nosso tempo em sessão fazendo perguntas que decorrem diretamente dos nossos pressupostos. Essas crenças quanto às pessoas com quem trabalhamos guiam-nos em todo os momentos, inclusive nas situações em que não temos respostas.*
> Rebekka Ouer

Ainda que em grande parte a nossa própria pesquisa tenha sido centrada nos aspectos técnicos das intervenções centradas em soluções, e em especial no uso de diferentes tipos de perguntas e tarefas (BEYEBACH, 2009; 2014; NEIPP *et al*., 2016; SÁNCHEZ PRADA; BEYEBACH, 2014), nos últimos anos nos convencemos de que um enfoque ou um estilo de intervenção é mais bem definido não por suas ferramentas técnicas, mas sim pela *postura* que o profissional adota perante seus interlocutores, isto é, pelos valores e pressupostos teóricos que informam seu modo de interagir. Como já apontara Eve Lipchik (2002) oportunamente, dessa postura decorre um conjunto diversificado de técnicas de intervenção que, de forma recursiva, por sua vez reforçam os valores e pressupostos (HELD, 1996; MEDINA; BEYEBACH, 2014).

Neste capítulo apresentaremos os cinco eixos que no nosso entender definem a postura de um profissional da educação centrado em soluções. Esse profissional adota uma postura *construtivista/construcionista* com a qual privilegia a *colaboração ativa* com seus interlocutores na escola, seja qual for a sua função nela (mestre ou professor, tutor, orientador escolar, membro de uma equipe multidisciplinar, especialista em PT, PTSC, trabalhador social escolar, enfermeira escolar, logopedista, chefe de estudos ou diretor do centro). Além disso, ele aposta na *mudança*, considerada dentro dos *contextos* de interação relevantes e sempre com toda a *simplicidade* possível.

2.1 Uma postura construtivista e construcionista

2.1.1 A realidade é coconstruída

Na IECS adotamos uma *postura construtivista*, ou seja, consideramos que a realidade é construída por cada pessoa a partir de seus condicionantes culturais, históricos, biográficos e biológicos peculiares (HOFFMAN, 1990; WATZLAWICK, 1984). Por exemplo, é provável que um mesmo incidente na sala de aula seja construído de maneira diferente por um menino que emigrou de um país muçulmano do sul da África e acaba de começar a sua escolarização na Espanha e por uma menina filha de espanhóis, criada e escolarizada na Espanha e frequentadora do mesmo centro escolar desde os 3 anos de idade. De mais a mais, na IECS também subscrevemos a perspectiva do *construcionismo social* (GERGEN, 1985), conforme a qual a realidade social é coconstruída na interação e na comunicação. Assim, aquilo que os professores comentam sobre os pais de uma criança configura uma imagem predeterminada deles, do mesmo modo que os rumores a respeito de um professor criam realidades muito poderosas, capazes de ganhar "vida própria". Portanto, a postura construtivista implica questionar que a realidade esteja "lá fora" e aventar que nós a criamos com base em nossos condicionantes e por meio do uso da linguagem na interação. Em outras palavras, o que as coisas são depende em grande parte de como as vemos (da proverbial "depende da cor do cristal através do qual você olha"*) e também de como delas falamos.

Do ponto de vista individual, a perspectiva construtivista lembra-nos de que os problemas percebidos por uma pessoa dependem de como ela constrói a realidade. Falar sobre sexualidade para uma turma de 2ª série do ciclo superior do ensino médio pode ser um desafio empolgante para um professor, mas um fator de estresse e desassossego para outro; obter um "muito bom" será um sucesso extraordinário para um aluno e quase um fracasso para outro; o afastamento entre duas colegas pode ser vivenciado como uma desgraça ou como uma libertação. Do ponto de vista coletivo, a abordagem construcionista leva-nos a analisar de que maneira os relatos de algumas pessoas influem naqueles das pessoas que com elas interagem e, por sua vez, por eles são influenciados, constituindo-se uma infindável dinâmica de coconstrução social na qual constantemente se propõem, aceitam e modificam significados. Assim, a reputação de um aluno, gerada em múltiplas conversas entre colegas e professores, há de precedê-lo no ano seguinte e condicionará o modo como as pessoas o perceberão e reagirão diante dele.

A construção da realidade não é inócua, pois tem consequências práticas na vida e nas relações das pessoas. No âmbito escolar, é famoso o experimento que Rosenthal levou adiante mais de cinco décadas atrás (ROSENTHAL; JACOBSON, 1968) em uma aula de ensino fundamental. No início de um ano letivo, ele fez testes de inteligência e forneceu informação falsa aos professores sobre quais alunos eram mais inteligentes; ao terminar o curso, verificou-se que, de fato, os alunos ditos mais inteligentes (embora não o fossem) haviam obtido melhores resultados. O panorama oferecido aos professores condicionou suas expectativas e sua atitude com relação aos alunos, e por sua vez os alunos responderam de maneira diferente a essas expectativas.

---

* Expressão extraída de *El tren expresso*, de Ramón de Campoamor y Campoosorio (1817-1901): "En este mundo traidor, nada es verdad ni mentira, todo es según el color del cristal con que se mira" [N.E.].

Esse tipo de profecias autorrealizáveis apresenta-se incessantemente em todos os níveis do âmbito escolar e familiar. Assim, um aluno que ingressa num novo centro de ensino e teme ser rejeitado pode ficar tão na defensiva que acabe mesmo por gerar reações de rejeição, as quais por sua vez confirmarão seus temores iniciais. E talvez a mãe que tenta controlar o comportamento da filha o tempo todo acabe gerando a mesma resposta de rebeldia que tentava evitar, confirmando assim a sua ideia do começo. Ou seja, relatamos nossa experiência de uma determinada forma, e essa narrativa funciona não apenas como um relato a respeito de condutas passadas, mas também, acima de tudo, como um roteiro para interações futuras. Interações desse tipo criam ainda autoimagens e autoconceitos que se tornam roteiros de vida de uns e outros. São rótulos que funcionam tanto na vida familiar (o irmão "responsável" / o irmão "tresloucado") quanto na relação entre alunos (o líder de um grupo / o "palhaço" da turma) e entre profissionais (o colega "brando" / o "durão").

2.1.2 *Construímos com a linguagem*

Na perspectiva construcionista e construtivista, a linguagem é a principal ferramenta de construção de realidades. Logo, um profissional cuja postura é construtivista entende a intervenção na escola como um *jogo de linguagem* do qual ele participa como interlocutor privilegiado de modo a tentar gerar narrações alternativas (ANDERSON; GOOLISHIAN, 1988). As muitas conversas com pais, professores e alunos nas salas de aula e nos pátios de escolas e institutos oferecem constantes oportunidades para configurar umas ou outras realidades. Comparemos as duas seguintes formas de se lidar com uma mesma situação inicial, uma centrada em problemas e a outra em soluções.

PROFESSORA: Tenho observado que você se isola e não se relaciona com seus colegas. Acho que deveria fazer um esforço para se entrosar mais.

PROFESSORA: Tenho observado que é um pouquinho difícil para você se relacionar com seus colegas. Com quem você gostaria de se relacionar um pouco mais?

A situação inicial é a mesma, mas a conversa é levada para uma ou outra direção com base na construção que o profissional opta por privilegiar.

2.1.3 Implicações de uma postura construtivista e construcionista

Poder-se-ia argumentar que a adoção de uma postura construtivista implica que "tudo vale" e induz os profissionais a abdicarem de sua responsabilidade, já que não existiria a referência proporcionada por uma "realidade objetiva". No nosso entender, essa leitura não é correta, uma vez que, na verdade, optar por uma postura construtivista implica assumir uma responsabilidade maior: a tomada de decisões não pode se basear no suposto imperativo de uma realidade objetiva ("Estes dois alunos estão desmotivados, e eu me limito a agir em consequência"), e sim passa a ser o resultado das escolhas que se fazem ("Eu, interagindo com estes alunos, decido usar o conceito de desmotivação para descrever como eles se comportam"). Em outras palavras, o profissional construtivista está ciente de que seu jeito de falar com seus interlocutores – bem como sua maneira de falar a respeito deles – contribui em certo sentido para *criá-los*. Se uma psicóloga escolar descreve uma família como "resistente", criará resistência; se num relatório ela emprega o rótulo de "aluno com transtorno desafiador de oposição", provavelmente vai contribuir para o garoto apresentar as condutas que justificam esse rótulo; se uma professora entra em atrito com um aluno, ela não só estará reagindo a esse aluno como também contribuirá para agravar o descontrole da conduta dele (COLVIN; SCOTT, 2015). Por consequência, o ponto de vista construtivista induz a tomar todo cuidado na interação com nossos interlocutores não só nas aulas, nas conversas ou nas intervenções diretas com eles, mas também na hora de aplicar questionários, formular diagnósticos ou redigir relatórios, porque todas essas práticas, longe de se limitarem a refletir uma realidade objetiva, são formas de criar uma realidade. Dizer aos pais que seu filho *tem* um transtorno do déficit de atenção com hiperatividade ou, pior, que é um "menino TDAH" é propor uma realidade muito diferente do que ao informá-los de que seu filho tem dificuldades com a atenção ou com o controle de impulsos e necessita de ajuda para superá-las.

O ponto de vista construtivista e construcionista tem dois corolários para a IECS. De um lado, com uma abordagem construtivista e construcionista não faz sentido tentar *ler nas entrelinhas*, tentar interpretar o significado "oculto" dos atos e das palavras dos alunos ou dos pais (DE SHAZER, 1994). Assim, se uma aluna nos diz que não conseguiu terminar o trabalho porque o estado de saúde de sua avó está muito grave e a preocupação com ela a impede de concentrar-se, evitaremos analisar se se trata de mera desculpa ou de uma dificuldade "real" e simplesmente lhe perguntaremos o que tem pensado fazer em vista das circunstâncias. Se uma professora comenta que já repetiu diversas vezes uma determinada sugestão em aula sem sucesso, em lugar de duvidarmos de que ela o tenha feito ou supormos que não o fez da maneira correta, perguntaremos qual seria para ela um pequeno sinal de que a sugestão teve sucesso.

O outro corolário: uma perspectiva construtivista e construcionista é a adoção de uma postura *não normativa* a partir da qual se supõe que cada pessoa, cada família e cada escola são únicas, que não existe um padrão universal nem essencial de pessoa sã, tampouco um único modelo de "família funcional", de "bom aluno" ou de "boa escola". Desse ponto de vista, aceita-se a diversidade de formas de agir e de comportar-se, de ser pessoa, de estar em família, de conduzir uma sala de aula ou colaborar numa equipe e profissionais; ademais, entende-se que nenhuma dessas formas está *a priori* acima das demais. Que umas ou outras se mostrem mais ou menos adequadas depende do contexto cultural e social em que se encontrarem e, portanto, também de elementos como o marco legal – o qual, por exemplo, estabelece padrões de resultados de aprendizagem – e institucional – como o ideário do centro ou a proposta pedagógica da equipe de direção.

Portanto, na IECS não esperaremos que nossos interlocutores se adaptem a um modelo preestabelecido por um "especialista" externo (por exemplo, estudar "pelo menos uma hora ao dia", alcançar uma "comunicação mais aberta" na família, conseguir que o professor seja "mais dinâmico" em aula), mas nos disporemos a ajudá-los a conseguir o que eles se propuserem, dentro dos condicionamentos impostos pelos diversos níveis do sistema escolar (por exemplo, melhorar as notas até conseguir a aprovação; contribuir para que o modo de comunicação escolhido pela família seja eficaz; orientar o professor de forma a fazê-lo se sentir confortável na linha de aprendizagem cooperativa iniciada no seu estabelecimento escolar). Contudo, não é fácil adotar uma postura não normativa. Temos a tendência espontânea a avaliar e julgar, sendo especialmente difícil evitar fazer isso no âmbito da educação. Portanto, entendemos que uma postura não normativa demanda sobretudo um esforço constante no sentido de deixarmos de lado nossas preferências, de modo a nos concentrarmos ao máximo nos objetivos e nas preferências das pessoas com as quais interagimos. Isso não é simples no sistema educacional, pois há nele enorme pressão para os profissionais avaliarem, quantificarem e compararem constantemente.

A essa pressão acresceu-se nos últimos anos uma forte tendência a diagnosticar e a atribuir rótulos psicopatológicos nos alunos que não parecem se encaixar direito no molde estabelecido. Daí que, como mencionamos no capítulo anterior, as salas de aula estejam cada vez mais repletas de crianças "TDAH", "opositoras", "com transtorno bipolar infantil" etc. (GARCÍA DE VINUESA; GONZÁLEZ PARDO; PÉREZ ÁLVAREZ, 2014). Nesse contexto, manter uma postura alternativa é assunto delicado. No entanto, compreender as diversas limitações e imposições do sistema escolar como *construções renegociáveis* – e não como *realidades imutáveis* – pode facilitar as coisas.

- A posição construtivista e construcionista convida-nos a considerar a realidade escolar como uma coisa coconstruída em interação com os outros. Nesse processo, a linguagem tem um papel fundamental. Isso aumenta nossa responsabilidade como profissionais: o modo de falarmos e o que falarmos com alunos, professores e pais contribuirão para configurar determinadas realidades ou outras, bem como podem repercutir profundamente na vida de nossos interlocutores.

2.2 Uma atitude de colaboração ativa com nossos interlocutores

Se entendermos a intervenção escolar como a coconstrução de realidades com nossos interlocutores, é lógico que a relação que com eles estabelecermos passe a ter grande importância. A IECS empenha-se em uma relação de colaboração na qual o profissional se esforça ativamente para se adequar aos objetivos, à postura e à linguagem de seus interlocutores, de modo a aumentar a sua motivação e gerar mudanças.

A atitude colaborativa do profissional consiste em situar-se num plano de igualdade perante seus interlocutores, evitando assumir um papel de "especialista" e adotando uma postura humilde e curiosa (BEYEBACH, 2013). Colaborar não é esperar que nossos interlocutores o façam conosco, mas esforçar-nos constantemente para compreender o que podemos fazer para colaborar com eles. Como conseguir que os pais não fiquem na defensiva quando convocados para uma entrevista no centro escolar? Que tipo de sugestão seria bem-aceita por esse aluno? Como posso colocar a questão para o diretor do centro ter mais facilidade em considerá-las? Vejamos duas versões de uma conversa do tutor com os pais de um menino que brigou com dois colegas. Uma maneira bem pouco colaborativa de começar:

TUTOR: Vocês já sabem por que os chamei, não é mesmo? É porque seu filho brigou de novo com os colegas e depois faltou com o respeito a um professor que foi separá-los. Isso é intolerável.

PAI: Mas o Joserra nos disse que ele não tinha iniciado a briga.
T: Mentira! Foi ele quem começou, como sempre. Nessa questão vocês precisam começar a ser rigorosos com seu filho, caso contrário isso vai acabar muito mal. Além disso, ele será repreendido, claro.

* * *

Um começo mais colaborativo:

* * *

TUTOR: Obrigado por terem vindo, eu sei que vocês estão muito ocupados. Pedi que viessem porque queremos contar com vocês para ajudar o Joserra e outros alunos. Acontece que ontem, no recreio da manhã, seu filho brigou com outros dois meninos.
PAI: Mas o Joserra nos disse que ele não tinha iniciado a briga.
T: Pode ser, o fato é que os três bateram e os três apanharam. Nossa ideia é falar com eles para que, além da sanção que corresponde, aprendam a resolver os problemas de outra forma. Queríamos falar com vocês e com os pais dos outros meninos para ver como podem nos ajudar em casa.

Cooperar com nossos interlocutores significa procurar o ajuste com eles por meio de diversos processos interligados (BEYEBACH, 2006, 2013):

- *Cuidar da relação* tentando gerar um clima de confiança e proximidade em que nossos interlocutores estejam à vontade e se sintam escutados, não julgados.
- Trabalhar *visando aos objetivos* de nossos interlocutores, pois é dificílimo conseguir a cooperação de uma pessoa se não se leva em conta o que ela quer.

- Intervir *com base na postura* de nossos interlocutores, ou seja, com base em sua visão de mundo e sua forma de construir a situação.
- Abrir mão do nosso jargão profissional e *utilizar a linguagem* de nossos interlocutores, isto é, seu vocabulário e suas expressões preferidas.
- *Afinar-se com o "estilo de cooperação"* de nossos interlocutores, com sua forma de fazer as coisas.
- *Orientar "por trás"* (CANTWELL; HOLMES, 1994), não tentar obrigar nossos interlocutores a mudarem nem pretender empurrá-los em determinada direção, mas sim procurar acompanhá-los no processo.
- *Ir devagar*, conceito vinculado ao anterior. De um lado, trata-se de apostar em mudanças pequenas, mais factíveis e motivadoras, em lugar de buscar grandes mudanças ou transformações radicais. Por outro lado, ir devagar significa aceitar como legítimos os possíveis temores à mudança de nosso interlocutor e sua dificuldade em partir para a ação. Do ponto de vista do modelo de Prochaska e DiClemente (1982, 1992), *ir devagar* implica que nossa intervenção corresponda à fase de disposição à mudança em que o usuário se encontrar. Assim, se o aluno não vê problemas no seu consumo de *cannabis* (fase pré-contemplativa), antes de lhe propor mudanças tentaremos fazer com que ele veja os problemas (fase contemplativa). Se um professor for ambivalente quanto à conveniência de abordar os problemas de convivência com a turma, vamos ajudá-lo a avaliar os prós e contras antes de elaborar um plano de ação concreto (fase de preparação).
- Utilizar uma *linguagem permissiva* em vez de controladora: "Talvez você poderia..." ou "Se você concordar..." serão formulações preferíveis a "Você tem que..." ou "Você deve..." (DECI; RYAN, 2002).

Optar por uma atitude de colaboração ativa na escola implica entendermos que, longe de oferecer "resistência", nossos interlocutores sempre cooperam conosco. Assim, se um professor não faz as anotações que a orientadora o instruiu a fazer a respeito da conduta de uma criança em aula, ela não vai supor que ele esteja "resistindo" ou "sabotando a intervenção", mas preferirá pensar que a tarefa não era adequada e redobrar seus esforços em busca de algo que se adapte melhor. Se o professor constatar que os pais não estão ajudando seu filho no dever, como haviam combinado, não os acusará de "negligenciarem" o filho, mas procurará outras propostas que eles possam concretizar.

A atitude de colaboração dobra também a aposta nos recursos de nossos interlocutores: vê-los como pessoas com capacidades e pontos fortes torna mais fácil colaborar com eles ombro a ombro e, reciprocamente, promover uma colaboração genuína é uma forma de empoderar os nossos interlocutores. Aliás, um estudo recente que realizamos na ilha de Tenerife com profissionais da proteção aos menores indica que essa posição colaborativa tem efeito positivo até nos próprios profissionais, a quem ela também empodera e protege do *burnout* (MEDINA; BEYEBACH, 2014). Isso também é preciso em muitas escolas e institutos.

- Os profissionais centrados em soluções assumem a responsabilidade de adotar uma atitude de colaboração ativa com seus interlocutores.
- Na IECS colaboramos com nossos interlocutores cuidando do relacionamento com eles, atendendo a seus objetivos, falando sua linguagem, respeitando seu estilo pessoal, guiando enquanto nos mantemos "um passo atrás" e aplicando a ideia de "ir devagar".

2.3 Uma aposta na mudança

Na IECS o fomento a uma relação de colaboração é nem tanto um fim quanto um meio para um fim: conseguir mudanças que permitam atingir os objetivos visados. A diferença entre o enfoque centrado em soluções e outros enfoques de intervenção breve não é a ideia de que o profissional provoque essas mudanças, mas sim a de que ele atente para as mudanças que já ocorrem de maneira espontânea, de modo a detectá-las, consolidá-las e ampliá-las. Aqui, o pressuposto de que "a mudança é constante" (cap. 1) encoraja-nos a procurar diferenças a todo momento e a manter o foco nelas, mesmo que no início isso pareça não dar resultado, como neste exemplo de diálogo entre orientadora e professor:

ORIENTADORA: O que você gostaria de conseguir com este grupo?

PROFESSOR: Que não se contentassem em cumprir o trâmite, que realmente se envolvessem e participassem nas coisas.

O: Quais as ocasiões em que você os viu um pouco mais envolvidos e participativos?

M: Neste ano nunca, estão totalmente *molengas* desde que começamos.

O: Estou vendo. Quando você diria que eles parecem nem tão *molengas*, ainda que seja apenas um pouquinho menos?

M: Ora, na parte da manhã, no tempinho que dedicamos a comentar as notícias dos jornais, quando parecem um pouquinho mais despertos.

O: Muito interessante. Explique-me em que você nota isso.

Na IECS, as mudanças que nos interessam são aquelas que implicam uma melhoria, isto é, que aproximam nossos interlocutores de seus objetivos ou representam uma exceção a seus problemas. Uma questão delicada é o que vale como mudança, quando é que uma mudança importa o bastante para ser relevante. Aqui é preciso levar em consideração que a *relevância* é dada pela percepção de nossos interlocutores; ou seja, é relevante aquilo que eles veem como sinal de uma diferença. De qualquer maneira, do ponto de vista construcionista, a relevância também se coconstrói, como no caso que acabamos de apresentar – a conversação é que torna relevantes (ou não) as melhorias que no início da conversa não pareciam sê-lo.

Outra questão importante relacionada com o que vale como mudança é quando é *suficiente* uma intervenção no meio escolar. A resposta mais simples é que a intervenção pode dar-se por concluída quando nossos interlocutores entendem ter atingido seus objetivos ou quando não há mais queixas sobre o problema. Todavia, como aponta Steve de Shazer, "uma mudança não é mudança enquanto não é percebida como tal no seu *contexto social*" (DE SHAZER *et al.*, 2007, p. 47). Noutras palavras, as pessoas relevantes do âmbito escolar e familiar têm de perceber as mudanças e reagir a elas para que se instaurem sequências alternativas de interação. É bom que a aluna com quem a tutora esteve falando dê repetidos sinais de motivação e interesse pelo estudo, mas esses sinais pouco servirão se os demais professores continuarem a ver a aluna desmotivada. É positivo um aluno estar fazendo esforços para resolver os conflitos de forma não violenta, porém essas mudanças de pouco servirão se não forem percebidas por quem abriu um processo devido às agressões do menino. Em outras palavras, temos de estar atentos à validez social das mudanças.

É por isso que no planejamento de intervenção da IECS costuma-se incluir todas as pessoas que interagem em redor do problema. Isso significa que com frequência se fala não só com os alunos como também com membros de suas famílias, colegas de turma e professores ou tutores. Entretanto, nem sempre é preciso falar diretamente com eles, pois pode ser suficiente intervir apenas com algumas das pessoas envolvidas, desde que se ache uma maneira de visibilizar essas mudanças para as demais. Por exemplo, se uma professora teve com um aluno algumas conversas que o ajudaram a mudar, ela pode informar outros professores sobre essas mudanças comentando-as com eles, enviando-lhes uma mensagem de correio eletrônico ou propondo que o aluno a envie. Além disso, ela pode dedicar uns minutos a conversar com o menino sobre o que ele pode fazer para que seus professores realmente reparem em suas melhorias.

Mudanças de outros tipos podem ser visibilizadas por meio da informação sobre elas na página *web* da escola, da realização de "vídeos de sucesso" (MURPHY, 1996) ou da organização de palestras ou jornadas sobre projetos concretos (cf. cap. 10). Ademais, é uma boa estratégia compartilhar o mérito pelo que se conseguiu, de modo que todos os envolvidos sintam que contribuíram (FURMAN, 2010; FURMAN; AHOLA, 1992), além de incluí-los nos possíveis planos de prevenção de recaídas (SELEKMAN; BEYEBACH, 2013).

O modo de se compreender a mudança na IECS é coerente com a premissa, apresentada no capítulo anterior, de que os interlocutores têm recursos e, portanto, o ponto de partida não necessariamente será "dar-lhes recursos" (ou "ensinar-lhes habilidades"), e sim procurar aproveitar e potencializar aqueles de que eles já dispõem[6]. Nesse sentido, o "princípio de utilização" desenvolvido por Milton H. Erickson (HALEY, 1973) oferece uma chave interessante: a ideia de que tudo aquilo que o consulente traz, inclusive o que é aparentemente problemático, pode ser aproveitado e utilizado em favor da mudança. Com base no princípio de utilização, é preocupação constante do interventor centrado em soluções saber como aproveitar as particularidades de seus interlocutores em favor da mudança.

- Na IECS supomos que a mudança é constante e que nossa tarefa é ressaltar e amplificar as pequenas melhorias que nossos interlocutores conseguem efetuar.
- As mudanças podem ser pequenas, mas devem ser relevantes no contexto interpessoal em que ocorrem para serem consideradas como mudanças. Daí a necessidade de visibilizá-las e consolidá-las.
- Aplicando o princípio da utilização, buscamos usar em favor da mudança tudo o que nosso interlocutor puder oferecer.

---

6. Isso não é incompatível com proporcionar ferramentas ou recursos num segundo momento, se necessário, caso verifiquemos que os recursos do próprio aluno, de sua família ou do professor são insuficientes. A esse respeito, cf. os capítulos 7, 13, 16 e 17.

2.4 Um olhar contextual

Uma vez que existem muitas formas possíveis e potencialmente válidas de construir a realidade e trabalhar com os pontos fortes de nossos interlocutores, na IECS preferimos fazer isso levando em conta seu contexto interpessoal. Ou seja, um profissional centrado em soluções tenderá a entender os problemas escolares e a impulsionar soluções observando principalmente o que acontece *entre* as pessoas[7]. Interessam-nos, portanto, os "círculos viciosos" em que os diferentes atores do contexto escolar podem ficar presos, bem como os "círculos virtuosos" gerados quando as pessoas envolvidas conseguem reconhecer e repetir seus êxitos. Esse olhar contextual permite, também, incluir na análise o arcabouço social e cultural mais amplo (BRONFENBRENNER; CECI, 1994), por exemplo, pondo em destaque a ligação entre certos valores culturais machistas e o assédio escolar ou entre um modelo educativo baseado na competitividade extrema e o fracasso escolar dos alunos com menor capacidade de atenção (HINSHAW; SCHEFFLER, 2014).

Além de orientar a nossa intervenção num sentido interpessoal, a adoção de um olhar contextual implica também – eis aqui um novo corolário do construtivismo – um exame reflexivo do próprio contexto de intervenção. Noutras palavras, o enfoque contextual nos induz a pensar que nós, os profissionais, somos, em cada momento, parte do problema ou parte da solução e a nos perguntarmos em que medida o que vemos em nossos interlocutores é uma resposta às nossas próprias atitudes e condutas.

O olhar contextual da IECS é para nós um antídoto contra a descontextualização dos problemas que decorre em boa medida do paradigma biologista e psiquiatrizante que denunciávamos

---

7. O fato de salientarmos a interação observável não implica não reconhecermos também a importância dos aspectos emocionais e cognitivos, por exemplo, os "diálogos consigo mesmo" e os laços de repetição que o pensamento encadeia amiúde, que podem ser vistos como mais um nível no sistema observado.

no capítulo anterior (GARCÍA DE VINUESA; GONZÁLEZ PARDO; PÉREZ ÁLVAREZ, 2014), como também contra um efeito similar, às vezes capaz de provocar, de modo involuntário, uma perspectiva centrada nas soluções que é demasiadamente ortodoxa:

Uma tutora ajudava um aluno com necessidades especiais a melhorar seu rendimento nas tarefas escolares. Valeu-se de diversas técnicas centradas em soluções para que o menino se motivasse visando atingir seus objetivos, reconhecesse exceções relevantes e planejasse seus possíveis passos seguintes. O aluno começou a progredir, mas estagnou após algumas semanas. A tutora persistiu no uso das estratégias centradas em soluções, sem resultado algum. Ao comentar o caso com sua supervisora, ela se deu conta de que não estava dando atenção ao contexto familiar; quando procurou mais informações, descobriu que os pais tinham iniciado um processo de separação e que a preocupação com essa questão estava tolhendo os esforços do menino para concentrar-se. Mesmo não tendo conseguido falar com os pais, a tutora pôde ajudar o aluno a lidar melhor com a angústia em face da nova situação familiar.

O caso que acabamos de apresentar ilustra uma particularidade do enfoque contextual da IECS: embora possa ser conveniente convocar na intervenção todas as pessoas envolvidas, admite-se que também é possível gerar mudanças no sistema ajudando a mudar somente uma das partes. Por exemplo, podemos lidar com as condutas perturbadoras de um aluno em aula trabalhando apenas com ele ou intervindo com o grupo todo. Adotaremos uma opção ou a outra a depender das características da situação (quem está motivado e para quê, com quem é mais fácil estabelecer relações de colaboração, qual é a disponibilidade de horas e de espaços etc.), bem como da possível eficiência da intervenção. Isso nos remete à seção seguinte.

> • Na IECS tentamos considerar os problemas e as soluções em seu contexto interpessoal, não como algo individual ou intrapsíquico.
> • Aplicamos o olhar contextual a nós próprios, analisando em que medida somos, em cada momento, parte da solução ou do problema.

2.5 Simplicidade

Na IECS, o objetivo é simplificar ao máximo a conceitualização e a intervenção. A preferência pela simplicidade não se baseia apenas na postura construtivista e construcionista, pois também deriva de dois princípios centrais da teoria sistêmica: as propriedades de *equifinalidade* e *equipotencialidade* dos sistemas abertos (BERTALANFFY, 1968). Essas propriedades nos lembram de que podemos chegar ao mesmo lugar partindo de distintas origens e terminar em lugares diferentes partindo de um mesmo ponto inicial. Com essa abordagem, não faz sentido buscar "o único procedimento correto" ou "a única intervenção correta" para uma determinada situação. É preferível procurar a forma de se proceder que é adequada a uma pessoa em particular e verificar os resultados que ela proporciona, sabendo, isso sim, que o sucesso de certo procedimento não significa que ele seja o único possível. De novo, portanto, é uma opção pela humildade na intervenção e um antídoto contra as propostas excludentes.

A orientadora de um instituto estava trabalhando com um professor, Antônio, para ver como lidar com os esporádicos ataques de ira de um de seus alunos. Ela tinha certeza de que, se Antônio conseguisse reagir de outra maneira às provocações do aluno, esses episódios acabariam por desaparecer. Logo, após um breve contato com o menino, a orientadora começou a manter diversas conversas só com Antônio. Mas a situação não melhorou, em parte porque Antônio não compreendia o motivo pelo qual era ele quem "fazia terapia", em vez de seu aluno. Ao perceber essa falta de entrosamento no processo de intervenção, a orientadora resolveu mudar de tática: teve algumas conversas com o aluno e pediu a Antônio que observasse o efeito das sessões dela com o menino. Dali em diante Antônio foi capaz de notar melhorias em seu aluno, parou de se zangar com ele e começou a reagir de maneira mais construtiva.

Se podemos percorrer caminhos diferentes para chegar ao mesmo destino, qual é o critério para escolher o caminho a seguir? Além de nos nortearmos pelas preferências de nossos interlocutores e pelas circunstâncias do contexto, outro critério complementar seria justamente a opção pela simplicidade, por aplicar a "navalha de Ockham" e não complicar a intervenção desnecessariamente (DE SHAZER, 1991, 1994). A implicação prática dessa postura é que sempre que pudermos obter o mesmo resultado preferiremos ter duas conversas a ter três, oferecer uma sugestão em lugar de duas, ter uma entrevista com o tutor em vez de uma reunião com todos os professores etc.

• Na IECS reconhece-se a existência de múltiplas formas corretas de intervir, mas se aposta na simplicidade na intervenção.

2.6 Algumas crenças úteis para uma intervenção centrada em soluções

Se quiséssemos resumir grande parte do que estivemos propondo ao longo deste capítulo, diríamos que um(a) profissional centrado(a) em soluções que trabalha no contexto escolar opta por adotar as seguintes crenças acerca das pessoas com quem ele(a) trabalha (BEYEBACH, 2006; METCALF, 2003; O'HANLON; WEINER-DAVIS, 1989; OUER, 2016; TURNELL; EDWARDS, 1999):

• Todos os nossos interlocutores (alunos, padres, professores) são pessoas valiosas com quem vale a pena trabalhar.
• Em todos os casos, *nossos interlocutores têm problemas, e não sintomas de supostos transtornos. O que e quando*

se considera que é um problema depende do ponto de vista adotado; uma mudança de perspectiva pode gerar novas possibilidades.
• *O problema é o problema, não a pessoa.* O problema não reside em como *é* um aluno, um grupo, um pai ou um professor, mas em como eles se comportam num determinado contexto e em determinadas circunstâncias.
• *Nossos interlocutores têm recursos e capacidades.* Nossa tarefa não é dar recursos ou ensinar habilidades ao aluno, ao grupo, ao professor ou aos pais, mas sim ajudá-los a fazer mais vezes aquilo que já funciona, a descobrir as capacidades que eles têm e aplicá-las da melhor maneira.
• *Nossos interlocutores têm esperança e estão motivados para mudar.* Nossa tarefa profissional não é exigir algo deles ou motivá-los, mas sim descobrir quais são as suas esperanças e para que estão motivados.
• *Nossos interlocutores são capazes de criar um futuro melhor.*

Além disso, na IECS adotamos um conjunto de pressupostos sobre como entender a intervenção:

• *A intervenção escolar consiste em criar realidades mais positivas mediante a conversação com nossos interlocutores.*
• *Se não está quebrado, não queira consertá-lo.* Na IECS respeitamos as singularidades e as preferências de nossos interlocutores e tentamos não impor nossos próprios valores.
• *Se uma coisa funciona, continue a fazê-la, ainda que pareça esquisita ou peculiar*, como propõe o princípio de utilização.
• *Se uma coisa não funciona*, não teime em insistir nela, por lógica e razoável que pareça, e *faça algo diferente*.
• *Quando atentamos para as esperanças e motivações de nossos interlocutores, criamos colaboração com eles.* A colaboração não é uma coisa que exijamos de nossos interlocutores, e sim algo que encorajamos ao estarmos muito atentos a seus objetivos e motivações.

- *Focarmos pequenas mudanças é mais motivador para nossos usuários.* Por isso negociam-se objetivos pequenos e concretos que permitam ter sucesso com facilidade.
- A fim de criar um "efeito bola de neve" positivo, trabalhamos ativamente de modo a *dar visibilidade e publicidade às melhorias* que forem acontecendo.
- Em caso de dúvida, *escolhemos o mais simples*.

Embora muitas vezes essas crenças sejam difíceis de sustentar num contexto como o escolar, tão cheio de problemas, o profissional centrado em soluções defende-as com entusiasmo e disciplina (DE SHAZER *et al.*, 2007), empenhando-se para que elas orientem sua atividade profissional e suas tomadas de decisão. Dessas crenças derivam as perguntas que veremos na segunda parte do livro; por sua vez, ao fazermos por diversas vezes essas perguntas centradas em soluções, geramos evidências que reforçam e reafirmam as crenças em que elas se baseiam.

PARTE II

Técnicas

3

Como conversar
Ferramentas e condições para uma conversa centrada em soluções

O profissional centrado em soluções baseia suas intervenções nas interações e conversações que mantém com os distintos atores do sistema escolar, quer no nível individual, quer no nível grupal ou familiar. Essas conversas podem ser breves ou extensas, repetidas ou únicas, programadas ou espontâneas; de qualquer maneira, basicamente cinco grandes ferramentas de intervenção são utilizadas. De um lado, a *atenção*, instrumento básico sobretudo na gestão da conduta na sala de aula (CIDAD MAESTRO, 1991; COLVIN, 2010; COLVIN; SCOTT, 2015), cujo efeito está presente de modo transversal em todo o funcionamento da escola; a ideia é que as condutas para as quais atentamos (como docentes, especialistas ou diretores) tendem a aumentar, ao passo que diminuem aquelas que ignoramos. Examinaremos esse tema com mais detalhe nos capítulos 8 e 9, quando descrevermos a gestão dos problemas de conduta em sala de aula. De outro lado, três ferramentas conversacionais – as *perguntas*, as *paráfrases* e os *elogios* –, às quais dedicaremos as três primeiras seções deste capítulo. Na última seção trataremos da criação de *marcas de contexto*, destinadas a manter um enquadramento adequado para a intervenção.

3.1 Perguntas

Na intervenção escolar, as ferramentas mais úteis para a coconstrução de soluções são as perguntas formuladas pelo profissional. A consciência sobre o efeito transformador das perguntas, presente em nossa tradição cultural ao menos desde Sócrates, foi adaptada à terapia familiar na década de 1980 pela equipe de Milão (SELVINI PALAZZOLI *et al*., 1980; TOMM, 1987). Os membros dessa equipe foram os primeiros a ponderar explicitamente que as perguntas de um terapeuta não servem apenas para colher informação, mas também para transmiti-la; portanto, elas não só constituem ferramentas de avaliação como também são instrumentos de intervenção. Essa intuição inicial desenvolveu-se em plenitude nos enfoques pós-modernos de psicoterapia (ANDERSON; GOOLISHIAN, 1988) e, do ponto de vista da pesquisa, tem sido refinada recentemente nos estudos microanalíticos da equipe de Janet Bavelas no laboratório de comunicação da Universidade de Victória (BAVELAS *et al*., 2014; DE JONG; BAVELAS; KORMAN, 2013; KORMAN; BAVELAS; DE JONG, 2013; SMOCK JORDAN; FROERER; BAVELAS, 2013).

A ideia central é que num diálogo todas as perguntas são *construtivas*: elas transmitem de maneira implícita certos pressupostos e convidam o interlocutor a responder no contexto desses pressupostos (McGEE; DEL VENTO; BAVELAS, 2005). Em outras palavras, as perguntas orientam num certo sentido a resposta do interlocutor, que, se responde sem questionar ativamente os pressupostos da pergunta, contribui para consolidá-los. Como os pressupostos costumam estar implícitos, é muito mais difícil questionar uma pergunta do que uma afirmação, sendo provável que a conversa siga o rumo que a pergunta propõe.

Por exemplo, se a tutora abrir a entrevista com os pais perguntando "Como vocês explicam que neste ano seu filho esteja tão pouco concentrado nos estudos?", ela está transmitindo os seguintes pressupostos, entre outros: (a) o filho está menos concentrado nos estudos neste ano; (b) os pais deveriam ter se dado conta disso; (c) a professora, sim, se deu conta disso; (d) os pais têm alguma explicação para o que está se passando; (e) é importante ter uma "explicação" do que se passa. A menos que os pais contestem diretamente os pressupostos da pergunta (por exemplo: "Não concordamos, não nos parece que nosso filho esteja menos concentrado"), quase qualquer resposta que eles derem contribuirá para construir as noções de que o menino está "pouco concentrado" e de que é preciso achar alguma explicação para essa conduta. Vejamos alguns exemplos das diferenças entre os pressupostos transmitidos pelas perguntas centradas em problemas (as primeiras de cada par) e aqueles transmitidos por aquelas centradas em soluções (as segundas). Diz a professora a um grupo de alunos:

> PROFESSORA: "Por que vocês não conseguem prestar atenção nem por 10 minutos seguidos?" Pressupõe que os alunos não prestam atenção "nem por 10 minutos", que não prestam atenção porque não conseguem fazê-lo e que há alguma razão pela qual não são capazes de prestar atenção.
>
> PROFESSORA: "Como vocês conseguiram prestar atenção durante esse tempinho?" Pressupõe que, de fato, os alunos prestaram atenção durante um tempinho, que o fizeram propositalmente e que conseguiram achar algum jeito de prestar atenção. Em conjunto, a pergunta transmite uma mensagem de competência dos alunos.

* * *

A orientadora ao professor que comparece a seu escritório:

* * *

ORIENTADORA: "Qual o problema, como posso ajudar?" Pressupõe que há um problema, que cabe à orientadora ajudar e que ela pode fazê-lo. A responsabilidade pela mudança é antes da orientadora do que do professor.

77

ORIENTADORA: "O que você gostaria de levar desta conversa?" Pressupõe que a conversa pode servir para alguma coisa e que o professor gostaria de "levar alguma coisa" dela. Atribui a responsabilidade pela mudança tanto ao professor quanto à orientadora.

No âmbito da intervenção escolar, o fato de termos ciência do valor construtivo de nossas perguntas nos confere considerável poder de influência que nos permite, "só ao perguntar", orientar a interação com alunos, pais, professores e colegas em uma ou outra direção. Assim, se perguntamos sobre problemas e dificuldades, induzimos nosso interlocutor a fornecer evidências de tais problemas e dificuldades ("Por que você deixou a tarefa sem terminar de novo?"); mas se perguntamos sobre pontos fortes e soluções, ele é induzido a gerar evidências de outro tipo, que coconstruirão uma realidade diferente ("Como você conseguiu fazer um pouco mais do dever hoje?"). Como já mencionamos no capítulo 1, existe evidência experimental de que perguntas centradas em soluções têm um efeito imediato mais positivo do que as centradas no problema, tanto em nível emocional quanto em nível cognitivo (GRANT, 2012; NEIPP et al., 2016; WEHR, 2010).

- As perguntas não são uma maneira neutra de se colher informação, e sim representam uma forma de transmitir ativamente certos pressupostos.
- Na IECS utilizamos as perguntas para dirigir a conversa e a atenção de nossos interlocutores para as possibilidades e os recursos.
- Pequenas diferenças no modo de perguntar podem gerar grandes mudanças.

3.2 Paráfrases

As perguntas não são as únicas ferramentas comunicativas de que dispomos na intervenção escolar. Contamos também com as paráfrases ou formulações, muito eficazes para orientar a comunicação. O profissional repete certas expressões, frases ou palavras de seu interlocutor, contribuindo assim para criar um "terreno compartilhado" e para o interlocutor sentir que foi entendido; ademais, sutilmente, inclina a balança da entrevista ao privilegiar certos conteúdos em detrimento de outros. Novamente, é improvável que o interlocutor questione o que for afirmado na paráfrase, pois afinal ela nada faz além de recolher as palavras dele[8].

Vejamos o uso das paráfrases na seguinte transcrição de uma conversa entre uma professora e um aluno novo com dificuldades de adaptação ao instituto (BEYEBACH, 2013).

PROFESSORA: O que está sendo mais difícil para você na sua adaptação ao instituto?

ALUNO: Não sei, um pouco de tudo. Pegar o jeito dos professores, entrar no ritmo das aulas, relacionar-me com os colegas.

P: Relacionar-se com os colegas...

A: Sim, acho difícil; alguns parecem legais mesmo, mas em sua maioria eles parecem muito fechados, na verdade.

P: *Muito fechados...*

A: É isso, fechados e com pouca vontade de me deixar entrar para seu grupo.

Nesse caso, a professora optou por selecionar "muito fechados". Uma opção mais centrada em soluções teria sido ressaltar a garrafa meio cheia em lugar da meio vazia:

PROFESSORA: O que está sendo mais difícil para você na sua adaptação ao instituto?

ALUNO: Não sei, um pouco de tudo. Pegar o jeito dos professores, entrar no ritmo das aulas, relacionar-me com os colegas.

---

8. Uma série de estudos microanalíticos (KORMAN; BAVELAS; DE JONG, 2013; TOMORI; BAVELAS, 2007) têm examinado a variação dos conteúdos que profissionais de diversos enfoques optam por sublinhar e enfatizar em suas paráfrases. Esses estudos mostram que os profissionais centrados em soluções preservam as expressões de seus interlocutores de maneira mais literal e recolhem mais as expressões positivas (em contraposição às negativas) do que os profissionais de outras orientações.

P: Relacionar-se com os colegas...
A: Sim, acho difícil; alguns parecem legais mesmo, mas em sua maioria eles parecem muito fechados, na verdade.
P: Alguns parecem legais mesmo.
A: Sim, especialmente as meninas.
P: Especialmente as meninas. Com quais delas você está se relacionando um pouco melhor?

Logicamente, um profissional centrado em soluções tende a parafrasear mais as afirmações que de alguma maneira digam respeito a recursos e objetivos de seus interlocutores:

ORIENTADORA: Que coisas têm dado mais certo nesta semana?
ALUNO: Estou me sentindo um pouco mais tranquilo, embora continue menos focado.
O: Um pouco mais tranquilo. Em que momentos você percebe isso?

Quando a paráfrase é de alguma afirmação referente ao problema ou à reclamação, pode ser útil conferir-lhe um leve matiz que a circunscreva ao passado (PRIOR; WINKLER, 2009):

ALUNO: Estou passando um aperto nas aulas dessa matéria porque tem que falar muito. E esse negócio de falar em público me bloqueia, fico num aperto danado.
PROFESSORA: Então *por enquanto* você está passando um aperto nessa matéria porque sofre um bloqueio.

- As paráfrases consistem em repetições de partes daquilo que o nosso interlocutor disse.
- As paráfrases servem para o interlocutor perceber que foi compreendido, de modo a propiciar um "terreno comum" na conversa e também para orientá-la numa direção produtiva.
- Na IECS as paráfrases costumam ser literais, tomando palavras exatas do interlocutor e escolhendo os aspectos mais relevantes para a construção de soluções.

3.3 Elogios

Os elogios são a terceira grande ferramenta conversacional à disposição do profissional centrado em soluções. Eles servem para salientar o positivo e, nesse sentido, contribuem para consolidar as melhorias e os recursos; além disso, têm um efeito positivo sobre a relação com a pessoa elogiada (THOMAS, 2016). Todavia, diferentemente das perguntas, cujos pressupostos são implícitos e, portanto, costumam passar despercebidos, e das paráfrases, que são dificilmente questionáveis por recolherem diretamente os ditos do interlocutor, os elogios podem, sim, ser questionados ou rejeitados. Daí que é importante fazê-los com precisão. Do nosso ponto de vista, um bom elogio tem de reunir as seguintes características (BEYEBACH, 2006):

1. Estar *baseado em dados*: um bom elogio ressalta uma conduta peculiar de uma pessoa num determinado contexto, pois é isso que o torna genuíno (para quem o dá) e crível (para quem o recebe):

Ángel, adoro o quão bem você ajudou a Penélope com esse desenho. Ótimo!

Isso é melhor que:

Ángel, você é uma pessoa muito boa.

2. Ser *proporcional*: se o subestimarmos, o elogio não terá efeito; se exagerarmos, não será crível:

Acho que vocês estão ajudando seu filho muito bem no dever de casa, para ele conseguir acompanhar o ritmo dos colegas.

Isso é melhor que:

Impressionante como vocês estão apoiando seu filho, com essa dedicação altruísta e total; é admirável.

3. Ser *personalizado*: ou seja, é preferível um elogio adequado às características de uma pessoa a um elogio generalizado que pode ser dado a qualquer um:

Muito bem, Sofia, você está fazendo "efes" e "tês" muito bonitos.

Isso é melhor que:

Muito bem, continue assim.

4. Quando o formato da intervenção é multipessoal, convém *incluir todos os presentes* nos elogios, quer personalizando em cada um deles, quer fazendo um elogio conjunto: Muito bem Verônica, Joana e Nica, a exposição foi ótima. Vocês estiveram muito descontraídas e se lembraram de olhar sempre para o público. Parabéns a todas as três!

5. A maioria das características dos bons elogios consta também na bibliografia cognitivo-comportamental (ALGOZZINE; DAUNIC; SMITH, 2010; CIDAD MAESTRO, 1991), mas a IECS fornece um matiz importante: a possibilidade de acrescentar uma pergunta que estimule o interlocutor a se interrogar e acabar por se autoelogiar (METCALF, 2003). Eis como ficariam, após serem passados pelo crivo centrado em soluções, alguns dos elogios que apresentamos como exemplo:

Ángel, adoro que você tenha se disposto a ajudar Penélope com esse desenho. Como foi que você teve essa boa ideia?

Acho que seu filho está se sentindo muito apoiado por vocês em seu dever de casa. Como conseguiram isso?

Muito bem, Sofia, você está fazendo "efes" e "tês" muito bonitos. Quando você aprendeu a fazer essas letras tão bem assim?

Essa forma de elogiar procura dar todo o protagonismo à pessoa elogiada. Considerada conforme a teoria da autodeterminação (DECI; RYAN, 1985, 2002), ela impulsiona a autorregulação e a autonomia das pessoas, para além do efeito controlador ou informativo que resultaria de um mero reforço comportamental.

Podemos fazer elogios ao longo da conversa, embora tendamos a deixar alguns para o final. Se vamos encerrar a conversa com uma sugestão ou proposta de alguma coisa a fazer, procuraremos tornar o elogio uma preparação ou introdução:

PROFESSORA: (*Dirige-se ao aluno que acompanha outro que foi vítima de assédio escolar*) Acho ótimo seu jeito de acompanhar o Jaime para protegê-lo nos recreios e fazê-lo se sentir bem! Você tem meu apoio para continuar fazendo isso e observar quais das coisas que faz com ele é que lhe são de mais ajuda.

Uma forma mais indireta de elogio consiste em agradecer a nossos interlocutores por alguma coisa. Os agradecimentos também reforçam a relação e ressaltam certas condutas positivas. Ademais, eles geram uma atitude positiva no próprio profissional. É preferível agradecer coisas que nossos interlocutores tenham feito ou estão fazendo com relação a nós: "Agradeço muito pela pontualidade"; "Agradeço pela confiança. Eu sei que não é fácil contar essas coisas a um professor".

- Os elogios servem para apoiar os nossos interlocutores, ressaltar seus pontos fortes e melhorar a nossa relação com eles.
- Em IECS os bons elogios são genuínos, baseiam-se em dados, são proporcionais e personalizados e incluem todos os presentes. O acréscimo de uma pergunta como continuação do elogio reforça seu efeito empoderador.

3.4 A criação de marcas de contexto

Não se fazem perguntas, paráfrases e elogios centrados em soluções no vazio, e sim dentro de um contexto. Em terapia familiar é comum falar em "definição do contexto terapêutico" para fazer referência às regras de interação que os terapeutas propõem a seus clientes no início de uma terapia: trabalho em equipe, duração e periodicidade das sessões, pausa antes da entrega etc. (NAVARRO GÓNGORA, 1995). Supõe-se que ao explicitar essas regras se contribua para transformar a situação em terapêutica e que só nesse contexto é possível exercer uma influência sobre os clientes. Quando esse contexto não existe, é difícil influenciar na situação. Eis o motivo pelo qual dificilmente alguém pode ser (bom) terapeuta do próprio filho ou do companheiro, pelo qual uma sessão de *coaching* não é a mesma coisa que uma conversa de amigos tomando um café, pelo qual é complicado exercer influência terapêutica durante um papo no supermercado. Em nenhum desses exemplos há um contexto a permitir uma intervenção eficaz.

Por acaso isso significa que na intervenção escolar só podemos gerar a mudança se dispomos de uma hora de entrevista marcada num escritório adequado? É claro que não. Com efeito, em tal caso seria quase impossível intervir na maioria das escolas e dos institutos. Ao contrário, é possível aproveitar em favor da mudança as interações ocasionais, imprevistas ou mesmo inesperadas em um escritório, em uma sala de aula, nos corredores ou no pátio do colégio. Afinal de contas, a própria escola define um contexto em que os profissionais (orientadores, professores, especialistas em PT, chefe de estudos etc.) têm a função de educar os alunos e ajudar os demais a educarem, pressupondo-se a existência de relações de ajuda. Com base nas abordagens sistêmicas se propõe que, ademais, convém introduzir *marcas de contexto* adicionais que nos permitam manter a nossa liberdade de ação, nossa *margem de manobra* para intervir (FISCH; WEAKLAND; SEGAL, 1982; SELVINI PALAZZOLI *et al.*, 1986). De um ponto de vista centrado em soluções, podem utilizar-se na escola quatro tipos de marcas de contexto, muito inter-relacionadas, embora com diferentes matizes: (a) propor espaços e horários para a interação; (b) reservar tempo para responder às solicitações; (c) manter a liberdade de perguntar; (d) permitir-se concretizar. A primeira pode – e deveria – explicitar-se nos protocolos de ação no nível do centro de ensino e reforçar-se nas interações pontuais que forem ocorrendo; as três seguintes baseiam-se apenas no manejo interpessoal do profissional. Nós as analisamos a seguir.

3.4.1 *Propor espaços e horários para a conversação*

Trata-se de regras sobre onde e quando ter uma conversa. Nesse tipo de marcas de contexto estariam incluídas as regras estabelecidas no centro escolar para atender aos pais dos alunos. Por exemplo, para terem uma entrevista eles precisam marcar hora; se convocarmos os pais de um aluno para uma reunião, nós é que ligaremos para marcar, e não o pessoal do setor administrativo; é importante que ambos os genitores – se existirem – compareçam à entrevista, não apenas a mãe (o que implica também um esforço para combinar horários); leva-se em conta a questão da confidencialidade do que for conversado. No caso de entrevistas com pais, também será conveniente dispor de um mínimo de tempo para a conversa (20 a 30 minutos) e de uma sala que ofereça alguma intimidade, pois é difícil tratar de questões importantes se o telefone não para de tocar ou se há constantes batidas à porta.

    Regras desse tipo não só se aplicam às entrevistas com os pais como também são pertinentes quando se trata de conversar com professores e com alunos. Por exemplo, convirá a uma orientadora escolar que os professores estejam cientes de que ela não pode improvisar soluções para suas reclamações quando for abordada de repente na sala de professores ("Oi, diga-me o que posso fazer com o Eneko, que está insuportável em aula. Hoje quase o pus para fora da sala") e de que será necessário conseguir, em lugar disso, marcar breves conversas (5 minutos podem bastar) para comentar essas situações com mais calma. Com os alunos também será conveniente esclarecer onde e quando podem contatar seus professores, sua tutora ou sua orientadora para tratar de situações ou dificuldades que lhes dizem respeito, bem como dispor de um mínimo de tempo e um local adequado para a conversa. E se durante uma aula o professor se deparar com alguma questão na qual quiser intervir, convirá que determine um tempo a ser dedicado expressamente à questão ("Meninos, vamos interromper isto por um instante e dedicar 5 minutos a resolver como vocês preferem formar os grupos").

    Num centro de ensino, muitas dessas regras vão se estabelecendo com o tempo e depois acabam sendo formalizadas mediante protocolos que definem o contexto de intervenção; se esses protocolos não existirem, seria conveniente criá-los de modo a conter as intervenções que forem ocorrendo (SELVINI

PALAZZOLI *et al.*, 1986). De qualquer maneira, é importante lembrar que essas regras sistêmicas que definem o contexto de intervenção não podem ser impostas sem mais nem menos, e sim precisam, em grande parte, ser coconstruídas em cada interação. Além disso, na perspectiva centrada em soluções é crucial que o profissional centrado em soluções – quer se trate de um orientador, uma tutora, um especialista em PT, um professor etc. – mantenha em todo momento a postura colaborativa e afável aqui descrita no capítulo anterior. Vejamos isso num exemplo em que comparamos uma gestão pouco colaborativa da demanda de um aluno de escola com uma gestão que, embora também enfatize as regras, é mais colaborativa (BEYEBACH, 2013):

Diante do seguinte pedido de um aluno:

ALUNO: Olá, preciso falar com você porque temos um problemão em casa e não vou conseguir fazer todos os trabalhos que os professores estão me cobrando.

TUTOR: Já dissemos que não é para comentar essas coisas assim, no corredor (*crítica*). Passe no meu escritório amanhã às 10h e aí você me conta (*não dá opções*).

Preferiremos esta resposta:

TUTOR: Ótimo, fico feliz por você comentar isso (*validação*). Mas até prefiro que falemos 5 minutos no meu escritório, para lhe dar mais atenção (*marca de contexto*). Quando ficaria bom para você passar lá? (*dá opções*).

3.4.2 Adiar a resposta

Embora este princípio de ação esteja implícito no anterior, nós o mencionamos para ressaltar sua importância. A ideia é que, num contexto tão caótico e massificado como o escolar, para termos certa capacidade de influência precisamos sentir-nos livres para levar algum tempo antes de dar uma resposta àquilo que nos pedirem. A capacidade de adiarmos a resposta implica, portanto, não nos sentirmos obrigados a responder de imediato ao que nos

colocarem e poder ter algum tempo para pensar na questão, obter mais informações e talvez falar com outras partes envolvidas.
TUTORA: Diga-me o que faço com a turma de 5ª série. Amanhã temos de avisar aos pais se vamos fazer a excursão ou não. O que vou falar para eles?
CHEFE DE ESTUDOS: É uma questão importante e, na verdade, não tenho certeza. Deixe-me pensar nisso, consultar com a presidente da Ampa, e a gente conversa ainda hoje à tarde.

3.4.3 Manter a liberdade de perguntar

Como já salientamos, na IECS as perguntas são uma ferramenta fundamental para coconstruírmos soluções com nossos interlocutores. Entretanto, é comum nas escolas supor que a função do profissional é dar respostas e, portanto, nem sempre é evidente para professores, alunos ou membros da equipe de direção que, para podermos ajudar, precisamos fazer perguntas. Assim, quando um professor ou tutor quer que o orientador ou outro profissional atendam a um aluno, o mais provável é ele pensar que o profissional tem de falar com o aluno e fazer perguntas a ele (para avaliar se tem um transtorno) ou a seus pais (para avaliar o que eles estão fazendo de errado), mas certamente não perceberá de início a necessidade de que falem com ele e o indaguem sobre o aluno. Contudo, na IECS é fundamental examinar a visão e as soluções tentadas pelo responsável pelo encaminhamento, que geralmente é a pessoa mais preocupada com a situação e, às vezes, a única que por ela se interessa. Por isso é importante que o profissional centrado em soluções se sinta no direito – e mesmo na obrigação – de fazer perguntas a quem o consulta ou lhe faz comentários sobre um aluno. Com frequência convém metacomunicar a respeito desse tema, ou seja, informar sucintamente por que motivo se farão perguntas, como no seguinte caso (BEYEBACH, 2013):
PROFESSOR: Preciso que você fale com uma das minhas alunas de 1ª série, Rebeca. Ultimamente ela tem estado muito

mal nas aulas, muito desconcentrada. Sempre foi boa aluna, dá a impressão de que alguma coisa está acontecendo com ela, mas não tenho confiança para lhe perguntar.

TUTORA: Entendo, vou falar com ela. Permita-me lhe fazer algumas perguntinhas *para aproveitar melhor a conversa que terei com ela.*

P: Tudo bem, mas tenho só uns minutos.

T: Não tem problema, é mais do que suficiente. O que você acha mais preocupante no que está vendo em Rebeca?

3.4.4 Permitir-nos especificar

Se tivermos criado um contexto no qual podemos perguntar, podemos avançar na conversação e escolher o tipo de perguntas para fazer, conforme os nossos objetivos e também a depender de como o diálogo se desenrolar. Nesse processo, será fundamental conseguirmos que nossos interlocutores especifiquem, isto é, que as respostas deles nos forneçam descrições em termos comportamentais e observáveis: os "quê", "quem", "como", "quando", "onde" e "quanto tempo" das situações. Porém, especificar não é fácil, e será preciso insistir e reperguntar se necessário. Por certo, sempre de maneira amável e entremeando as perguntas com paráfrases e outros tipos de comentários, de modo a não cansar o nosso interlocutor nem criar um "efeito interrogatório". Voltando ao exemplo anterior:

TUTOR: Não tem problema, é mais do que suficiente. O que você acha mais preocupante no que está vendo em Rebeca?

PROFESSOR: É que às vezes ela parece ter vontade de chorar; seu olhar fica perdido, e ela não presta atenção.

T: Com que frequência isso acontece?

P: Acho que está ocorrendo em quase todas as aulas...

T: Então, há dias em que isso não acontece, certo?

P: Sim, tem havido um ou outro dia melhor.

T: E o que é diferente nesses dias?

P: Não sei... é difícil...
T: O que poderia ser?
P: Talvez sejam os momentos em que ponho os meninos para trabalhar em grupos. Acho que aí ela se envolve no assunto e esquece um pouco do que quer que seja, fica um pouco mais empolgada.
T: O que faz você reparar que ela está mais empolgada nesses momentos?
P: Ela participa, fala com os colegas, e vejo que faz anotações.

- Para podermos ajudar melhor os nossos interlocutores, precisamos criar um contexto adequado para a intervenção. Cria-se esse contexto mediante os protocolos estabelecidos no centro escolar e com a atitude diária dos profissionais envolvidos.
- Na IECS, algumas marcas de contexto são: propor horários e espaços para a conversa, manter a liberdade de adiar a resposta, manter a liberdade de perguntar e permitir-nos especificar.

4

Delimitando a nossa ajuda
A construção de um projeto de trabalho

Construir um projeto de trabalho consiste em esclarecer o que nossos interlocutores esperam de nós, o que nós esperamos deles, bem como em chegar a um consenso sobre um "contrato" que estabeleça os fins e os limites das nossas conversações. Do ponto de vista da IECS, esse processo não tem por que se alongar, mas deve ser explícito. A pressa e a sobrecarga de trabalho fazem com que, no âmbito escolar, o projeto de trabalho tenda a ficar subentendido. Isso agiliza e dá certa eficiência, porém dificulta a manutenção de uma postura centrada em soluções, além de ser uma possível fonte de conflitos, pois pode impedir que se reconheçam as expectativas mútuas. Por exemplo, os pais pensam que é a professora quem deve controlar a agressividade de seu filho, enquanto ela entende que isso cabe aos pais. Em outro caso, a professora sustenta que é a equipe de orientação quem tem de reencaminhar uma situação problemática, ao passo que a equipe entende que é a professora quem melhor poderia cuidar disso.

O ideal é que esse tipo de questão fique delimitada, no nível sistêmico superior, por meio dos protocolos estabelecidos no centro de ensino. Com efeito, em uma escola cujo funcionamento é integralmente centrado em soluções[9], os alunos saberão que terão tutorias individuais a cada trimestre *para examinar seus avanços e fixar novos objetivos*, ou os pais estarão cientes de que

---

9. No capítulo 12 dedicamos a seção 12.2 à descrição de experiências de centros educativos completamente organizados com base nesse enfoque.

haverá entrevistas regulares com os tutores *para terem* feedback *de suas realizações e contribuírem para novos avanços*; assim, os objetivos dessas conversações rotineiras ficam já estipulados pelas normas do centro. No entanto, mesmo quando existe esse arcabouço sistêmico, persiste a necessidade de se continuar a explicitar o projeto de trabalho no nível interpessoal de cada intervenção concreta, necessidade essa que fica mais evidente quando se trata de conversas as quais sobrevieram após dificuldades pontuais ou situações imprevistas.

O adequado estabelecimento do projeto de trabalho fornece os alicerces de uma intervenção bem-sucedida, porque ele pressupõe:

• Chegar a um princípio de acordo entre o profissional e seu(s) interlocutor(es) quanto ao *fim* que terá a interação entre eles. Para tanto basta indicar a *direção* desejada para a intervenção, sem a necessidade de especificá-la por enquanto. Por exemplo, esclarecer que o professor quer ajuda para melhor incorporar um menino imigrante à sua turma; que os pais querem mais apoio escolar para seu filho; ou que o aluno deseja controlar a sua ansiedade em face dos exames.

• Esclarecer os *meios* a serem utilizados para atingir esses fins. Nos exemplos citados, talvez o professor queira que lhe proporcionemos algumas noções de mediação cultural ou simplesmente espere que se dê mais apoio ao aluno; talvez os pais demandem não só um professor de apoio como também uma adaptação curricular; e talvez o aluno queira aprender alguma técnica de relaxamento ou espere que lhe ensinemos a estudar melhor.

• Quando o diálogo se dá com diversos interlocutores (uma família, o corpo docente, um grupo de alunos), é possível que se coloquem demandas diferentes. Em tal caso, de modo a se estabelecer um projeto de trabalho *compartilhado por todos*, será preciso determinar o "mínimo denominador comum" entre todas essas pessoas.

• Se houver mais profissionais envolvidos será preciso também definir o *papel* de cada um deles, de modo a facilitar a coordenação entre todos.

O ponto de partida para a construção de um projeto de trabalho nem sempre é o mesmo. No caso mais fácil, a pessoa apresenta-nos um problema e pede explicitamente que a ajudemos a resolvê-lo; sendo assim, não é preciso renegociar, e basta determinar se é possível ajudá-la no que ela nos pede. Será necessário um pouco mais de conversa quando a pessoa começa a partir de uma reclamação sobre ela própria ou um terceiro; essa é a situação mais frequente, a requerer que se transforme a *reclamação* em uma *demanda*, em uma solicitação encaminhada a nós. Pode ser também que sejamos diretamente solicitados a nos encarregarmos do suposto problema de outra pessoa ou que se peça nossa ajuda para desenvolver um projeto. Finalmente, pode ocorrer que iniciemos o diálogo com alguém que não percebe problema algum nem vê necessidade de melhora. Analisaremos em separado como lidar com essas propostas iniciais diferentes, a começar pela mais singela.

4.1 Quando o ponto de entrada é um pedido explícito de ajuda para resolver um problema

Esse é o pressuposto mais simples. Aliás, é a situação a que gostaríamos de chegar, por meio da conversa, nos pressupostos que analisaremos nas seguintes seções.

ORIENTADOR: Olá, Leire, que bom ver você! Do que você precisa?

ALUNA: Olhe, é que eu queria ver se você pode me ajudar com um assunto (*demanda inespecífica*). Há semanas estou nervosa, porque estou pirando muito com isso de decidir por qual ramo de estudo vou optar no ano que vem. Fico agoniada e começo a achar que não vou me dar bem com nenhum.

O: Ora, então não me surpreende que você esteja nervosa (*validação*). E como você gostaria que eu a ajudasse nesse assunto? (*esclarecer a demanda*).

A: Eu acho que seria bom para mim se eu visse as opções com muita calma e também se você me dissesse se acha que alguma combina comigo ou em quais delas eu me encaixaria.

O: Então, seria útil que analisássemos com calma as opções e que eu lhe desse minha opinião sobre como vejo você em uma coisa ou em outra, é isso? (*entrega de um projeto de trabalho*).

A: Sim, eu gostaria disso (*confirmação do projeto de trabalho*).

De qualquer maneira, convém tomar cuidado com as demandas que se aceitam como base do projeto de trabalho e como elas são formuladas. Vejamos algumas recomendações sobre o que constitui e o que não constitui um bom projeto:

• Deve ser adequado a nossa função profissional:

Sim: "Ter melhor controle sobre o meu nível de glicemia durante o horário escolar"; "Manter a disciplina dos alunos em aula".

Não: "Curar minha diabetes"; "Tratar o vício em maconha deste aluno".

• Deve ser atingível:

Sim: "Começar a superar os episódios de assédio escolar"; "Conseguir que nosso filho faça o dever de casa".

Não: "Esquecer os episódios de assédio escolar"; "Fazer com que nosso filho obedeça sempre desde o início".

• Deve-se atribuir a competência aos consulentes, não ao profissional:

Sim: "Que eu lide melhor com o nervosismo nas provas"; "Que eu consiga motivar os alunos"; "Que nós consigamos manter a firmeza quando impusermos um limite a nosso filho".

Não: "Que você me livre do nervosismo nas provas"; "Que você motive meus alunos"; "Que você faça nosso filho entender que deve respeitar os limites".

• Não se deve depender exclusivamente de uma terceira pessoa:

Sim: "Melhorar meu comportamento para não acabar sendo expulso"; "Conseguir o apoio dos pais para o programa de modificação de conduta que pretendemos aplicar com seu filho".

Não: "Que o professor não ralhe sempre comigo"; "Que os pais colaborem mais".

- Deve ser formulado em tom positivo:
Sim: "Dar-me melhor com os colegas"; "Estruturar melhor as aulas"; "Sermos mais firmes com nossa filha".
Não: "*Não* ser tão tímido"; "*Não* me dispersar demais com os alunos"; "*Parar de* ceder sempre com nossa filha".

4.2 Quando o ponto de entrada é uma reclamação

Neste caso começaremos por escutar a reclamação e demonstrar empatia com nosso interlocutor (validação), aproveitando para esclarecer quem é que reclama de quais condutas específicas de quem (ou quem se preocupa com quais condutas concretas de quem). Contudo, o fato de alguém reclamar não implica necessariamente que queira ajuda nem que esteja disposto a fazer algo para resolver o que motiva a reclamação. Aliás, de uma mesma reclamação poderiam resultar diferentes pedidos de ajuda, como exemplifica a tabela 1.

TABELA 1
Diferenças entre reclamações e demandas

Reclamação	Possíveis demandas
Estamos cansados de ver o menino trazer tanto dever de casa.	Gostaríamos que vocês dessem menos dever para o menino.
	Gostaríamos que vocês nos dissessem como ajudá-lo com o dever.
Estou nervoso porque não me dou bem com os colegas com quem me dava no ano passado.	Quero melhorar a situação com eles.
	Gostaria de fazer parte de algum grupo diferente.
Este aluno continua indo muito mal nas aulas.	Gostaria que vocês avaliassem se ele pode contar com um professor de apoio.
	Quero ver o que posso fazer de diferente com ele nas aulas. Pensei em mudá-lo de carteira, mas não sei se é uma boa ideia.

Portanto, estaremos interessados não só em esclarecer a *reclamação* como também em saber qual é a *demanda* ou a solicitação que a pessoa faz com relação àquilo que reclama, isto é, o que ela pretende que façamos e qual o resultado que ela espera da nossa intervenção. Frequentemente supomos que, em face da reclamação de alguém, cabe a nós inferir ou "adivinhar" qual é a demanda que subjaz a essa reclamação (o proverbial "Então o que você *realmente* quer é que..."). Com base na IECS, nós colocamos que é preferível não tentar "ler nas entrelinhas" a, em vez disso, perguntar diretamente a nossos interlocutores, para eles próprios explicitarem o que querem. Em outras palavras, em lugar de nos anteciparmos propondo-lhes alguma coisa ("Então você está ficando muito nervoso nos exames. Se quiser, eu lhe ensino várias técnicas de relaxamento"), devemos nos manter "por trás" e dar-lhes espaço para explicitarem o que esperam de nós ("Então você está ficando muito nervoso nos exames. Como você gostaria que eu ajudasse?"). Eis algumas das *perguntas úteis para se passar de uma reclamação para uma demanda*:

- O que você espera desta conversa?
- Como você gostaria que eu ajudasse você?
- O que vocês gostariam de levar desta entrevista?
- O que vocês gostariam que a escola fizesse?

Vejamos isso na entrevista com os pais de uma aluna:
TUTORA: Digam-me, como posso ajudá-los?
MÃE: Pedimos esta reunião porque percebemos que a Estefania está com muita dificuldade na escola este ano...
PAI: Certamente porque no ano passado ela passou a muito custo... mas a verdade é que está indo mal.
T: E vocês se preocupam com isso, claro (*validação*). Como vocês percebem que ela tem muita dificuldade no curso? (*esclarecer a reclamação*).
M: Acha dificílimo fazer o dever, às vezes leva três ou quatro horas...
P: E fica desanimada porque não consegue terminar...

T: Fica desanimada?
P: Sim, tem um bloqueio, atira os livros... começa a chorar...
M: Ela reclama que não entende algumas coisas, em especial de matemática e "cone"... está se dando muito mal.
T: Já estou entendendo: ela está indo muito mal e vocês se preocupam com isso (*validação*). Então, qual é a ideia de vocês, como gostariam que eu os ajudasse agora? (*perguntar pela demanda*).
M: Queremos que comente quais as opções que existem, se ela poderia ter algum apoio ou se isso seria contraproducente...
P: E se é conveniente ou não ela passar tantas horas em casa fazendo o dever.
T: Então, gostariam de ver quais opções existiriam para ajudar a Estefania, tanto na escola quanto em casa, certo? (*explicitar o projeto de trabalho*). Tudo bem, então vou perguntar mais algumas coisas. Para vocês, qual seria o primeiro sinal de que a situação melhorou e de que o curso está sendo menos difícil para ela? (*perguntar por indicadores de sucesso*).

4.3 Quando o ponto de entrada é a demanda para que nos encarreguemos do problema

Muitas vezes a possibilidade de intervenção surge a partir de uma reclamação de alguém sobre outra pessoa, mostrando que na verdade a questão não compete a quem reclama e havendo a solicitação explícita de que nós nos encarreguemos. Nesse caso dizemos que a postura de quem encaminha é de "demandante" (DE SHAZER, 1991), isto é, a pessoa vê um problema, mas entende que não lhe cabe parte alguma na solução e, portanto, delega-o a nós. Em situações como essa, nosso objetivo será negociar de modo a incluir o responsável pelo encaminhamento na possível solução:

DA RECLAMAÇÃO AO OBJETIVOS

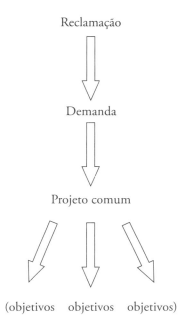

DA RECLAMAÇÃO AO PROJETO COMUM

- Reclamação: o que o cliente vê como problema.
- Demanda: o que os clientes pedem.
- Projeto comum: o acordo explícito entre terapeutas para definir em que (e como) se há de trabalhar.
- Objetivos: os indicadores concretos do sucesso obtido com esse projeto.

- Em face de uma reclamação, não devemos "interpretar" ou "inferir" a demanda subjacente, e sim perguntar explicitamente o que nosso interlocutor espera de nós ou como podemos ajudá-lo.

DOCENTE: Acho que vocês da equipe teriam de intervir com Martín. Eu o vejo muito distraído em aula, muito perdido, além de não parar quieto, como se tivesse TDAH. Quanto antes vocês o avaliarem e tratarem, melhor (*demanda clara: "que vocês resolvam o problema"*).

PSICÓLOGO: Concordo, podemos dar uma olhada (*validação*). Deixe-me perguntar algumas coisas sobre o Martín (*criação de um tempo para a conversa*). O que você acha mais preocupante no comportamento dele? (*especificar*).

[...]

P: E o que você costuma fazer nesses momentos em que ele começa a se levantar da sua carteira? (*examinar soluções tentadas*).

[...]

P: Entendi, ficou claro para mim. E qual seria para você um bom sinal de que Martín está mais concentrado na aula, de que está melhorando? (*negociação de objetivos*).

[...]

P: Tudo bem, isso está claro para mim. Se você concordar, vamos organizar uma entrevista com Martín e seus pais. Enquanto isso, seria muito útil para mim que você reparasse nas ocasiões em que o menino está mais concentrado na aula e que reparasse também no que você faz diferente nesses momentos (*prescrição centrada em soluções*). Concorda em falarmos um pouco disso semana que vem?

> • Diante do pedido para nos encarregarmos de resolver o problema, tentaremos incluir nosso interlocutor na sua solução.

4.4 Quando o ponto de partida é um projeto

Com base numa lógica estritamente centrada em soluções, na verdade não é preciso alguém perceber um problema para aplicar o enfoque (YOUNG, 2009); pode ser o bastante que alguém tenha um *projeto* a desenvolver, que queira melhorar em algo ou que deseje que outros melhorem ou atinjam seu próprio potencial em algum aspecto. Nesse caso, o que esclareceremos diretamente não serão as reclamações, mas sim os objetivos de nosso interlocutor. Procuraremos gerar objetivos concretos, com tom positivo e atingíveis[10], como no seguinte exemplo:

TUTOR: Estive cogitando uma ideia. Acho que para os alunos de 7ª série seria bom ter uma oficina de autoestima. Você pode me dar alguma dica de como fazer isso nas minhas tutorias?

ORIENTADOR: Parece-me uma iniciativa genial (*validação*). Qual é a sua ideia? Quais seriam os objetivos dessa oficina? (*esclarecer os objetivos*).

T: Pois é, eu tinha pensado ter, quando muito, quatro ou cinco tutorias antes de começarem os exames finais (*não responde*).

O: Ótimo, quatro e cinco semanas me parece bom (*validação*). E como você notaria que a oficina foi útil aos alunos, que mudanças gostaria de ver neles? (*tornar a perguntar sobre os objetivos*).

T: Eu gostaria que servisse para eles ficarem menos preocupados com o aspecto físico, sobretudo as garotas, mas na verdade também eles, os garotos. É tanta maquiagem, tanta roupa de grife... ligam demais para isso e acabam por acreditar que quem não parece uma estrela da tevê não está com nada.

O: Então você gostaria que eles prestassem menos atenção no físico e mais atenção em que coisas?

T: Ora, sei lá, nos valores, na beleza interior, que não julgassem seus colegas só por usarem ou não uns tênis assim ou assado, um corte de cabelo ou outro.

O: Sim, com certeza isso seria bom (*validação*). O que faria você notar que eles mudaram nisso?

---

10. Para uma análise mais detalhada sobre como gerar objetivos desse tipo, consultar o capítulo seguinte, seção 5.1.2.

T: Eu veria os grupos serem formados de outra maneira. Algumas alunas menos bonitas – e também alguns alunos – se entrosariam tão bem quanto as outras. E os temas para debate propostos em aula seriam de outro tipo.

> • Quando nos pedem ajuda para desenvolver um projeto, vale a pena dedicar um tempo para esclarecer e especificar objetivos do projeto.

4.5 Quando a iniciativa da intervenção é nossa

Há ocasiões em que a iniciativa da intervenção é exclusivamente do profissional: por exemplo, o tutor descobriu que um grupo de alunos fuma maconha antes de entrar na escola e resolve fazer algo a respeito; a orientadora escolar, tendo percebido que um dos professores está, já faz tempo, de cara amarrada, decide conversar com ele; ou a pedagoga da equipe teve a ideia de oferecer um programa de habilidades sociais a um grupo e resolve falar com o tutor. Obviamente, nesse caso não podemos começar pela reclamação ou pela demanda de nossos interlocutores, mas convém que explicitemos por que estamos tomando a iniciativa da conversa – esclarecer o que é que nos preocupa (se houver alguma preocupação) e oferecer-nos para falar sobre isso ou comentar qual é o projeto que pretendemos oferecer. Pôr as cartas na mesa no início da entrevista é bem mais eficaz do que vir com rodeios ao tentar chegar a essa questão. Vejamos um exemplo (BEYEBACH, 2013).

PROFESSOR: (*Aborda uma aluna na saída da aula*) Ainhoa, você tem um instantinho? Veja bem, acontece que até alguns meses atrás você ia muito bem nas minhas aulas, porém agora tenho a impressão de que seu rendimento está caindo muito. Posso perguntar o que está havendo?

ALUNA: Pois é, estou passando por uma fase ruim. Só isso (*ela se cala*).

P: Quer falar sobre isso um pouquinho?

Essa oferta de ajuda é útil mesmo se o aluno responder que não quer comentar nada, porque nesse caso ele ao menos terá percebido que o profissional está disposto a escutá-lo e ajudá-lo e talvez aceite o oferecimento mais adiante.

Uma variante dessa situação apresenta-se quando uma professora tem de tomar alguma medida disciplinar em razão do comportamento de um aluno na sala de aula. Nesse caso é conveniente ter uma breve conversa com o aluno após a aula, a fim de comentar o acontecido e formular alternativas[11]. Ainda que nesse contexto pareça claro o motivo da convocação do aluno, é conveniente lembrá-lo. Vejamos um exemplo:

PROFESSORA: Olá, Asier, agradeço por ter vindo (*início colaborativo*). Você já sabe que lhe pedi que viesse devido ao que se passou de manhã na aula. Não é aceitável você faltar ao respeito com seus colegas e comigo, por isso tive de expulsá-lo (*atribui a expulsão à norma, não a uma decisão arbitrária*). Aliás, gostei de você ter conseguido se controlar naquele momento e saído da sala tranquilamente (*elogio*). Sendo assim, gostaria de falar com você um momento sobre o que aconteceu e achar alternativas para que, se possível, essa situação não se repita (*proposta de um projeto para a conversa*).

• Se a iniciativa da intervenção é do profissional, convém explicitar o que a motivou e propor um projeto para a conversa.

4.6 Quando nosso interlocutor comparece obrigado por um terceiro

Steve de Shazer (1991) define como "tipo visitante" aquela relação na qual a pessoa com quem conversamos de fato não percebe problema algum e vem falar conosco pressionada ou até coagida por um terceiro. Num centro escolar, não é infrequente que ao es-

---

11. No capítulo 9 trataremos com mais detalhe dessas situações, ao analisarmos o manejo centrado em soluções das condutas disruptivas em sala de aula.

critório do orientador compareça um aluno expulso da aula e encaminhado por um professor; também pode ocorrer a visita de um professor "convidado" pelo diretor, mas relutante em falar com o orientador, ou que um tutor verifique que o pai que comparece à entrevista na verdade veio pouco convencido, pressionado pela esposa. Nessa situação teremos como premissa que nosso interlocutor veio motivado por alguma coisa – ainda que seja apenas para se livrar da pressão de quem o encaminhou – e que por isso está falando conosco. Nossa tarefa será descobrir qual é a motivação do interlocutor e, com isso, tentar criar um projeto de trabalho. Nessa conversa é importante incluirmos a perspectiva de quem impulsionou a pessoa a falar conosco, mas sem chegar a adotar seu ponto de vista. Em outras palavras, não se trata de convencermos o nosso interlocutor de que a pessoa que o encaminhou tem razão (e que, portanto, nosso interlocutor tem ou provoca mesmo um problema), mas sim de explorar sutilmente qual é o aspecto em que nosso interlocutor percebe de fato uma necessidade de mudança. Tentamos evitar o seguinte tipo de interação:

ORIENTADOR: Conte-me o que você gostaria de conseguir com esta conversa.

ALUNA: Eu? Nada.

O: Ora, mas eu imagino que você veio por algum motivo (*comentário confrontador*).

A: A professora de matemática me disse que viesse.

O: Então deve haver algum motivo (*comentário confrontador*).

A: Só isso.

O: Será que não é porque você chegou tarde de novo? Você sabe que não pode fazer isso.

* * *

Em vez disso, tentaremos conduzir o diálogo de maneira mais colaborativa:

* * *

ORIENTADOR: Conte-me o que você gostaria de conseguir com esta conversa.
ALUNA: Eu? Nada.
O: Ora, mas então como é que você veio aqui falar comigo?
A: A professora de matemática me disse que viesse.
O: Tudo bem, quer dizer que a ideia de vir não foi sua, mas da professora de matemática. Então, deve ser dureza para você estar aqui agora (*validação e apoio*).
A: Exatamente.
O: E qual você acha que é a ideia dela? O que ela espera desta entrevista com você? (*exploração neutra do ponto de vista de quem encaminhou a aluna*).
A: Isso você deveria perguntar a ela.
O: Sim, posso perguntar e certamente vou perguntar, se você concordar. Agora, o que você acha?
A: De por que ela quer que eu fale com você?
O: Exatamente.
A: Acho que é porque tenho chegado tarde às aulas dela.
O: E isso é um problema para você?
A: É, quando chego tarde fica difícil eu saber qual é o tema.
O: Ou seja, você me diz que acredita que a professora de matemática gostaria que você fosse mais pontual.
A: Sim.
O: Você também gostaria disso?
A: Gostaria sim, mas acho difícil.
O: Acha difícil, mas gostaria. Podemos dedicar um instantinho a ver a questão da pontualidade e as possíveis soluções?
A: Tudo bem.
O: Então me conte, quando foi a última vez que você chegou pontualmente na aula de matemática?

Em outras ocasiões é mais fácil combinar que o projeto de trabalho será simplesmente ficar livre da pressão de quem encaminhou. Vejamos outro exemplo:

103

ALUNO: Mas eu não tenho nenhum problema. O professor de inglês é que está me aporrinhando com esse negócio de falar com você. É um chato, fica o dia todo enchendo.

ORIENTADOR: Ou seja, fica muito chato para você.

A: Isso.

O: E o que você acha que ele precisaria ver em você para deixá-lo em paz?

A: Sei lá, que eu não falasse enquanto ele está falando, que não interrompesse quando outros alunos falam.

O: E em vez disso?

A: Bem, eu teria que esperar para falar quando ele perguntasse ou quando os demais terminassem.

O: Com isso ele deixaria você em paz?

A: É isso aí.

O: E que vantagens você teria se ele o deixasse em paz?

A: Ora, ele não ficaria me enchendo o dia todo.

O: Portanto, também poderíamos ver como você pode fazer para esperar e falar quando ele lhe perguntar ou quando for a sua vez, porque isso faria com que ele deixasse de aporrinhá-lo. É isso?

A: É isso aí.

O: Tudo bem, então eu gostaria de lhe fazer mais duas perguntas [...].

Se esse tipo de diálogo não conseguir gerar um projeto de trabalho viável, pode-se lançar mão da opção de convocar as duas partes e fazer uma intermediação para nosso interlocutor entender o que a pessoa que a encaminhou espera dele. Outras vezes é preferível trabalhar diretamente com quem fez o encaminhamento; por exemplo, ter uma entrevista com o professor que expulsou o aluno ou com a mãe que insistiu para que seu filho falasse conosco. Uma última opção é simplesmente aproveitarmos a presença de nosso interlocutor para perguntar se há alguma outra coisa em que de fato possamos ser úteis: "Fica claro para mim que, na verdade, você não se preocupa em absoluto com essa questão. De qualquer modo, já que você está aqui, tem alguma outra coisa que gostaria de comentar?". Não sendo assim, resta-nos agradecer a presença, retribuir algum elogio e decidir se marcamos outra entrevista ou não.

- O interlocutor na posição de "visitante" é quem comparece coagido ou pressionado por uma terceira pessoa e acha que não há problemas.
- Na conversa com o interlocutor, tentaremos descobrir em qual questão ele pode estar interessado em receber a nossa ajuda. Para tanto, convém incluir no diálogo a perspectiva de quem encaminhou, mas mantendo-nos do lado do nosso interlocutor.

5

Sobre o que conversar
Projeção para o futuro e trabalho com exceções

No capítulo 3 descrevemos as ferramentas conversacionais (perguntas, paráfrases e elogios) e o contexto de intervenção que permitem que as interações com nossos interlocutores sejam proveitosas. Neste capítulo proporemos o sentido no qual se orientará o diálogo centrado em soluções, começando pelas conversas sobre o futuro desejado para depois descrever as conversas sobre exceções e melhorias. No capítulo seguinte falaremos sobre o trabalho com perguntas de escala, as perguntas de enfrentamento e a externalização do problema. Antes disso, dedicaremos algumas linhas à descrição das três estratégias comunicacionais utilizadas em todas essas conversas.

5.1 Três estratégias comunicacionais transversais: elicitar, ampliar, ancorar

Não queremos dar a impressão de que a IECS consiste na aplicação mais ou menos automática de técnicas como a pergunta milagre ou as perguntas de escala, para citar apenas duas das mais conhecidas. Assim, não basta formular em uma aula a pergunta milagre, sendo preciso também, depois, trabalhar com as respostas dos alunos e continuar a perguntar de modo a conseguir que tais respostas se mostrem úteis. Também não basta lançar uma escala de avanço e limitar-se a anotar o número dado como resposta por um professor; será preciso gerir suas respostas para gerar nova informação sobre os avanços já ocorridos, as expectativas de futuro e os passos seguintes. Falamos em "estratégias conversacionais" para nos referirmos a esses padrões transversais de comunicação terapêutica, a essas formas de gerir a informação no curso da entrevista, que são aplicadas a todas as técnicas centradas em soluções. Podemos distinguir ao menos três estratégias comunicacionais utilizadas em todo momento pelos profissionais centrados em soluções: *elicitar*, *ampliar* e *ancorar as mudanças*.

5.1.1 Elicitar

Podemos elicitar a descrição de soluções começando o diálogo sobre elas por meio de algumas das perguntas centradas em soluções que vamos descrever nas seções a seguir (projeção de futuro, pergunta pelas mudanças pré-tratamento, escalas etc.):

ALUNA: Gostaria de me dar melhor com as outras garotas da turma. É isso que eu gostaria. Do jeito que está, não me sinto à vontade.

TUTORA: Imagine que conversemos de novo no mês que vem e que você realmente já se dê melhor com as demais garotas da turma. O que você gostaria de me contar? Que coisas diferentes você se imagina fazendo com elas? (*projeção de futuro*).

Também podemos aproveitar alguma informação que nossos interlocutores fornecerem espontaneamente durante a conversa. Isso demanda uma escuta muito atenta, com a qual se possam detectar soluções inclusive nas descrições das reclamações:

PROFESSORA: Estou muito desanimada com esse grupo. Os alunos parecem doidos e *quase nunca* prestam atenção quando falo.

ORIENTADOR: O que é diferente nas ocasiões em que eles prestam atenção?

5.1.2 Ampliar

Ampliar é ajudar nossos interlocutores a gerarem descrições em termos de condutas interativas, concretas e *de tom positivo* (presença ou início de alguma coisa *vs.* ausência ou final de alguma coisa). Logo, não é um bom objetivo "não brigar no pátio" (tom negativo), tampouco "a gente se dar melhor" (em tom positivo, mas sem especificar); por outro lado, seria um bom objetivo "voltar a brincar de pega-pega no recreio". Não seria proveitosa uma descrição de melhoria como "Já não me sinto tão mal na aula" (tom negativo) nem "Agora estou mais à vontade nas aulas" (tom positivo, mas sem especificar); boa descrição de melhoria a ser dita pela aluna seria "Agora me sinto melhor, falo com meus colegas de turma nos recreios" ou "Deixaram que eu entrasse para um grupo". Ajudamos nossos interlocutores a ampliarem as soluções por meio de nossas perguntas:

- Em *que momentos* as coisas dão mais certo?
- *Onde* você se imagina fazendo isso?
- *Quem* vai perceber que você presta mais atenção?

Uma vez especificada alguma das descrições, procuramos novos exemplos com a pergunta "O que mais [...]?". Na intervenção escolar, o tempo disponível para o diálogo costuma ser limitado, motivo pelo qual frequentemente nos consultam a respeito de como se pode saber que já foi ampliado o bastante. Até quando se pode ou se deve perguntar "o que mais"? Entendemos ser bom critério que, afinal, com aquilo que nos contam e sem necessidade de inventar nada, possamos visualizar o que estão a nos relatar; aliás, um bom recurso para especificar é perguntar ao nosso interlocutor o que acha que uma terceira pessoa observaria ou o que uma câmera de vídeo registraria se estivesse filmando a cena. Seja como for, convém levar em consideração que não se trata de ampliar sem mais nem menos; também é preciso que as mudanças a que nos referimos sejam consideradas relevantes por nossos interlocutores. A relevância depende de as mudanças descritas terem relação com seus objetivos e com sua demanda inicial.

Em qualquer caso, e para não transformar o processo de ampliação num mero "interrogatório", é importante entremear as perguntas com comentários de outro tipo, como paráfrases, resumos, comentários empáticos e humorísticos etc.

5.1.3 Ancorar

Trata-se de ajudar nossos interlocutores a adquirirem o controle das mudanças, a perceberem de que maneira conseguiram provocar as melhorias ou como podem atingir seus objetivos. Na IECS não basta a situação melhorar, é preciso que os envolvidos saibam como gerar essas mudanças; assim poderão fazer mais o que dá certo e estarão preparados para enfrentar possíveis recaídas. Podemos, portanto, promover a ação pessoal de nossos interlocutores mediante nossas perguntas[12]:

- Como você conseguiu isso?
- *Com que você contribuiu para...?*
- O que você diria que fez diferente e que lhe permitiu...?

Voltando ao exemplo anterior:

ORIENTADOR: Então você acha essas mudanças importantes. Como as conseguiu?

PROFESSORA: Não sei, foram eles, os meninos têm estado mais focados, simplesmente.

O: Se eu lhes perguntasse quais coisas você tem feito diferente nesta semana que os tenham ajudado a ficar mais focados, o que você acha que eles me diriam? (*atribui controle valendo-se da perspectiva de terceiras pessoas*).

M: Não sei. Uma coisa que talvez tenha ajudado é que mudei a ordem das atividades; após o momento inicial em que se

---

12. Um experimento de Healing e Bavelas (2011) demonstra que indagar a respeito de uma tarefa com perguntas que pressuponham ação pessoal leva a pessoa não só a assumir mais a responsabilidade pelo resultado da tarefa (mudança cognitiva) como também a melhorar a execução dela uma semana depois (mudança comportamental).

forma o círculo, em vez de passar a fazer trabalho individual, eu fiz com que formassem duplas.

O: E como isso pode tê-los ajudado a ficarem mais focados?

[...]

O: Pois é, parece ter sido mesmo uma boa ideia. Que outras coisas você fez um pouco diferente que talvez os tenham ajudado?

M: Ora, também acho que tenho tentado não perder a paciência.

O: É uma coisa difícil, não é? Como você fez isso?

Para aplicar essas estratégias comunicacionais, e especialmente os processos de ampliação e ancoragem das mudanças, o profissional precisa ter paciência, em consonância com o pressuposto de "ir devagar" que já mencionamos nos capítulos 1 e 2. Queremos adequar-nos ao ritmo de nossos interlocutores e dar-lhes tempo para pensarem e elaborarem suas próprias respostas a nossas perguntas, em lugar de sermos nós quem lhes dá as soluções. Isso implica mantermos silêncio e não nos precipitarmos a lançar novas perguntas antes de receber respostas à anterior.

Nas seções seguintes veremos a aplicação dessas três estratégias comunicacionais em cada um dos diferentes temas de conversa da IECS: projeção de futuro, trabalho com exceções e melhorias, trabalho com escalas e perguntas de enfrentamento.

- Na IECS, o profissional atenta para qualquer informação que permita iniciar uma conversa sobre soluções ou pergunta diretamente sobre elas (*elicitar*).
- O fato de nossos interlocutores descreverem como *não* são as coisas ou como *não* querem que elas sejam não nos fornece informação útil. Precisamos especificar as descrições em termos de comportamentos *em tom positivo* (o que a pessoa realmente faz ou fará), pequenos, observáveis e situados no seu contexto conversacional (*ampliar*).
- Além de especificar, precisamos ajudar os interlocutores a assumirem o controle de suas próprias condutas, reconhecendo o papel que eles desempenharam ou desempenharão para pôr essas condutas em prática (*ancorar*).

5.2 Projeção de futuro

As técnicas de projeção de futuro – e concretamente a pergunta milagre (DE SHAZER, 1991, 1994) – são uma das "marcas de fábrica" da terapia breve centrada em soluções. Elas consistem em convidar nossos interlocutores a imaginarem um futuro em que o problema pelo qual consultam já está resolvido, bem como a descreverem esse futuro de forma detalhada. Dessa forma é possível estabelecer os objetivos finais da intervenção, gerando uma perspectiva de futuro a partir da qual será mais fácil identificar os avanços já concretizados. Se aplicadas de maneira consequente, as técnicas de projeção de futuro redefinem profundamente o sentido da intervenção: não se trata já de afastar-se do problema, mas sim de se aproximar das metas que nossos interlocutores queiram afastar. Essa imagem detalhada das metas será o norte para o qual a intervenção se dirige, proporcionando rumo à nossa tarefa e indicadores concretos do momento em que ela foi concluída com sucesso.

Em nossos interlocutores, a descrição pormenorizada de um futuro sem o problema permite gerar esperança e motivação para eles atingirem suas metas. Dedicar tempo a imaginar e contar um futuro no qual os problemas já estão resolvidos pode ter um efeito de sugestão e motivação, tanto para um aluno ou um colega em diálogo individual quanto para uma família inteira ou um grupo-turma.

Costumamos iniciar a projeção de futuro com uma adaptação da pergunta milagre:

(*A um aluno*) Suponha que esta noite, enquanto você dorme, acontece uma espécie de milagre, e esses problemas ficam resolvidos, não como na vida real, aos poucos e com esforço, mas de repente, de maneira milagrosa. Uma vez que está dormindo, você não se dá conta de que esse milagre se realiza. Que coisas você notaria diferentes amanhã que fariam com que se desse conta de que esse milagre ocorreu?

É claro que podemos adequar a formulação da pergunta de acordo com as situações e os interlocutores:

(*A um grupo de alunos de 3ª série de ensino fundamental*) Imaginem que esta noite um *jedi* de Star Wars faz uma magia muito poderosa e consegue que todos se deem bem demais uns com outros nesta turma, tão bem que viram a melhor turma da galáxia. Só que ele faz essa magia de noite, quando vocês estão dormindo e não se dão conta. Amanhã de manhã, como vocês se dariam conta? Quais sinais os levariam a pensar que houve essa magia?

(*A um professor*) Imagine que esta turma começa a mudar aos poucos e, transcorridas quatro ou cinco semanas, já funciona bem do jeito que você quer. Nesse caso, se eu desse uma passada na sala de aula daqui a cinco semanas, o que notaria de diferente?

Em todo caso, a pergunta milagre ou qualquer outra modalidade de projeção de futuro não é *uma* pergunta, mas sim uma *sequência* de perguntas que podem até ocupar a maior parte de uma conversa. Logo, uma vez feita a colocação inicial, será preciso elaborar as respostas de nossos interlocutores, ampliando a informação como vimos na seção anterior, de modo a conseguir o que denominamos "objetivos trabalháveis" – ou "objetivos bem formados", segundo Berg e Miller (2002) –, ou seja, metas capazes de motivar para a mudança (quadro 1).

QUADRO 1
Características dos objetivos trabalháveis

- Relevantes para nossos interlocutores (são *seus* objetivos, não necessariamente os nossos).
- Atingíveis (deixamos o impossível para outro dia).
- Pequenos.
- Descritos em termos comportamentais, concretos.
- Descritos como "começar alguma coisa" em lugar de "terminar alguma coisa/deixar alguma coisa".
- Descritos como "presença de alguma coisa" em vez de "ausência de alguma coisa".
- Descritos em seu contexto interacional.

Fonte: Beyebach (2006).

Não é frequente que, em face da pergunta milagre, os consulentes respondam sem mais nem menos descrevendo objetivos em cima dos quais se pode trabalhar. É mais habitual eles responderem em termos de reclamações ("Cara, acontece que meu filho *fica* o dia todo berrando e se queixando quando eu mando que comece a fazer o dever"), em tom negativo ("Eu *não* ficaria tão obcecado com os exames"), de forma imprecisa ("Me sentiria bem *melhor* ao lecionar esta matéria") ou sem que a pessoa que fala se inclua na descrição ("*Meus colegas* seriam menos competidores... seriam mais legais comigo... me tratariam como mais um"). Exatamente aqui é que se inicia o processo de "ampliar", utilizar uma série de perguntas que ajudem os nossos interlocutores a transformar essas respostas em objetivos trabalháveis. Não se trata de sugerirmos nem impormos nossos objetivos, e sim de ajudar nossos interlocutores a formularem os seus numa linguagem que facilite sua consecução, dando como resultado um verdadeiro "filme" de como serão as coisas quando o problema estiver resolvido. Essa tarefa requer habilidade e disciplina por parte do profissional. A tabela 2 reúne alguns exemplos de perguntas que se mostram úteis para desenvolver ao máximo os objetivos; todavia, não se trata de fazer "a pergunta correta", mas sim de aproveitar cada resposta anterior do nosso interlocutor.

Tabela 2
Formas de construir objetivos trabalháveis em pergunta milagre

Se nosso interlocutor fala	Nós perguntamos
Em termos de queixa:	Como você vai mudar isso?
Em tom negativo (deixar de):	O que vão fazer em vez de...?
Em termos poucos concretos:	Como vai notar que...?
	Qual será a primeira coisa que...?
	Qual seria o efeito disso?
Em termos individuais:	Como você vai reagir quando ele...?
	Como ele vai responder quando você...?
Se um "assunto" se esgotar:	O que mais você vai mudar?

Fonte: Beyebach (2006).

Por outro lado, o entrevistador tentará criar um ambiente positivo e empolgante, o que passa não só por propiciar uma descrição que se mostre tangível e quase "visível", como acabamos de assinalar, mas também por atentar para os momentos em que os interlocutores se emocionam, alegram-se ou exprimem seus anseios, de modo a focar-se neles.

Quando entrevistamos uma família ou fazemos uma partilha com todos os alunos de uma turma, é importante envolver todos em algum momento da projeção de futuro. Isso requererá uma boa gestão dos turnos e do grupo. Quando a entrevista for individual será útil, de qualquer maneira, perguntar a respeito do ponto de vista de outras pessoas relevantes: "Quem seria a primeira pessoa a reparar que você conseguiu...? Como você imagina a reação dela?". Quando alguém descreve a si mesmo com a perspectiva de outro, as descrições resultantes costumam ser interessantes.

Vejamos um exemplo de projeção de futuro no curso da primeira conversa de um professor de apoio com um aluno:

PROFESSOR DE APOIO: Tudo bem, pelo que temos falado concluo que você gostaria é de render mais, que as horas dedicadas ao estudo lhe fossem mais proveitosas (*explicita o projeto de trabalho*).

ALUNO: Sim, exato.

P: Vou lhe fazer uma pergunta um tanto esquisita, mas que me ajudará a ter uma boa noção do que queremos conseguir. Imagine que este armário fosse na verdade uma máquina do tempo. (*Pausa*) Você entra nela, programa-a para sair dentro de dois meses e, quando sai, já está rendendo tudo o que quer no estudo. (*Pausa*) Quais as coisas que você notaria diferentes, ao sair dessa máquina do tempo, que fariam com que se desse conta de que está tendo esse rendimento?

A: Ora, eu conseguiria reter muito mais de tudo o que estudo. Especialmente em História e em Língua.

P: Você reteria muito mais do que estuda. Como notaria que retém muito mais?

A: Em História, não faria uma bagunça com as datas.
P: E em vez disso?
A: Eu saberia as mais importantes.
P: Entendi. E como você saberia quais são as mais importantes?
A: (*Silêncio*) Não sei, saberia.
P: Sim, com certeza. Mas o que me intriga é como você saberia.
A: Bem, porque entenderia melhor qual é o assunto...
P: Como você imagina isso, daqui a um mês?
A: Sei não, mesmo assim tentaria primeiro entender qual é o assunto, ou seja, de que se trata, o que é importante. E a questão das datas viria depois, como um acréscimo.
P: Opa! Isso é interessante. No seu milagre as datas seriam um acréscimo, primeiro você entenderia de que trata o assunto e o que é importante.
A: É isso.
P: E como você saberia, no seu milagre, quando já estiver rendendo mais nos estudos, distinguir o que é importante do que não é?
A: (*Silêncio*) Acho que se não me obcecar com as datas ainda assim poderia entender mais da história, mais como se fosse um filme...
P: Que boa ideia!
A: E se não ficasse claro para mim, poderia perguntar ao professor.
P: O professor se surpreenderia se você lhe perguntasse?
A: Na verdade, a gente sempre pergunta para ele se uma coisa cai ou não no exame.
P: Então, quando já estiver rendendo mais nos estudos, que perguntas diferentes você faria ao professor?
A: (*Silêncio*) Não perguntaria tanto sobre o exame, mas sobre a razão pela qual uma coisa é mais importante que outra. Compreender isso. E depois já aprender a data, com alguma técnica mnemônica ou coisa assim.

115

Interessa-nos uma descrição não somente do futuro como também daquilo que será *diferente* se esse futuro for o preferido. Não adianta para nós que o aluno nos diga, por exemplo, que no seu futuro preferido seria pontual e prestaria atenção no professor, se isso é uma coisa que ele já faz todos os dias; o que nos interessará é o que será diferente em sua forma de estar nas aulas. Se não houver diferença, quer dizer que essa parte não é relevante.

A fim de aumentarmos a motivação, poderíamos examinar os possíveis efeitos positivos ou as "vantagens" que resultariam do futuro preferido para a pessoa, sem esquecermos de seu contexto interacional:

P: Que efeitos positivos tudo isso teria para você?

[...]

P: Quem seria a pessoa que ficaria mais feliz, depois de você?

[...]

P: O que isso significaria para você?

[...]

Uma vez detalhado o futuro preferido, há diversas opções para prosseguir. Uma delas é atribuir controle, passando a detalhar um plano de ação:

P: Fica claro para mim que realmente haveria muitas pequenas mudanças. Por sinal, se você quisesse começar a fazer alguma dessas coisas amanhã, sem ter entrado nessa máquina do tempo, por onde começaria? O que você faria primeiro?

Outra opção é utilizar a visão do futuro preferido como base para reconhecer exceções:

P: Fica claro para mim que realmente haveria muitas pequenas mudanças. Qual foi a última ocasião que você lembra em que as coisas "ficaram mais no jeito" para você?

Colocar uma escala de avanço após a pergunta milagre é a terceira maneira de se aproveitar a informação gerada:

P: Em uma escala de 1 a 10, em que 10 seria essa "turma ideal" que você acaba de descrever e 1 seria o momento no qual a situação esteve pior nessa turma, onde você diria que a situação está agora?

- A projeção de futuro consiste em convidar nossos interlocutores a imaginarem seu futuro preferido, com o problema resolvido. Para projetar um futuro podemos utilizar-nos da pergunta milagre, da máquina do tempo ou de qualquer outro convite a imaginar um futuro sem o problema.
- Para que a descrição do futuro preferido seja motivadora e gere ideias de solução, precisamos *ampliar* com detalhe a informação, especificando-a em termos de condutas pequenas, concretas e interacionais.
- Uma boa descrição do futuro preferido pode permitir que num segundo momento se passe a gerar um plano de ação, a identificar exceções e avanços com maior facilidade ou a utilizar uma escala de avanço.

5.3 Exceções e mudanças pré-tratamento

Na IECS, a premissa de que nossos interlocutores têm pontos fortes se reflete na aposta nas exceções e nas mudanças pré-tratamento. As exceções são não só aquelas ocasiões em que o problema era esperado, mas não se apresentou (o dia em que a aluna tímida conseguiu falar com um colega no recreio; o dia em que o aluno que costuma chegar sob efeito de drogas compareceu sem tê-las consumido), como também aquelas nas quais o problema se deu com menor intensidade, duração ou frequência (a aula que o professor sobrecarregado achou mais amena; a tarde em que o chilique do filho durou menos do habitual). De um outro ponto de vista, as exceções são as ocasiões em que alguns objetivos já são atingidos (o aluno que deseja melhorar sua autoconfiança sentiu-se mais seguro na partilha da manhã; a estagiária foi capaz de manter a disciplina na sala de aula a tarde inteira). Mudanças pré-tratamento são as melhorias que se verificam antes da nossa intervenção como profissionais: os pais que contam na primeira entrevista que seu filho com diagnóstico de TDAH tem estado menos distraído ou a professora que pediu ajuda ao orientador porque não sabe como lidar com a conduta desafiante de alguns alunos e conta que naquela manhã, sem se exaltar, conseguiu fazer com que se calassem.

Tanto as exceções quanto as mudanças pré-tratamento são importantes como temas de conversa, pois fazem ser possível:
- Redefinir ou reposicionar a situação ajudando nossos interlocutores a "descobrirem" que, junto com o problema, há também melhorias e áreas da vida deles que funcionam bem.
- No caso das mudanças pré-tratamento, o fato de essas melhorias serem discutidas já na primeira conversa reforça a competência dos consulentes, porque as mudanças pré--tratamento são melhorias que eles conseguiram *sem a nossa participação*.
- Elaborar uma "receita" para eles continuarem a melhorar até atingirem suas metas.

Iniciamos o trabalho com exceções e mudanças pré-tratamento perguntando sobre elas de modo a pressupormos a sua existência. Em lugar de perguntar sobre exceções formulando uma pergunta fechada (por exemplo, "Tem havido momentos em que você se sente mais tranquila em aula?"), preferiremos fazer uma pergunta aberta que pressuponha a existência de exceções ("Em que momentos você se sente um pouco mais tranquila em aula?"). Em vez de nos interessarmos pelas mudanças pré-tratamento apenas perguntando, podemos acrescentar uma introdução que situe o cenário e torne mais provável uma resposta afirmativa:

TUTOR: Muitas vezes os pais me dizem que, entre o momento em que ligam para marcar a entrevista pela primeira vez e o momento da entrevista no centro de ensino, já começa a haver algumas melhorias na questão que lhes preocupava. Quais as pequenas melhorias que vocês viram?

Se nossos interlocutores responderem descrevendo algum tipo de melhoria ou de exceção, a primeira coisa a se fazer é evitar que ela passe despercebida, possibilitando que ganhe importância aos olhos dos clientes e que implique uma "diferença que assinale uma diferença" (BATESON, 1958). O modo de se salientar uma mudança depende muito do estilo de cada profissional, da postura dos clientes e da relação que se tenha estabelecido. Ao trabalhar com alunos de primeiro grau, o orientador pode manifestar surpresa diante de um grande avanço e até cair literalmente da cadeira se a ocasião merecer (WHITE; EPSTON, 1990).

Com alunos adolescentes preferimos um estilo mais neutro, com o qual tendemos a mostrar nossa curiosidade e nosso interesse pela melhoria que eles comentam conosco:

TUTOR: Opa, isso é interessante... Então três dias são o bastante para você melhorar em aula. Não é fácil.

Assim que tivermos percebido uma mudança pré-tratamento ou uma exceção e a tenhamos ressaltado, interessa que nossos interlocutores falem dessas melhorias o máximo de tempo possível com abundância de detalhes. Aplicando a estratégia de "ampliar" descrita na seção 5.1, tentaremos construir um "filme" tão completo quanto possível sobre os fatos, o que implica ensejar uma descrição em termos comportamentais, concretos, em tom positivo e interacionais. "*Não* fiquei tão nervoso na última prova", "Pepita foi *menos indisciplinada* durante a aula" ou "A última reunião de professores foi mais *pacífica*" não seriam exceções bem descritas. Já "No último exame estive mais tranquilo e li todas as perguntas antes de começar a responder", "Pepita foi capaz de fazer cinco exercícios seguidos" ou "Na última reunião de professores todos falaram, e concordamos nos horários" seriam boas descrições. Para obtermos descrições úteis provavelmente teremos de reconverter as respostas dos consulentes, de maneira análoga à mencionada para a projeção de futuro (tabela 3). Além disso, pode ser útil fazer algumas perguntas que deem sentido e coerência a essas melhorias ou exceções: "O que significa para você ter sido recebido(a) por eles dessa forma?"; "Que efeito isso teve sobre o resto do dia?".

TABELA 3
Formas de construção de melhorias e exceções bem formadas

Se nosso interlocutor fala	Nós perguntamos
Em termos de queixa:	Como isso mudou?
Em tom negativo (deixar de):	O que você fez em vez de...?
Em termos poucos concretos:	Em que você notou que...?
	Qual foi a primeira coisa que...?
Se um tema se esgotar:	Como você reagiu quando ele...?
	Como ele respondeu quando você...?
Se um tema se esgotar:	O que mais tem sido melhor?

Fonte: Beyebach (2006).

Vejamos isso num diálogo de uma orientadora com uma professora:

ORIENTADORA: Então esta última semana tem sido melhor. Quais coisas estão sendo diferentes?
PROFESSORA: Tenho visto os meninos menos inquietos, menos agitados (*descrição em tom negativo*).
O: Pois é, você os tem visto mais... como?
P: Mais tranquilos, mais relaxados em alguns momentos (*descrição em tom positivo, mas sem especificar*).
O: Sei... em certos momentos mais tranquilos e mais relaxados. Em que ocasiões você notou isso na aula?
P: Principalmente quando ficaram mais tempo sentados e focados nas tarefas (*descrição mais concreta*).
O: Muito interessante. Por quanto tempo?
P: Pois é, depende da tarefa. Mas de qualquer maneira até 10 minutos (*descrição concreta*).
O: Ou seja, estiveram sentados e focados, fazendo a tarefa por até 10 minutos. E em que outra coisa você notou que estavam mais tranquilos e mais relaxados? (*procura uma nova descrição*).

O passo seguinte será ancorar as mudanças, tentando fazer com que nossos interlocutores se atribuam o mérito por elas – esse aspecto é muitíssimo importante, embora muitas vezes difícil de se conseguir. Tentamos, enfim, saber o que os consulentes fizeram para que a exceção tivesse lugar. Algumas perguntas que visam atribuir controle:
- Como você conseguiu?
- Como você se virou para resistir à tentação de deixar o dever de casa para depois do filme?
- O que ajudou você a manter-se firme com os alunos?

Esse processo de "culpabilização positiva" (KRAL; KOWALSKI, 1989) fortalece a posição de nossos interlocutores e permite que aumentem a frequência das exceções na medida em que sejam capazes de encontrar uma "receita" eficaz para isso. Para tanto, às vezes é preciso certificar-se de que uma determinada conduta contribui realmente para que a exceção aconteça ou analisar o valor relativo de diversas contribuições: "De todas essas coisas que vocês me explicaram, qual diriam que tem sido a mais decisiva para seu filho começar a respeitar as normas? Qual foi a segunda mais importante? O fato de vocês fazerem isso de novo garantiria que esse comportamento se repetisse...?".

Justamente por ser uma questão muito importante, recomendamos evitar a pressa na atribuição de controle, pois muitas vezes os consulentes têm facilidade em identificar melhorias, mas custam a ver o que eles próprios fizeram para consegui-las. Por isso propomos que, antes de trabalhar de modo a ancorar as mudanças, o profissional as amplie tanto quanto possível, pois uma descrição detalhada dos avanços costuma dar pistas sobre como os clientes conseguiram pô-los em prática.

Também convém incluir as pessoas relevantes do entorno no processo de atribuição de controle. Essa maneira de "distribuir os méritos" (FURMAN; AHOLA, 1992) contribui para consolidar as mudanças e assegurar a sua estabilidade. "Como você conseguiu voltar à aula, apesar de seu medo? [...] Como seus amigos Sofia e Jero ajudaram você? [...] Como seus pais ajudaram você nisso? [...] O que você fez para facilitar-lhes essa ajuda?". Se a conversa é com uma família ou com um grupo-turma, podemos pedir a uns que falem sobre como outros os ajudaram. A fim de internalizar ainda mais o controle, talvez também seja útil mobilizar as emoções positivas de nosso interlocutor ("De qual dessas conquistas você se orgulha mais?"; "Como você se sentiu ao dar-se conta de que conseguira responder a todas as perguntas?") ou as qualidades pessoais ("Qual você diria que foi a sua qualidade que lhe permitiu manter-se nessa linha a semana toda?"; "Se você perguntasse a seu melhor amigo, o que ele diria? Que qualidade pessoal permitiu que você se controlasse apesar dessa provocação?").

O último passo consiste simplesmente em perguntar sobre outras melhorias ou exceções que foram percebidas: que outras coisas deram certo, em quais outras ocasiões se deu o milagre etc. Como já dissemos, ao perseverarmos na pergunta "o que mais?", permitimos a nossos interlocutores irem além da sua primeira resposta e até se surpreenderem ao descobrir novas nuances.

Vejamos o trabalho com mudanças pré-tratamento realizado por um professor com um grupo-turma de 4ª série do ensino fundamental. Nesse caso, os membros do grupo concordaram no desejo de se tratarem melhor e com "mais respeito" – em especial, respeitando a vez de cada um para falar e cuidando dos materiais dos colegas.

TUTOR: Que pequenas melhorias vocês têm visto nas últimas duas semanas?

XABI: Eu sei! Não estamos gritando tanto em aula.

T: Ótimo, e o que vocês diriam que estão fazendo em vez de gritar?

XABI: Estamos falando mais baixo quando estamos em grupos.

T: Ótimo, estão falando mais baixo quando estão em grupos. Quem mais tinha percebido isso? (*cinco ou seis alunos levantam a mão ou dizem "Eu". O tutor pergunta a um deles*). Quer dizer que você também notou que falam mais baixo quando estão em grupos. E como isso ajuda vocês?

LEIRE: Ao falarmos mais baixo incomodamos bem menos o grupo ao lado.

AITZEA: E estamos mais à vontade. Não gosto de jeito nenhum quando o pessoal do lado começa a gritar. Rubén e Santi sempre alçavam muito a voz.

T: Desde quando isso tem melhorado? (*ignora a reclamação, frisa a melhoria*).

AITZEA: Foi nesta semana.

T: (*A Rubén e Santi*) Como conseguiram isso? (*ancorar*).

RUBÉN: Não sei. Se todos falam mais baixo, eu também não devo gritar.

SANTI: É para não incomodar.

T: Muito interessante. Vocês sabiam que outros colegas tinham reparado que vocês estavam fazendo esse esforço para falar mais baixo nos grupos?
SANTI: Não. Mas é bom que eles o digam.
T: Legal, muito bem. Ou seja, parece que em geral vocês estão falando mais baixo, e isso ajuda os colegas a trabalhar melhor nos grupos. Isso me intriga, como vocês estão conseguindo falar mais baixo?
JOPE: É o que Rubén diz, que se um fala mais baixo, o outro não tem de gritar tanto.
MIREM: E também nos lembrarmos ao começar. E você nos lembra disso.
AITZEA: No meu grupo a gente disse hoje de manhã "Atenção, baixinho, baixinho", e isso ajudou.
T: Estupendo, boas ideias. Isso é algo que vocês podem continuar fazendo? (*os alunos concordam*). Ótimo, isso fica claro para mim.

Uma vez ampliadas e ancoradas as melhorias, há diversas opções. Uma delas seria utilizar uma pergunta de escala para esclarecer em que consistiria um ponto a mais e examinar diferentes meios para subir até ele, como veremos na sequência. Outra é perguntar diretamente qual seria o *passo seguinte* que a pessoa ou o grupo pretende dar.

TUTOR: Ótimo, isso ficou claro para mim. Vocês já têm feito muitas coisas para se respeitarem mais. Qual seria o próximo pequeno passo que poderiam dar para melhorar mais um pouco?

• As exceções são ocasiões em que o problema não se apresenta ou se apresenta com menor frequência; também são as ocasiões em que o futuro preferido já ocorre, ao menos em parte. As mudanças pré-tratamento são as melhorias prévias à primeira conversa. A vantagem das mudanças pré-tratamento é elas terem ocorrido sem a nossa participação, de modo que talvez seja mais fácil para nossos interlocutores se atribuírem o mérito de tê-las conseguido.

• Exceções, mudanças pré-tratamento e melhorias em geral são trabalhadas da mesma forma: primeiro ampliando as mudanças e, depois, ancorando-as para que nossos interlocutores se percebam no controle delas.

• Para facilitar o processo de atribuição de controle, é conveniente ir devagar: primeiro ampliar e só depois perguntar como conseguiram isso.

• O fato de ancorarmos as mudanças torna mais fácil para nossos interlocutores continuarem fazendo aquilo que os ajuda, bem como é uma maneira de começar a prevenir possíveis retrocessos.

6

Sobre o que conversar
Escalas, perguntas de enfrentamento e externalização

Neste capítulo veremos três outras técnicas centradas em soluções. Começaremos com as perguntas de escala, por certo a ferramenta mais versátil e mais utilizada na IECS. A seguir apresentaremos um recurso menos utilizado, mas que se mostra crucial quando nossos interlocutores estão muito pessimistas ou outras técnicas não funcionaram. Finalmente, mostraremos como se pode tirar proveito da externalização – uma prática originada no campo das terapias narrativas – de maneira centrada em soluções.

6.1 Perguntas de escala

As perguntas de escala convidam nossos interlocutores a localizarem um atributo ou uma característica num intervalo numérico, geralmente entre 1 e 10 (escalas de avanço) ou entre 0 e 10 (escalas de confiança, disposição ou capacidade). As perguntas de escala são, sobretudo, uma forma de se continuar a falar de recursos, melhorias e objetivos. Além disso, elas permitem decompor ou *descontruir* uma resposta categórica e torná-la mais manejável:

ALUNO: Não vou passar nessa matéria, não dou conta dela. Estou muito desanimado.

TUTORA: Numa escala de 0 a 10, onde 10 significa que com esforço e dedicação você pode, sim, acabar passando nessa matéria e onde 0 significa ser *total e absolutamente impossível que você passe* (*descreve o 0 em termos extremos, de modo a propiciar uma resposta mais elevada*), onde você avalia que estejam suas possibilidades?

A: Em 2 ou 3, no máximo.

T: Interessante. E por que você acha que estão em 2 ou 3 e não em 0?

A: Ora, porque mesmo que seja muito difícil, eu não sou idiota. E porque na primeira avaliação não me saí tão mal, tirei 4.

T: Como você explica que tirou 4, que quase tenha sido aprovado?

Uma vantagem especial das escalas é o fato de elas permitirem decompor a mudança em pequenos passos:

ALUNA: Tenho muita vergonha de voltar ao colégio agora, depois desses dois meses. Fico agoniada, sei lá o que pensarão os colegas, se sabem ou não o que aconteceu comigo, por que estive internada, essas coisas.

TUTORA: Eu sei, entendo que não seja nada fácil. Então, o que você gostaria?

A: Sentir mais segurança, porque não me sinto nada segura.

T: Sendo assim, numa escala de 0 a 10, onde 10 significa se sentir tão segura quanto alguém pode se sentir quando entra para uma turma quase como se fosse uma aluna nova, e 0 é o contrário, onde você diria que está?

A: Agora estou bem, mas se penso na segunda-feira, que será o primeiro dia de aula, aí será 1 ou 2.

T: 1,5?

A: Isso, 1,5.

T: O que seria preciso para você se sentir um pouco mais segura, digamos em 2 ou em 2,5?

[...]

T: O que você gostaria que eu fizesse para ajudá-la a se sentir com um pouquinho mais de segurança?

6.1.1 Tipos de perguntas de escala

As perguntas de escala são provavelmente as mais versáteis e polivalentes das ferramentas centradas em soluções, pois podem ser utilizadas em praticamente qualquer conteúdo relevante. Entre as mais úteis na escola, podemos mencionar:

- Escala de avanço:

Numa escala de 1 a 10, na qual 1 seria o momento quando as coisas estiveram piores nesse aspecto e 10 representaria você ter conseguido tudo o que pretendia, onde você diria que as coisas estão agora?

- Escala de confiança:

Numa escala de 0 a 10, em que 10 seria você confiar piamente que poderá seguir nessa boa linha e em que 0 significaria você não ter confiança alguma, onde você diria que as coisas estão agora?

- Escala de disposição/motivação:

Numa escala de 0 a 10, na qual 10 seria você estar totalmente decidido a dar esse passo que acaba de descrever e 0 seria o contrário, onde você diria que está agora?

- Escala de capacidade:

Numa escala de 0 a 10, onde 10 corresponderia a você se perceber com capacidade para ir aplicando essas três técnicas de estudo e 0 seria o contrário, onde você se vê?

- Escala de certeza:

Numa escala de 0 a 10, na qual 10 seria você estar certo de que esses garotos do bairro vão voltar a encrencar com você na saída do colégio e 0 significaria que não há risco nenhum, quanto risco você vê?

Se precisarmos gerar mais matizes, poderemos propor uma escala de 1 a 100 ou trabalhar com casas decimais:

Numa escala de 1 a 100, onde 100 significaria que sem dúvida você vai se bloquear de novo e 0 seria o contrário, onde você se vê agora?

Você diria que agora as coisas estão em 5. Qual seria o primeiro sinal, para seus colegas, de que você já está em 5,5?

Se nosso interlocutor estiver muito pessimista, pode ser útil aplicarmos uma escala com números negativos, de modo a adaptar-nos a seu estilo:

MÃE: Acontece que o Raúl tem sido insuportável a semana inteira, totalmente impossível. Não sei se esse garoto tem jeito.

PTSC: Em uma escala, onde vocês têm visto o Raúl nesta semana? Vamos pensar que -10 seria o pior nível em que o viram até agora e +10 seria os momentos em que as coisas estavam minimamente aceitáveis.

6.1.2 A escala de avanço como "entrevista em miniatura"

Podem-se utilizar as perguntas de escala em qualquer momento da conversa e qualquer contexto. Ademais, as escalas de avanço permitem fazer uma entrevista centrada em soluções "em miniatura", muito breve, em apenas 5 ou 10 minutos. Para tanto propomos o seguinte roteiro:
- Propor a escala.
- Ampliar as melhorias já obtidas entre o ponto mais baixo da escala e o ponto que indica a situação atual.
- Ancorar as melhorias já obtidas (atribuição de controle).
- Descrever como seria um ponto a mais.
- Ancorar o ponto a mais (atribuição de controle).
- Elogios.

Vejamos esses passos em ação numa breve entrevista feita pela orientadora de um centro escolar com uma professora preocupada com uma de suas alunas.

ORIENTADORA: O que você tem achado da Elena em aula nesta semana? Se 1 equivale ao pior comportamento dela e

10 significa que seu comportamento está totalmente normalizado, onde você a situaria, levando em conta esta semana?
PROFESSORA: Digamos que em 5.
O: O que se inclui nesses 5? O que melhorou em relação a 1? (*começa a ampliar*).
P: Acho que ela está menos distraída.
O: O que ela faz em vez de se distrair?
P: Ela está interagindo mais com os colegas...
O: Como ela interage?
P: Falando mais, levantando a mão. Já não fica sempre olhando pela janela, mas se integra ao grupo.
[...]
O: O que mais entra nesses 5?
[...]
O: Você diria ter feito o que para Elena ter conseguido subir até esse nível de 5? (*inicia a atribuição de controle*).
P: Na verdade, não creio que eu tenha feito nada. É coisa dela.
O: O que você acha que ela diria se eu lhe perguntasse?
P: Não sei.
O: Quais coisas você diria que fez e que possam ter ajudado Elena, nem que seja um pouquinho?
P: Talvez diria que estou dando a ela mais protagonismo quando está de bom humor.
O: Que interessante! Como você faz para lhe dar mais protagonismo?
P: Por exemplo, esta semana a nomeei porta-voz de seu grupo.
O: Boa ideia. Como ela reagiu?
P: Eu notei que esteve mais atenta para o que os colegas diziam, porque depois tinha de contar tudo aos demais.
O: Ótimo. Que outra coisa você fez para dar protagonismo a ela?

[...]

O: Que outras coisas você fez que possam tê-la ajudado a subir até esse nível 5?

[...]

O: Tudo bem, para mim estão claras as coisas que a ajudaram a subir até 5. Qual seria então para você o primeiro pequeno sinal de que Elena está já no nível 6? Só 6, não 10 nem 9 nem 8... (*ampliar o passo seguinte*).

P: Bom... prestar atenção quando eu explicasse algo para todo o grupo.

O: Como você saberia que ela está prestando atenção?

P: Ela olharia para mim em vez de olhar pela janela. Também destacaria alguma coisa do que eu dissesse.

O: Por quanto tempo você teria de vê-la assim para pensar "bom, parece que já está beirando 6"?

P: Ora... para começar, 10 minutos seriam suficientes.

O: Certo. O que mais entraria nesses 6, além de ver a Elena prestar atenção durante esses 10 minutos?

P: Seguir interagindo com os companheiros. Apenas isso por enquanto.

O: Tudo bem, agora uma última pergunta. O que você poderia fazer na semana seguinte para ajudar Elena a prestar atenção por esses 10 minutos? Tem ideia de alguma coisinha que tornasse isso um pouco mais fácil para ela? (*atribuição de controle do passo seguinte*).

P: (*Silêncio*) Eu poderia explicar um tempinho e depois perguntar a ela sobre o que acabei de explicar. Se eu fizer isso várias vezes, suponho que ela prestará atenção para poder responder.

O: Entendo, isso parece bom. Que outra pequena coisa você acha que poderia ajudá-la?

P: Não sei, só se eu ficar um pouco mais perto dela quando falo.

O: Você pode fazer isso?

P: Sim, poderia fazê-lo. Sem exagerar, claro, pois não vou falar só para ela.

O: Claro, é lógico. Se você concordar, semana que vem conversamos mais um pouco e você me conta como Elena respondeu a essas duas coisas. Também me interessará qualquer outra coisa que você perceber que ajuda Elena a participar e a prestar atenção.

6.1.3 A escala como "segunda oportunidade"

Além de servir como roteiro para uma "minientrevista", a escala de avanço também pode ser utilizada de maneira mais pontual, para, no final da conversa, trabalhar os aspectos ainda não abordados ou aqueles sobre os quais não tenhamos conseguido gerar informação relevante. Assim, se ampliamos muitas melhorias e temos uma descrição detalhada delas, mas não conseguimos que nossos interlocutores assumam o mérito por essas mudanças, talvez seja adequado que, após propormos a escala de avanço, passemos diretamente a atribuir controle:

ALUNO: Eu acho que nessa questão já estou em 6.

PROFESSOR: Sim, com tudo o que você me contou que tem melhorado, não me surpreende que se dê pelo menos 6. O que você diria que tem feito para subir até esse nível 6?

Por outro lado, se no diálogo prévio ficaram claras não só as melhorias como também as ações de nosso interlocutor para concretizá-las, optaremos por trabalhar mais um ponto:

ALUNO: Eu acho que nessa questão já estou em 6.

PROFESSOR: Sim, com tudo o que você me contou que tem melhorado, não me surpreende que se dê pelo menos 6. Agora imagine que você continue a avançar aos poucos. Nesse cenário, qual seria, na sua opinião, o primeiro pequeno sinal de que as coisas estão já no nível 7?

Se, pelo contrário, a conversa prévia tiver gerado muita informação sobre objetivos e mudanças futuros, mas as melhorias não foram detalhadas, aproveitaremos a resposta da escala para elaborar justamente esse aspecto que ainda não temos:

ALUNO: Eu acho que nesse tema já estou com 6.

PROFESSOR: Ótimo, 6. Quer dizer, há muitas coisas que estão melhores do que quando você tirou 1. Conte-me quais coisas se incluem nesses 6, quais coisas têm melhorado.

6.1.4 *As escalas como mecanismo de* feedback

Muito embora as perguntas de escala sejam sobretudo um pretexto para descrever melhorias passadas e futuras, elas servem também como valioso *feedback* a respeito da evolução da intervenção, em dois sentidos. De um lado, quando temos contatos repetidos com nosso interlocutor (por exemplo, duas ou três conversas com um aluno ao longo de um trimestre ou diversas entrevistas com os pais de um aluno), ao fazermos a mesma escala de avanço e anotarmos as respostas, podemos monitorizar os resultados da intervenção. Assim, se estamos satisfeitos com as entrevistas que estamos fazendo num determinado caso, mas verificamos que a pontuação na escala de avanço é 4 na primeira conversa, 4 na segunda e mais uma vez 4 na terceira, parece claro que estamos estagnados e temos de fazer algo diferente (cap. 7). Por outro lado, se, por exemplo, em nossa primeira conversa o interlocutor diz que vê seu problema no nível 2, na segunda em 5 e na terceira em 7, as coisas parecem ir bem. Se trabalhamos com um grupo ou uma família, talvez alguns subam na escala e outros não; nesse caso, teremos interesse em falar com calma com aqueles que não avançam para detalhar melhor em que consistiria para eles um ponto a mais e o que podem fazer para subir.

Por sua vez, podemos utilizar outras perguntas de escala para ter uma avaliação imediata da utilidade de uma conversação, uma dinâmica ou um exercício. Por exemplo, no caso de um profissional que está levando uma oficina para a escola de pais da Ampa:

PTSC: Gostaria que vocês avaliassem quão útil lhes pareceu a sessão de trabalho de hoje – 10 significa que lhes pareceu extremamente útil, 0 indica que ela não lhes proporcionou nada. Anotem isso num papel. [...] Ótimo. Agora, formem grupos de três e comentem entre vocês o que incluem na avaliação de cada um, que coisas concretas levam para casa. [...] Muito bom, já estamos todos aqui. Agora eu gostaria que comentassem entre vocês o que seria preciso para que a próxima sessão fosse um ponto mais útil. Depois a gente compartilha-o.

6.1.5 Escalas sem números

Até agora temos falado das perguntas de escala elaboradas com números. Contudo, podemos fazer escalas utilizando outros recursos, desde que fique clara a ideia de que há uma sequência de passos em direção à meta. As escalas sem números são especialmente úteis para trabalhar com alunos de educação infantil.

• Escalas desenhadas: desenhar um caminho em que a meta e o ponto de partida sejam visíveis e pedir à criança que desenhe a si própria nesse caminho; ou utilizar um semáforo, no qual o sinal vermelho indicaria perigo, o verde segurança e o amarelo uma zona intermediária de risco; ou desenhar uma montanha que nosso interlocutor possa escalar. A figura 1 é um exemplo desse tipo de escala.

• Escalas com pictogramas ou com fotos de personagens com diferentes expressões (muito zangado, zangado, neutro, alegre, muito alegre).

• Escalas espaciais: podemos pedir à criança que se posicione no degrau de uma escada real ou fazer uma fila de cadeiras e propor que se sente na cadeira mais representativa do ponto em que se encontra com relação à questão abordada. Com um grupo de alunos, podemos escrever números no chão da sala de aula e propor que cada um se posicione no número correspondente a como vê a situação que está sendo avaliada (cf. tb. a seção 9.1 do cap. 9 e o cap. 14).

- As perguntas de escala induzem nossos interlocutores a situarem algo num contínuo – sua percepção dos avanços, sua confiança, sua capacidade etc. – e são uma maneira ágil de quantificar e obter *feedback* e, sobretudo, um jeito diferente de se conversar sobre os avanços já conquistados e os passos seguintes.

FIGURA 1
Um exemplo de escala gráfica

Fonte: Bexte (*apud* VOGT; DREESEN, 2010).

> • A escala mais utilizada na IECS é a escala de avanço, na qual 10 significa que os objetivos foram atingidos e 1 reflete o momento em que as coisas estiveram em pior situação. Quando nossos interlocutores já avaliaram a situação com um número, trata-se de conversar sobre o que está melhor do que 1, ampliando e ancorando as mudanças, para depois passar a trabalhar o ponto a mais. A conversa a respeito de em que consistiria um ponto a mais muitas vezes dá oportunidade para a pessoa identificar opções de ação imediata.

6.2 Perguntas de enfrentamento

Ainda que em princípio a maneira mais rápida de se avançar na conversa seja aproveitar ao máximo os recursos de nossos interlocutores e concentrar-se o quanto antes em ampliar suas mudanças e suas melhorias, às vezes isso não dá certo. Além disso, quando a situação é muito negativa ou nossos interlocutores estão muito desanimados, provavelmente eles precisem contar em detalhe os problemas de que estão padecendo. Mas mesmo nesses casos é possível intervir de forma centrada em soluções se, além de validarmos seu relato, aproveitarmos para introduzir com delicadeza a perspectiva de mudança. Para tanto são úteis as perguntas de enfrentamento ou *coping questions* (DE SHAZER, 1994; BERG; MILLER, 2002).

As perguntas de enfrentamento consistem em mostrarmos empatia com as dificuldades dos nossos consulentes e perguntar-lhes como superam a situação difícil em que se encontram; como, apesar de tudo, conseguem ir em frente (frequentando aulas, ministrando as aulas, apoiando o filho etc.) sem "jogar a toalha" (abandonar os estudos, pedir demissão, desistir do filho etc.). A estratégia básica é permanecer *por trás* de nossos interlocutores, sendo respeitosos com seu pessimismo e evitando a armadilha de tentar convencê-los de que a situação é melhor do que parece. Trata-se de aceitar o negativo da situação e aproveitar essa circunstância para reconhecer e ressaltar os recursos "ocultos" dos interlocutores. Assim, as perguntas de enfrentamento fornecem uma oportunidade de transmitir empatia e apoio a nossos interlocutores, adequando-nos melhor à sua postura pessimista ao não minimizar a importância de sua situação. De mais a mais, a linha de trabalho é a mesma que adotamos para elaborar as mudanças pré-tratamento: começamos procurando por coisas pequenas e concretas, descritas de modo interacional, passando depois a ancorar os recursos dos consulentes atribuindo controle. Alguns exemplos de enfrentamento que elicitam possíveis exceções:

• Como é que, apesar disso tudo, você consegue ir em frente?
• Como conseguiu não jogar a toalha nessa matéria?
• Que coisas você continua a fazer por você/por seus filhos/por seus alunos a despeito dessas circunstâncias tão complicadas?
• Em que situações você vê que não perdeu a vocação de docente, apesar de tudo?

A seguir, algumas perguntas de enfrentamento destinadas a ancorar esses aspectos positivos:

• Que coisas do dia a dia estão ajudando você a ir em frente?
• O que você está fazendo corretamente para superar essa situação tão difícil?
• O que está fazendo para se proteger?
• Que coisas você está fazendo que impliquem *cuidar-se como profissional*?

Vejamos um exemplo de diálogo com uma aluna de 1ª série da ESO que veio pedir ajuda a seu tutor. A aluna explicou que não se sente à vontade em aula porque as meninas que eram suas amigas no ano anterior já não querem relacionar-se com ela. Quando o tutor pergunta como ela gostaria que ele a ajudasse, a garota explica não desejar que a questão seja abordada diretamente com as colegas, pois receia que isso piore as coisas; igualmente não quer ser transferida para outro grupo. Mas também sente que nesse ponto não consegue "suportar mais a situação". O tutor resolve aproveitar essa abertura (que a aluna *agora* não consiga "suportar mais" implica que *até agora* ela conseguiu) para fazer perguntas de enfrentamento, antes de cogitar futuras alternativas de ação.

TUTOR: Sim, é precisamente isso que eu lhe queria perguntar. Como conseguiu aguentar a situação até agora?

ALUNA: É que gosto das matérias deste ano. E os professores são legais.

T: Isso ajuda a aguentar a situação em aula. O que mais?

A: Também estou tirando boas notas.

T: Isso é muito meritório, sabendo o que você já tem passado. Como conseguiu?

A: Bem, tento separar as coisas. Uma questão é o estudo, outra é as colegas. E quando começo a estudar, tento não pensar no assunto das colegas.

T: Difícil, não é? Como você faz?

A: Sei lá, respiro fundo e começo. Mas nem sempre funciona.

T: Entendo. O que mais está ajudando você a suportar a situação?

A: Agora há duas meninas com quem tenho mais relação. A gente se empresta anotações e essas coisas.

T: Como isso a tem ajudado?

A: Ajuda-me a não me sentir tão sozinha, acima de tudo...

T: Vejo que você está dando muito da sua parte para levar a situação o melhor possível. Em que você gostaria que eu a ajudasse agora?

A: Não sei. Ao falar agora com você, percebo que preciso mesmo é me esquecer das minhas amigas do ano passado e tentar ficar mais amiga dessas duas meninas mais legais.

T: Você quer falar um pouco sobre isso?

A: Quero sim.

T: Qual é o seu plano?

> • As perguntas de enfrentamento são uma boa opção quando nosso interlocutor se vê superado pelo problema ou tem uma visão muito negativa a respeito.
>
> • As perguntas de enfrentamento consistem em mostrar empatia quanto à dificuldade da situação e interessar-se pelo modo como, apesar de tudo, a pessoa consegue superá-la.

6.3 A externalização do problema

Às vezes a conversa é repleta de problemas porque o aluno com quem falamos não só está desanimado pela situação como também atribui os problemas ao seu próprio jeito de ser ou à sua personalidade. Nesses casos pode ser útil externalizar o problema (WHITE; EPSTON, 1990), isto é, transformá-lo numa espécie de personagem externo empenhado em incomodar o aluno:

ALUNA: Não dou jeito nisso. Quando penso que tenho de fazer um desses exercícios de educação física, fico tremendo. É que sou muito medrosa.

TUTOR: Parece que nesses momentos o medo lhe prega uma peça (*oferece um problema externalizado*).

A: Sim, com certeza.

T: Podemos chamá-lo de Medorrr? (*propõe um nome engraçado*).

A: Sim, gostei desse nome.

T: Ótimo, e digamos que ele está aqui sentado, ao seu lado (*põe uma cadeira ao lado da aluna*). O que o Medorrr lhe diz para desencorajá-la? (*investiga as "armas" do problema externalizado*).

A: Me diz isso, que vou me sair mal no exercício, que vou levar um tombo. E que todos vão rir de mim. Sobretudo isso.

T: Que maçante! Então ele a assusta com esse negócio de que vão rir de você (*aumenta a distância*). E o que ele consegue com isso? (*examina o efeito*).

A: Consegue me deixar bloqueada, faz com que eu fique quieta e não faça nada.

T: Vejo que o Medorrr se vira para tornar as coisas realmente difíceis para você.

A: Pois é.

Externalizar o problema é uma maneira simples e elegante de criar uma distância entre o aluno que sofre e o problema em si. Com isso é possível tirar a culpa da pessoa, uma vez que seus fracassos são atribuídos ao personagem externo (é o medo, e não a aluna, o culpado pelo bloqueio dela nas aulas de educação física), *ao mesmo tempo que aumenta a sua responsabilidade*, pois caberá a ela lutar contra o problema externalizado (será a aluna quem derrotará o medo) (WHITE; EPSTON, 1990).

Uma boa maneira de aumentar essa distância é atribuir más intenções ao problema externalizado, falar dele como de um sujeitinho maldoso e treteiro, como acabamos de ver no exemplo. Tendo externalizado o problema, poderemos aplicar qualquer uma das técnicas centradas em soluções que já apresentamos nas seções anteriores deste capítulo. Assim, podemos optar por trabalhar com as exceções:

T: Qual é a última vez que você se lembra de ter ganhado do Medorrr?

A: Eu ganhar dele?

T: Sim, alguma ocasião em que o medo tenha tentado bloqueá-la, mas você tenha conseguido fazer o exercício.

A: Olha, um dia a gente teve que subir pela corda, e lembro que fiquei como que paralisada, mas depois dei conta de subir. E até me aplaudiram e tudo mais.

T: Nossa, impressionante! Conte-me o que aconteceu exatamente.

[...]

* * *

Também podemos utilizar a projeção de futuro após ter externalizado:

* * *

139

T: Imagine que esta noite você vai dormir e, enquanto dorme, acontece uma espécie de milagre em que o Medorrr acaba totalmente derrotado. Agora, por estar dormindo, você não se dá conta de que esse milagre acontece. Amanhã de manhã, o que faria com que você percebesse que isso aconteceu, que conseguiu derrotar o medo completamente?
A: Eu não iria para a aula levando esse medo comigo.
T: Onde você o deixaria?
A: Na caixa de areia do gato! (*risos*).
T: Acho um lugar perfeito. Como seus colegas, ao verem você chegar na aula, notariam que você deixou o medo na caixa de areia?
A: Bem, notariam em especial na aula de educação física.
T: Sei. Como?
A: Veriam que eu sorrio, que bato papo com eles (mesmo que o professor não goste disso) e que estou descontraída.

As perguntas de escala podem ser utilizadas em conjunto com a externalização, quer como as descrevemos na seção 5.4, quer com algumas variantes:

TUTOR: Numa escala de 1 a 10, em que 1 seria você estar mais dominada e assustada pelo medo e 10 indicaria você tê-lo derrotado totalmente, onde você estaria agora?

TUTOR: Que porcentagem da sua vida no colégio você diria que é ocupada pelo medo? Pense que 100% seria o caso de ele a dominar por inteiro e 0% significaria que você recuperou o controle de toda a sua vida.

A externalização é também uma boa opção quando conversamos com um aluno cuja conduta está gerando problemas que ele não vê como tais – o garoto que agride outros, a aluna que não presta atenção na aula, o adolescente que está usando maconha, por exemplo. Nesses casos, uma vez externalizado o problema e antes de começar a trabalhar a projeção de futuro, as exceções ou as escalas, pode ser conveniente analisar com calma quais são os efeitos negativos do problema externalizado na vida e nas relações do aluno. Com isso levaremos o estudante a ficar mais ciente das consequências negativas acarretadas pelo problema externalizado e será mais provável que decida enfrentá-lo[13]. Vejamos isso nesta conversa com Tamara, aluna de 6ª série cuja conduta exigente e até tirânica com os colegas estava perturbando o andamento da turma:

PROFESSORA: Parece haver em você uma parte que é um pouco mandona, que a leva a se enfrentar com os colegas. Está você, Tamara, e depois está a Mandona, aqui, bem ao seu lado. (*põe uma cadeira junto à de Tamara*).

ALUNA: Pois é. Mas preciso mandar, certo? Se eu não mandar, meus colegas não fazem nada, a gente não trabalha e nossa equipe tira notas ruins.

P: É claro, parece que a Mandona tem isso de bom, faz os colegas trabalharem mais, ou pelo menos tenta fazer isso. E que coisas não tão boas ela tem?

A: (*Silêncio*) Talvez às vezes eu acabe ficando zangada com os outros.

P: E o que é ruim nisso?

A: Depois eles não querem ficar comigo no recreio.

P: Poxa, que coisa chata. De que outra maneira a Mandona se interpõe entre você e seus colegas?

A: Não sei.

P: Se eu perguntasse a eles, o que me diriam? Como ela os chateia?

A: Diriam que trabalhamos bem menos à vontade quando estamos brigados.

P: E isso pode chegar a piorar o trabalho de vocês?

---

13. Do ponto de vista das etapas de mudança do modelo transteórico de Prochaska e DiClemente (1992), diríamos que com essa conversa objetivamos fazer a pessoa passar da etapa pré-contemplativa (na qual ela não entende ter um problema) à etapa contemplativa (na qual ela adquire consciência do problema). Na linguagem centrada em soluções diríamos que tentamos levar a pessoa a passar da posição de *visitante* à de *demandante* ou *comprador* (DE SHAZER, 1991).

A: Sim, às vezes.

P: Veja só, então às vezes a Mandona, que teoricamente pretende ajudá-la a fazer com que a equipe funcione melhor, na verdade faz vocês trabalharem pior. Haja paciência!

A: É verdade, é isso aí.

Uma maneira de completarmos esse trabalho pode ser, depois de examinar os efeitos negativos do problema externalizado, passar a detalhar como seria o futuro preferido dessa pessoa, com o problema vencido, sublinhando os efeitos positivos nesse cenário[14].

P: Imagine que esta noite aconteça algo muito esquisito: enquanto você dorme, a Mandona resolve fazer a mala e ir embora aporrinhar outra menina de outro colégio. Assim, amanhã você vai ao colégio sozinha, sem ela. O que seria diferente?

[...]

P: E que vantagens isso traria?

[...]

P: E se você fizesse as coisas dessa maneira, como reagiriam seus colegas?

[...]

P: O que isso teria de bom?

Essa "dupla descrição" (WHITE; EPSTON, 1990) tem um efeito altamente motivador, pois o aluno primeiro vê como o problema o afeta e depois como sua situação melhorará quando ele o derrotar. A partir dali está criado o cenário adequado para trabalhar exceções ou escalas.

A externalização também proporciona um jeito diferente, fácil e divertido de falar dos problemas quando existe um diag-

---

14. No capítulo 14, Nerea Gardeta descreve uma experiência de externalização com o grupo-turma na qual se começa dialogando com o grupo todo sobre as vantagens que resultariam da derrota do problema externalizado. No capítulo 15, Elin Carlsson e Ben Furman oferecem um exemplo de conversação externalizadora que visa fazer com que o aluno se conscientize das consequências negativas de seus atos.

nóstico. Por exemplo, a gente gosta de falar do Monstrinho da Distração com crianças diagnosticadas com TDAH e trabalhar com elas para, aos poucos, "pôr o Monstrinho no seu lugar". É importante que nesse processo o aluno e seus pais façam uma frente comum.

- Como você gostaria que seus pais ajudassem você nesta guerra contra o Monstrinho da Distração?
- O que vocês poderiam fazer, quando virem seu filho caindo nas armadilhas do Monstrinho da Distração, para avisá-lo com delicadeza?
- Daquilo que seus pais fazem em casa, o que mais ajuda você a manter o Monstrinho sob controle?

- Externalizar o problema é falar dele como se fosse um personagem externo que procura incomodar o aluno.
- Externalizar o problema permite criar distância entre a pessoa que sofre e o problema em si. Dali em diante torna mais fácil relevar a culpa da pessoa e ajudá-la a assumir responsabilidade em face do problema externalizado. Pode-se conseguir isso trabalhando o futuro preferido, com o problema já derrotado e as exceções.
- Externalizar o problema é particularmente útil quando a pessoa se identifica completamente com o problema ("Sou muito nervoso"; "Sou muito tímida") ou o percebe como incontrolável ("Acontece que me zango e não consigo me conter"). Serve também para pôr em relevo os efeitos negativos do problema e criar um inimigo comum contra o qual se possa trabalhar em equipe.

7

Se não der certo, faça algo diferente

A definição de loucura é tentar uma e outra vez a mesma coisa que não funciona e esperar resultados diferentes.

Rebekka Ouer

Se até agora focamos o trabalho com soluções, neste capítulo mostraremos como na intervenção escolar se pode trabalhar, de maneira breve e colaborativa, com a outra face da moeda, isto é, com os problemas. Ao trabalharmos brevemente com os problemas, dispomos de mais ferramentas de intervenção e podemos ajudar quando o enfoque exclusivamente centrado em soluções não estiver funcionando. Em todo caso, queremos ressaltar a complementaridade da intervenção breve centrada nas soluções com a intervenção breve centrada nos problemas – afinal, trabalhar de modo a aumentar as soluções implica também diminuir os problemas, e diminuir os problemas leva a aumentar a margem para as soluções.

Começaremos este capítulo comentando a intervenção com problemas, entendida como o bloqueio estratégico das tentativas de soluções que se mostraram ineficazes, para depois, na segunda seção, apresentarmos diversas formas de gerar pequenas perturbações na sequência problemática. Na terceira seção analisaremos como a lógica de inversão das tentativas ineficazes de solução pode aplicar-se ao próprio sistema de intervenção escolar para abordar casos bloqueados. O capítulo 16 apresentará um exemplo detalhado de um caso tratado a partir dessa perspectiva.

7.1 Quando a solução é o problema: a virada de 180 graus

Às vezes fica muito claro, do ponto de vista da IECS, que o que impede alunos, pais ou professores de avançarem é o fato de estarem presos num círculo vicioso – quanto mais tentam resolver a sua dificuldade, maior se torna o problema. Ou seja, o que eles fazem para solucionar o problema contribui, na verdade, para mantê-lo (AMPUDIA, 2010; FISCH; WEAKLAND; SEGAL, 1982): quanto mais se empenha em manter-se tranquilo, mais nervoso fica o aluno; quanto mais o docente tenta mostrar autoridade ao conduzir a sua aula, mais rebeldia ele provoca; quanto mais insistem os pais para sua filha buscar outras amigas, mais ela se apega a suas "más companhias".

> **QUADRO 2**
> **O "mapa central" da terapia breve centrada em soluções**
> - Se algo não está quebrado, não queira consertá-lo.
> - Se uma coisa funciona, faça-a mais vezes.
> - Se algo não funciona, pare de fazê-lo e faça algo diferente.

Fonte: De Shazer (1991).

Nesses casos, seguindo o "mapa central" proposto por De Shazer (1991), passamos do princípio centrado em soluções "se funciona, faça-o mais vezes" para o princípio mais centrado no problema: "se não funciona, pare de fazê-lo, faça algo diferente" (quadro 2). Esse terceiro princípio corresponderia àquilo que se costuma chamar de "enfoque do MRI" de Palo Alto (FISCH; WEAKLAND; SEGAL, 1982) ou "enfoque estratégico" (NARDONE; PORTELLI, 2005; NARDONE; WATZLAWICK, 1992). A ideia básica é que se pode desbloquear uma situação com muita rapidez se o profissional conseguir identificar o denominador comum das tentativas ineficazes de solução e persuadir seus interlocutores a fazerem algo diferente. Para tanto, após uma avaliação cuidadosa, o profissional se valerá amiúde do que se costuma chamar de "tarefas paradoxais", as quais consistem em pedir a seus interlocutores que façam o contrário do que haviam tentado até então. Denominamos essa intervenção de "romper círculos viciosos". Romper um círculo vicioso visa desbloquear uma situação e permitir que nossos interlocutores comecem a ativar seus pontos fortes e pôr mudanças em prática. Na IECS essa estratégia parece-nos útil em dois diferentes tipos de situações:

• Quando as tentativas bem-intencionadas de ajuda de algumas pessoas mantêm ou pioram a situação de outras. Como exemplos dessas tentativas ineficazes de soluções interpessoais, podemos mencionar entrar em atrito com o estudante a quem se pretende acalmar ou tornar um aluno cada vez mais dependente pelo fato de oferecer-lhe ajuda constantemente. Em casos de assédio escolar, não raro a intervenção dos pais da criança assediada, ao pedirem satisfação aos pais daqueles que assediam seu filho, só consegue exacerbar o assédio. Também não é infrequente pais e professores entrarem em atrito com cobranças e acusações.

• Quando o que aprisiona o cliente é o caráter autorreferencial (paradoxal) do problema. Exemplos desses tipos de soluções pessoais ineficazes são o caso em que a tentativa de não pensar em alguma coisa faz com que essa coisa esteja, por óbvio, mais presente na mente do aluno, ou quando se tenta forçar de maneira consciente algo que na verdade tem de acontecer espontaneamente, como falar com fluência ou ter determinado sentimento.

Romper círculos viciosos não é trabalho fácil, e é preciso agir com cuidado. De acordo com os autores do Centro de Terapia Breve do MRI de Palo Alto (FISCH; WEAKLAND; SEGAL, 1982), sugerimos os seguintes passos:

1. Identificar as *tentativas ineficazes de solução* dos consulentes. Daquelas coisas que eles fazem para lidar com o problema, quais não funcionam? Quais têm o efeito de manter o problema ou mesmo de agravá-lo? É importante analisar as tentativas de solução em cada caso particular, evitando generalizações, pois o que mantém o problema em uma determinada situação pode ser muito diferente do que o mantém em outra aparentemente muito similar.

2. Identificar o *denominador comum* dessas tentativas de solução que falharam. O que há em comum entre essas tentativas de solução, aparentemente distintas?

3. Identificar a *postura* que faz com que essas tentativas de solução, apesar de sua óbvia ineficácia, tenham sentido para os clientes.

Vejamos a avaliação das tentativas de solução ineficaz em dois casos diferentes:

O caso de Alejandro é um bom exemplo de círculo vicioso interpessoal. Os pais desse menino de 11 anos estavam muito preocupados com a obsessão dele com os estudos: ele estudava ou revia as matérias o tempo todo, já não fazia outras atividades, ficava nervoso o dia inteiro e tinha muita dificuldade para dormir. Logicamente, os pais procuravam fazer com que o filho não estudasse em excesso, mostravam que ele já tirava boas notas e que não precisava estudar ainda mais, encorajavam-no a brincar com o irmão ou sair com seus amigos em vez de estudar, até o proibiam de fazer isso ou escondiam seus livros. Nada disso tinha dado resultado.

Natália, uma professora de ensino médio, tinha dificuldades em ministrar suas aulas, especialmente numa turma de 1ª série da ESO. Quando entrou na sala de aula para observar e intervir com o protocolo WOWW (cf. a seção 9.3 do cap. 9), a orientadora reparou que se dava um padrão circular: como os alunos não paravam de falar entre eles quando a professora começava a explicar um tema, ela alçava a voz, fazendo com que o barulho na aula aumentasse, o que por sua vez levava Natália a alçar a voz ainda mais. Assim, não era de estranhar que ela acabasse extenuada.

Uma vez avaliados os três aspectos anteriormente descritos, pode-se proceder à intervenção seguindo os passos a seguir:

1. Decidir a estratégia terapêutica a ser seguida, pensando em qual seria uma verdadeira "virada de 180 graus" no que tange a esse denominador comum que temos identificado. O que seria o contrário das tentativas ineficazes de solução?

2. Traduzir a estratégia em diretrizes de ação e concretizá-las em forma de uma sugestão.

3. Propor essas tarefas aos consulentes de maneira congruente com a sua postura, de modo a resultarem aceitáveis e lógicas para eles, apesar de implicarem uma mudança radical na sua forma habitual de fazer as coisas.

* * *

Vejamos essa lógica aplicada aos dois casos anteriores:

* * *

No caso de Alejandro, avaliamos que o motivo de o problema persistir era precisamente a insistência dos pais para que o filho parasse de estudar. Assim, após comprovarmos que outras estratégias mais singelas não funcionavam e certificarmo-nos de ter avaliado a situação corretamente, pedimos aos pais, sem a presença de Alejandro, que a partir daquele momento começassem a fazer o contrário do que haviam tentado até então – quando vissem o filho fazendo outra coisa, deveriam lembrá-lo de que precisava estudar, teriam de insistir para que estudasse mais um pouquinho de modo a garantir melhores notas e, em lugar de encorajá-lo a ter outras atividades, deveriam começar a praticá-las perto dele, mas proibindo-o de participar. Os pais custaram a se convencer de que essa nova atitude poderia dar certo, porém, quando se decidiram a adotá-la, verificaram com surpresa que no transcurso de um par de dias a situação mudou completamente.

No caso de Natália, a sugestão da orientadora foi simples: ela propôs que nas próximas aulas a professora começasse a explicar em tom normal e, se a turma não a obedecesse, optasse por falar cada vez mais baixo. Ela fez isso e se surpreendeu ao comprovar que seus alunos começavam a prestar atenção.

No trabalho de interrupção de tentativas ineficazes de solução, é mais importante fazer uma boa avaliação do que projetar ou ministrar uma intervenção concreta. Enquanto identificar as diversas tentativas ineficazes é basicamente uma questão de escutar com atenção e especificar a informação (quais são as tentativas de solução e o modo como são postas em prática), identificar o que há em comum nessas tentativas não costuma ser tão fácil.

Logicamente, é crucial não confundir as tentativas ineficazes de solução com aquelas que dão certo, uma vez que a estratégia é diametralmente distinta: bloqueá-las e substituí-las no primeiro caso, reforçá-las e ampliá-las no segundo. No entanto, nem sempre é fácil distinguir os dois tipos de solução, pois o que num primeiro momento funciona pode estar contribuindo para o problema persistir no longo prazo, e vice-versa. Para dar um exemplo óbvio, uma menina com fobia escolar ser acompanhada até a porta da sala de aula pode parecer uma solução eficaz (afinal, é melhor comparecer às aulas acompanhada do que ficar em casa), entretanto é uma estratégia ineficaz na medida em que impede essa menina de lidar com a situação sozinha. Pelo contrário, entrar sozinha no colégio pode ser desconfortável e estressante para ela, mas com o tempo será exatamente o tipo de solução eficaz (enfrentar a situação temida sem ajuda) que se terá de fomentar.

Também importa captar bem a postura de nosso interlocutor, a "lógica" que o leva a insistir em tentativas de solução que obviamente não dão certo. Isso feito, é fundamental sermos coerentes com a avaliação e não nos deixarmos paralisar pelo temor de fazer sugestões que pareçam sem sentido. Sempre que possível, colocaremos essas sugestões *utilizando a postura de nossos interlocutores*, empregando em favor da mudança a mesma lógica que antes os tolhia.

Sergio era um garoto do ensino médio que sempre cochilava na aula de psicologia. A professora sentia-se muito incomodada pela conduta de Sergio e já tentara todo tipo de abordagens para mudá-la: tinha dito ao garoto diversas vezes que não mais toleraria essa conduta em sua aula e havia chegado a expulsá-lo; passara-lhe um sermão sobre a inconveniência e o desrespeito de seu comportamento; quando via que Sergio fechava os olhos, chamava-lhe a atenção para que os abrisse; passava ao lado dele e dava-lhe um pequeno susto. Nenhuma dessas estratégias tinha tido o mais mínimo efeito em Sergio e a professora se convencera de que, na verdade, o que o garoto pretendia era zombar dela. Portanto, resolveu consultar a orientadora.

Depois de analisar a situação, a orientadora entendeu que se fazia necessária uma mudança radical na maneira de abordá-la. Aproveitando a postura da professora ("Esse aluno só quer zombar de mim"), disse a ela que estava na hora de inverter a situação e de a professora, de forma respeitosa e "educativa", zombar do Sergio.

A professora aplicou ao pé da letra as recomendações da orientadora: certo dia chegou à sala e começou a aula dirigindo-se a Sergio, dizendo-lhe que a partir daquele dia ele estava autorizado a dormir durante sua aula; com efeito, não só o autorizou como pediu aos colegas que falassem baixinho em suas intervenções para não o incomodar. Além disso, ele poderia apoiar a cabeça na carteira e, se ele quisesse, ela até lhe forneceria um travesseiro para que ficasse mais confortável. Acrescentou que nos primeiros 20 minutos de aula passaria um vídeo para que ele pudesse dormir sem perder matéria para a prova.

Todos os alunos, inclusive Sergio, começaram a rir e falaram para a professora que, sendo a aula de psicologia, aquilo devia ser um experimento. Ela ignorou os comentários e começou a aplicar sua nova estratégia, encorajando-o sempre a ficar confortável e cair no sono. Sergio não se atreveu, e com isso o problema foi resolvido.

Às vezes basta explicar sem mais nem menos qual é a intenção da nossa sugestão, como aconteceu no caso de Alejandro:

Vejam bem, tudo o que vocês têm feito para ajudar o Alejandro é muito bom em princípio e, realmente, seria lógico que desse certo. É o que qualquer pai faria em uma situação como essa. Contudo, o fato é que não tem funcionado. Simplesmente não está dando resultado. Por isso vou pedir que vocês façam algo totalmente diferente, porque na situação atual acho que só isso pode causar uma mudança.

Termos clareza quanto a qual é a tentativa básica de solução também pode orientar-nos quanto à conduta a seguir durante a sessão. Assim, nos casos dados como exemplo não teria sido adequado que o terapeuta tentasse convencer Alejandro a estudar menos ou a professora a se fazer ouvir mais. Se não tomarmos cuidado, nós mesmos podemos nos tornar uma parte do padrão que perpetua o problema.

Finalmente, entender qual é a sequência-problema e quais são as tentativas ineficazes de solução também serve para melhor avaliarmos a relevância das exceções e das melhoras que nossos interlocutores nos apresentarem, uma vez que, em princípio, será mais interessante nos concentrarmos naquelas que impliquem uma maior mudança com relação ao padrão-problema habitual.

- Às vezes os esforços bem-intencionados para resolver um problema estão na verdade contribuindo para mantê-lo. Nesse caso convém determinar qual é o denominador comum dessas tentativas ineficazes e o que representaria uma "virada de 180 graus" nessa linha de atuação.
- Tendo identificado qual seria o modo alternativo de ação, será preciso buscar uma forma de propô-lo que seja aceitável para nossos interlocutores.

7.2 Intervenções para interromper a sequência-problema: as viradas de 30 graus

Para bloquear um círculo vicioso nem sempre é preciso dar uma virada radical nas tentativas ineficazes de solução. Amiúde é suficiente uma intervenção mais singela, que perturbe esse círculo vicioso minimamente, mas o bastante para impedi-lo de se desenvolver da maneira habitual. Se chamamos de "virada de 180 graus" as mudanças descritas na seção anterior, podemos denominar as pequenas perturbações da sequência-problema como "viradas de 30 graus". O objetivo das "viradas de 30 graus" também é bloquear a sequência de condutas em que o problema se insere, porém se trata de intervenções mais simples de serem propostas pelos profissionais e mais fáceis de aplicar pelos usuários.

A fim de perturbar sequências problemáticas por meio de intervenções que impliquem uma virada de 30 graus, primeiro é preciso identificar com clareza a sequência, o encadeamento típico de condutas (e dos significados a ele atribuídos) em que se expressa o problema. Para tanto, o profissional centrado em soluções procura ampliar, especificar a informação, de maneira análoga àquela que vimos ao falar sobre o trabalho com futuros preferidos ou com exceções, isto é, tentando recriar o "filme dos fatos", quem mostra quais condutas e de que forma, que coisas ocorrem, como e em que ordem. Apenas uma descrição detalhada da sequência permitirá projetar intervenções para modificá-la. Para isso pode ser conveniente pedir que nossos interlocutores descrevam um exemplo típico ou a última vez em que se apresentou essa situação. Vejamos isso no caso de um tutor que fala com um aluno que tem dificuldades em estudar em casa:

TUTOR: Quer dizer que você está tentando aproveitar mais as tardes para estudar e fazer o dever, mas não está conseguindo. Conte-me como é uma tarde de estudo típica.

ALUNO: Nada, depois de almoçar e ver televisão um pouquinho, começo a estudar, mas não me concentro.

T: Mais ou menos a que horas começa a estudar?

A: Por volta das 16h.

T: Qual é a primeira coisa que você faz quando resolve começar a estudar?

A: Vou para o meu quarto, sento-me à mesa e abro o dever.

T: De qual matéria?

A: Depende, conforme o que tiver nesse dia.

T: Com qual você costuma começar?

A: Com aquela que acho que dará mais trabalho, para deixá-la pronta primeiro.

T: Então você abre o dever dessa matéria... e o que acontece depois?
A: Acontece que me sinto sobrecarregado.
T: E aí?
A: Aí que, como me sentindo assim não vou render, entro no Facebook para ver se relaxo um pouco.
T: Quanto tempo costuma ficar no Facebook?
A: Depende se acho mensagens ou coisas interessantes. Meia hora, uma hora...
T: Em média, quanto seria o tempo típico?
A: Uns 40 minutos.
T: Certo, e depois, o que acontece?
[...]
T: E como acaba isso tudo?
A: Em nada, no fim chega a hora de jantar e não avancei nada ou quase nada, e ainda por cima me sinto pior.
T: E aí, o que você faz?
A: Penso que amanhã vou estudar mais. Mas no dia seguinte tudo se repete.

Essa inquirição detalhada pode ser representada num gráfico que reúna os diferentes elementos da sequência. Ao anotá-los num quadro-negro ou num papel, permitimos que nosso interlocutor também veja com maior clareza a natureza circular do padrão em que está preso (fig. 2).

Assim que identificarmos a sequência-problema, podemos intervir de várias maneiras:

• Redefinindo uma parte da sequência, ou seja, atribuindo-lhe um significado distinto daquele que nosso interlocutor lhe atribuía no início.

T: Então você entra no Facebook porque está sobrecarregado, mas depois acontece que ter estado no Facebook faz com que fique ainda mais sobrecarregado... Parece até que você entra no Facebook para se cansar mais!

• Explorando alternativas que nosso interlocutor poderia pôr em prática.

153

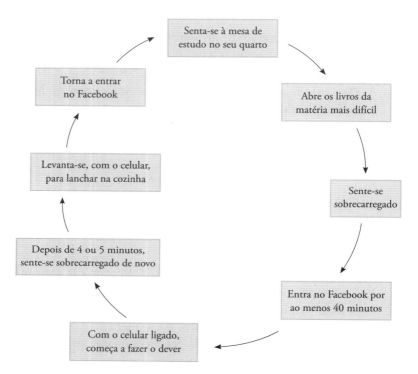

FIGURA 2
Representação de uma sequência-problema com relação ao estudo em casa

T: Que ideia você tem? Se quiser fazer algo diferente quando começar a estudar, qual pequena mudança você poderia fazer?
A: Não sei.
T: Pense um instante. O que seria diferente?

* * *

As perguntas podem visar a algum momento concreto da sequência:

* * *

T: Quando você se sente sobrecarregado ao ver os deveres, que coisa diferente, diferente de entrar no Facebook, não o deixaria assim?
A: Não sei, talvez ficar sentado mais um tempinho.
T: Fazendo o quê?
T: Não sei, respirando fundo. Ou mesmo revendo o tema do dia anterior, o que seria mais fácil.

• Fazendo uma sugestão de modificação de algumas das condutas envolvidas na sequência (quadro 3).

QUADRO 3
Possíveis intervenções na sequência-problema visando perturbar a sequência anterior

• Mudar o lugar em que se dá a sequência-problema:
Não estudar no quarto, mas sim na sala.
• Trocar os participantes:
Que seja o pai, não a mãe, quem lhe dê o aviso para estudar.
• Marcar um início ou um final específico:
Começar a estudar *exatamente* às 15h45 ou terminar *exatamente* às 16h05.
• Marcar um início ou um final aleatório:
Jogar uma moeda para decidir se começa a estudar ou não.
• Mudar o tempo transcorrido entre um elemento e outro:
Aumentar o tempo de estudo gradativamente.
• Mudar a frequência com que se dá a sequência:
Entrar no Facebook não mais do que três tardes por semana.
• Acrescentar um elemento à sequência-problema:
Inserir um lembrete de "estude" em suas publicações de Facebook.
• Modificar a ordem dos elementos da sequência:
Encarar primeiro os deveres mais fáceis e depois os mais difíceis.
• Alterar a duração dos elementos:
Entrar no Facebook depois de ter feito o dever por pelo menos 20, 30, 40 minutos.
• Alterar a intensidade dos elementos:
Entrar no Facebook durante exatamente 10 minutos.
• Mudar a modalidade de um dos elementos:
Rever o tema de estudo *em voz alta*.
• Introduzir o humor na sequência:
Inserir um lembrete de "não estude, pecador" nas publicações de Facebook.
• Associar a realização de um dos elementos a uma conduta árdua (ordália):
Para cada 10 minutos no Facebook durante a tarde, estudar mais 20 minutos.

Baseado em O'Hanlon e Weiner-Davis (1989) e Cade e O'Hanlon (1993).

Em geral não é preciso apresentar esse tipo de sugestões de uma maneira especial, já que habitualmente se trata de introduzir mudanças muito pequenas. Nós tendemos a colocar essas propostas simplesmente como uma "experiência" ou como uma "sugestão". Se os consulentes perguntam por que fazemos essa sugestão, costumamos dizer que é uma maneira de serem eles a aborrecer o problema, em lugar de se deixarem aborrecer por ele.

O conceito de "sequência-problema" é análogo ao de "encadeamento comportamental" com o qual se lida na modificação de conduta (CIDAD MAESTRO, 1991) e no apoio comportamental positivo (ALGOZZINE; DAUNIC; SMITH, 2010). Nesse sentido, é muito oportuna a ideia de, quando possível, tentar perturbar a sequência nos seus inícios, pois depois ela ganha inércia conforme avança ("momento comportamental") e é mais difícil sair do padrão habitual. Na mesma linha, é importante ponderar se no final da sequência existem reforços potentes que possam manter toda a cadeia anterior; caso isso ocorra, será preciso eliminar esse reforço nos casos em que, apesar de tudo, a sequência se desenrole até o final.

Uma professora queixava-se de suas dificuldades com um aluno de 3ª série da ESO que a desafiava em aula com certa frequência. Invariavelmente se dava uma situação de escalada do atrito (cf. cap. 9) que culminava com o convite para "ficar um tempo refletindo" no corredor. A professora, com noções de modificação de conduta, entendia que dessa maneira deixava-o "um tempo fora" e privava o aluno da atenção e da aprovação que seu comportamento de desafio à autoridade gerava em seus colegas. Mas ela não percebera que o garoto curtia seu tempo de exclusão no corredor brincando no celular, que tinha escondido sob a roupa.

Geralmente a interrupção da sequência-problema implica a mudança de alguma conduta concreta na cadeia comportamental, mas também é possível conseguir essa mudança por meio de formas mais indiretas de intervenção.

Toni, aluno de 5ª série do ensino básico, temia os momentos em que se deparava no corredor com um grupo de alunos da série seguinte, porque tinham zombado dele uma vez. Mesmo que essa conduta já não se repetisse, Toni ainda enfrentava a situação com temor. Por sua vez, parecia que seu gesto de medo era captado pelos garotos mais velhos, o que fazia com que reparassem mais nele, e isso só piorava as coisas. Quando a orientadora lhe sugeriu que, ao passar por eles, imaginasse um grande elefante cor-de-rosa a defecar em cima da cabeça de cada um, o rosto do menino se iluminou com um largo sorriso. Pôs em prática a proposta, e com isso a sua expressão de temor se transformou em expressão de diversão. Os garotos mais velhos devem ter estranhado no início, mas depois pararam de intimidar o Toni.

- Para bloquear uma sequência-problema e interromper o padrão problemático, pode bastar a introdução de alguma variação em algum elo da cadeia comportamental, uma "virada de 30 graus".
- Para propor uma pequena intervenção no padrão problemático, é conveniente analisar em detalhe como a sequência de condutas se desenrola, passo a passo.

7.3 Como lidar com o bloqueio na intervenção

Conforme temos apontado, a análise das tentativas ineficazes de solução e a localização dos problemas em seu contexto comportamental podem aplicar-se também à atuação dos próprios profissionais na escola. Portanto, em face da falta de progresso de uma intervenção escolar, podemos ponderar que temos feito algo que possa estar contribuindo para essa falta de avanços. Talvez seja a insistência do orientador para o professor adotar uma visão mais positiva que leve este a assumir uma atitude cada vez mais negativa quanto à evolução de um aluno com necessidades educativas especiais. Talvez, como descrito por Pilar Ortiz no capítulo 20, a repreensão às alunas que criticam outras só consiga tornar tais críticas mais encobertas e mais difíceis de detectar. Quiçá o efeito das gestões com a Ampa esteja sendo contraproducente e acabe por induzir os pais à passividade em lugar de encorajar sua participação ativa, como se pretendia.

Portanto, diante de uma situação estagnada, propomos examinar com cuidado quais têm sido nossas ações até o momento, quais parecem ter tido realmente um efeito positivo (seriam as exceções à estagnação) e quais estão sendo de fato contraproducentes (nossas próprias tentativas ineficazes de solução). Uma vez identificadas tais tentativas, o passo seguinte será tentar entender qual é seu denominador comum e concluir o que seria realmente diferente, uma verdadeira "virada de 180 graus" em nossa estratégia de intervenção:

> John Murphy (1996) relata o caso de Tom, um talentoso aluno de ensino médio que estava prestes a perder o ano porque faltava muito às aulas sem motivo justificado. Seus pais, professores e tutores levaram meses tentando chamá-lo à responsabilidade, advertindo-o quanto às consequências de perder o ano e valendo-se de diversas medidas coercitivas para punir suas ausências. Infelizmente, nada disso estava dando certo, o que levou o orientador escolar a mudar de estratégia. Em vez de tentar convencer o aluno a comparecer às aulas, decidiu examinar com ele as vantagens que obtinha ao faltar. Depois passou a perguntar a respeito dos inconvenientes de frequentar as aulas. Com base nisso, o orientador pôde focar as conversas nas ocasiões em que Tom conseguia comparecer às aulas apesar da forte tentação de faltar. Esse enfoque não confrontador e mais colaborativo ajudou Tom a se formar com sucesso.

Logicamente, outra opção seria sermos menos ambiciosos e nos contentarmos com aquilo que chamamos de uma "virada de 30 graus". Nesse caso interessa-nos ponderar corretamente que, embora menos radical, essa mudança na estratégia seja de fato claramente diferente do que se fez até o momento:

> Uma professora de 3ª série de educação infantil consultou a psicóloga de uma equipe de orientação sobre o que podia fazer com uma aluna que apresentava mutismo seletivo: falava de maneira adequada à sua idade com a família e as crianças do bairro, mas não abria a boca na escola. O problema existia

desde o início da escolarização, na 1ª série do ensino infantil. Depois de falar com a professora, a psicóloga chegou à conclusão de que as tentativas de solução dessa professora e das anteriores haviam consistido sobretudo em insistir com a menina para que falasse. Em razão da ansiedade adicional gerada por essa pressão, dessa tentativa de solução se passara a poupar a menina das situações em que tivesse de falar em público. Ainda assim, quando surgia alguma dessas situações, a professora continuava a transmitir uma expectativa tensa de que a menina falasse, o que agravava o bloqueio. De modo a perturbar esse padrão, a psicóloga sugeriu à professora que desistisse de exercer qualquer tipo de pressão para que a menina falasse; em lugar disso, ela deveria ensejar situações nas quais se criasse uma necessidade indireta de falar, por exemplo, errar o nome da menina ou entregar-lhe uma ficha errada, preteri-la em alguma atividade... mas sem lhe dar muita atenção.

Finalmente, uma boa maneira de desbloquear uma situação de estagnação terapêutica é modificar o formato com o qual se intervém. Se até o momento temos trabalhado com apenas uma parte do sistema mais amplo, talvez seja interessante convocar todos os envolvidos para uma sessão conjunta. Se, pelo contrário, estagnamos trabalhando com o sistema mais amplo (por exemplo, entrevistas conjuntas com uma aluna, seus pais e uma professora), pode resultar uma diferença útil a opção de se trabalhar com os subsistemas; talvez uma entrevista individual com a aluna, uma sessão com os pais ou uma conversa individual com a professora desbloqueiem a situação.

- Às vezes nossa maneira de tentar ajudar torna-se parte do problema. Nesse caso convém analisar qual é o denominador comum de nossas tentativas ineficazes de solução, bem como o que seria uma "virada de 180 graus" em nossa própria atuação.
- Se entendermos ser necessário propor "viradas de 180 graus" na atuação de outros profissionais, teremos de tomar muito cuidado para conseguir fazer com que elas sejam aceitáveis para nossos colegas.

Parte III

Aplicações

8

Conversações centradas em soluções com alunos

Embora as ações mais poderosas da IECS sejam provavelmente as realizadas com um grupo de alunos ou com o grupo-turma como um todo, começaremos esta terceira parte do livro descrevendo como ela é aplicada nas conversas individuais com alunos, uma vez que estas têm sido, em definitivo, o modelo sobre o qual foram desenvolvidas as aplicações grupais (METCALF, 1998; SHARRY, 2001).

Existem muitos motivos pelos quais um aluno pode solicitar uma entrevista ou simplesmente iniciar uma conversa com seu tutor, sua orientadora ou um professor: preocupações acadêmicas, conflitos com os colegas, dificuldades com algum professor, problemas familiares ou questões pessoais. Afinal, um bom docente é também uma referência para seus alunos e, nesse sentido, pode ser uma pessoa de confiança ou até a única pessoa em quem o aluno se sinta propenso a confiar. Há também muitos motivos por que quaisquer profissionais a intervirem na escola possam decidir abordar um aluno e com ele iniciar uma conversa. Talvez a professora tenha observado que a aluna está há dias triste e desanimada nas aulas ou sozinha e isolada nos recreios; talvez o tutor constate uma queda no rendimento acadêmico; talvez a PTSC tenha percebido sinais de negligência familiar; quiçá o aluno tenha sido expulso da aula devido a seu comportamento perturbador ou foi visto fumando maconha antes de entrar no colégio. Finalmente, é possível – e inclusive desejável, de um ponto de vista centrado em soluções – realizar as entrevistas individuais como tutorias programadas ao longo do curso, como um elemento a mais dos procedimentos rotineiros do centro de ensino.

Nas escolas centradas em soluções, a estrutura habitual dessas tutorias consiste no exame dos avanços, no estabelecimento de novos objetivos e na coconstrução do passo seguinte, valendo-se para tanto das técnicas descritas nos capítulos 5 e 6. Pode-se delimitar essas conversas ainda mais, antes da tutoria, solicitando aos alunos que preencham algum questionário centrado em soluções (cf. tabela 4, p. 277).

8.1 Passos em uma conversa individual centrada em soluções com um aluno

8.1.1 A proposta inicial

A proposta inicial da conversa depende em grande medida de tratar-se de uma tutoria programada ou de a iniciativa ter partido do aluno ou do profissional. Quando a iniciativa é do aluno ou quando se trata de uma tutoria programada, o profissional há de recebê-lo amavelmente, procurando criar um clima positivo. Depois focará sua atenção em fazer com que o aluno se sinta escutado e em estabelecer um projeto de trabalho para delimitar o restante da conversação, como veremos depois. Quando a iniciativa é do profissional, é fundamental que, no primeiro contato, ele adote uma postura colaborativa, visando reduzir tanto quanto possível a atitude defensiva do aluno. Vejamos alguns exemplos e contraexemplos de inícios cooperativos e não cooperativos:

EDUCADOR: Olá, Asier. Você jogou bem demais ontem, parabéns! Aliás, se você tiver um instantinho eu gostaria de comentar um assunto, pode ser? Tenho a impressão de que...
[COOPERATIVO]
EDUCADOR: Asier, bom dia. Veja só, vim falar uma coisa para você: não é possível que... [NÃO COOPERATIVO]

TUTOR: Susana, há uma coisa... Fico um pouco preocupado ao ver como você está nos intervalos. Gostaria de falar com você um instantinho. Pode passar no meu escritório às 14h, por favor? [COOPERATIVO]
TUTOR: Escute, não estou gostando nada da sua conduta nos intervalos. Quero ver você às 14h no meu escritório. [NÃO COOPERATIVO]

8.1.2 Criar um clima positivo desde o primeiro contato

A fim de estabelecermos um bom relacionamento de ajuda com os alunos, é preciso que tenhamos e mostremos um genuíno interesse em ser úteis e empáticos e em adotar uma atitude de colaboração. Além disso, é importante propiciar ativamente um clima positivo, descontraído e agradável desde o primeiro momento, o que não só contribui para criar uma boa relação com os interlocutores como também permite que eles processem melhor a informação e enseja o surgimento de melhores ideias no curso do diálogo (SELEKMAN, 2005). Daí que na hora de estabelecermos um primeiro contato com os alunos, em especial quando pouco ou nada os conhecemos, a prioridade é estabelecer um certo vínculo "de pessoa a pessoa". Para tanto procuraremos aproveitar nosso estilo pessoal e adaptá-lo ao de nossos interlocutores. Além de toda a parte não verbal da comunicação (gestos, posturas, sorrisos, tom de voz), provavelmente a mais importante, há algumas maneiras de dar início que podem favorecer esse clima positivo:

• *Agradecer* logo no início pela confiança de falar conosco ou validar a iniciativa de nossos interlocutores ao procurar-nos ("Agradeço a sua confiança de vir falar comigo").

• *Elogiar* alguma coisa que realmente nos agrade ("Bonita a sua jaqueta, você que a personalizou?") ou começar com algum *feedback* positivo ("Já me disseram que você está indo muito bem nesse novo grupo de trabalho").

165

• *Frisar alguma coisa que compartilhemos* ("Imagino que não está sendo tão fácil para você começar no colégio secundário. Eu também tive dificuldade ao passar da escola para o segundo grau").

8.1.3 Negociar um projeto conjunto de trabalho

Quando a conversação é uma tutoria programada dentro dos procedimentos habituais do centro, em geral não é preciso dedicar muito tempo a negociar o projeto de trabalho, na medida em que o sentido e a finalidade da entrevista são conhecidos e assumidos por ambas as partes. Se a conversa decorre da solicitação de uma das partes, é conveniente tornar mais explícita a negociação do projeto de trabalho.

Se a iniciativa da conversa foi nossa

Neste caso convém esclarecermos o quanto antes o motivo da convocação e nossas próprias expectativas quanto à reunião. Faremos essa proposta exprimindo o que nos preocupa e oferecendo um projeto que esteja formulado em tom positivo e empodere o aluno.

Como víamos no capítulo 4 (seção 4.5), talvez nós próprios tenhamos detectado alguma coisa que nos preocupa. Nesse caso, iniciaremos o diálogo exprimindo nossa preocupação em termos positivos e propondo o projeto de trabalho:

TUTOR: Jasmina, obrigado por ter vindo. Fique à vontade. Veja bem, pedi que viesse falar comigo hoje porque me preocupa um pouco como a vejo no colégio nos últimos tempos, especialmente no pátio. Vejo você um pouquinho isolada e tenho a impressão de que está com problemas.

ALUNA: Pois é... não estou tão mal, mas... (*começa a chorar*) sim, não estou me sentindo bem.

T: Entendo, sinto muito. Já me parecia que era isso que estava acontecendo. Você quer que conversemos uns minutos

sobre o que acontece e procuremos alguma solução ou algo que possa ajudar?
A: Tudo bem.

Também é possível que tenhamos tomado a iniciativa para a conversa em resposta a reclamações de um terceiro. Nesse caso, pode ser que o aluno chegue em atitude de visitante, achando-se obrigado a comparecer, mas sem ver problema algum (cf. a seção 4.6 do cap. 4). Será conveniente fazer a abertura da conversa de maneira mais cautelosa, como com este aluno de ensino médio:

ORIENTADOR: Oi, Igor, muito obrigado por ter vindo. Fique à vontade. Imagino que você achou um pouco estranho eu lhe pedir que viesse...

ALUNO: Não, tudo bem.

O: Ótimo. Pedi que viesse hoje falar comigo porque vários professores me disseram que estão preocupados com você. Parece que estão vendo você menos concentrado em aula e que suas notas têm piorado. É isso?

A: Pode ser.

O: E eles se preocupam principalmente porque, segundo me contam, várias vezes viram você puxando um baseado na entrada do colégio.

A: O que se passa fora do colégio é problema meu.

O: Sim, em grande parte. Não vou lhe passar sermão sobre esse assunto, o que me preocupa é que isso possa estar afetando você nas aulas. Tenho para mim que você é um bom aluno e que quer terminar bem o ensino médio. E não sei se é por essas coisas ou por outras, mas você parece estar se saindo pior ultimamente.

A: (*Silêncio*)

O: Daí que eu gostaria de, se você me permitir, falar um pouquinho sobre o que está acontecendo e como isso o afeta. E, acima de tudo, o que se poderia fazer para as coisas melhorarem um pouco. Você concorda?

A: Tudo bem.

Se é o aluno quem pede para falar conosco

Neste caso procuraremos fazer com que o aluno se sinta escutado naquilo que o preocupa e entender quais são as suas expectativas. No processo, como vimos no capítulo 4, é importante não ficar apenas na reclamação e construir uma demanda a servir de base para um projeto de trabalho compartilhado:

ALUNA: Bom dia, posso falar com você um instante?

TUTOR: Oi, Mirem, claro. Entre e fique à vontade. Aliás, não sei se já lhe disse que adorei a música que você tocou nas festas do colégio. Ficou muito bonita.

A: Sim, o pessoal gostou muito. Postamos no Facebook e está ganhando um monte de curtidas.

T: Parabéns! Parece que nasceu uma estrela (*risos*). Conte-me, como posso ajudar? (*explora a demanda*).

A: Veja, acontece que estou ficando agoniada porque tenho me saído mal nos exames. Estudo muito porque quero tirar nota boa para a Ebau [Evaluación del Bachillerato para el Acceso a la Universidad] e tal, mas depois chega a hora H, sento-me diante do exame e vem o bloqueio, me... me dá um branco... (*quase chora*).

T: Entendi, vejo que você está sofrendo muito. A sensação deve ser muito ruim (*valida*).

A: É sim, muito ruim. Acontece especialmente em matemática. Tem perguntas que eu sei, ou exercícios que sei fazer, mas naquele momento é como se nunca os tivesse visto. E estou levando bomba.

T: Quer dizer que *por enquanto* você tem bloqueio em *alguns* exames e dá um branco. Como você explica isso? (*explora a teoria do problema*).

A: O nervosismo. Quando me dou mal num exame porque caíram coisas que não estudei, tudo bem. Mas não é isso que me agonia, é que eu estudo mesmo, mas depois me saio mal nos exames.

T: Vê que estudou bastante uma coisa e que depois no exame tem um bloqueio. Então você diria que são os nervos. Esses *nervos danados* (*inicia uma possível externalização*).

A: É isso, fico tão nervosa que às vezes é como se não tivesse estudado nada. Mas estudei tudo e sei fazê-lo, só que no dia do exame não dou conta.

T: Sei, acho que fica claro para mim. Então, o que você gostaria de conseguir? O que você espera desta conversa? (*explora a demanda*).

A: Sei lá, nada. Que eu aprenda a me controlar, que você me diga o que posso fazer para *ficar mais tranquila nos exames*.

T: Ou seja, se você sair daqui com alguma ideia do que fazer para *ficar mais tranquila nos exames*, para controlar o nervosismo, diria que a conversa foi boa (*fornece um projeto de trabalho*).

A: É isso aí.

T: Certo. Além disso, agrada-me que você diga "ficar mais tranquila", porque completamente tranquila você também não vai estar num exame, nem você nem ninguém. Mas estará sim um pouco mais tranquila.

A: Com certeza.

T: Ótimo, então, se você concordar, eu lhe faço mais algumas perguntas e dali em diante vemos que ideias nos ocorrem.

8.1.4 Trabalhando as melhorias atuais e futuras

Uma vez elaborado o projeto de trabalho, surgem diversas possibilidades para a conversa, conforme a situação. Se o tempo de que dispomos permitir, utilizaremos todas elas, mas em qualquer caso procuraremos gerar informação sobre as mudanças, tanto as já ocorridas quanto as futuras. É boa opção, em especial se os objetivos não ficaram perfeitamente claros, propor uma projeção de futuro (cf. a seção 5.2 do cap. 5).

T: Tudo bem, vou lhe fazer uma pergunta para que fique bem claro para mim como você gostaria que as coisas acontecessem. Imagine que, neste fim de semana, alguma coisa acontece com esse nervosismo e ele praticamente desaparece.

A partir da semana que vem, você realmente passa a estar mais tranquila nos exames. Quero dizer, tão tranquila quanto se possa estar num exame de matemática. Imagine também que você tenha um exame de matemática na segunda-feira. O que faria você perceber que está mais tranquila?

A: Não sentir um nó no estômago antes mesmo de pôr os pés no colégio.

T: E em vez disso?

A: Eu entraria normalmente, como qualquer outro dia.

T: Como suas colegas notariam que você entra *normalmente*?

[...]

T: E o professor de matemática, no que ele notaria que você está mais tranquila?

[...]

T: O que você imagina fazer diferente, então?

Outra boa alternativa é analisar as exceções ou as mudanças pré-tratamento (seção 5.3 do cap. 5). Essa última opção é especialmente promissora se no diálogo prévio tiver havido alguma referência ao fato de as coisas já terem melhorado um pouco.

T: Mirem, para mim está claro tudo o que seria diferente nesse suposto exame de segunda-feira. Por sinal, que coisas você diria que têm dado um pouco mais certo nessa questão dos exames desde que tomou a decisão de vir falar comigo?

A: Na verdade, nada. Aliás, acho que estou cada dia pior.

T: Entendo. Claro, é por isso que você resolveu vir falar comigo. Então, deixe-me colocar isso de outra forma. Qual foi o exame de matemática recente em que você esteve mais tranquila?

A: Acho que estive menos nervosa em uma prova duas semanas atrás.

T: Conte-me, o que foi melhor nesse dia?

Outra possibilidade é recorrer a escalas de avanço. Podemos seguir o roteiro que descrevemos no capítulo 6 (seção 6.1), primeiro compreendendo o que já melhorou e depois trabalhando no que seria um ponto a mais; ou trabalhar naquilo do qual ainda não tivermos muita informação. Voltando ao exemplo:

T: Concordo, então provavelmente o que ajudou foi, naquele dia, o despertador não ter tocado e você não ter madrugado tanto para rever a matéria.

A: Sim, foi isso.

T: E que depois, após o susto ao ver que já tinha ficado tarde, você disse aquilo de "Tudo bem, que seja o que tiver de ser".

A: Sim, e depois aconteceu que foi um exame muito fácil.

T: Certo. Então, uma última pergunta, aliás sobre números. Numa escala de 1 a 10, em que 10 seria você já estar tão tranquila quanto se pode estar num exame de matemática, e 1 seria o pior estado nesse aspecto, onde acha que você está agora?

A: Eu diria que em 2. Estou muito mal.

T: Pois é, vejo que falta muito até o 10 (*valida*). Porém, você disse 2 e não 1. O que você diria que tem melhorado com relação a 1?

A: Principalmente que ousei vir aqui e falar disso com você.

T: Ótimo. E o que além disso? O que está um pouco melhor do que quando você estava no nível 1?

[...]

T: Qual seria um pequeno sinal de que você avançou um pontinho, de que está, digamos, no nível 3?

A: É que no 3 o nervosismo ainda seria forte demais, ainda não conseguiria responder.

T: Sei... entendo. Sendo assim, em que número da escala você diria que já vai notar alguma melhoria, que está um pouco mais tranquila?

A: No 4.

T: Concordo, então qual seria o primeiro pequeno sinal de que você está no 4?

[...]

171

T: O que mais você imagina fazer um pouco diferente no 4, apenas no 4, não no 10 nem no 9 nem no 8?
[...]

8.1.5 A tomada de decisões numa conversa centrada em soluções

Acabamos de examinar as diferentes técnicas possíveis numa primeira conversa centrada em soluções com um aluno. Na parte II deste livro insistimos também na importância de se trabalhar cada aspecto em detalhe, procurando especificar e utilizar múltiplas perspectivas na construção do relato. Isso significa que numa primeira conversa centrada em soluções é preciso fazer tudo (negociação do projeto do trabalho, projeção de futuro, trabalho de exceções, perguntas de enfrentamento, trabalho com escalas) e ainda por cima com esse grau de minuciosidade? A resposta é não, por diversos motivos.

Em primeiro lugar, porque priorizamos a construção da relação de colaboração com nossos usuários. E para isso temos de adequar-nos às necessidades deles, o que pode nos levar a modificar radicalmente todo o roteiro do diálogo que tivermos previsto em princípio. Por exemplo, é possível que a aluna esteja tão aflita que optemos por limitar-nos a mostrar empatia escutando o que lhe aconteceu, ou talvez o aluno esteja tão orgulhoso de uma exceção recente que quase toda a conversa fique centrada nela.

Em segundo lugar, se pretendêssemos abranger tudo e fazê--lo de maneira detalhada, acabaríamos por estender excessivamente a entrevista, o que as limitações de tempo no contexto escolar tornam inviável, de modo geral. Sendo realistas, quando muito disporemos de 20 ou no máximo 30 minutos para a conversa; na maioria dos casos, teremos de contentar-nos com apenas 5 ou 10 minutos.

Em terceiro lugar, é possível que nossos interlocutores não respondam a algumas das nossas colocações. Podem, por exemplo, questionar a projeção de futuro ("Não, é impossível. Não dá nem para imaginar um milagre como esse"), ser incapazes de reconhecer alguma exceção minimamente próxima ou relevante ("Ora, neste ano vamos de mal a pior, não temos sequer um dia calmo em aula") ou não aceitar a lógica das perguntas de escala ("De jeito nenhum, isso é impossível. É tão variável que ao longo de um dia dá para pôr todos os números"). Nesses casos, por óbvio, preferimos adequar-nos a eles e optar por outra técnica em vez de tentar forçar uma resposta.

Finalmente, muitas vezes ocorre que o trabalho com uma técnica dá tanto material que na verdade não parece ser preciso reunir muita informação sobre outros aspectos. Talvez tenhamos um "milagre" tão detalhado que até possamos gerar um verdadeiro plano de ação para ir dando alguns passos, de modo a não ser preciso utilizar uma escala, ou tenhamos construído uma mudança pré-tratamento tão relevante que não pareça necessário fazer mais nada, apenas encorajar a pessoa a seguir fazendo o que a ajuda.

Por todos esses motivos, embora existam algumas questões que são absolutamente incontornáveis numa primeira conversa (criar um contexto de intervenção e negociar um projeto de trabalho mínimo), todas as restantes dependem da resposta dos consulentes. A figura 3 apresenta as diversas possibilidades ao longo de uma conversação centrada em soluções. Como vemos, aparece só uma seta no início da entrevista, a unir a criação do contexto com a negociação do projeto. Não há setas entre as técnicas restantes, pois não existe uma ordem prefixada para a aplicação.

Na figura 3, observa-se que, como ressaltamos oportunamente, entendemos não ser nosso dever avançar no diálogo enquanto não tivermos conseguido estabelecer um mínimo consenso quanto ao projeto de trabalho em comum que estamos prestes a iniciar. Tendo chegado a um acordo a respeito do projeto de trabalho, damos prioridade a dois elementos que mar-

FIGURA 3
Possibilidades para uma conversação centrada em soluções

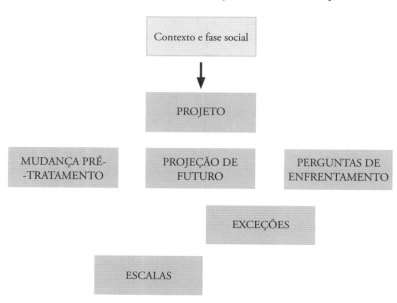

cam o caráter centrado nas soluções da IECS, bem como contam com respaldo empírico à sua eficácia (BEYEBACH, 2014; BEYEBACH *et al.*, 1996; SUITT; FRANKLIN; KIM, 2016): o estabelecimento de objetivos (criar objetivos finais por meio da projeção de futuro ou objetivos intermediários descrevendo o "ponto a mais" na escala de avanço) e o aproveitamento dos pontos fortes de nossos interlocutores (perguntando sobre mudanças pré-tratamento e exceções ou recorrendo às perguntas de enfrentamento). Essa poderia ser a proposta geral de qualquer conversa centrada em soluções: gerar informação sobre as melhorias já ocorridas e também sobre as futuras. Que venhamos a atingir esse ponto final por um caminho ou por outro vai depender do que nossos interlocutores nos apresentarem e de como eles responderem às nossas perguntas.

Como exemplo de um desses itinerários, vejamos a conversa de um professor com Xabier, aluno de 1ª série da ESO expulso da aula por ter gritado com uns colegas:

O professor começou por lembrar Xabier do motivo pelo qual teve de expulsá-lo e depois perguntou o que ele achava que era preciso para não ser expulso de novo. O garoto respondeu que sabia da necessidade de policiar-se, mas isso era muito difícil para ele porque tinha muitos colegas "babacas". O professor propôs que falassem uns minutos sobre como Xabier podia melhorar a sua capacidade de autocontrole, no que o garoto concordou (*projeto de trabalho*). Em seguida, o professor perguntou como Xabier saberia que estava conseguindo se controlar, o que permitiu identificar vários indicadores de sucesso (*objetivos*). Depois, o professor optou por perguntar qual tinha sido a ocasião mais recente em que Xabier conseguira controlar-se. Para sua surpresa, o aluno respondeu que naquela mesma manhã, ao voltar à sala de aula, conseguira manter a calma num conflito com um colega de turma (*mudanças pré-tratamento*). O professor dedicou alguns minutos a obter detalhes da situação e compreender como Xabier tinha contribuído para a melhora (*ancorar as mudanças*). A etapa seguinte foi trabalhar no passo a mais, propondo o que seria preciso para Xabier continuar a aplicar esses recursos em face de conflitos no futuro. O aluno foi capaz de elaborar uma boa "receita" para melhorar seu autocontrole. Como a "receita" não era suficiente, pois Xabier achava que com esses ingredientes conseguiria se controlar em 70% dos casos, falaram sobre os ingredientes que ele poderia acrescentar para ter sucesso em 90% das situações. Xabier se propôs a pedir a seu amigo Joan que o ajudasse avisando-lhe quando o visse exaltado demais. Também combinaram que o professor falaria com ele quando o visse "esquentar" demais (*uso de escalas*).

FIGURA 4
Possível itinerário para uma conversação centrada em soluções

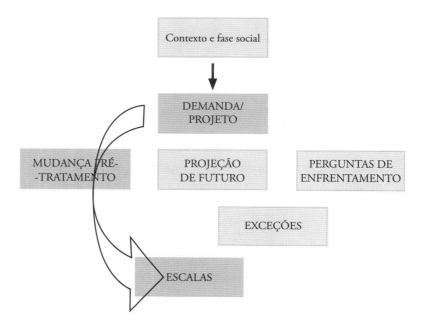

A figura 4 é a representação gráfica do curso seguido por essa conversa.

Itinerário diferente (fig. 5) foi o do diálogo de uma professora com uma aluna de 6ª série do ensino fundamental que pedira para falar com ela porque tinha problemas com suas amigas da escola:

No início da entrevista a aluna admitiu que, como estava muito "pirada" pela questão das amigas, começara a "infernizá-las e persegui-las" constantemente e com isso só conseguira que elas começassem a evitá-la. A professora aproveitou para colocar a pergunta milagre (*projeção de futuro*) e perguntar à garota o que aconteceria se naquela noite houvesse um milagre e ela já não "pirasse" com a questão. A moça passou a explicar em detalhe tudo o que ela faria diferente, e a professora a convidou para imaginar como as amigas reagiriam a essas mudanças. Após um tempinho de conversa, ficou evidente para a aluna que, se agisse de modo mais calmo e desse mais espaço às suas amigas, elas provavelmente começariam a reagir melhor. Em seguida, a professora convidou-a a decidir quais das mudanças que descrevera em seu "milagre" ela poderia pôr em prática na semana seguinte, a título de experimento (*mais um passo*).

FIGURA 5
Possível itinerário para uma conversação centrada em soluções

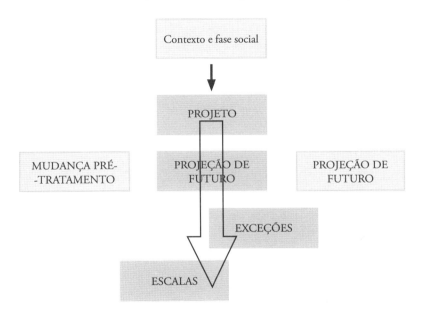

A figura 6 (p. 178) apresenta ainda outra opção na qual as perguntas de enfrentamento têm maior protagonismo. O caso descrito na seção 5.5 seria um exemplo desse itinerário.

8.2 O encerramento da conversa

É boa ideia encerrar a conversa com algum elogio e com alguma sugestão, se nosso interlocutor parecer disposto a segui-la.

177

8.2.1 Os elogios na intervenção escolar centrada em soluções

Remetemo-nos aqui ao que dissemos no capítulo 3 a respeito dos elogios. Queremos enfatizar a importância da atitude de elogiar e agradecer, porque ela não só tem um efeito positivo em nossos interlocutores e fortalece a relação com eles como também nos ajuda a manter uma postura de respeito e curiosidade. Se no decorrer do diálogo tivermos conseguido que os alunos se autoelogiem em resposta às nossas perguntas ("Sensacional, como você conseguiu fazer isso?"; "De onde você tirou essa ideia?"), devolver a eles esses mesmos elogios pode ser o bastante.

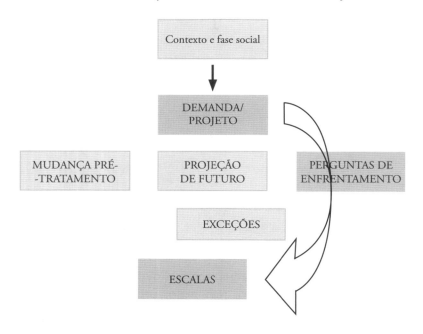

Figura 6
Possível itinerário para uma conversa centrada em soluções

8.2.2 As sugestões centradas em soluções

Para um profissional centrado em soluções, a melhor sugestão é na verdade aquela que não é preciso fazer, ou ao menos aquela que não é necessário formular explicitamente (BEYEBACH; HERRERO DE VEGA, 2010). Em outras palavras, o ideal seria que qualquer conversação gerasse tamanha quantidade de pistas concretas que sua conclusão natural fosse deixar toda a iniciativa com o aluno e, portanto, não fazer sugestão alguma (GEORGE; IVESON; RATNER, 1999) ou, em todo o caso, encorajá-lo a fazer mais do que está dando certo ou a pôr em prática aquilo a que ele acaba de se propor. Entretanto, frequentemente isso não é possível, porque não se consegue identificar mudanças durante a conversa, porque essas melhorias são insuficientes ou porque nosso interlocutor não consegue descrever o que representaria um pequeno passo a mais. Em tal caso, pode ser útil oferecer alguma sugestão.

Quando falamos em "sugestões"[15] não nos referimos apenas a uma recomendação genérica ou um conselho bem-intencionado ("Tente ficar calmo nas aulas"; "Vocês deveriam ser um pouco mais rigorosos com seu filho"). As sugestões centradas em soluções são propostas concretas para nossos interlocutores fazerem, pensarem ou observarem alguma coisa ao longo da semana seguinte. Não devem ser formuladas em tom negativo ("Você tem de procurar *não* se sentir intimidado por esses colegas"; "Tentem *não* discutir diante de seu filho daqui à próxima sessão"), mas sim expressas em tom positivo, colocando uma conduta concreta a ser posta em prática ("Quando você se sentir intimidado por seus colegas, imagine um grande elefante cor-de-rosa defecando em cima das cabeças deles"; "Quando vocês estiverem prestes a discutir diante de seu filho, façam o sinal secreto para o outro lembrar que é melhor falar do assunto quando o menino não estiver presente").

---

15. Ainda que por muitos anos tenhamos falado de "tarefas" ao referir--nos às propostas de mudança que apresentamos a nossos consulentes (BEYEBACH, 2006; BEYEBACH; HERRERO DE VEGA, 2010), desde que começamos a intervir no contexto escolar nós passamos a utilizar o termo "sugestões", uma vez que a palavra "tarefa" tem conotações diferentes no âmbito escolar.

O conteúdo das sugestões dependerá basicamente do que se tiver falado na conversa e, portanto, será o resultado das técnicas aplicadas e das respostas obtidas. Para tanto, ainda consideramos útil o esquema de tomada de decisões proposto por De Shazer (1988) para a terapia centrada nas soluções:

• Quando se identificam exceções ou melhorias propositais, isto é, sobre as quais os alunos percebem ter controle, a sugestão mais simples consiste em incentivá-los a "fazê-las mais vezes" ou observarem em quais outras ocasiões conseguem efetuá-las.

• Quando se identificam exceções ou melhorias que não são propositais, isto é, quando os alunos entendem que não dependem do que eles fizeram, costumamos propor a eles que observem as ocasiões em que as exceções têm lugar e procurem entender o que é diferente nesses casos. Outra opção seria que todas as noites, antes de se deitarem, eles previssem ou apostassem se no dia seguinte ocorrerá a exceção e que na noite seguinte, antes de fazerem uma nova previsão, anotassem o que aconteceu naquele dia.

• Quando não se identificam exceções relevantes, mas há um futuro bem descrito, quer seja o "milagre", quer seja "um ponto a mais" na escala, gostamos de pedir aos alunos que ajam dois dias por semana (ou uma hora por dia, ou às segundas, quartas e quintas etc.) "como se" esse futuro já estivesse a acontecer. Outra opção é pedir-lhes que ponham em prática alguma das coisas que descreveram como parte de seu milagre ou de seu "ponto a mais" e atentem para o efeito que ela tem. Uma sugestão ainda mais simples consiste em pedir a eles que estejam muito atentos a todas as ocasiões em que de fato ocorra alguma pequena parte de seu "milagre" ou seu "ponto a mais" ou a aquelas em que pareça prestes a ocorrer. Se os garotos gostarem de escrever, talvez lhes peçamos que façam uma lista com as coisas que incluiriam no seu "milagre"; se tiverem aptidões ou vocação artística, podemos estimulá-los a representá-las num desenho ou numa colagem (DOLAN, 2001).

• Quando nem as exceções nem o trabalho com o futuro conseguem gerar boa informação sobre as soluções, pode ser útil propor algo em relação à sequência-problema, tal qual vimos no capítulo 7. A variante mais simples dessas sugestões é pedir aos alunos que, em face do problema, experimentem fazer algo diferente do que fizeram até o momento.

• A externalização do problema (seção 5.6 do cap. 5) é também uma boa fonte de sugestões. Se tivermos externalizado o problema, provavelmente sugeriremos a nosso interlocutor que escreva uma carta "de despedida" ou "de demissão" na qual, após o agradecimento pelos serviços prestados, explique com clareza por que vai prescindir dele no futuro (alunos de ensino médio). Também pode ser útil propor aos alunos que procurem ou criem algum objeto representativo do problema externalizado e com ele realizem algum ato ritual, como situá-lo num lugar importante da casa ou no colégio, levá-lo consigo ou guardá-lo numa caixinha (alunos de ensino fundamental).

• Às vezes, em uma conversação não conseguimos construir exceções nem uma boa projeção de futuro, não temos pistas para tentar intervir na sequência-problema nem conseguimos externalizar o problema. Em casos como esse lançamos mão da "tarefa de fórmula de primeira sessão" (DE SHAZER *et al.*, 1986): "Gostaria que daqui ao próximo dia você observasse todas as coisas que não deseja ver mudarem na aula, aquelas coisas que você gostaria de manter".

Na hora de elaborar e transmitir uma sugestão, levaremos em conta qual é a relação que nossos interlocutores mantêm conosco nesses momentos (DE SHAZER, 1988). Se a relação é de *comprador* (ou seja, se o aluno entende que há um problema, quer resolvê-lo e se vê como parte da solução), tenderemos a dar uma sugestão que implique fazer ou simular algo ativamente. Se o aluno se posiciona como *demandante* (ou seja, considera haver um problema, quer que seja solucionado, mas não se vê como parte da solução porque entende que cabe a outro mudar), tenderemos a propor que ele se limite a observar as mudanças na conduta do outro. Por fim, se a relação é de *visitante* (o aluno sequer percebe que há um problema e, portanto, entende não haver nada a resolver), não daremos sugestões, mas apenas elogios; guardaremos as possíveis propostas para um momento posterior, em que o aluno pareça disposto a levá-las adiante.

Na hora de transmitirmos a sugestão, é importante utilizar a postura e a linguagem de nossos interlocutores e personalizar a proposta de modo a adequá-la ao máximo às suas particularidades. Recomendamos transmitir primeiro os elogios, que geralmente criam uma disposição favorável à aceitação das propostas que apresentaremos a seguir (DE SHAZER *et al.*, 1986). De mais a mais, tenderemos a colocar as sugestões como algo a se pôr em prática apenas durante uma semana, de modo a torná-las mais fáceis de realizar (METCALF, 2003). Centrar-se em pequenas mudanças é mais motivador e torna mais fácil o sucesso.

Voltando ao caso do exemplo da seção 8.1.3:

TUTOR: Tudo bem, Mirem, se você concordar paramos por aqui. Acho ótimo que você tenha tido a coragem de comentar comigo essa questão do nervosismo, porque vejo que isso a fez passar por momentos muito maus. E me parece muito bom seu objetivo de tentar ficar mais calma nos exames de matemática.

ALUNA: Sim.

T: Além disso, ficou claro para mim que você estuda e compreende bem a matéria e que está muito motivada para fazer as coisas direito. E acho muito interessante que nesse exame de duas semanas atrás você tenha conseguido se manter mais tranquila, pois isso demonstra a sua capacidade de fazê-lo.

A: Sim, é verdade.

T: Aproveitando que você tem uma ideia tão clara de como serão as coisas quando tiver conseguido vencer o nervosismo e ficar mais calma, proponho que no próximo exame você aja como se já os tivesse vencido totalmente, como se estivesse tão tranquila quanto nessa segunda-feira imaginária. A ideia é você se comportar como se estivesse absolutamente calma, mesmo que por dentro não esteja tão calma assim. Ou seja, fazer o que você me disse que faria: dormir até a hora de costume em vez de madrugar, chegar ao colégio e perguntar às colegas por algo que não tenha nada a ver com o exame, repetir para si mesma que vai se sair bem etc. E observe o efeito que isso tem. Também, se quiser, depois do exame venha aqui um instantinho para a gente ver o que melhorou.

8.3 As conversas seguintes: trabalhando as melhorias

De um modo geral, uma IECS demandará diversas conversas ao longo do tempo, a depender das circunstâncias: talvez uma questão pontual seja abordada com duas ou três conversas no decorrer de três ou quatro semanas, ao passo que outras podem requerer um acompanhamento mensal ao longo de um trimestre ou de todo o ano. Aliás, ainda que o tema abordado seja muito simples e fique resolvido após uma única entrevista, parece-nos conveniente ter no mínimo mais uma conversa, de modo a avaliar o efeito da primeira. No contexto escolar há muitas oportunidades de se fazer um acompanhamento informal da evolução de um aluno, uma turma ou um professor sem que seja preciso abordar a questão numa entrevista; mesmo assim, achamos recomendável que se procure gerar o espaço para uma conversação de acompanhamento. Nem sempre isso é fácil nos centros educacionais, com sua sobrecarga de trabalho e necessidades a atender, mas nos permite certificar-nos de que as mudanças se estabilizaram, bem como nos fornecerá um valioso *feedback* sobre o efeito da nossa ação.

O começo de uma segunda, terceira, quarta conversa centrada em soluções consiste geralmente em perguntar "O que está sendo um pouco melhor?". Em outras palavras, em vez de perguntar *se* houve melhorias (pergunta fechada), pressupomos que elas aconteceram e perguntamos *quais* são (pergunta aberta). Quando perguntamos desse modo, é mais provável nosso interlocutor conseguir identificar melhorias. Se isso acontecer, passaremos a ampliar e ancorar essas melhorias, como vimos no capítulo 3, para depois negociar o passo seguinte, preferivelmente com ajuda de uma escala. Voltemos ao caso de Mirem:

TUTOR: Então a semana de exames terminou. Conte-me: o que deu um pouquinho mais certo, dessa vez, na questão do nervosismo de que falamos dias atrás?

ALUNA: Eu acho que tenho estado um pouco mais calma.

T: Ótimo! Em que momentos você percebeu que esteve *um pouco mais calma*? (*amplia*).

A: Não fiquei bloqueada em nenhum dos exames, nem mesmo no de matemática.

T: Sensacional! E o que foi diferente? (*amplia*).

A: Principalmente eu ter entendido tudo o que me perguntavam e, com isso, deu tempo para responder a todas as perguntas. Só que não sei se as respostas foram certas ou erradas...

T: Claro, isso você vai saber quando receber as notas. Agora, você diz que, em vez de ficar bloqueada, deu conta de entender e responder tudo. Como conseguiu? (*ancora a melhoria*).

A: Não sei, porque nós falamos que não era boa ideia madrugar para rever a matéria na última hora, mas eu ainda faço isso... acho difícil não rever a matéria no mesmo dia...

T: Então o que você fez diferente?

A: O que me ajudou foi não sair perguntando às colegas sobre dúvidas logo antes do exame.

T: E em lugar disso?

A: Entrar logo para o exame e falar com meus botões "Eu sei e vou me sair bem".

T: Excelente!

A: E também o que falamos aqui dia desses: começar lendo todas as perguntas, mas devagar, sem agonia, e depois responder aquelas que achava mais claras.

T: Quer dizer que isso tudo ajudou. Então, numa escala de 1 a 10, onde 10 seria que nesses exames você esteve tão tranquila, entre aspas, quanto se pode estar num exame, e 1 seria estar menos tranquila, onde você se situaria nos exames desta semana?

A: Em 5 no de matemática... Nos outros, 7.

T: Opa! Nada mal. O que seria, para você, um sinal de que já está um ponto acima, em 6 em matemática e talvez quase em 9 nas demais matérias?

A: Na verdade, 7 está bom para mim. Em matemática é que eu gostaria de estar um pouco mais calma.

T: Em que isso consistiria?

A: Em compreender direito os problemas. Dá-me muita raiva continuar errando, por não compreender o enunciado, problemas que na verdade eu sabia fazer.

T: Sim, isso costuma ser o mais difícil. Qual o seu plano para melhorar nisso?

A: Combinei com a Mônica para resolvermos os problemas juntas, e vamos pedir ao professor que nos dê mais exemplos de enunciados complicados, como os do vestibular.

T: Parece muito bom. Quanta confiança você tem de que essas duas coisas a ajudarão a subir até o nível 6 de tranquilidade num exame de matemática? Pense que 10 é toda a confiança do mundo e 0 é confiança nenhuma.

A: Pelo menos 8.

T: Ótimo, pois fica claro que vale a pena tentar fazer essas duas coisas e ver o que acontece. Adoraria comentar com você a respeito disso quando tiver feito mais exames, aí você me conta sobre as melhorias. O que acha?

A: Tudo bem!

T: Parabéns pelos dois passos que você deu. Creio que ganhou essa maior calma merecidamente.

A: Com certeza!

Ainda que a pergunta inicial pressuponha melhorias, pode ocorrer que a resposta seja negativa, que nosso interlocutor não veja progresso ou até considere que a situação piorou. Nesse caso, o profissional centrado em soluções tentará "desconstruir" esse relato inicial, ou seja, começará por validar a resposta negativa de seu interlocutor, mas depois passará a procurar com paciência as possíveis melhorias ou exceções que tiverem acontecido, apesar de tudo. Amiúde, a chave por onde começar a desconstruir está na própria resposta de nosso interlocutor:

TUTORA: Fico feliz por ter este tempinho para conversar com você. Conte-me, quais coisas têm dado um pouquinho mais certo nesse seu problema de roer as unhas?

ALUNA: Pouca coisa. *Acho que melhorei bastante nos primeiros dias depois de falar com você*, mas nesta semana aprontei de novo.

T: Quer dizer que você aprontou de novo esta semana (*valida*). E nesses primeiros dias após a nossa conversa, o que melhorou? (*desconstrução temporal*).

A: Olha, eu acho que passei quase dois dias sem roer as unhas.

T: É mesmo? Conte-me.

[...]

* * *

Também se pode desconstruir por assuntos:

* * *

PROFESSOR DE APOIO: Conte-me, o que deu um pouco mais certo nesta semana?

ALUNO: Não sei, na verdade ainda tenho muita dificuldade em matemática.

PA: E a outra matéria em que você estava tendo problemas, o inglês?

A: Nessa tirei oito ontem, num exercício de *listening*.

PA: Parabéns! Conte o que aconteceu.

O quadro 4 apresenta outras possibilidades de desconstrução que, de qualquer maneira, devem ser precedidas da validação do relato negativo inicial. Se esse processo tiver êxito e houver avanços perceptíveis, o diálogo voltará ao curso acima descrito: ampliar, ancorar e planejar o passo seguinte. Caso contrário, resta a opção de trabalhar mediante projeção de futuro ou com perguntas de enfrentamento (cap. 5), de modo a identificar o que seria um pequeno passo rumo à solução, ou voltar-se para uma conversa centrada no problema (cap. 7). A figura 7 mostra a tomada de decisões em uma conversa posterior à primeira. Vejamos um exemplo desse tipo de diálogo:

QUADRO 4
Opções de desconstrução de relatos de não mudança

Desconstrução

Temporal:
　O que se passou nas duas semanas anteriores? Qual foi o melhor dia?
Por perspectiva:
　Que melhorias você viu?
Por magnitude da mudança:
　Quando foi a última vez em que você comeu UMA sem vomitar?
Por questão:
　E na questão da insegurança?
Por contexto:
　Está ruim na escola. E em casa?
Redefinir:
　Como é que não é pior?

ORIENTADORA: O que foi um pouco melhor nesta semana?
ALUNO: Ai, nada! Não tem nada indo melhor.
O: Que chato, nada está indo melhor! Mas e se eu perguntasse ao seu colega José, o que você acha que ele diria? Que melhorias ele pode ter notado, embora você não tenha reparado nelas? (*desconstrução com perspectiva*).
A: Acho que ele também não reparou em nada. Aliás, ele diria que piorei. Estou bloqueado.
O: Tudo bem, então nem você nem ele viram melhoria alguma. Suponhamos que as coisas que não melhoraram nesta semana mudem na semana que vem, a partir de segunda-

FIGURA 7
Tomada de decisões nas conversações posteriores

AS CONVERSAS POSTERIORES

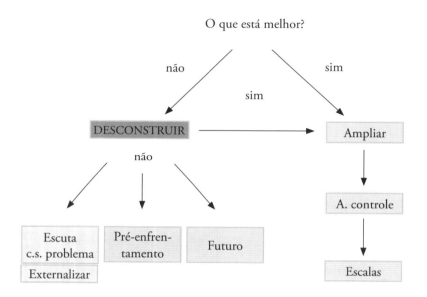

-feira. Qual seria o primeiro pequeno sinal de que você se *desbloqueou*? (*projeção de futuro*).

* * *

Outra opção possível:

* * *

O: Tudo bem, então nem você nem ele viram melhoria alguma. Como é que você está conseguindo avançar, mesmo se sentindo tão bloqueado? (*pergunta de enfrentamento*).

* * *

Ou encaminhando o diálogo para o problema:

* * *

O: Tudo bem, então nem você nem ele viram melhoria alguma e você se sente bloqueado. Diga-me, como você acha que esse bloqueio se evidencia nas aulas? Qual o primeiro sinal de que você começa a sentir desconforto? (*estudo da sequência-problema*).

8.4 Aspectos diferenciais e dificuldades específicas que podem se apresentar

8.4.1 Aspectos diferenciais

Adaptarmos nossa linguagem à idade e ao nível de desenvolvimento da criança

Obviamente, está é uma questão central, algo que qualquer profissional da educação faz espontaneamente em suas interações com os alunos. Todavia, quando se trata de utilizar perguntas centradas em soluções, é especialmente importante fazê-lo de modo a permitir que também os alunos mais novos ou aqueles com alguma deficiência cognitiva sejam capazes de compreendê-las e respondê-las. Pela nossa experiência, com 5 anos de idade a maioria das crianças já pode responder até mesmo perguntas de escala e projeções de futuro, desde que a linguagem seja singela e adequada a seu nível de desenvolvimento. Por exemplo, o modo de colocarmos uma projeção de futuro será muito diferente se nosso interlocutor for um pré-adolescente no ensino médio, como veremos:

TUTOR: Já que você gosta de física, vou lhe fazer uma pergunta bem especial. Imagine que hoje à noite, enquanto você dorme, ocorre uma distorção espaço-temporal. Com isso, esse problema com a turma fica resolvido de vez, e as coisas passam a ser como você gostaria. Estando dormido, você nem percebe. Amanhã de manhã, qual seria o primeiro pequeno sinal de que ocorreu esse estranho fenômeno?

* * *

No caso de um menino de 3ª série de ensino fundamental, pode ser assim:

* * *

TUTOR: Então, imagine que você e seus amigos voltam a ficar de bem amanhã, certo? O que você gostaria de fazer com eles?

Outra opção com crianças pequenas ou alunos com deficiência intelectual é usar desenhos ou brinquedos para facilitar a conversa. Nós consideramos muito úteis os materiais desenvolvidos em Bremen pela equipe de Manfred Vogt, como o que mostramos na figura 8, elaborado para conversar com a criança sobre como ela está na turma/escola – pede à criança colorir o ursinho que melhor representa como ela gostaria de estar, o que represente um passo seguinte etc. Por óbvio, interessa focar a conversa nos ursinhos, procurando sempre os recursos e as possíveis melhoras.

Não alongar a conversa

Na realidade, esta questão decorre da anterior: é conveniente que, quanto mais novos nossos interlocutores, mais breve a conversa seja. Será preciso, portanto, procurar um equilíbrio entre a necessidade de especificar a informação, de um lado, e a de manter uma conversa breve, de outro. Para tanto, é conveniente monitorar o grau de atenção e envolvimento de nosso interlocutor.

FIGURA 8
Material para facilitar a conversação com crianças

Fonte: Bexte (*apud* VOGT, 2015).

8.4.2 Dificuldades específicas

Dificuldades na construção de um projeto de trabalho

Como mencionamos na seção 8.1.3, em muitos casos o aluno com quem falamos (ainda) não tem uma demanda ou nem sequer percebe um problema. Além de nos remetermos ao manejo de pessoas em posição de "visitantes", já comentado no capítulo 4 (seção 4.6), ressaltamos aqui a conveniência de nos adequarmos à posição de nosso interlocutor: procuraremos ir devagar e compreender em que aspecto o aluno tem de fato interesse em contar com nossa ajuda; tentaremos não nos adiantar apresentando propostas a quem não vê necessidade de mudar e, em vez disso, esperaremos o momento oportuno para propor um trabalho conjunto. Assim, é possível que o aluno que, numa primeira conversa, não se preocupava em absoluto com seus rompantes de mau humor em aula veja, sim, em uma segunda conversa, a conveniência de se controlar. Ou talvez a aluna que, no início do curso, não via problema algum em fumar "só um baseado" antes de entrar na sala de aula passe a ver isso como um problema poucos meses depois. A fim de avançar nesse processo, pode ser útil comentar com o aluno os efeitos negativos que o problema em questão acarreta para ele, como relatam Elin Carlsson e Ben Furman no capítulo 15. Como apontamos no capítulo 6 (seção 6.3), pode-se fazer isso externalizando o problema. Se nenhuma dessas opções der resultado, será conveniente indagar quem está realmente motivado a mudar; talvez não faça sentido ter mais uma entrevista com o aluno, mas sim uma reunião com seus colegas, talvez falar com seu professor ou chamar seus pais.

Quando a resposta é sempre "não sei"

Trata-se de uma resposta muito frequente nos diálogos com alunos, quer crianças, quer adolescentes. Nós preferimos interpretá-la como um sinal indicativo de que o menino ou a menina estão levando muito a sério a nossa pergunta; logo, a primeira reação ao "não sei" será esperar e dar tempo para pensar. Porém, se os "não sei" se tornarem frequentes demais, entenderemos estar diante de uma dificuldade e analisaremos o que acontece.

Uma primeira possibilidade é que nosso interlocutor não esteja respondendo às nossas perguntas porque na verdade não quer falar conosco, o que por sua vez indicaria que no momento ele não tem uma demanda nem existe um possível projeto de trabalho. Com isso voltamos ao que acabamos de comentar na seção anterior e, portanto, à necessidade de redefinirmos a situação.

Outra possibilidade é que os "não sei" (ou as respostas monossilábicas) sejam decorrentes de nossa maneira de conduzir a conversa. Nesse caso, podemos tentar gerar uma melhor dinâmica conversacional de diversos modos:

- Empregar outros recursos além das perguntas, de modo a evitar o "efeito interrogatório": oferecer mais paráfrases ou resumos e fazer mais comentários pessoais.
- Utilizar mais perguntas abertas – em face de respostas monossilábicas de "sim" ou "não" – ou, pelo contrário, fazer mais perguntas fechadas (com crianças pequenas, que podem ter dificuldade em responder perguntas abertas logo no início).
- Aplicar outra técnica. Talvez o aluno tenha dificuldade em responder à pergunta milagre, mas comece a falar mais com uma pergunta de escala. Quiçá ele teve dificuldade em responder à escala, mas responde fluentemente quando nos interessamos pela exceção mais recente. Ou talvez seja questão de, simplesmente, perguntar mais a respeito de assuntos que interessem ao aluno.

Lócus de controle externo

Outra dificuldade frequente nas conversações com alunos é a atribuição de controle a fatores externos. Por exemplo, pode ser que uma aluna nos diga que subiu para um 6 na escala, mas acredite que todos os seus avanços se deram graças às suas amigas. Ou que o aluno com disfemia nos relate um dia recente em que falou com mais fluência, porém entenda que isso só aconteceu porque os demais lhe deram mais tempo para falar. Ou que o futuro preferido de um menino que tem problemas para controlar a sua agressividade consista apenas em ninguém bulir com ele. Como assinalamos na seção 5.1.3 do capítulo 5, a melhor estratégia em face dessa situação é, em princípio, não se apressar e especificar os avanços – ou o futuro preferido – com maior detalhe antes de voltar a formular uma pergunta de atribuição de controle. Além disso, podemos introduzir variações nas perguntas de atribuição de controle ("O que você fez para aproveitar a ajuda de suas colegas?"; "Como você contribuiu?") e perguntar assumindo o ponto de vista dos outros: "Se perguntasse a eles como você conseguiu, o que acha que diriam?"; "O que os outros teriam de ver em ti para não se meterem contigo?". Também é boa opção seguirmos a lógica do nosso interlocutor, mas continuar a sequência de condutas até tornar-se evidente a maneira como suas próprias ações também têm efeito nas dos outros:

ESPECIALISTA EM PEDAGOGIA TERAPÊUTICA: Então, em seu milagre seus colegas não se meteriam com você. O que eles fariam em vez disso?

A: Eles me deixariam em paz, e eu poderia ser do meu jeito. Não ficariam infernizando para que eu deixasse alguma coisa para eles. Se lhes pedisse alguma coisa, eles a deixariam.

EPT: Entendo. E você, ao ver que eles estão se comportando dessa maneira, como responderia?

A: Ora, muito bem!

EPT: Certo. Fazendo que coisas?

A: O mesmo. Eu também não me meteria com eles.

EPT: E em vez disso?

A: Seria mais legal com eles. Também lhes daria uma mão se precisassem.

EPT: Perceber você mais legal e ver que você lhes dá uma mão os fariam pensarem o quê?

A: Ora, que não quero encrenca.

EPT: Aí eles se meteriam menos com você?

A: Acho que sim.

Pontos de reflexão sobre uma entrevista centrada em soluções com um aluno

- Tenho um projeto de trabalho aceito por esse aluno? Como ele gostaria que eu o ajudasse?
- Em que coisas concretas consiste seu futuro preferido?
- O que você fez para conseguir esses avanços?
- Qual seria um sinal de que as coisas melhoraram mais um pouquinho?
- Que pequeno passo o aluno poderia dar para consegui-lo?
- O que posso elogiar desse aluno?
- Você estaria disposto a seguir alguma sugestão? Que sugestão aproveita melhor o que falamos na entrevista?
- O que posso manter para a próxima conversa? O que posso melhorar?

9

Intervenção centrada em soluções na sala de aula

*Mark Beyebach, Íñigo Ayechu,
Débora Domezain, Lorea Morales
González, Sandra Jusué Garcés e
Edurne Azarola**

Dedicaremos este capítulo a abordar uma das questões provavelmente mais preocupantes para a maioria dos docentes: a condução da sala de aula de modo a maximizar a convivência e a aprendizagem e reduzir ao mínimo as condutas perturbadoras. Sob o rótulo de "condutas perturbadoras" incluímos todas aquelas que são contrárias ao bom desenvolvimento do processo de ensino-aprendizagem, desde a não realização das tarefas em aula ou a violação das normas (levar brinquedos à aula, usar o WhatsApp no celular, fumar no colégio) até o desrespeito, a desobediência direta, o desafio e mesmo as agressões físicas a colegas e professores. Pesquisas indicam que os problemas de conduta e a indisciplina em sala de aula são a principal razão pela qual muitos docentes não estão à vontade, sentem-se questionados e incompetentes e até chegam a desistir da profissão (COLVIN, 2010) – nos Estados Unidos, um em cada três professores já cogitou de deixar a profissão por esse motivo. É difícil – às vezes quase impossível – ensinar quando boa parte do tempo tem de

---

* Faculdade de Ciências Humanas e Sociais, Universidade Pública de Navarra.

ser dedicado a questões disciplinares e à condução da sala de aula (ALGOZZINE; DAUNIC; SMITH, 2010; SUTHERLAND *et al.*, 2008). Por óbvio, isso não só tem efeito negativo nos próprios docentes como também interfere na aprendizagem dos alunos, sobretudo no rendimento daqueles que mais problemas causam: muitas pesquisas mostram que as condutas perturbadoras dos alunos prenunciam um pior resultado acadêmico, efeito este que se verifica já na educação infantil (NORMANDEAU; GUAY, 1998).

Conforme explicamos no capítulo 1, entendemos as condutas perturbadoras na sala de aula como o resultado de um processo de amplificação do desvio que pode ter início em diversos fatores desencadeadores, tanto intraescolares (relacionados com a matéria, a organização da docência, as relações entre colegas etc.) como extraescolares (especialmente os ligados à família e às amizades). Assim, é possível que um aluno chegue agitado às aulas porque tem dificuldades na matéria que cai na primeira hora dessa manhã ou porque brigou com um colega antes de entrar na sala de aula. Mas também pode ser que o fator desencadeante tenha sido, a caminho da escola, o aluno ter recebido um *zap* ofensivo de um amigo ou simplesmente ter dormido mal na noite anterior. O fato de a agitação gerada por esses fatores desencadeadores vir a ensejar condutas perturbadoras mais graves, de verdadeiro *acting out* (quando o aluno xinga o professor, joga material escolar pela janela ou bate num colega), dependerá de que, com base no estado de agitação, haja ou não uma escalada de atrito entre aluno e professor; se houver, a conduta negativa do aluno tornar-se-á mais intensa, mais perturbadora e mais difícil de entender.

Seguindo com os exemplos, se o docente perceber que o aluno está agitado ao entrar na sala de aula, talvez opte por lhe dar uns minutos para se recuperar antes de incorporá-lo ao ritmo da aula. Se, por outro lado, o professor optar por repreender o aluno imediatamente, é provável que isso gere uma resposta negativa e o aluno comece a dirigir seu mal-estar contra o professor. Em momento como esse, enfrentar o aluno fará com que ele reforce seu desafio, e é provável que a sequência termine com alguma falta grave, a exigir resposta disciplinadora. Essa visão do processo de amplificação do desvio é coerente com a análise baseada nos modelos cognitivo-comportamentais (COLVIN, 2010; COLVIN; SCOTT, 2015) que propõem uma série de fases no curso das quais a intensidade da conduta perturbadora do aluno aumenta até a explosão acontecer (fig. 9).

É característica importante desse modelo o fato de ele não apenas se concentrar nas condutas do aluno, mas também incluir o comportamento do docente como parte necessária da escalada. Do ponto de vista estratégico apresentado no capítulo 7, pode-se entender que as tentativas de solução do docente nas diversas fases do processo (chamar a atenção, repreender, alçar a voz, ameaçar, expulsar o aluno da aula etc.) contribuem, na verdade, para o agravamento da situação: cada conduta do professor não só responde à conduta desajustada do aluno como também provoca a conduta problemática seguinte[16] (COLVIN; SCOTT, 2015). Uma interessante decorrência desse modelo é que, embora desempenhe um papel ativo na geração da escalada do atrito, o docente tem também a possibilidade de reduzir a tensão da situação. Em primeiro lugar, mediante um trabalho preventivo que contribua para a manutenção da calma na sala de aula, fomentando ativamente um clima capaz de favorecer a convivência e reduzir o aparecimento e o efeito de possíveis fatores que iniciem uma escalada. Na primeira seção deste capítulo veremos como utilizar a IECS dessa maneira preventiva. Em segundo lugar, para que, no caso de apesar de tudo surgirem condutas perturbadoras capazes de gerar uma escalada, evite-se entrar nela, adotando-se cursos de ação alternativos. Na segunda seção mostraremos como a IECS fornece também ferramentas e estratégias para isso.

---

16. Logicamente, muitas vezes a percepção do docente não é essa, mas a de que o problema surgiu de repente e tem origem só no próprio aluno. Trata-se daquilo que com base nos axiomas da comunicação se denomina "pontuação da sequência de fatos": numa situação de interação, cada ator tende inevitavelmente a ver as coisas apenas da sua própria perspectiva.

Concluiremos este extenso capítulo com uma seção destinada a tratar de algumas questões e dificuldades diferenciais.

FIGURA 9
O ciclo das condutas perturbadoras

Fonte: Colvin e Scott (2015).

9.1 Prevenção de problemas de conduta em sala de aula: criação de uma convivência positiva mediante a IECS

Dedicaremos esta seção a descrever como é possível utilizar as técnicas centradas em soluções de modo a gerar ambientes de convivência positiva que ajudem a prevenir as condutas perturbadoras na sala de aula. Antes disso, queremos começar por reconhecer que nenhuma intervenção – nem mesmo a intervenção centrada em soluções – age no vácuo, mas sim no contexto das práticas educacionais do estabelecimento de ensino. Assim, é evidente que as metodologias docentes colaborativas e baseadas no aluno criam na sala de aula contextos diferentes daqueles das metodologias mais tradicionais de ensino-aprendizagem, ou que as metodologias ativas, nas quais se procura envolver os alunos com exercícios e dinâmicas, criam ambientes diferentes daqueles que exigem dos alunos um trabalho individual e em silêncio. Pode também ter valor preventivo a realização de oficinas com os alunos sobre, por exemplo, inteligência emocional, empatia e habilidades sociais (ZEHNDER SCHLAPBACH, 2015) ou resolução de conflitos (BISQUERRA, 2008). Do ponto de vista cognitivo-comportamental, uma outra maneira de prevenir os problemas de conduta em sala de aula na origem é o estabelecimento educacional com base no apoio comportamental positivo (ALGOZZINE; DAUNIC; SMITH, 2010), explicitando, ensinando e praticando as suas expectativas comportamentais em todos os ciclos educativos. Nossa experiência mostra que as práticas centradas em soluções que estamos prestes a descrever neste capítulo não são incompatíveis com nenhum desses enfoques, a despeito de suas diferenças. Nesse sentido, elas são complementares a outras estratégias que visam promover a fase de calma, como as descritas por Colvin e Scott (2015):

QUADRO 5
Como promover a fase de calma

1. Organizar a sala de aula para melhorar a instrução.
2. Trabalhar expectativas, regras, rotinas individuais.
3. Dar *feedback* adequado: instruções e elogios.
4. Proporcionar uma boa instrução.
5. Usar a personalidade da professora.

Fonte: Colvin e Scott (2015).

9.1.1 Tutorias grupais centradas em soluções ao longo do curso

Como abordar a prevenção dos problemas de conduta na sala de aula com base na IECS? A ideia fundamental de uma abordagem centrada em soluções é: "aumenta-se aquilo de que se fala" (YOUNG, 2009). Portanto a melhor maneira de se prevenirem condutas negativas é justamente falar das condutas positivas que desejamos ver no lugar delas; isto é, a melhor maneira de evitar problemas é construir soluções. Por isso, em lugar de falarmos em "prevenção de problemas de conduta em sala de aula", falamos em "criação de uma convivência positiva na sala de aula". Para pôr em prática essa filosofia, é boa opção aplicar em formato grupal, com todos os alunos da turma, o mesmo processo que num trabalho centrado em soluções de tipo individual, como descrevemos no capítulo anterior. De acordo com Osenton e Chang (1999), o processo constaria dos seguintes passos:

1. Negociar as expectativas de todos – professor e alunos – no início do curso.

2. Fazer uma projeção de futuro, visando obter do grupo uma descrição detalhada do futuro desejado.

3. Daí em diante, promover a detecção de exceções e melhorias, para dar-lhes visibilidade e publicidade.

4. Atribuir o mérito aos alunos, conversando sobre como conseguiram as melhorias.

5. Utilizar-se de perguntas de escala com o grupo todo, a fim de avaliar os avanços e combinar os passos seguintes.

Esses cinco passos[17] podem ser aplicados rotineiramente com um grupo-turma, começando o ano letivo com a negociação e a especificação de objetivos e dedicando um tempo toda semana ou a cada duas semanas para trabalhar em cima das melhorias verificadas e decidir os passos seguintes. O encerramento da experiência ocorreria no final do curso acadêmico, com a comemoração dos sucessos obtidos (OSENTON; CHANG, 1999). A intervenção educativa no Centro Menesiano Zamora Jovem, que descrevemos na introdução (p. 13-18), seria um exemplo desse tipo de intervenção. Interessa-nos salientar que nessa intervenção mal se falou das condutas problemáticas e que as tutorias centradas em soluções realizadas tiveram por foco os comportamentos positivos os quais os alunos queriam implantar em lugar dessas condutas. Por certo, para isso é preciso que o professor ou tutor faça um trabalho discreto, mas muito disciplinado, orientando as conversas e exposições para focá-las nas soluções, com o propósito de especificar a informação em termos comportamentais e interacionais, como vimos nos capítulos 5 e 6.

---

17. Como comentamos no capítulo 6 (seção 6.1), a ordem não é rígida, uma vez que, por exemplo, a conversação sobre as mudanças pré-tratamento pode preceder à formulação da pergunta milagre. Na seção 9.2 daremos um exemplo disso.

O procedimento que acabamos de delinear não é muito diferente da "indagação apreciativa" (COOPERRIDER *et al.*, 1999), já aplicada em algumas intervenções escolares muito interessantes. A seguir apresentaremos de maneira sucinta uma delas, a "aula caleidoscópica", desenvolvida por professoras da Universidade de La Laguna (BAUTE HIDALGO *et al.*, 2014). O projeto foi posto em prática com alunos de 1ª e 2ª séries do ensino fundamental. Dele participaram cinco professoras, a orientadora e duas psicólogas do Departamento de Psicologia da Educação da Universidade de La Laguna. Para iniciarem uma conversação diferente com os alunos, no começo do curso as facilitadoras da experiência levaram alguns caleidoscópios à aula, entregando-os às crianças para que experimentassem e brincassem com eles. Depois, sentaram-se em círculo com os alunos e fizeram a eles a seguinte pergunta: "Como vocês acham que seria uma aula caleidoscópica?". A imaginação das crianças gerou uma extensa lista de respostas que, orientadas e organizadas pelas facilitadoras, deu origem a uma boa descrição daquilo que em linguagem centrada em soluções chamaríamos de "futuro preferido". Esse futuro incluía descrições de boa convivência na sala de aula, além de alguns desejos mais curiosos:

• Poderíamos trazer animais de estimação para a aula.
• Nossos avós poderiam vir às aulas conosco.
• Cozinharíamos comidas gostosas.
• Haveria mais tempo de recreio.
• Teríamos cinema no colégio.

Com base nessa descrição, imensamente motivadora, as facilitadoras ajudaram as crianças a se organizarem em "equipes" para trabalhar em cima de cada um dos objetivos detectados. Assim, um grupo de alunos dedicou-se a organizar o que, meses depois, seria "o dia do animal de estimação"; outra comissão preparou o que viria a ser o "dia dos avós"; outra, um programa de cozinha etc. Esses preparativos foram feitos ao longo do curso, em sessões semanais nas quais se comentavam os avanços nos objetivos, parabenizando as crianças por eles e ajudando-as a perceber como haviam conseguido concretizá-los.

Conforme as autoras descrevem, o projeto teve um efeito imensamente positivo na capacidade dos alunos de se autorregularem, tomar decisões em grupo, assumir responsabilidades e conviver pacificamente. Uma vez concluído o curso, atingidos quase todos os objetivos, organizou-se uma grande comemoração. Nós tivemos a oportunidade de ver o vídeo que uma das autoras apresentou nas XXXIV Jornadas de Terapia Familiar, realizadas em Palma de Maiorca (BAUTE HIDALGO *et al.*, 2014), e foi realmente emocionante ver crianças de 6 ou 7 anos explicarem seu processo pessoal e grupal com maturidade e lucidez tão impressionantes quanto comoventes.

9.1.2 *Tutorias grupais centradas em soluções para projetos específicos*

Acabamos de ver como a metodologia centrada em soluções permite trabalhar no longo prazo, durante todo o ano letivo. Nesta seção gostaríamos de descrever a aplicação dos mesmos princípios a intervenções mais breves, centradas em objetivos específicos e abordadas por meio de uma temática cuidadosamente escolhida. Para tanto, ilustraremos nossas descrições com excertos das intervenções que constituíram os trabalhos finais de graduação de alunos de magistério, de educação infantil e de educação primária, supervisionados por Mark na Universidade Pública de Navarra no período 2014-2017. Nesses trabalhos, sistematizamos um procedimento centrado em soluções, inspirado na "aula caleidoscópica" (BAUTE HIDALGO *et al.*, 2014) e no trabalho de Osenton e Chang (1999), procedimento esse que descreveremos no restante desta seção. Ainda que cada um desses projetos tenha tido sua própria temporalização e suas variantes peculiares conforme o que surgia em cada grupo, nós podemos, com base na experiência acumulada, propor uma lógica geral e recomendar uma determinada sequência de trabalho.

Detecção de necessidades e formulação de objetivos

Falamos de "projetos específicos" para indicar que eles respondem a necessidades concretas que podem surgir dos próprios alunos ou ser percebidas pelos docentes. Assim, é possível que os alunos estejam insatisfeitos com as brincadeiras feitas no pátio durante o recreio ou que alguns alunos de segundo grau se mostrem descontentes com o funcionamento das equipes de trabalho. Quiçá o docente repare que um grupo de garotos está ficando marginalizado na aula ou que os alunos não colaboram adequadamente nos projetos. Talvez a tutora queira facilitar a integração à turma de um menino com diversidade funcional ou queira reduzir o impacto emocional causado por algum acontecimento que tenha afetado o colégio ou a comunidade. Em qualquer caso, a ideia é reformular essas queixas/necessidades em termos de projetos de melhoria e abordá-las como tais[18]. Eis alguns dos projetos propostos pelos alunos da Universidade Pública de Navarra em seus trabalhos finais de graduação, em colaboração com os professores de cada grupo:

- Diminuir os insultos e aumentar o respeito a colegas e professores e ao material numa turma de 3ª série de ensino infantil (ORDUNA ONECA, 2015).
- Aprender a resolver os conflitos de forma autônoma numa turma de 3ª série de ensino fundamental (MORALES GONZÁLEZ, 2017).
- Diminuir a segregação de gênero em sala de aula num curso de 4ª série de ensino fundamental (GARDETA, 2015) (cf. cap. 14).
- Melhorar a relação entre as garotas de uma turma de 6ª série de ensino fundamental (DOMEZAIN VICENTE, 2016).
- Conseguir a colaboração dos alunos no processo de adoção de uma metodologia de trabalho por projetos numa turma de 6ª série de ensino fundamental (JUSUÉ GARCÉS, 2017).

---

18. Quando os objetivos do docente são o ponto de partida, é crucial fazer um esforço para escutar e integrar ao projeto os objetivos dos alunos, pois do contrário não seria uma intervenção propriamente centrada em soluções.

Escolha de um tema

Uma vez identificados os objetivos do projeto do ponto de vista do docente, o passo seguinte é escolher um tema a servir de fio condutor para a intervenção. A ideia é que esse tema atraia o interesse e a imaginação das crianças, que resulte motivador para elas, que aproveite seus conhecimentos prévios e dê margem para desenvolver um trabalho baseado em objetivos e melhorias[19]. A seguir, alguns dos temas que foram colocados nas experiências dos trabalhos finais de graduação a que acabamos de nos referir:

A múmia Amonet perdeu sua pirâmide e, para recuperá-la, precisa que vocês se transformem na melhor turma do mundo (ORDUNA ONECA, 2015).

Que o barco pirata [a turma] venha à tona e volte a singrar os mares (MORALES GONZÁLEZ, 2017).

Derrotar o Vilão que separa os meninos das meninas (GARDETA, 2015).

FIGURA 10
A sala de aula preparada para o tema "Múmia do Egito" e "Barco pirata"

Fonte: Morales González (2017).

---

19. Para alunos de ensino médio não seria preciso criar um tema *ad hoc*; bastaria definir corretamente um objetivo que interesse aos alunos.

Ser a turma que melhor funciona em todo o litoral navarro (DOMEZAIN VICENTE, 2016).

Curar-nos do "separavírus" que nos divide (JUSUÉ GARCÉS, 2017).

A fim de reforçar esse tema de trabalho, vale decorar a sala de aula de maneira adequada. A modo de exemplo, a figura 10 mostra como a sala de aula foi preparada em duas das intervenções.

A primeira sessão grupal

Como a duração das sessões não precisa ser mais de uma hora, é possível realizá-las em horário de tutorias. Na primeira sessão com o grupo, a facilitadora apresenta o tema no qual se pretende trabalhar e, em geral, propõe uma projeção de futuro.

Como seria a melhor turma do mundo? Que coisas faríamos se fôssemos a melhor turma do mundo? (ORDUNA ONECA, 2015).

Imaginem que esta noite, enquanto dormimos, chega um super-herói ou uma super-heroína que finalmente derrota esse vilão. Como estamos dormindo, não reparamos nessa batalha. No dia seguinte, em nossa turma, o que seria diferente? Como nos daríamos conta de que esse vilão foi derrotado? (GARDETA, 2015).

Encerra-se a sessão sugerindo aos alunos que prestem atenção aos "momentos milagrosos" que se deram, que os escrevam em pequenas folhas e depositem-nas numa "caixa de elogios" coerente com a temática na qual se trabalha (fig. 11)[20].

Uma alternativa é, nessa primeira sessão, trabalhar nas mudanças pré-tratamento em lugar de nas projeções de futuro. Essa opção é recomendável quando há indicadores de que a turma começou a melhorar. Caso a primeira sessão seja centrada nas

---

20. Nas propostas cognitivo-comportamentais, denomina-se *tootling* o processo de prestar atenção às condutas positivas dos colegas (SKINNER; CASHWELL; SKINNER, 2000).

mudanças pré-tratamento, a projeção de futuro fica para a segunda sessão. É isso que Débora Domezain fez, construindo para tanto uma "máquina do tempo" e convidando todos e cada um dos alunos para nela entrarem (fig. 12). Muito embora se possa encerrar a primeira sessão com uma escala de avanço, habitualmente não há tempo suficiente, e essa escala fica para a segunda sessão.

A segunda sessão
A segunda sessão começa pela revisão das melhorias ocorridas desde a primeira; o jeito mais atraente de se fazer isso é examinar em grupo as anotações colocadas na "caixa de elogios". É boa ideia o docente revisar essas notas antes da sessão para se certificar de que todos os alunos recebam pelo menos uma; se assim não for, o docente pode escrever uma nota sobre alguma conduta positiva que tiver observado nos alunos que ficaram sem notas.

FIGURA 11
Caixa de elogios adaptada ao tema "Recuperar a minha pirâmide"

FIGURA 12
A "máquina do tempo" usada para uma projeção de futuro

Fonte: Domezain Vicente (2015).

Na apresentação das melhorias, o docente ajuda os alunos a darem tom positivo às descrições negativas ("Aqui diz que Javier tem dado menos gritos. Muito bem. O que ele fez em vez de gritar?") e a especificarem as descrições imprecisas ("Uau, e aqui diz que Miren tem sido mais amável. Em que comportamentos vocês notaram isso?"); também pode aproveitar para tornar as descrições mais interativas ("Eneko emprestou sua borracha e seu lápis a Ane. Ótimo! Ane, o que você achou disso? Eneko, como Ane reagiu?") ou para ressaltar os aspectos positivos das melhorias ("Como você se sentiu ao receber a ajuda da Irene?"). Quando as melhorias já estiverem especificadas, o docente procurará atribuir controle perguntando aos alunos como conseguiram alcançá-las ("Acho isso impressionante. O que vocês pensam que Jonathan fez para conseguir ficar sentado uma hora inteira? Jonathan, como você conseguiu?").

Em seguida, utiliza-se uma escala de avanço para consolidar a descrição de melhorias e principalmente para trabalhar no passo seguinte. Para tanto, há muitas opções, mas nós recomendamos o uso de alguma variante da *walking scale* (DREESEN; EBERLING, 1998; HJERTH, 2008), isto é, uma escala elaborada na sala de aula e sobre a qual os alunos possam se movimentar fisicamente. Uma escala coerente com o tema será mais atrativa, como se observa na figura 13.

FIGURA 13
Escala com os *separavírus* no 1 e as *medicinas* no 10 e "dando um passo na escala"

Fontes: Jusué Garcés (2017) e Azarola Velasco (2017).

Se o excesso de movimento parecer contraindicado, talvez seja conveniente um formato mais clássico de escala, como os expostos na figura 14. Em todo caso, a questão crucial continuará a ser ajudar os alunos a moldarem a linguagem, de modo que as descrições do passo seguinte sejam expressas também em termos de condutas específicas, observáveis e interativas. Importante, como vimos no capítulo 6, é o docente pôr freio aos alunos se eles descreverem objetivos ambiciosos demais para o que teria de ser apenas mais um pequeno passo.

FIGURA 14
"Escala de pirâmides" e "Escala pirata"

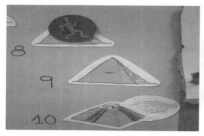 

Fontes: Orduna Oneca (2014) e Morales González (2017).

Depois de trabalhar com a escala, a forma mais habitual de se encerrar a sessão será apresentar alguma proposta coerente com o que foi trabalhado:

> Estejam atentos para qualquer momento em que algum pirata fizer alguma coisa que seja um ponto a mais. (MORALES GONZÁLEZ, 2017).

> Como vocês falaram do ponto a mais em duplas e cada um se comprometeu a fazer alguma coisa para subir esse ponto, a missão de vocês será estarem atentos para descobrir quando seu parceiro faz isso. (AZAROLA VELASCO, 2016).

As sessões posteriores à segunda

Nas sessões seguintes aplica-se basicamente o mesmo esquema da segunda (conversação sobre melhorias + escala), procurando introduzir variantes que ajudem a manter o interesse dos alunos.

Uma boa opção para essas sessões é passar da atribuição meramente comportamental das melhorias ("Como você conseguiu...?"; "O que você fez para...?") a uma atribuição mais baseada nas qualidades pessoais dos alunos. Assim, Lorea Morales González (2017) convidou os alunos a detectarem as qualidades pessoais positivas que seus colegas tinham empregado para conseguir as melhorias e anotá-las sob seus retratos (fig. 15).

Figura 15
Retratos com qualidades dos alunos

Fonte: Morales González (2017).

No capítulo 14, Nerea Gardeta oferece outro exemplo de como trabalhar as qualidades pessoais, dessa vez com um engenhoso sistema de cromos.

Ainda que falar sobre melhorias e desfrutar de seus efeitos positivos costume ser agradável por si só, nunca é demais acrescentar um *plus* de motivação. Logo, pode ser útil incorporar às tarefas de observação/detecção de melhorias algum elemento atraente. Assim, Nerea Gardeta forneceu às crianças máscaras de cartolina, que elas deveriam entregar a todos aqueles que vissem fazer alguma das coisas descritas como parte de "um ponto a mais" (cap. 14); Débora Domezain distribuiu óculos de brinquedo cor-de-rosa para "ver as melhorias" (DOMEZAIN VICENTE, 2016).

A partir do momento em que constatamos que o grupo ascende na escala de avanço, passamos a dedicar um tempinho da sessão a organizar uma comemoração, instando os alunos a decidirem em conjunto como gostariam de comemorar, quando conseguirem, o fato de terem chegado ao 10[21]. Fazer um lanche, assistir a um filme ou jogar uma partida de futebol ou de basquete são propostas típicas dos alunos, embora alguns grupos tenham proposto uma gincana ou mesmo a realização de um experimento científico na aula. Ao falarmos da comemoração antecipadamente, não só damos uma motivação adicional como também transmitimos uma mensagem poderosa de confiança na capacidade do grupo para atingir todos os seus objetivos.

Com alunos de ensino médio, pode ser interessante, quando o grupo tiver subido na escala de avanço, utilizar uma escala de confiança a respeito da solidez das mudanças. Dessa forma é possível iniciar uma conversa sobre a prevenção de eventuais recaídas, que no caso dos alunos de ensino fundamental preferimos deixar para a última sessão.

A sessão de encerramento

Essa última sessão também tem início com uma conversa sobre melhorias, passando-se depois a rever todos os objetivos atingidos ao longo da intervenção. Nesse ponto convém iniciar um diálogo sobre o que o grupo pode fazer para manter as mudanças no futuro e evitar possíveis retrocessos. O modo de se propor essa conversa dependerá em parte do tema abor-

---

21. Ben Furman propõe organizar a comemoração já no primeiro dia, como motivação inicial (FURMAN, 2010). Como nós temos verificado que na primeira sessão o tema proposto e a projeção de futuro já são motivadores o bastante, preferimos deixar a organização da comemoração para as fases intermediárias do processo.

dado pela intervenção. Por exemplo, Sandra Jusué propôs aos alunos criarem uma fórmula destinada a evitar novas infecções por *separavírus* e, de fato, efetuou uma "vacinação ritual" com caramelo líquido (fig. 16).

FIGURA 16
"Vacinas" de caramelo líquido contra os *separavírus*
(JUSUÉ GARCÉS, 2017)

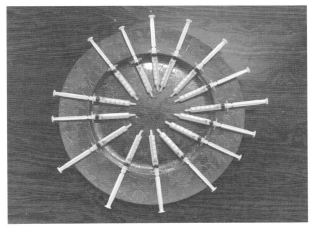

Fonte: Jusué Garcés (2017).

Na última sessão também incluímos um ritual de encerramento ou transição. Trata-se de convidar o grupo a transmitir suas aprendizagens aos alunos da série inferior, para que possam aplicá-las no ano seguinte. Essa transmissão de aprendizagens pode ser feita no formato que mais seja do agrado dos alunos – em forma de carta ou de pergaminho (fig. 17), de gravação de áudio ou de vídeo (DOMEZAIN VICENTE, 2016) ou também mediante uma visita pessoal de uma comissão de alunos à turma da série inferior (AYECHU SOLA, 2016). Seja como for, com esse procedimento damos continuidade ao empoderamento dos alunos participantes, ao alçá-los à posição de "conselheiros" dos mais novos, além de contribuirmos para uma cultura da aprendizagem vertical.

FIGURA 17
O pergaminho com o "legado" para a turma da série inferior

Fonte: Jusué Garcés (2017).

A comemoração

Gostamos de dar destaque à comemoração, deixando-a para depois da sessão de encerramento. Além de permitir o desfrute e o destaque das conquistas atingidas, a comemoração é uma excelente ocasião para seguir trabalhando mensagens positivas. Assim, na gincana organizada por Lorea Morales González (2017), os diferentes jogos permitiam a cada equipe ganhar um pedaço de uma fotografia. Quando todas as equipes reuniram seus pedaços, apareceu a resposta para uma pergunta escrita na parede, "Qual a coisa mais valiosa da turma 3ª B?": juntas, todas as fotos criavam o retrato do objeto mais valioso, que era o próprio grupo de alunos (fig. 18).

Também se pode aproveitar a comemoração para entregar a cada aluno um diploma, uma carta de elogios ou um pacote personalizado que exprima todas as qualidades desenvolvidas por esse aluno ao longo da intervenção (DOMEZAIN VICENTE, 2016).

FIGURA 18
O mural quebra-cabeça que encerrava a gincana

Fonte: Morales González (2017).

9.2 O manejo centrado em soluções dos problemas de conduta em sala de aula

Vimos na seção anterior que um manejo da sala de aula centrado em soluções pode gerar um clima positivo na aula que permitirá reduzir a ocorrência de condutas perturbadoras. Todavia, por mais bem feito que esse trabalho prévio tenha sido, é praticamente impossível não ocorrerem problemas de convivência na sala de aula em algum momento. Talvez o docente comece o curso com uma turma que já vinha com uma dinâmica ruim desde a série anterior, ou quiçá alguns alunos novos venham a perturbar o equilíbrio que o grupo havia alcançado; talvez um aluno comece a mostrar condutas problemáticas em aula em razão das dificuldades que enfrenta fora do colégio (divórcio dos pais, falecimento de um familiar etc.); ou quiçá simplesmente surja um conflito entre dois ou mais alunos que eles não sejam capazes de resolver sozinhos.

Nesta seção analisaremos diversas estratégias centradas em soluções para abordar condutas perturbadoras que podem complementar as técnicas da modificação de conduta (ALGOZZINE;

DAUNIC; SMITH, 2010; BARRISH; SAUNDERS; WOLF, 2014; BECKER, 1986; CIDAD MAESTRO, 1991; COLVIN, 2010; COLVIN; SCOTT, 2015; MARTIN; PEAR, 2007). De toda maneira, o ponto de partida é o mesmo, na verdade, tanto se a abordagem for comportamental quanto se ela for centrada em soluções: o princípio básico é atender (reforçar) em especial às condutas positivas e respeitosas e desatender (extinguir) às negativas. Como já assinalamos, a atenção do docente é a principal ferramenta de mudança, especialmente para os alunos de ensino infantil e ensino fundamental.

9.2.1 Abordagem dos problemas de conduta com base na análise centrada em soluções

A recomendação clássica a docentes que se deparam com repetidas condutas perturbadoras é fazerem uma análise funcional do problema, tentando determinar quais os antecedentes que as deflagram e as contingências que as mantêm, para depois intervir e modificá-las adequadamente (BECKER, 1986; CIDAD MAESTRO, 1991 MARTIN; PEAR, 2007). Com a abordagem centrada em soluções cabe também uma opção diferente: que o docente comece por considerar quais são seus objetivos concretos quanto aos alunos cuja conduta se mostra problemática e, dali em diante, fique muito atento para as ocasiões em que esses objetivos já são atingidos completamente ou em parte (exceções); a questão seguinte será ponderar quais de suas próprias condutas contribuem para que essas exceções ocorram e achar maneiras de adotá-las com maior frequência.

QUADRO 6
Breve questionário de autoanálise

O que desejo conseguir com esse aluno?
Em quais condutas esses objetivos se concretizam?
Em que ocasiões já se verifica alguma parte dessas condutas?
O que é diferente em tais ocasiões?
Como contribuo para que elas aconteçam?
Como eu poderia contribuir mais um pouco?

Opção ainda mais centrada em soluções foi adotada por uma docente a quem nós instruímos:

Maria estava estressada pelo nível de ruído que existia em sua turma de ensino médio e gastava muitíssima energia até conseguir que os alunos se calassem para começar a dar a sua aula. Após uma instrução conosco, ela resolveu aplicar à risca a noção de construtivismo e no dia seguinte concentrou-se para entrar na sala de aula agindo *como se* os alunos estivessem já sentados e calados: abriu um sorriso, subiu ao estrado sem perder tempo repreendendo os alunos e começou a dar a aula com toda calma, como se eles já a estivessem escutando. Os alunos calaram-se antes do que de costume, e Maria iniciou a lição com muito mais ânimo.

9.2.2 *A abordagem dos problemas de conduta com base na análise da sequência-problema*

Uma opção complementar, centrada no problema, é analisar a sequência comportamental em que ele se inscreve, como propusemos no capítulo 7 (seção 7.2). Trata-se de o docente analisar como se encadeiam suas próprias condutas e as do aluno, de modo muito similar como o faria numa análise funcional. Nossa recomendação é representar graficamente essa sequência e depois determinar quais condutas alternativas podem ser postas em prática para interrompê-la. Convém que essas "viradas de 30 graus" ocorram o quanto antes no encadeamento de condutas. O quadro 2 (p. 145) oferece um leque de possíveis pequenas mudanças. Também a proposta de Colvin e Scott (2015) parece-nos uma fonte de ideias úteis para a intervenção na fase de agitação (quadro 7).

Se alguma dessas intervenções na sequência consegue lidar bem com a agitação, a escalada não prosseguirá, e o aluno se reintegrará ao ritmo da aula; o docente ficará atento, de modo a reforçar as condutas adequadas. Caso contrário, é provável que a escalada continue, o aluno entre na fase de aceleração e comece a provocar ativamente o professor; nesse momento, talvez o

> **QUADRO 7**
> **Intervenções na fase de agitação**
> 1. Mostrar empatia.
> 2. Manter proximidade física.
> 3. Fazer adaptações provisórias.
> 4. Ajudar o estudante a se concentrar na tarefa.
> 5. Dar espaço.
> 6. Dar tempo adicional.
> 7. Permitir atividades preferidas.
> 8. Permitir atividades independentes.
> 9. Propor atividades que acalmem.
> 10. Propor atividades de movimento.
> 11. Propor momento comportamental.
>
> Baseado em Colvin e Scott (2015).

aluno passe diretamente a desobedecer, discutir com o professor, usar uma linguagem ofensiva ou mesmo ameaçá-lo, quebrar objetos ou ir embora da aula.

É possível manter uma atitude colaborativa e centrada em soluções nessas circunstâncias? Sim, desde que essa atitude venha acompanhada de firmeza na aplicação da norma ou da sanção disciplinar. Nesse ponto, consideramos especialmente interessantes as abordagens cognitivo-comportamentais de Colvin e Scott (2015), aliás plenamente compatíveis com a filosofia centrada em soluções:

- Não interromper a aula.
- Atender primeiro aos que trabalham bem.
- Ter uma breve interação colaborativa com o aluno perturbador.
- Elogiá-lo se ele age bem.
- Devolver-lhe a responsabilidade se não age bem.
- Aplicar medida disciplinar.
- Conversar com o aluno algum tempo depois do incidente.

A reação inicial do docente à conduta provocativa será adiar a resposta ao aluno perturbador e reforçar primeiro as condutas adequadas de outros alunos[22]. Depois o docente se dirigirá ao aluno amavelmente para dar-lhe a oportunidade de reorientar a sua conduta e, se não o fizer, devolver-lhe toda a responsabilidade lembrando-o das consequências que isso acarretaria[23]. Se afinal o aluno não dá a resposta adequada, aplica-se a consequência prevista, de forma amável, porém firme. Um pouco mais tarde, mas no mesmo dia, será conveniente ter uma conversa pessoal com o aluno para processar o incidente e evitar sua repetição no futuro. Como mostramos no caso de Xabier (seção 8.1.5, p. 172), trata-se de ajudar o aluno a gerar alternativas viáveis para o problema não se repetir no futuro. Nessa conversa, qualquer uma das técnicas centradas em soluções pode ser útil.

QUADRO 8
Intervenções na fase de aceleração

1. Não interromper a aula.
2. Atender primeiro aos que trabalham bem.
3. Ter uma breve interação colaborativa com o aluno perturbador.
4. Elogiá-lo se age bem.
5. Devolver-lhe a responsabilidade se não age bem.
6. Aplicar medida disciplinar.
7. Fazer um *debriefing* com o aluno algum tempo depois do incidente.

Fonte: Colvin e Scott (2015).

Uma maneira complementar de se abordar a intervenção em face de condutas perturbadoras é realizar uma autoanálise das tentativas ineficazes de solução, como propusemos no capítulo 7 e mostramos no quadro 9.

---

22. Esse momento serve também para que o docente, que provavelmente se sentiu pessoalmente atacado, recupere a sua compostura emocional. O princípio que recomenda adiar a resposta para agir com calma encontra-se também nas abordagens de resistência não violenta que Haim Omer propõe para lidar com a violência filial-parental (OMER, 2004).
23. Para tanto é preciso, por óbvio, que as possíveis consequências sejam definidas e aprovadas pelo centro de ensino, de modo que o docente possa escolher alguma delas, ciente de contar com o apoio de seus colegas.

> **QUADRO 9**
> **Autoanálise das tentativas ineficazes de solução**
>
> **Pontos para a reflexão**
> • Há algo que meus interlocutores estão fazendo com o intuito de lidar com o problema ou de resolvê-lo, mas que na verdade contribui para mantê-lo ou agravá-lo?
> • Qual seria uma maneira realmente distinta de agir, algo que rompa esse "círculo vicioso"? Que opções propõem meus alunos? Quais eu proponho? Como posso expressar para eles essa forma distinta de agir?
> • Em que estou bloqueado? Qual parte de minhas tentativas de ajudar estão agravando o problema? Qual seria uma forma distinta de agir? E qual seria um primeiro passo nessa direção?

9.2.3 A abordagem centrada em soluções dos problemas de conduta com todo o grupo-turma

Quando as condutas perturbadoras não são adotadas por uns poucos alunos, mas nelas está envolvida a maioria de uma turma, é preferível fazer uma abordagem mais global. Para tanto, pode ser útil a estratégia de trabalhar centrado em soluções com o grupo todo, focando-se explicitamente na melhoria da convivência na sala de aula. Como o procedimento a seguir é o mesmo que descrevemos na seção 9.2.2, aqui nos limitaremos a mostrar brevemente a aplicação que dele fez Íñigo Ayechu Sola numa sala de aula de 5ª série de ensino fundamental (AYECHU SOLA, 2016):

Íñigo iniciou suas práticas no centro de ensino com as "condolências" e os comentários encorajadores dos docentes, uma vez que, segundo diziam, lhe coubera a turma mais complicada do estabelecimento, com muitos problemas de conduta. Quando falou com a tutora, ela confirmou a existência desses problemas, mas também explicou que as coisas tinham melhorado um pouco desde o início do curso. Decidiram que Íñigo faria a intervenção centrada em soluções com o objetivo de incrementar o respeito entre os alunos e para com a professora, bem como de diminuir ou mesmo eliminar os insultos, as brigas e as interrupções em aula.

Na primeira sessão, ao chegarem à sala de aula, os alunos se depararam com as cadeiras dispostas em semicírculo e uma escala colada na parede. Íñigo apresentou-se e explicou que trabalharia com eles uma vez por semana para melhorar a convivência na aula. Depois comentou com eles que tinha ouvido o boato de que a turma de fato melhorara muito desde o início do curso e permitiu uma apresentação para que todos descrevessem em conjunto em que consistiam essas melhorias (*ampliar mudanças pré-tratamento*) e como as tinham conseguido (*atribuição de controle*). Como essa conversa deu muito material, Íñigo concluiu a sessão passando diretamente a trabalhar com os alunos, indagando onde cada um deles via a turma (*pergunta de escala*) e encorajando-os a pensarem em duas coisas que pudessem fazer para avançar mais um ponto. A sugestão para a semana seguinte foi observar as coisas que os colegas faziam corretamente, anotar cada uma delas num papel e depositá-las numa urna.

A segunda sessão começou com a revisão das anotações da urna, para depois trabalhar de novo com a escala e introduzir a pergunta milagre. Na terceira sessão, Íñigo propôs que a partir daquele momento os alunos se tornassem "detetives de melhorias" e entregou a cada um uma lupa de cartolina para seguirem detectando momentos "milagrosos" e de melhorias. Além disso, decorou a sala de aula e adequou a pergunta de escala a esse tema (fig. 19).

Na quarta sessão grupal, na revisão de melhorias, Íñigo acrescentou a identificação das qualidades pessoais de que cada um dos garotos se utilizara para fazer as mudanças positivas. Uma vez planejado o passo seguinte com ajuda da escala, perguntou à turma como gostariam de comemorar quando atingissem o nível 10. Na quinta sessão prosseguiu o trabalho nas melhorias a partir da perspectiva das qualidades pessoais. Para a sexta e última sessão, Íñigo preparou uma gincana em que as diversas pistas se relacionavam exatamente com as qualidades que os alunos haviam reconhecido durante a intervenção (fig. 20). À maneira de encerramento, os alunos resolveram fazer uma apresentação aos colegas da série anterior para mostrar como tinham conseguido ser uma turma tão boa.

FIGURA 19
A escala para os "detetives das melhorias"

Fonte: Ayechu Sola (2016).

FIGURA 20
Pistas da "gincana dos detetives"

Fonte: Ayechu Sola (2016).

Essa maneira de proceder centrada em soluções é, em princípio, uma alternativa a procedimentos mais clássicos como a instauração de uma economia de fichas (ALGOZZINE; DAUNIC; SMITH, 2010; BARRISH; SAUNDERS; WOLF, 1969; CIDAD MAESTRO, 1991), pois não se trata de os alunos praticarem determinadas condutas porque uma autoridade externa as impulsiona, mas sim de os avanços e as melhorias em si serem impulsionadores, na medida em que resultam em vantagens para todo o grupo (KELLY; BLUESTONE-MILLER, 2009). Com efeito, o proceder centrado em soluções provavelmente estimula mais a autonomia pessoal do que as economias de fichas, que, conforme sugerem as pesquisas realizadas no âmbito da teoria da autodeterminação (DECI; KOESTNER; RYAN, 1999; DECI; RYAN, 2002), podem ter o efeito contraproducente de diminuir a motivação intrínseca[24].

9.2.4 O programa Working on What Works

O procedimento

O procedimento Working on What Works ("Trabalhando com o que funciona", doravante WOWW) foi desenvolvido especialmente para o contexto escolar por Berg e Shilts (2005) visando melhorar o ambiente na aula e no exercício da docência. Foi aplicado em uma série de pesquisas-piloto nos Estados Unidos (BERG; SHILTS, 2005; KELLY; BLUESTONE-MILLER, 2009; KELLY *et al.*, 2012) e na Europa (VOGT, 2015) com resultados promissores.

---

24. De qualquer modo, apesar dessa profunda diferença epistemológica, na prática esses procedimentos não são incompatíveis. Assim, em sua intervenção com alunos de escola primária, Lorea Morales González começou a trabalhar de forma exclusivamente centrada em soluções e, uma vez determinados os objetivos compartilhados por todos os alunos da turma e detectadas as primeiras melhorias, adicionou uma economia de fichas para proporcionar maior impulso aos avanços (MORALES GONZÁLEZ, 2017). No capítulo 14, Nerea Gardeta apresenta a situação inversa: aplicação da intervenção centrada em soluções numa turma em que já se implementara uma economia de fichas.

O WOWW combina uma fase inicial, de mera observação e transmissão de elogios pelo profissional que efetua a intervenção (um orientador ou um colega), com uma segunda e uma terceira fases em que se trabalha com base na lógica das perguntas de escala, avaliando os avanços ocorridos e negociando em que consistiriam os novos passos e como poderiam ser dados. Esse procedimento combina conversações com a turma toda (alunos e professor) e conversas pessoais apenas com o docente. Essas conversas pessoais – também centradas em soluções (cf. cap. 11) – dão ao docente a oportunidade de refletir sobre sua própria prática, identificando seus pontos fortes e os possíveis pontos para melhoria.

Visto que as fases 2 e 3 se sobrepõem no procedimento padrão centrado em soluções, nós preferimos reservar a denominação "WOWW" só para a primeira fase, de observação das condutas positivas na sala de aula e *feedback* à turma, que pode ou não ser complementada com um trabalho grupal sobre escalas. Os próprios alunos podem ser incumbidos dessa fase de observação, o que os empodera novamente.

Um exemplo de aplicação prática

Entre julho de 2016 e junho de 2017, Marga ministrou no Centro Menesiano Zamora Jovem uma formação em técnicas centradas em soluções aplicadas ao âmbito escolar. Destinada a educadores e docentes, a formação tinha por objetivo ensiná-los a usar as técnicas centradas em soluções nas tutorias grupais e individuais, na sala de aula e na própria equipe de profissionais. O propósito concreto da formação era que os profissionais tivessem incrementadas as suas habilidades de prevenção e intervenção em problemas de convivência em sala de aula, além de potencializar os recursos dos alunos para seu crescimento tanto pessoal quanto acadêmico.

Como parte da formação, Marga se propôs a fazer uma supervisão dos docentes dentro da sala de aula, enquanto lecionavam, com o objetivo de identificar pontos fortes e recursos. A proposta foi muito bem acolhida pela equipe e sete dos docentes aceitaram ser observados. O método de supervisão posto em prática foi uma versão abreviada do método WOWW, aplicado em sete turmas nas quais se ministravam dois programas de formação profissional básica (o primeiro era Fabricação e Montagem, e o segundo Manutenção de Veículos) e dois programas de cursos profissionalizantes de nível médio (sendo um deles Soldagem e Caldeiraria, e o outro Farmácia e Parafarmácia).

O método WOWW só foi aplicado em duas sessões, com intervalo de duas semanas entre uma e outra. Durante uma semana, Marga fez a primeira sessão de observação e *feedback* nas sete turmas; duas semanas depois, ela voltou para observar e elogiar os mesmos docentes nas mesmas matérias.

Sessão 1 de WOWW
Em todas as primeiras sessões, a mensagem dada no início da aula foi a mesma. Depois de se apresentar, Marga ofereceu aos alunos a seguinte explicação:

MARGA: Vou ficar aqui sentada durante a aula e observar o que todos vocês fazem e que contribui para o bom funcionamento da sala de aula. Também vou ver o que seu professor faz que favorece a aprendizagem de vocês.

Depois, sentou-se na última fileira, observou com atenção e tomou nota das condutas positivas de uns e outros. No fim da aula, Marga explicou aquilo que observara nos alunos e que havia ajudado para a aula transcorrer de maneira tranquila e proveitosa. Nessa explanação ela não mencionou nenhuma das condutas problemáticas ou perturbadoras eventualmente acontecidas. De fato, quando houve condutas negativas, Marga atentou especialmente para o momento em que surgia uma conduta alternativa, de modo a poder dedicar-lhe algum elogio. A seguir, exemplos de condutas dos alunos que Marga elogiou:
• Manter-se em silêncio.
• Escutar o professor respeitosamente.
• Acompanhar as explicações com atenção.

- Ter companheirismo (respeitar o lugar, cuidar dos materiais).
- Ter autonomia (começar a trabalhar por iniciativa própria).
- Ter senso de humor.
- Escutar os colegas.

Antes de ir embora, Marga agradeceu a todos os alunos e ao professor por terem permitido que ela participasse da sua aula e por se prestarem à observação. Na mesma semana, em reunião privada e de forma individual, Marga teve entrevistas com os sete educadores; mais uma vez, o foco desse *feedback* centrou-se nas estratégias positivas que Marga observara, deixando de lado as condutas que pudessem ter sido menos úteis. Eis algumas das condutas dos docentes que Marga elogiou:

- Validar e mostrar empatia com as dificuldades dos alunos.
- Ter senso de humor.
- Apresentar tom agradável.
- Mostrar disponibilidade.
- Dar instruções claras.
- Dar atenção personalizada.

Sessão 2 de WOWW

Duas semanas depois, Marga repetiu a observação com as mesmas sete turmas. O procedimento foi o mesmo, e os alunos receberam as mesmas explicações. Nessa segunda observação, Marga constatou que os alunos tinham começado a utilizar mais as condutas que ela elogiara na primeira sessão. No fim da aula, depois de devolver os elogios aos alunos, Marga lhes propôs a seguinte escala de avanço:

MARGA: Numa escala de 1 a 10, em que 1 representa o momento de pior funcionamento da aula e 10 o momento em que a aula funcionaria como realmente gostaríamos, onde vocês acham que estão agora?

Cada aluno deu uma pontuação. Assim que todos deram uma resposta, Marga fez as seguintes perguntas ao grupo-turma, dando uns minutos para ouvir as opiniões de todos:

- O que vocês veem na sala de aula que os leva a dar essa pontuação em vez de 1?
- O que seu professor faz que os leva a dar essa pontuação em vez de 1?
- Que pequenos sinais vocês veriam na sala de aula que os levariam a dar mais um ponto?
- Que pequenas coisas vocês poderiam fazer para continuarem melhorando?
- Que pequena coisa diferente seu professor poderia fazer para vocês continuarem a melhorar?

Após devolver elogios aos alunos, Marga encerrou a sessão. Depois encaminhou aos professores, por escrito, um resumo das respostas às perguntas de escala e elogios para eles.

Avaliação da experiência: o *feedback* dos professores

Cinco meses depois de termos aplicado o método WOWW, tivemos uma reunião com os professores para avaliar o efeito que a supervisão tivera neles, as mudanças ocorridas e quais delas eles ainda se mantinham. Vejamos um resumo das respostas dos professores:

- Todos haviam passado a expressar mais elogios em sala de aula.
- Conheciam suas próprias ferramentas, e aquilo que eles faziam bem os encorajava a continuar a fazê-lo.
- Estavam mais cientes do que dava certo para eles, podendo assim lembrar e lançar mão disso quando as coisas não iam bem.

A seguinte afirmação de um dos docentes resume muito bem a percepção geral:

DOCENTE: Ponho mais ênfase naquilo que faço bem. A gente faz mais consciente aquilo que faz bem. Aprendi coisas sobre mim que fazem com que me sinta mais seguro na sala de aula.

Os sete docentes comentaram que se sentiram muito apoiados quando Marga valorizou suas estratégias positivas. Também disseram que os elogios que haviam recebido dos alunos ao terminar a segunda sessão tinham exercido um impacto ainda mais poderoso. Todos concordaram que o clima nas salas de aula tinha melhorado sensivelmente.

9.3 Aspectos diferenciais e possíveis dificuldades no trabalho com um grupo-turma

9.3.1 *Aspectos diferenciais*

Questões práticas a serem levadas em consideração

Uma questão prática capaz de afetar o desenvolvimento das tutorias grupais centradas em soluções é o momento em que elas se realizam. Assim como para qualquer atividade que se fizer com um grupo de estudantes, as últimas horas da sexta-feira e as primeiras da segunda costumam ser as menos convenientes. Se houver férias no meio da intervenção, convém antecipar e prevenir, antes de as crianças saírem de férias, os retrocessos que puderem ocorrer quando voltarem às aulas.

Manejo do grupo

Como acabamos de ver, a lógica e as técnicas centradas em soluções são exatamente as mesmas na intervenção com grupos e nas conversas individuais com alunos. Portanto, é muito importante administrar corretamente os turnos para que todos os alunos tenham oportunidade de participar e sintam-se incluídos. Isso nos obriga, nas apresentações conjuntas com o grupo completo, a achar um equilíbrio entre, por um lado, especificar e positivar a informação fornecida por cada aluno e, por outro, não prolongar demais a interação com a mesma pessoa e incluir as outras o quanto antes. Além de ficar atento para que ninguém seja excluído, será útil alternar os momentos de trabalho com o grupo todo (apresentações conjuntas, revisão de notas positivas etc.) com momentos de trabalho em grupos pequenos e em duplas.

Manter o foco e a atenção ao mesmo tempo

Já comentamos que para manter o foco nas soluções é preciso ter disciplina e reorientar as conversas e apresentações conjuntas sempre que elas se voltarem para os problemas ou as carências. Para que o foco exclusivo nas melhorias e nos objetivos não seja repetitivo, é conveniente, como mostramos na seção 9.1.2, diversificar as formas de aplicação das técnicas centradas em soluções (por exemplo, fazendo uma pergunta de escala diferente cada dia ou variando as sugestões) e introduzir temas e elementos motivadores (a decoração da sala, o uso de pôsteres ou plaquinhas etc.).

9.3.2 Possíveis dificuldades

Condutas perturbadoras durante as tutorias grupais

Visto que uma das indicações para uma intervenção centrada em soluções é precisamente reorientar grupos nos quais surgem condutas perturbadoras, é de se esperar que tais comportamentos se apresentem também nas primeiras sessões grupais e até possam pôr em perigo o bom desenrolar da intervenção. Entre as estratégias para evitar a ocorrência desse cenário está a de dar a palavra mediante algum objeto que vai passando de um aluno para outro (amuleto, "bastão de fala" etc.), bem como incumbir justamente os alunos mais irrequietos da tarefa de tomar nota do que se diz durante a apresentação conjunta. Por certo, a melhor estratégia para reorientar condutas perturbadoras é elogiar as condutas positivas alternativas, quando aparecerem, e reorientar imediatamente qualquer sinal de desrespeito, recriminações ou acusações mútuas.

Objetivos díspares

Quando se trabalha com um grupo, não raro os alunos têm objetivos muito diversos, por muito que se tenha delimitado o tema da intervenção. É até possível que surjam objetivos incompatíveis; por exemplo, alguns alunos querem ter mais trabalho em grupo, ao passo que outros, pelo contrário, prefeririam que houvesse mais espaço para trabalho individual. Isso não é um problema, desde que consigamos ampliar a conversa até gerar outros objetivos que sejam, sim, comuns ou ao menos compatíveis. Ao trabalharmos e atingirmos esses objetivos compartilhados, talvez aqueles sobre os quais no início não havia concordância acabem por perder relevância. Se assim não for e a discordância persistir, o uso de escalas pode ajudar o grupo a encontrar pontos de compromisso que permitam satisfazer a todos.

Objetivos inatingíveis

Dar tempo e espaço para os alunos exprimirem seus desejos e formularem seus próprios objetivos significa assumir o risco de que, por vezes, eles possam colocar metas inatingíveis ou objetivos incompatíveis com o bom funcionamento do estabelecimento de ensino. Nesse ponto convém lembrar que o fato de trabalhar centrado nos objetivos dos alunos não implica que se devam assumir todos eles; daí que a opção mais simples em face de um objetivo que não é realista ou desejável é, simplesmente, avançar na conversa e perguntar aos alunos que outros objetivos eles têm. Caso o objetivo em questão seja muito importante para o grupo, talvez seja útil analisar com os alunos qual parte dessa meta aparentemente inatingível pode sim ser alcançada. Se o objetivo é em princípio inaceitável, tentaremos descobrir qual outra meta se assemelha a ele; por exemplo, se um grupo de alunos solicitasse permissão para fumar maconha, nós lhes perguntaríamos para quê, e se eles respondessem que é "para não se aborrecerem em aula", poderíamos investigar outras maneiras de conseguir esse mesmo fim.

O aluno apontado

Não raro, alguns poucos alunos são apontados pelos demais como sendo os que perturbam o funcionamento do grupo como um todo. Nesse caso é provável que, ao descreverem o futuro preferido, muitas das respostas dos alunos foquem precisamente esses "bodes expiatórios" ("Pois Aitor não faria..."; "Aitor deixaria de..."; "Aitor voltaria a..."). A melhor maneira de lidar com essa situação é aplicar de forma disciplinada a técnica centrada em soluções de modo a positivar as descrições ("Então, em seu milagre, o que você gostaria que o Aitor fizesse em vez disso?") e depois introduzir a pessoa que falou ("E quando você vir que o Aitor pede as coisas com gentileza em vez de tomá-las dos outros, qual imagina que será a sua reação? Como o Aitor se dará conta de que você está gostando mais dessa sua nova maneira de agir?"). De forma análoga, na atribuição de controle interessará ressaltar as contribuições de todos os participantes e não apenas as dos alunos mais problemáticos.

Em qualquer caso, lidar com essas dificuldades pelo trabalho com todo o grupo não exclui a possibilidade de realizar uma conversa individual com algum aluno que possa ter mais dificuldade em melhorar sua conduta (cf. cap. 8). Com efeito, temos comprovado que a combinação dos dois formatos permite criar uma sinergia positiva, benéfica tanto para o grupo quanto para a intervenção individual (AYECHU SOLA, 2016; AZAROLA VELASCO, 2016; JUSUÉ GARCÉS, 2017; MORALES GONZÁLEZ, 2017).

Pontos de reflexão sobre uma intervenção centrada em soluções com o grupo-turma

- Tenho um projeto de trabalho aceito por todos?
- Que coisas concretas constituem seu futuro preferido? Vocês veem as vantagens dessas mudanças?
- Que exceções ou melhorias já tiveram lugar?
- O que vocês fizeram para consegui-las?
- Qual seria um sinal de que as coisas melhoraram um pouquinho?
- Que pequeno passo os alunos poderiam dar para consegui-lo?
- Que sugestão tiraria melhor proveito do que se falou na entrevista?
- O que posso manter na próxima sessão? O que posso melhorar?

10

Conversações com os pais centradas em soluções

Uma das principais "matérias pendentes" da escola é, provavelmente, conseguir uma colaboração mais estreita entre pais e docentes. Infelizmente, com frequência uns e outros discordam e acusam-se reciprocamente dos problemas dos alunos. Esse tipo de escalada acaba por minar a autoridade de ambas as partes, em prejuízo de todos (OMER, 2004). Do nosso ponto de vista, embora a obtenção de cooperação entre pais e professores dependa de parâmetros macrossistêmicos que estão fora do escopo deste capítulo (como os mecanismos de tomada de decisão nos centros de ensino ou a potencialização das Ampas), há algumas formas de agir que estão de fato ao alcance dos profissionais e permitiriam uma virada centrada em soluções na situação:

• Assumir que compete *a nós, os profissionais*, gerarmos cooperação em lugar de simplesmente esperar que os pais cooperem conosco. Por mais complicada que a interação com um pai ou uma mãe seja, uma das funções do profissional da educação é achar um jeito de se conectar com eles.

• Dar uma virada positiva em nossas interações com os pais. Em vez de convocá-los só quando há dificuldades, na perspectiva centrada em soluções as tutorias com os pais deveriam ser frequentes e ter como foco sobretudo informá-los do que seu filho está fazendo corretamente. Se em algum momento for preciso dar uma informação negativa a respeito do aluno, convém acompanhá-la de informações positivas.

- Aproveitar qualquer ocasião para atribuir aos pais o mérito pelos progressos do filho. Por exemplo, numa conversa informal na saída da aula:

PROFESSORA: Oi, tudo bem? Estou vendo que há semanas o Paulinho tem chegado muito bem para a aula de manhã.

MÃE: Sim, é verdade. Ele está vindo bem mais contente. Meu marido também reparou.

PROFESSORA: Ótimo. Como vocês conseguiram fazer com que ele viesse mais contente?

- Ver a família não como a fonte do problema do aluno e sim como uma aliada para gerar soluções para ele. Não faz sentido que, por exemplo, no caso de um aluno perturbador, a escola se limite a fugir à questão, culpando a família por não o educar direito ou por ser demasiadamente condescendente com ele.

- Quando surgem problemas com um aluno, enxergar neles uma oportunidade de trabalhar junto com esse aluno e seus pais para resolver os problemas. O problema nunca é o aluno nem seus pais; o problema é o problema, e o próprio aluno e eventualmente seus pais são nossos aliados para enfrentá-lo.

TUTOR: Estou vendo que o Paulo parece ter um problema de autocontrole. Faz várias semanas que ele está bem pouco atencioso com seus colegas e até faltou com o respeito a um professor. No colégio teremos de tomar as medidas oportunas, e eu gostaria de pedir a colaboração de vocês para ajudarmos o Pablo a dominar seu temperamento irascível.

Configurar a interação com os pais com base nessa abordagem é, para nós, a melhor maneira de prevenir – ou ao menos diminuir – o risco de conflitos entre os pais e a escola. Desse ponto de vista, situações como os pais tirarem a autoridade dos professores e a outorgarem aos filhos (questionando o testemunho do professor, exigindo confrontação entre filho e professor ou usando o grupo de WhatsApp da turma para difamar um docente) ou inclusive agredirem fisicamente algum docente poderiam ser evitadas, em grande parte, impulsionando desde o início relações de colaboração em que pais e docentes reforcem mutuamente sua autoridade.

10.1 Passos em uma entrevista centrada em soluções com os pais

A lógica de uma entrevista com pais é a mesma seguida em uma conversa com um aluno (cap. 8) ou em uma intervenção grupal (cap. 9): começar por criar um clima positivo para depois estabelecer um projeto de trabalho comum com objetivos atingíveis, e a partir dali trabalhar com as melhorias já ocorridas (mudanças pré-tratamento, exceções ou escala de avanço) ou com as melhorias futuras (pergunta milagre ou um ponto a mais na escala de avanço). O tempo a dedicar a cada uma dessas quatro questões (clima positivo, projeto de trabalho, melhorias ocorridas e melhorias futuras) dependerá das circunstâncias do caso, do estilo dos pais e do tempo disponível.

10.1.1 A abordagem inicial

Como acabamos de salientar, na perspectiva centrada em soluções é fundamental manter contatos regulares com os pais, focados nos avanços de seus filhos e no incentivo a novos passos. É importante que, quanto a horários e disponibilidade, esses contatos sejam organizados de modo que ambos os pais possam comparecer (se não for uma família monoparental). É crucial que ambos compareçam desde o primeiro contato, pois do contrário se cria implicitamente a regra de que apenas um é suficiente, e depois será difícil incluir o outro.

A mesma ideia vale quando é preciso convocar os pais por telefone porque sobreveio alguma situação que não pode ser resolvida simplesmente falando com o aluno:

ORIENTADORA: Bom dia, aqui é Maribel, a orientadora do colégio.
MÃE: Bom dia, tudo bem?

O: Tudo, obrigada, é um prazer falar com você. Estou ligando por uma questão relacionada com o mais velho, o Heitor.

M: Não me diga que ele se meteu em alguma encrenca...

O: Pois é, sim, com uns colegas, mas fique tranquila, também não é muito grave (*validação*). Aliás, ele continua entusiasta e perseverante como sempre. No mais, todos estamos contentes com ele (*elogio*). Porém gostaríamos de comentar com vocês o que aconteceu, com você e seu marido, pessoalmente (*convocação conjunta*).

M: Poxa... é que o Raul está muito atarefado nessas últimas semanas. Está viajando muito a trabalho.

O: Entendo, mas qual seria o melhor dia, ou o menos ruim, para vocês dois virem nesta semana? Seria fundamental podermos contar com os dois para que nos ajudem.

M: Bem, poderia ser amanhã, se for no fim da tarde.

10.1.2 Criar um clima positivo desde o primeiro contato

Como assinalamos no capítulo 8 (seção 8.1.2), para fomentar a colaboração é importante propiciar ativamente um clima positivo, agradável e descontraído desde o primeiro momento. Daí que na hora de realizarmos um primeiro contato com os pais, em especial quando eles vêm falar conosco pela primeira vez, é prioritário estabelecer uma certa ligação pessoal, recebendo-os como convidados em nossa "casa". Além de mostrar-nos amáveis e acolhedores, podemos propiciar um clima colaborativo fazendo o seguinte:

• *Agradecer* de início que os dois tenham vindo ou, se quem solicitou a entrevista foram os pais, *validar* a iniciativa que eles tomaram ("Que bom que afinal os dois puderam vir, eu sei que são dias complicados para vocês" ou "Eu fico feliz por terem pedido esta entrevista, pois tinha vontade de conhecer vocês").

- Se for o primeiro contato que temos com os pais, talvez seja conveniente fazer uma breve *fase social* em que nos interessemos pela vida de nossos interlocutores: em que eles trabalham, quais são os seus pendores, que coisas eles compartilham como família etc. Aproveitaremos a ocasião também para revelar alguma informação pessoal sobre nós, de modo a equilibrar a relação.
- Começar com *feedback* positivo:

ORIENTADORA: Antes de mais nada, gostaria de repetir, como já lhes disse por telefone, que continuamos muito contentes com a perseverança e o entusiasmo do Heitor. É evidente que vocês o apoiaram muito bem nessa transição para o novo colégio.

10.1.3 *Construir o projeto de trabalho*

Se a iniciativa da convocação da entrevista foi nossa, como no exemplo que ora acompanhamos, convém esclarecer o quanto antes o motivo e nossas próprias expectativas para a reunião. Faremos essa abordagem oferecendo um projeto que possa ser compartilhado, esteja formulado em tom positivo e empodere todos os envolvidos:

ORIENTADORA: Pedimos que vocês viessem hoje porque precisamos da sua ajuda numa questão que se apresentou anteontem. Como eu falei para sua esposa por telefone, não é algo grave, mas é sim algo que é preciso abordar. Pelo que falei com seu filho ontem, ele também quer resolvê-lo e vai contribuir para isso.

PAI: Mas o que houve?

O: Acontece que desde após a Semana Santa têm desaparecido algumas coisas da turma – algum estojo, marcadores, óculos de sol, até um relógio. E anteontem descobrimos por acaso que o Heitor foi pegando essas coisas e tinha todas elas guardadas.

MÃE: Não acredito!

P: Isso é impossível!

O: Sim, claro, nós também não podíamos acreditar, ainda mais vindo de um garoto como o Heitor. Mas falamos com ele, e ele admitiu. Lamento ter de dizer isso, imagino como deve ser duro para vocês (*valida*). Desde já, é bom que ele tenha reconhecido o que fez, pois de agora em diante tudo será mais fácil. A minha ideia para esta entrevista era contar-lhes isso tranquilamente e em seguida falar um pouco sobre as medidas que o colégio está cogitando e sobre as medidas que vocês se proporiam a tomar com ele (*oferece projeto de trabalho*). Concordam?

M: Sim, sem dúvida.

Se foram os pais que solicitaram a entrevista, tentaremos entender quais são as suas expectativas. Nesse processo, como vimos no capítulo 4, é importante compreender bem a reclamação e depois ir além para construir uma demanda a servir como base para um projeto de trabalho compartilhado:

TUTOR: Muito bem, é um prazer conhecê-los e ter a oportunidade de falar com vocês. Digam-me, como posso ajudar? O que vocês esperam desta reunião?

MÃE: Veja bem, viemos porque notamos que a Laia está se dando muito mal com a professora de matemática.

PAI: Sim, isso começou quase no início do curso.

T: Sinto muito. Mal em que sentido?

M: Então, parece que no início do curso houve várias vezes em que a professora lhe perguntou algo e ela não soube responder, e aí não sei se a professora a criticou ou ridicularizou ou coisa assim...

P: O fato é que Laia agora tem medo da matéria, ou da professora, e nós a vemos cada vez pior.

T: Nossa, que situação ruim! Quando vocês dizem que veem a Laia pior, a que se referem?

M: É que nos dias em que ela tem matemática eu a percebo muito nervosa de manhã, às vezes meio chorosa, até reclama de dor de barriga. E um dia até chegou em casa chorando porque tinha feito mal alguma coisa.

P: Eu só a vejo de noite, mas aí ela nem quer ouvir falar do colégio. E fica tempo demais estudando matemática.

T: Certo, de fato, se não me engano, ela está tirando boas notas em matemática.

M: Sim, tira notas justas, mas suficientes. Por isso o que nos preocupa não são as notas, mas sim que ela esteja passando um momento tão ruim.

T: Entendo. Independentemente das notas, vocês se preocupam porque veem sua filha sofrer, com medo e nervosa (*resume a reclamação*). E qual a ideia de vocês, como gostariam que eu os ajudasse nessa questão? (*esclarece demanda*).

M: Bem, por um lado, gostaríamos que você falasse com essa professora. Pelo que outros pais nos disseram, parece que ela é muito rigorosa.

P: E, por outro lado, que fale também com nossa filha. Nós até tentamos, mas ela se fecha e diz que não a compreendemos.

T: Tudo bem, acho razoável. O que vocês gostariam de conseguir com essas conversas?

M: Ora, eu sei que cada professor tem seu jeito de trabalhar e tal, mas gostaríamos que ela tivesse mais cuidado, sabendo que nossa filha é um pouco sensível. Não quisemos falar isso diretamente com a professora com receio de que ela levasse a mal.

T: Bem, eu não acho que ela levaria isso a mal. Talvez Isabel seja um tanto rigorosa, como vocês dizem, mas é muito boa professora e ficará feliz ao ajudar. E o que vocês esperam da minha conversa com sua filha?

P: Seria bom se ela aprendesse a lidar um pouco melhor com a pressão, a não levar as coisas tão a sério.

T: E então, como você gostaria de ver sua filha?

P: Mais calma, indo às aulas de matemática como vai às demais, sem tanto medo.

10.1.4 Trabalhando as melhorias atuais e futuras

Como já vimos no capítulo 8 (seção 8.1.5), uma vez estabelecido o projeto de trabalho, apresentam-se diversas possibilidades de diálogo, a depender da situação. Se possível, utilizaremos todas elas; de qualquer maneira, procuraremos gerar informação tanto sobre as mudanças já ocorridas quanto sobre as mudanças futuras.

É boa opção, em especial quando os objetivos não são totalmente claros, a de fazer uma projeção de futuro:

TUTOR: Permitam-me fazer uma pergunta, para que fique bem claro para mim o que vocês esperam. Imaginem que eu falo com Isabel por um lado e com a filha de vocês por outro. E que além disso vocês também continuam fazendo tudo o que é possível. E que aí essa situação fica totalmente resolvida. Como vocês perceberiam que sua filha superou a situação?

MÃE: Ela iria ao colégio muito bem todos os dias, tendo ou não matemática naquela manhã.

T: Em que comportamentos vocês notariam isso?

[...]

T: Qual seria um outro sinal de que essa situação está resolvida de todo?

[...]

T: E como vocês imaginam que vão reagir?

Outra boa opção é examinar as exceções ou as mudanças pré-tratamento. Esta última opção é especialmente promissora se já houve alguma referência ao fato de as coisas estarem indo um pouco melhor.

TUTOR: Tudo bem, está claro para mim a causa da preocupação de vocês e o que gostariam de mudar. Aliás, nesses últimos dias, desde que me ligaram para pedir esta entrevista, que pequenas melhorias vocês têm notado na Laia?

MÃE: Pois é, não sei muito bem qual a razão, já que ela não sabe que nós ligamos para você, mas ontem e anteontem eu a vi um pouquinho mais calma, e olha que acho que tinha alguma prova, justamente de matemática.

T: Interessante... Conte-me mais um pouco: em que aspectos você a notou mais calma?

[...]

T: Vocês fazem ideia do que pode ter sido diferente para ela ter ficado um pouquinho mais calma nesses últimos dias?

[...]

T: E como vocês diriam que a ajudaram? O que diriam que fizeram um tantinho diferente nesses últimos dias em que Laia esteve um pouquinho mais tranquila?

Outra boa opção é usar escalas de avanço. Podemos seguir o roteiro que descrevemos no capítulo 6 (seção 6.1), começando por entender o que já melhorou e depois passar a trabalhar o que seria um ponto a mais, ou trabalhar em cima daquilo a cujo respeito ainda não tenhamos muita informação. Voltando ao exemplo acima:

TUTOR: Então houve uma mudança interessante nesses últimos dias. Onde vocês diriam que a Laia está agora, em uma escala de 1 a 10? Pensem que 1 seria quando vocês a viram pior nessa questão, com mais medo, sentindo-se pior, e 10 corresponderia à matemática ser igual a qualquer outra matéria. Pensem cada um à sua maneira, não é preciso que concordem.

MÃE: Nesses últimos dias foi um 3.

PAI: Eu ressalto que não a vejo de manhã, mas considerando como a vejo de tarde lhe daria um pouco mais, um 4.

T: Ótimo, 3 e 4, respectivamente. (*Para a mãe*) Para você, qual seria o primeiro pequeno sinal de que Laia está um ponto acima de como a vê agora, de que ela já está num 4?

[...]

T: (*Para o pai*) E para você, qual seria o primeiro sinal de um ponto a mais, de que ela já está em 5?

[...]

T: Eu já sei que isso tem mais a ver com o que fizerem a professora por um lado e Laia por outro, mas como vocês acham que poderiam contribuir para ajudar a sua filha a subir esse ponto a mais?

Se antes de propor a escala não tiverem ficado claras as melhorias já ocorridas, o profissional pode se deter mais um pouco na pontuação atual antes de começar a trabalhar no ponto a mais:

TUTOR: Ótimo, 3 e 4, respectivamente. Qual vocês diriam que é a maior diferença entre esse 3 ou 4 e quando viam a Laia no 1?

[...]

T: Qual diriam que é o segredo? Como Laia conseguiu subir até esse 3 ou esse 4?

[...]

T: Entendo, ficou claro para mim. Daquilo que vocês fizeram para ajudá-la, o que acham que tem sido de mais ajuda?

Uma vez que as escalas são uma ferramenta conversacional e não um instrumento de medida, não há problema algum se os pais não derem a mesma pontuação; de fato, o mais provável é eles terem percepções diferentes. Podemos aproveitá-las para seguir sublinhando as mudanças:

TUTOR: Ótimo, 3 e 4, respectivamente. *(Para a mãe)* O que você acha que seu marido está vendo, e você não vê, que lhe permite dar esse 4?

MÃE: Não sei. Talvez quando ele revisa os deveres com ela, vê que ela responde melhor.

T: É isso?

PAI: Na verdade eu não disse por isso, mas sim, pelo menos ontem eu a vi muito segura do que lhe perguntava. E um dia desses ela até me disse que não era preciso que eu perguntasse.

T: Que interessante. O que você acha que isso significa?

P: Acho que ela está ganhando mais confiança.

10.1.5 Encerramento da conversação

Como dissemos no capítulo anterior, um diálogo centrado em soluções é encerrado geralmente com algum tipo de retorno que recapitula o falado e inclui alguns elogios e, se oportuno, alguma sugestão. É importante incluir todos os presentes nos elogios; por sua vez, é conveniente adaptar as sugestões à posição de cada um deles. Ou seja, se um dos pais pede que lhe demos instruções para agir, ao passo que o outro reclama, mas não se vê como parte da solução, pode ser útil propor algo mais exigente ao primeiro e algo menos exigente ao segundo. No caso do exemplo, propõe-se uma sugestão de ação à mãe e de observação ao pai:

TUTOR: Tudo bem, se vocês concordarem vamos encerrando a entrevista (*marca de contexto*). Gostaria de dizer, para concluir, que adorei falar com vocês e foi muito útil para mim escutar os dois (*elogio, reforçando a assistência conjunta*). Entendo perfeitamente que estejam preocupados com o que sua filha pode estar sentindo e fico muito feliz pela confiança que tiveram ao apresentar-me o problema (*validação*). Vou falar com Laia e também com a professora para continuar a avançar na questão, mas já posso dizer que me parece muito positivo que tenha havido algumas melhorias nos últimos dias. Por outro lado, acredito que, como vocês dizem, uma coisa que pode ter ajudado nesses dias é vocês não terem ficado perguntando a sua filha como ela está indo em matemática. Daí que eu recomendaria que continuassem nessa mesma linha na semana que vem: em vez de perguntar a ela, estejam atentos para os momentos em que a virem mais calma e mais confiante. Ademais, Raquel, eu gostaria que, de manhã, a caminho do colégio, você experimentasse falar com sua filha de outras coisas que nada tenham a ver com a escola. Você disse antes que isso seria algo que gostaria de recuperar; eu proponho que nessa questão você aja como se o problema todo já tivesse sido resolvido.

10.1.6 As conversações seguintes

Como já mencionamos no capítulo 8 ao falar das intervenções individuais com alunos, nas conversas com pais achamos recomendável ter ao menos uma sessão de acompanhamento. A não ser que o tema abordado tenha sido muito pontual e tenha sido resolvido no processo de uma única conversa, será conveniente ter um espaço para avaliar as mudanças que tiverem ocorrido.

A forma mais centrada em soluções de se iniciar uma conversa posterior à primeira é perguntar "O que foi um pouquinho melhor desde nossa conversa anterior?". Se os pais perceberem melhorias, nós nos concentraremos em ampliá-las e depois em atribuir controle, de modo a ficar evidente o que fizeram para consegui-las (não só o aluno ou os professores como também os próprios pais); a escala de avanço servirá para negociar um passo a mais, se necessário. Se não houver melhorias, tentaremos desconstruir o relatório inicial, conforme descrevemos no capítulo 8 (seção 8.3).

TUTOR: É um prazer ter vocês aqui de novo. Já se passaram duas semanas desde nossa conversa anterior. Eu pude falar com Isabel, que, já lhes antecipo, se mostrou muito receptiva, bem como com a filha de vocês, que também me permitiu falar com ela com calma. Porém, antes de lhes contar mais, gostaria de saber como vocês perceberam a Laia nessas duas semanas.

PAI: Pois é, eu vinha comentando com minha mulher que tampouco vi muita mudança, na verdade.

T: Você não viu muita mudança *por enquanto* (*validação*). E o pouco que pode ter visto, o que foi? O que você diria que melhorou, ainda que apenas um pouquinho? (*desconstrução*).

P: O que eu vejo, sim, é que ela está cada vez mais segura nos exercícios e fazendo-os melhor. O que não sei é se ela está melhor em aula ou não, porque não quis perguntar.

T: Ótimo, mais segura nos exercícios. Na questão de como ela está em aula, Raquel, em que pequenas mudanças você pôde reparar?

MÃE: Eu acho sim que ela está se sentindo melhor nas aulas. Fica um pouco tensa no dia em que tem de fazer exercícios ou coisa assim, mas está melhor.
T: Muito interessante. Em que você percebe isso?
[...]
T: E o que mais está indo um pouquinho melhor?
[...]
T: Além do que Isabel possa estar fazendo, o que vocês acham que Laia está fazendo de diferente que a ajuda a melhorar? (*atribuição de controle*).

Quando, apesar de tentarmos desconstruir, não conseguimos gerar descrições de melhorias, temos de procurar alternativas de intervenção. Com o uso de uma escala de avanço podemos identificar outras opções para subir mais um ponto, mas também pode ser útil mudar de linha e trabalhar mais com a sequência-problema e as tentativas ineficazes de solução, como vimos no capítulo 7.

Assim que conseguirmos melhorias no caso, retomaremos o trabalho de ampliação e atribuição de controle, até atingir os objetivos propostos no início. Se a situação não melhorar, talvez seja oportuno empregar perguntas de enfrentamento (cap. 6, seção 6.2), analisar o caso como uma situação de bloqueio para gerar vias de intervenção alternativas (cap. 7, seção 7.3) ou reencaminhá-lo.

10.2 Aspectos diferenciais e dificuldades na intervenção com pais e famílias

10.2.1 Aspectos diferenciais

A duração da entrevista

Ainda que a duração de uma conversa dependa obviamente das circunstâncias do caso, em condições comuns uma entrevista conjunta tende a precisar de mais tempo que uma sessão individual. Para que uma entrevista conjunta não se prolongue, sobretudo quando inclui não só os pais como também o aluno, é importante administrar bem os tempos e manter um papel ativo ao longo da entrevista. Como regra geral, reservamos as sessões mais complicadas, a incluírem toda a família, apenas para casos nos quais não basta uma conversa só com o aluno ou só com os pais.

O manejo da relação de ajuda

Outra coisa que dificulta uma entrevista conjunta é o fato de o profissional precisar não só estabelecer uma boa aliança de trabalho como também criar uma relação neutra, em que todos os presentes se sintam acolhidos e que resulte num projeto comum. Isso implica atender a ambos os pais e a escutá-los ativamente, sem assumir o ponto de vista de um deles.

Ademais, se de uma entrevista participam não só os pais mas também o aluno, é importante manter a segurança na relação (FRIEDLANDER; ESCUDERO; HEATHERINGTON, 2006), isto é, reorientar imediatamente qualquer desqualificação ou comentário hostil que os pais possam fazer a respeito do filho ou vice-versa. Não queremos que na conversa se repitam as interações negativas da família que talvez estejam acontecendo em casa e, para tanto, teremos de fazer um esforço proposital no sentido de reorientar o diálogo para os recursos, os avanços e os objetivos.

ALUNO: É que meus pais acham que tenho 10 anos, mas tenho 16. Passam o dia todo amolando.

PROFESSOR TÉCNICO DE SERVIÇOS À COMUNIDADE: (*Com um gesto, contém a reação do pai, que parece prestes a pular e responder ao filho*). Então, o que você gostaria que eles fizessem?

A: Ora, que me deixassem mais na minha, que confiassem mais em mim.

PTSC: Confiar mais em você. O que seria um pequeno sinal de que estão confiando mais em você?

Além disso, procuraremos manter a posição neutra e não nos alinhar aos pais contra o filho nem, ainda pior, ao filho contra os pais. Teremos a intenção, portanto, de colaborar com todos os presentes, para que sintam que os apoiaremos em seus objetivos e que compreendemos a sua visão das coisas.

10.2.2 Algumas dificuldades específicas

Um dos pais se desincumbe do problema e o delega inteiramente ao outro

Essa situação é relativamente frequente em nosso contexto cultural, e em geral é o pai quem fica à margem e a mãe é quem se mostra mais envolvida. Já comentamos que uma maneira de se contrapor a essa tendência é insistir, desde antes do primeiro contato, na necessidade de contar com ambos, bem como conciliar os horários para isso. Se apesar de tudo só um dos pais comparecer, podemos incluir o ausente informando-o por carta do que foi dito, ou fazê-lo simbolicamente presente na entrevista mediante perguntas circulares:

TUTOR: Se seu marido estivesse aqui, o que você acha que ele diria? Qual seria para ele um sinal de que essa situação está realmente começando a melhorar?

MÃE: Ora, não sei. Veja bem, ele só faz é gritar com o garoto e nada mais.

T: Então, se eu lhe perguntasse, o que você prevê que ele diria?

M: Principalmente, que o rapaz deveria nos respeitar mais. Que se a gente lhe perguntasse se tem uma prova, ele não nos xingasse.

Esse tipo de pergunta não só mantém de certa forma a presença do pai ausente como também fornece recursos para poder convocá-lo depois e com sucesso. No caso do exemplo, provavelmente teria dado certo ligar para o pai e propor-lhe que comparecesse a uma entrevista objetivando que seu filho *respeite mais* os professores.

Se de qualquer maneira não conseguirmos fazer com que o pai ausente compareça, trabalharemos com aquele que vier à entrevista, mas procurando que obtenha o apoio do outro.

Profundas discordâncias entre os pais

Às vezes os pais têm visões tão distintas quanto ao problema ou às possíveis soluções que é difícil avançar. Nesse caso, é importante não decidir por eles e ajudá-los a chegar a um acordo. Às vezes convém explicar que é preferível errar de comum acordo a acertar em separado (BEYEBACH; HERRERO DE VEGA, 2013). Se a discordância é realmente insuperável, pode ser apropriado recomendar uma terapia familiar.

Objetivos (aparentemente) incompatíveis

Esta dificuldade pode surgir quando a entrevista inclui tanto os pais quanto o filho (e eventualmente um outro professor). Em tais casos, os objetivos de uns e outros podem ser díspares e aparentemente contraditórios: os pais exigem que o filho estude mais, enquanto o filho quer é estudar menos e sair mais; os pais pretendem que a filha siga com suas atividades extraescolares, enquanto ela quer abandoná-las etc. O modo de se lidar com essa situação é tentar achar outros objetivos que eles compartilhem (por exemplo, que as atividades extraescolares, quer se resolva uma coisa, quer se resolva outra, não mais sejam motivo de conflito). Por vezes também será possível fazer uma mediação entre as partes. Em todo caso, é importante que o profissional a conduzir a entrevista mantenha presentes os objetivos da instituição de ensino e, em caso de conflito insuperável, reforce a autoridade dos pais, tomando o partido deles (OMER, 2004).

Pais derrotados

Às vezes os pais sentem-se tão derrotados e dominados por seu filho ou sua filha que não se acham capazes de fazer coisa alguma e delegam ao colégio qualquer possível solução. Importa não confundir essa postura com desinteresse ou falta de motivação dos pais e validar sua frustração e seu desânimo. Uma boa maneira de neutralizar esses sentimentos é precisamente o uso de perguntas centradas em soluções com o propósito de dirigir a atenção dos pais para os pequenos avanços e fazê-los pensar a respeito de como podem contribuir para consegui-los. Em situações como essas, não raro os pais teimam em tentativas de solução completamente ineficazes (por exemplo, admoestar, gritar, fazer ameaças impossíveis); nesse caso pode ser útil recorrer a uma análise mais estratégica, como propusemos no capítulo 7, para ajudá-los a mudar a sua forma habitual de responder. A maioria dos pais aceita com agrado propostas que lhes permitam "surpreender" e "desconcertar" o filho.

10.3 Outras práticas escolares centradas em soluções destinadas aos pais

10.3.1 Comunicação centrada em soluções com os pais

Embora tenhamos aludido a esse conceito na introdução ao capítulo, queremos ressaltar de novo essa prática, uma vez que ela aparece em todas as descrições de "escolas centradas em soluções" (KELLY; KIM; FRANKLIN, 2008; MÅHLBERG; SJÖBLOM, 2008; METCALF, 1995). Trata-se simplesmente de configurar as interações escola/pais levando em conta não as reclamações e os problemas (os relatórios de incidentes, as notas negativas), mas sim os avanços e as soluções. Isso implica uma comunicação regular e frequente com os pais, de modo a mantê-los informados dos acontecimentos positivos e dos sucessos de seus filhos. A postura é de colaboração escola/pais, tentando partilhar o mérito entre todos. Ademais, a comunicação centrada em soluções com os pais implica prestar atenção a seus objetivos e incluí-los, no possível, nas tomadas de decisão quanto aos filhos.

10.3.2 Escolas de pais centradas em soluções

O que diferencia uma escola de pais centrada em soluções de uma escola de pais à maneira habitual é o pressuposto de que os pais já são entendidos nos temas nelas trabalhados. Portanto, não é preciso que um entendido "de fora" compareça para orientar ou informar os responsáveis pelas crianças, pois basta que um facilitador ajude alguns pais a aprenderem com os êxitos dos outros. Essa filosofia e o apoio mútuo entre os participantes resultam em efetivo empoderamento.

Newsome e Kelly (2004) descrevem uma variante interessante da escola de pais, que é a escola de avós. Trata-se de um formato de oito sessões semanais destinado a avós e avôs que se encarregam da educação de seus netos. A ênfase recai nos êxitos e nas capacidades dos avós, inclusive com uma identificação de seus pontos fortes pessoais mediante o questionário Values In Action (PETERSON; SELIGMAN, 2004). Na última sessão, os avós participantes convidam seus netos para comemorar os avanços e revelar quais são os pontos fortes das crianças que eles mais admiram.

De mais a mais, como temos apontado ao longo do livro, a metodologia centrada em soluções aplicada ao trabalho com pais é compatível com outros enfoques. Exemplo disso são os grupos de pais focados na solução e na reflexão desenvolvidos no México, que combinam elementos centrados em soluções e elementos estruturais (HERNÁNDEZ MONTAÑO; GONZÁLEZ TOVAR; TORRES PADILLA, 2014).

10.3.3 Terapia familiar centrada em soluções

Trata-se simplesmente de aplicar os princípios da terapia breve centrada em soluções à intervenção com toda uma família, como descrito na bibliografia de terapia familiar centrada em soluções (BEYEBACH, 2006). No contexto escolar espanhol, esse tipo de intervenção é realizado geralmente tanto pelos orientadores quanto pelos PTSCs; no contexto anglo-saxão, quem costuma realizá-lo são os trabalhadores sociais escolares (KELLY; KIM; FRANKLIN, 2008). Essa intervenção seria indicada, em princípio, quando o nível de conflito e de deterioração das relações na família impede de avançar com outras opções mais simples (tutoria individual com o aluno; coordenação com os pais) ou quando estas não deram certo. O mais relevante nas sessões familiares será conseguir desenvolver uma relação neutra, a incluir todos os participantes, e negociar objetivos comuns.

> **Pontos de reflexão sobre uma entrevista familiar**
> - Criei um bom relacionamento com todos os membros da família?
> - Com quem tenho melhor relação? Com quem nem tanto?
> - Ficaram estabelecidas as regras básicas da intervenção?
> - Está bem claro para mim o que os consulentes querem conseguir? Está claro para eles o que eu posso oferecer?
> - Nós propusemos um problema resolúvel? Qual?
> - Com quem eu deveria coordenar-me?
> - Tenho informação adequada sobre o problema?
> - Como eles o chamam? A que o atribuem?
> - Qual seria a sequência a manter o problema?
> - Temos construído um futuro preferido claramente descrito?
> - Consegui detectar e ampliar mudanças pré-tratamento?
> - Tenho ampliado as exceções? Trabalhei na atribuição de controle?
> - Temos definido um passo a mais que seja pequeno e atingível o bastante?
> - Utilizei a linguagem dos clientes?
> - Cooperei com a postura deles?
> - Dei espaço para eles colocarem alguma coisa que tenha ficado de fora?

11

Conversações com docentes centradas em soluções

Uma das consequências mais lamentáveis da psicopatologização e da psiquiatrização dos problemas de conduta em sala de aula é, no nosso entender, que elas contribuem para desempoderar os professores. Supor que boa parte dos problemas dos alunos decorre de transtornos mentais é um convite para o docente se desincumbir da sua resolução e delegá-los aos especialistas do estabelecimento de ensino ou diretamente ao sistema de saúde mental. Esse "eles que se virem" traz a vantagem de desobrigar momentaneamente o docente, mas não é inócuo aos alunos, além de fazer com que os professores se sintam cada vez menos competentes para lidar com os estudantes.

Com efeito, queremos focar este capítulo a partir da perspectiva oposta. Para nós, a questão é o que pode fazer não só um orientador escolar mas também um especialista em PT, um coordenador ou mesmo um diretor do estabelecimento para conversar com um docente de modo a contribuir para seu empoderamento. Nesse contexto, empoderar consiste em fazer o docente descobrir ou redescobrir suas próprias ferramentas para lidar com sucesso, na sala de aula comum, com a conduta problemática do aluno ou da turma. Em outras palavras, é ajudá-lo a passar da posição de demandante ("Esse garoto tem um problema, vamos ver quem o resolve para mim") para a de intervenção ativa ("Vou ver o que posso fazer diferente para resolver esse problema"). Na nossa opinião, não faltam razões para tentarmos empoderar os professores em vez de resolver os problemas em lugar deles:

- São os docentes que passam mais tempo com os alunos e, portanto, têm mais oportunidades para intervir.

- Os docentes é que podem intervir com maior facilidade no contexto em que se dá o problema: a sala de aula.
- Lidar com os problemas e ajudar os alunos são tarefas que correspondem à vocação profunda de qualquer professor.

A premissa a se adotar num diálogo centrado em soluções com um docente é a de que este já tem recursos. Não se trata de o orientador ou o especialista em PT fornecerem ao docente ferramentas para resolver o problema (o que pode ser feito posteriormente, se necessário), mas sim de ajudarem-no a achar sua própria maneira de resolvê-lo, a ativar suas próprias estratégias e capacidades.

11.1 Passos em uma entrevista com docentes centrada em soluções

11.1.1 Colocação inicial

O mais frequente é que o professor aborde o orientador escolar ou o especialista para expor uma situação. De um modo geral, essa colocação é feita em forma de queixa e de um pedido para que o interlocutor se encarregue do problema. Além disso, não raro ela surge de maneira intempestiva. Em tal caso será conveniente manter marcas de contexto (cap. 3):

PROFESSOR: Veja bem, você tem de fazer alguma coisa com Luzia e Belén, as duas meninas ciganas que tenho na turma. Mandei as duas para o fundo da sala, mas elas continuam bagunçando a aula toda. Não dá para aguentar.

ORIENTADORA: Fico feliz por você comentar isso comigo (*reforço*). Sim, certamente parece que é preciso fazer algo o quanto antes (*validação*). Seria muito bom para mim se você pudesse me dar mais informações, com mais calma, para eu entender melhor (*justificação*). Diga-me a que horas eu poderia passar no seu escritório para conversarmos 4 ou 5 minutos e você me contar (*dá opções*).

Uma maneira de institucionalizar essas marcas de contexto é os docentes que pedirem ajuda o fazerem por escrito, por meio de um breve formulário centrado em soluções, como o que nós criamos para uma equipe de orientação em Medina de Rioseco (Palência) (fig. 21).

FIGURA 21
Formulário para solicitação de intervenção da equipe de orientação educativa e pedagógica

---

Solicitação de colaboração da Equipe de Orientação Educativa e Pedagógica

Dados do(a) aluno(a)

Nome e sobrenome _____
Estabelecimento _____ Localidade _____
Curso _____ Tutor _____

O que mais preocupa você quanto ao(à) aluno(a)?
_____
_____
_____

Em que você gostaria que a equipe ajudasse?
_____
_____
_____

O que foi feito pelo estabelecimento e o que deu certo?
_____
_____
_____

_____   _____
Ass. diretor(a) do estabelecimento   Ass. tutor(a)

Carimbo do estabelecimento

11.1.2 Gerar um ambiente positivo

Embora o mais provável seja que o docente e seu interlocutor já se conheçam e tenham uma boa relação profissional, nunca é demais que, ao iniciar a conversa, o profissional procure gerar um clima agradável com algum comentário informal ou também um elogio.

11.1.3 Construir o projeto de trabalho

Como já assinalamos em relação às conversas com alunos e pais, o primeiro passo é explicitar o projeto de trabalho. Se a iniciativa da conversa foi do docente, será questão de retomar o problema e esclarecer a demanda. Com frequência, para isso será preciso fazer um esforço para convencer o docente a fazer parte da solução (cf. seção 4.3, cap. 4):

ORIENTADORA: Agradeço muito por me conceder um tempinho. Você me disse hoje de manhã que se preocupa com Luzia e Belén. Como posso ajudar você nessa questão?

PROFESSOR: Sabe, a ajuda que eu gostaria é que você transferisse as duas para outra turma ou que a especialista em PT estivesse com elas faça chuva ou faça sol (*risos*), mas já sei que não é por aí.

O: Sei, entendo (*valida*). O que você espera de mim?

P: Que você faça algo no que se refere a essas duas meninas. Eu já não sei o que mais posso fazer.

O: Então eu proponho o seguinte: você me conta um pouco como está a situação com elas agora, e depois vamos ver que mudanças são necessárias e o que mais se pode fazer.

P: Tudo bem. Eu gostaria que a gente visse o que posso fazer diferente com elas, pois está claro que não consigo pensar em mais nada.

Se a iniciativa for do profissional, convém fazer uma colocação clara e colaborativa, tomando bastante cuidado com a linguagem para que o docente não fique na defensiva. Voltemos ao caso da aluna com medo das aulas de matemática que vimos no capítulo anterior:

TUTOR: Bom dia, Isabel. Você tem um instantinho para falar? (*marca de contexto*). Aliás, seu escritório está muito bonito. Depois você me conta como faz para manter as plantas tão belas!
PROFESSORA: Nada, muito mimo e muita rega, mas sem ser demais. Diga-me, o que você queria falar?
T: Eu queria comentar com você que, como tutor, falei com os pais de Laia e eles me contaram que *ao que parece* a filha deles está passando por um momento um pouco ruim no colégio. Conforme me dizem, ela *é uma menina bastante sensível* e fica muito agoniada na aula, especialmente na de matemática.
P: (*Um pouco na defensiva*) Entendo. Primeira notícia. Sim, eu notava que ela era um tanto quanto introvertida, mas não sabia que estava num mau momento.
T: Claro, aliás também os pais demoraram a se dar conta. Parece que a garota se fecha completamente (*valida*). A ideia que tenho é que essa aluna tem você em alta estima e, sendo assim, talvez possamos ajudá-la a partir daí (*redefinição*). Seria muito útil para mim se a gente pudesse falar um pouquinho sobre as vezes que você nota Laia melhor e mais calma em aula. E aí, quem sabe, poderemos descobrir o que está dando certo e fazê-lo com mais frequência (*oferece um projeto de trabalho*). O que você acha?

11.1.4 *Examinar as melhorias atuais e futuras*

Como já mencionamos nos capítulos precedentes, uma vez estabelecido o projeto de trabalho e conforme a situação, abrem-se diversas possibilidades de ação. É boa opção procurar especificar os objetivos do docente, sobretudo se eles não são totalmente claros. Para as conversas entre profissionais, preferimos uma projeção de futuro mais objetiva do que a pergunta milagre:
ORIENTADORA: Explique-me um pouquinho o que você precisaria ver no comportamento de Luzia e Belén para concluir que esse problema foi inteiramente resolvido.

É provável que seja preciso dedicar um tempo a positivar e especificar os objetivos, reorientando – quando necessário – o diálogo rumo às soluções:

PROFESSOR: Principalmente, elas não bagunçariam nem perturbariam a turma toda. A verdade é que nos dias em que elas faltam, que felizmente são muitos, a turma fica em calmaria.

ORIENTADORA: Entendo, mas então que coisas você teria de ver elas fazerem, em vez de bagunçar?

P: Para começar, não falarem uma com a outra e fazerem as tarefas que eu proponho.

O: Fazer em aula as tarefas que você propõe.

P: Fazê-las sem falar com os colegas ao mesmo tempo. Não é que essas meninas não deem conta de fazer as tarefas, pois são espertas, mas também são muito danadas.

O: Já percebi. O que mais seria um sinal de que elas mudaram?

P: Ora, uma coisa básica: se quiserem dizer algo, levantarão a mão. Porque agora, assim que algo lhes dá na telha, elas já vão falando, mesmo que não tenha nada a ver.

O: Certo, levantar a mão quando quiserem dizer algo. Ótimo, você sabe que sou muito chata e preciso ter os objetivos de boa conduta. Mais alguma coisa que para você seria um sinal bem claro de que elas mudaram?

P: Vê-las mais entrosadas.

O: Como você perceberia isso?

[...]

Outra boa opção é explorar as mudanças pré-tratamento, em especial se houver alguma referência ao fato de as coisas já estarem indo um pouco melhor. Caso contrário, podemos explorar exceções:

ORIENTADORA: Tudo bem, para mim está claro o que você gostaria de ver em Luzia e Belén. Os sinais de sucesso, digamos assim. Logo, o que seria muito útil para mim é ter clareza sobre o que é diferente nas ocasiões em que essas duas

garotas já se comportam melhor. Quando foi a última vez em que você as viu mais entrosadas, mais concentradas na tarefa ou levantando a mão para falar?
PROFESSOR: Levantar a mão eu nunca vi, acho que nem sabem o que é isso. Mais concentradas na tarefa elas estavam antes de eu mandá-las para o fundo da sala. Acontece que quando estavam na frente faziam a tarefa e depois a preparavam, e todo mundo as via.
O: Claro, elas ficarem na frente ajudava num sentido, mas não em outro. Desde que você as mudou de lugar, em que momentos as viu de fato um pouco mais concentradas na tarefa?
[...]
O: O que você diria que foi diferente hoje de manhã, para que elas estivessem tão concentradas?
[...]
O: Que boa ideia. O que mais você fez que talvez as tenha ajudado?

* * *

No caso de Laia, havia informação dos pais sobre mudanças pré-tratamento:

* * *

TUTOR: Isabel, quando os pais falaram comigo ontem, contaram que fazia vários dias que viam a filha um pouco mais tranquila e mais segura. Que pequenas melhorias você pôde ver nesses dias?
PROFESSORA: Na verdade, não reparei em nada. O que posso dizer é que essa menina é muito introvertida, sempre.
T: E nessa questão da introversão, alguma pequena diferença?
P: Eu não percebi.

Outra boa opção é utilizar escalas de avanço. Já que, no caso de Laia, perguntar pelas mudanças pré-tratamento não deu resultado algum, o tutor tentou resgatar alguma melhoria por meio da escala:

TUTOR: Então, deixe-me entender um pouquinho essa questão de ela ser introvertida (*marca de contexto, adaptando-se à linguagem da professora*). Você sabe que eu entendo melhor as coisas com perguntas de números. Em uma escala de 1 a 10, onde você diria que vê a Laia agora? Suponha que 1 equivale a quando a viu mais introvertida em aula e 10 quando ela está o contrário, sei lá, desembaraçada, segura.

PROFESSORA: Desembaraçada, sim, é isso o que ela precisa.

T: Então, entre 1 e 10, onde você a vê agora?

P: Não a vejo em 1, acho que ela teve épocas piores. Seria um 2 ou um 3. Um 3.

T: Qual você diria que é a diferença com o 1? O que você a vê fazer agora, que ela está em 3, que antes não fazia?

P: Eu acho que está se atrevendo mais a participar em aula. Ela não é de falar, a menos que você pergunte. Mas ontem levantou a mão e disse algo. Não acertou, mas a verdade é que não deu uma resposta ruim.

T: Quer dizer, isso foi até um pouco excepcional, que ela tivesse coragem de participar. Como você reagiu?

P: Nada, eu lhe disse que muito bem, que não era isso, mas ela tinha chegado perto.

T: Parece que você teve muito cuidado com ela.

P: Claro, como sempre faço. Mas sim, tive cuidado para ela não se desanimar.

T: E como ela reagiu?

P: Pois é, acho que ela acreditou ter acertado. Foi muito engraçado.

T: Ótimo! Desconfio que para essa menina, pelo que você me diz, essas coisas caem especialmente bem (*elogio*). O que mais entra nesse 3?

[...]
T: Uma última coisa. Para você, o que seria um sinal de que ela já está num 4, um pouquinho menos introvertida?
[...]

De uma perspectiva construtivista, qualquer resposta à escala é válida, pois traduz a percepção de nosso interlocutor. Portanto, não há problema algum se a pontuação dada pela docente no exemplo diferir da que tiverem dado, quanto à mesma questão, os pais ou a aluna.

11.1.5 Explorar a sequência-problema

Quando se evidencia que o docente frequentemente entra em escalada de atrito com um ou vários alunos, pode ser útil não só analisar as exceções como também tentar compreender a sequência-problema de modo a gerar alguma alternativa. No capítulo 7 (seção 7.2) explicamos que, com base na análise da sequência-problema, é possível coconstruir intervenções que bloqueiem o padrão problemático.

PROFESSOR: De qualquer maneira, o que houve de manhã é pouco habitual, que Belén e Luzia fiquem meia hora trabalhando. O habitual é que, se não estão fazendo a tarefa e eu chamo a atenção delas, elas fiquem ainda mais desaforadas.
ORIENTADORA: Seria interessante compreender como isso acontece. Vamos ver se entendo: quando vê que não estão fazendo a tarefa, o que você faz primeiro?
P: Dou mais um tempinho, para ver se elas se concentram. Mas não dá certo.
O: E aí?
P: Chamo a atenção delas.
O: Lógico. Como você faz isso? O que lhes diz?
P: Sei lá, algo como "Meninas, isso vale também para vocês".
O: De onde você fala isso?

P: Como assim, de onde? Ah, claro. De onde eu estiver, perto delas se calhar de estar perto ou mais longe se calhar de estar em outro lugar.

O: Claro, de onde você estiver (*valida*)[25].

P: Exato.

O: Como elas costumam responder?

P: Se estou um pouco mais longe, elas se fazem de surdas, simplesmente. Aí eu me aproximo, na verdade um tantinho zangado, e falo para elas.

O: O quê?

P: Ora, que se não ficarem espertas vão perder o recreio, ou o que me ocorrer no momento.

O: E a resposta delas?

P: Muitas vezes partem para o desaforo. Sabe como é, suspiros de raiva, comentários em voz baixa, uma vez até me disseram que não, sem mais nem menos.

O: Não me surpreende que você se zangue.

[...]

O: Ficou claro para mim, obrigada por dar tantos detalhes. Não sei, se você quisesse fazer algo um pouquinho diferente quando começasse toda essa novela, algo que fosse um pouco distinto, o que acha que poderia fazer?

P: Não lhes dizer nada não pode ser, porque o exemplo se alastraria.

O: Claro. Então, há algo que possa ser feito, mas que seja um pouquinho diferente?

P: Sei não... Talvez não as repreender em público, e sim aproximar-me delas para lhes chamar a atenção.

O: Isso parece muito bom. O que você poderia dizer-lhes um pouco diferente?

[...]

---

25. A orientadora valida a resposta do docente, mesmo que, em princípio, falar de longe não seja o mais adequado; a ideia não é corrigir o interlocutor, mas sim apoiá-lo primeiro para depois achar alternativas.

11.1.6 Encerramento da conversa

Como temos dito nos capítulos anteriores, costuma-se encerrar uma conversa centrada em soluções com algum tipo de retorno, que geralmente recapitula o falado e inclui algum elogio e talvez alguma sugestão. Nas conversas com docentes, parece-nos oportuno que, mais do que elogiar, o profissional que conduz a entrevista faça perguntas que levem o interlocutor a se autoelogiar. Também as sugestões tendem a ser mais indiretas do que com pais ou com alunos, habitualmente em forma de pedidos para observar alguma coisa e, em todo caso, algum "experimento" pontual. Voltando aos dois casos que ora acompanhamos:

TUTOR: Isabel, muitíssimo obrigado por me conceder um tempinho. Fico feliz em ouvir que você está percebendo a Laia um pouco melhor em aula, pois isso me leva a pensar que ela pode continuar a melhorar. Vou falar com ela para ajudá-la (*adapta-se à postura da professora*), mas, por certo, quem vê mesmo como ela está em aula é você (*valida*). Seria muito útil para mim se você pudesse observá-la mais um pouquinho nesta semana e visse em que ocasiões está menos introvertida e mais tranquila em aula (*sugestão*). Como vou pedir a ela que observe quais das coisas que você faz a ajudam mais, também terei alguma ideia (*sugestão indireta*).

PROFESSORA: Tudo bem, eu vou manter você informado.

* * *

No caso da consulta a respeito de Luzia e Belén:

* * *

ORIENTADORA: Ótimo, obrigada, o que você me contou é muito esclarecedor. Vejo que não lhe escapa nada do que acontece na turma e que tem ideias muito boas quanto ao que poderia dar certo com essas duas meninas (*elogios*).

Achei muito interessante o que você me contou que fez diferente esta manhã. Eu o encorajaria, se você concordar, a seguir procurando temas como esse, que prendam um pouco a atenção dessas meninas – na medida do possível, é claro (*sugestão*).

PROFESSOR: Sim, e vale a pena fazer isso mais vezes.

O: Ótimo, aí vamos vendo como elas respondem. E acho muito boa a sua ideia de aproximar-se delas antes de repreendê-las. Aliás, se você concordar, eu proporia que se aproximasse e, antes de chamar a atenção delas, simplesmente lhes recordasse, em voz muito baixa, que está na hora de fazer a tarefa (*sugestão*).

P: Tudo bem, assim pelo menos não incomoda o resto da turma.

O: Pois é, eu ia acrescentar exatamente isso: talvez você possa, quando se aproximar de Luzia e Belén, encorajar um pouquinho aqueles que já estão com a tarefa (*sugestão*).

P: Sim, para elas verem que eu incentivo quem está trabalhando...

11.1.7 *As conversações seguintes*

Em que pese a sobrecarga de trabalho característica das escolas espanholas, e talvez por isso mesmo, achamos importante que o profissional faça um acompanhamento do caso, mesmo quando o tema tiver sido exposto inicialmente pelo docente e este não faça contato novamente. A ideia é ter mais uma ou duas conversas, de modo a se certificar de que as melhorias persistem ou, se não houver melhorias, procurar alternativas de intervenção. A maneira de se abordar essas conversas é a mesma que já descrevemos para as entrevistas com alunos (seção 8.3) e com pais (seção 10.1), ou seja, ampliar as melhorias, atribuir controle sobre elas e tentar descobrir o que seria um passo a mais. Caso não haja avanços, pode-se desconstruir para tentar gerá-los. Se não conseguirmos melhorias, mudamos de linha e optamos por uma abordagem mais estratégica (cap. 7) e mais psicoeducativa (seção 12.2).

11.2 Aspectos diferenciais na intervenção com professores
11.2.1 A duração da conversa

A falta de tempo é quase intrínseca aos estabelecimentos educativos. Daí a importância de que as conversas centradas em soluções com professores sejam tão breves quanto possível, sem deixar de especificar a informação nem de insistir para além da primeira resposta, como vimos no capítulo 3. No intuito de encurtar a conversa e não a estender por mais de 5 ou 10 minutos, é fundamental reorientar o diálogo para pôr o foco nas soluções e escolher sempre o aspecto mais relevante. Uma boa opção para não alongar a entrevista é baseá-la inteiramente na escala de avanço. Como explicamos na seção 6.1 do capítulo 6, uma escala de avanço fornece o roteiro de uma "entrevista em miniatura".

11.2.2 O manejo da relação de ajuda

Assim como na intervenção com pais ou com alunos, a criação de uma aliança de trabalho é fundamental na intervenção com docentes. Poder-se-ia pensar que isso é fácil quando se trata de colegas, mas nem sempre é assim. Afinal, na intervenção centrada em soluções procuramos que seja nosso interlocutor quem gere as soluções, e para isso é preciso criar um espaço de diálogo adequado, em que seus pontos fortes e suas capacidades possam se evidenciar. Infelizmente, essa abordagem pode conflitar com a postura dos próprios docentes, ao menos nos casos em que pedem diretamente a um orientador, especialista em PT ou tutor que *resolva* o problema deles.

Nesse ponto é importante validarmos a posição do nosso interlocutor (acolhendo a sua preocupação e sua necessidade de que se dê solução ao problema), mas sem assumirmos a responsabilidade (por exemplo, começando a dar conselhos bem-intencionados) e, em lugar disso, mantermo-nos "por trás", convidando-o a gerar suas próprias soluções. Enfim, procuramos preservar e defender a posição de que o docente, até sem ter ciência disso, tem os recursos necessários para resolver o problema e, portanto, pode – com nossa ajuda – resolvê-lo.

11.2.3 Sessões conjuntas

Da aposta na simplicidade (cap. 2) decorre que na IECS haja uma tendência a falar com o número mínimo possível de pessoas, muitas vezes trabalhando com as partes do sistema isoladamente. Assim, é comum que se realizem entrevistas só com o aluno, de um lado, e talvez uma entrevista apenas com os pais posteriormente, ou que se fale em diversas ocasiões com o docente e se entreviste em separado o aluno com quem aquele tem dificuldades.

Quando isso não funciona ou é insuficiente, convirá fazer uma sessão conjunta com o docente e o aluno ou com o docente, o aluno e os pais. Nas entrevistas conjuntas, a gestão da relação de ajuda é mais complicada, e é muito importante manter uma postura neutra com a qual todos se sintam compreendidos e escutados, mas sem o docente se sentir situado "no mesmo nível" do que o aluno. Ademais, é possível que seja preciso um trabalho individual prévio, como no seguinte caso, apresentado anos atrás a uma orientadora que supervisionávamos.

Uma professora de escola primária foi falar com a orientadora da instituição para reclamar da conduta de uma aluna de 11 anos que, conforme explicou, não a cumprimentava, olhava de esguelha para ela, não fazia as tarefas e boicotava suas aulas. Daquilo que a professora lhe relatou, a orientadora deduziu que a docente estava em uma escalada crônica com a aluna: as duas percebiam qualquer conduta da outra como um ataque ou uma ameaça. Ainda por cima, essa aluna era filha de uma colega de serviço da orientadora e da professora. A orientadora escutou a docente, mostrando empatia e validando suas dificuldades; ela também tentou descobrir possíveis exceções, mas não teve sucesso. Depois chamou a aluna e teve uma longa conversa com ela. Confirmou que a aluna também se sentia atacada e provocada e mostrou-lhe empatia sem desautorizar a professora. Concluiu a entrevista ressaltando com a aluna as consequências negativas que ela poderia sofrer se continuasse nesse atoleiro, bem como as vantagens que teria ao mudar a situação. Só então convidou ambas as partes para uma reunião conjunta.

Depois de encaminhar ativamente a conversa de modo a não se incorrer em desqualificações e censuras, a orientadora conseguiu uma descrição detalhada de como cada uma gostaria que as coisas acontecessem. Para sua surpresa, havia mais coincidências do que discordâncias. Dali em diante, conseguiu envolvê-las na tarefa conjunta de dar passos visando a seus objetivos. Já no final da entrevista, a menina pediu desculpas à professora, que respondeu assumindo o compromisso de dar-lhe mais apoio.

11.2.4 Dificuldades específicas

O docente que exige o encaminhamento à área de saúde mental para resolver um problema de condutas perturbadoras na sala de aula

Esta situação é um caso extremo do dilema que já colocamos: o docente não compreende que possa fazer algo para melhorar a situação e espera que alguém "de fora" a resolva em seu lugar. Nesse caso, além de insistir na validação e na postura geral de "ir devagar", pode ser útil dedicar um tempo a examinar com o interlocutor quais são os efeitos que ele espera da intervenção de saúde mental e como tais efeitos seriam percebidos no aluno. A partir dali pode-se perguntar pelas ocasiões em que já se verifica algum desses objetivos, bem como tentar identificar quais coisas o docente faz que contribuem para eles ocorrerem. Isso resulta na geração de possíveis linhas de trabalho. Do mesmo modo podem abordar-se outros pedidos de que se proporcione algum outro recurso externo.

O docente desgostoso

Às vezes o mais difícil para um orientador, um especialista em PT ou o responsável por uma turma ou inclusive pela instituição é colaborar com um docente que dá sinais de estar desgostoso, sobrecarregado ou simplesmente cansado da sua profissão. Nesse caso ainda é possível trabalhar de forma centrada em soluções, desde que se tome o extremo cuidado de validar a posição do docente, mostrando empatia com seus sentimentos negativos, e não se mostrar mais otimista do que ele. Em casos como esse as perguntas de enfrentamento (seção 6.2, cap. 6) são uma boa opção para, apesar de tudo, mobilizar recursos.

O docente que exige medidas disciplinares

É provável que o docente que foi agredido ou menosprezado por seus alunos exija medidas disciplinares e oponha-se a qualquer intervenção que possa parecer "terapêutica" ou "reparadora". Trata-se de uma postura compreensível e que deve ser apoiada. Feito isso, será oportuno ajudar o docente a perceber que as medidas disciplinares são necessárias, mas provavelmente insuficientes.

ORIENTADORA: Sem dúvida, vamos dar aviso e tomaremos as medidas disciplinares cabíveis. O que fizeram é inadmissível, não é de surpreender que você esteja tão aborrecido com eles.

PROFESSOR: É isso aí. Que esses rapazes fiquem sabendo que isso não é possível. De jeito nenhum.

O: Sim, essa mensagem tem de ficar clara.

P: Certamente.

O: Mas o que me preocupa é que as medidas disciplinares não sejam suficientes para evitar outro incidente como esse. Eu gostaria de falar com você sobre como fazer, quando eles voltarem às aulas, para diminuir o risco de isso se repetir. Você concorda?

P: Concordo.

O: Diga-me, o que você teria de ver nesses garotos para pensar que não vão fazer algo assim de novo?
[...]
O: Como você perceberia?
[...]
O: Quando foi a última vez em que os viu fazer isso?

Pontos de reflexão sobre uma entrevista com um professor
- Tenho um projeto de trabalho compartilhado com este colega? Em que ele gostaria que eu o ajudasse?
- Consegui mostrar para ele que estou de seu lado?
- Quais são os seus objetivos (concretos e em tom positivo)?
- Que exceções ou melhorias têm acontecido recentemente?
- Como ele contribuiu para consegui-las?
- Qual seria um sinal de que as coisas melhoraram um pouquinho?
- Que pequeno passo o colega poderia dar para consegui-lo?
- Ficaram claros os acertos e pontos fortes do colega?
- Ele quer alguma sugestão minha? Que sugestão aproveita melhor o que foi dito na entrevista?
- O que posso manter na minha próxima conversa com ele? O que posso melhorar?

12

A escola centrada em soluções

Se até agora temos focalizado as questões "micro", pondo a lupa no modo como se desenvolvem as conversas centradas em soluções na escola, queremos concluir esta terceira parte analisando em nível "macro" de que outras maneiras é possível traduzir um enfoque centrado em soluções na prática cotidiana dos estabelecimentos educativos. Começaremos por ilustrar, sem pretender ser exaustivos, algumas das muitas práticas escolares centradas em soluções tratadas na bibliografia sobre o tema. Depois dedicaremos algumas páginas a comentar como podemos incorporar os aspectos psicoeducativos a esse enfoque para em seguida, na terceira seção, terminar com a proposta certamente mais ambiciosa: a criação de centros educativos totalmente centrados em soluções.

12.1 Outras práticas centradas em soluções na escola

As conversações centradas em soluções com alunos, pais e docentes fazem parte de um conjunto mais amplo de práticas escolares centradas em soluções, algumas das quais gostaríamos de apresentar sucintamente. Começaremos por aquelas que são desenvolvidas diretamente com os alunos para depois abordarmos as que envolvem os docentes e o centro educacional em conjunto.

12.1.1 Dinâmicas centradas em soluções com os alunos

Existem inúmeras dinâmicas centradas em soluções que podem ser realizadas com os alunos na sala de aula. No intuito de estimular a criatividade dos leitores, descreveremos duas delas.

Os alunos como tutores de seus colegas

Trata-se de os alunos ensinarem habilidades uns aos outros, de modo que todos tenham a experiência de, por um lado, aprender com um colega e, por outro, ensinar-lhe algo novo. Caduff Scheuner (2015) considera a intervenção centrada em atividades não acadêmicas um bom procedimento para que os alunos menos habituados a se destacarem em aula possam se sobressair. Ela propõe os seguintes passos:

- Os alunos recebem uma lista de habilidades extraescolares, com a indicação de colorirem de amarelo aquelas que já dominam e de vermelho aquelas que gostariam de aprender; eles também podem acrescentar outras. Exemplos com crianças de escola primária: nadar, assobiar, mexer as orelhas, fazer malabarismos, desculpar-se, costurar um botão, fazer uma torta.
- Organiza-se uma "bolsa de habilidades" entre as quais os alunos podem escolher, de sorte que cada aluno tenha, por um lado, um aluno tutor com quem aprender uma das habilidades que deseja adquirir e, por outro, um aluno a quem ensinar uma habilidade que já domine. Trabalha-se em duplas, mas também podem ser grupos com vários tutores ou aprendizes.
- Cada dupla ou pequeno grupo elabora um calendário (de preferência extraescolar) para ensinar e praticar a habilidade.
- Depois de aprender uma habilidade, o aluno demonstra-a diante da turma ou a documenta com fotos ou com o produto resultante dessa habilidade.

O resultado desse tipo de atividade é encorajar novas interações entre os alunos e salientar aspectos positivos desconhecidos. Além do mais, pode ter um efeito positivo no clima da sala de aula.

Histórias de recursos

Esta atividade tem um elemento claramente narrativo (WHITE; EPSTON, 1990), mas na versão que aqui apresentamos ela foi desenvolvida pela especialista em PT Gudrun Sickinger (CADUFF SCHEUNER, 2015). Trata-se de trabalhar a escrita de maneira criativa e centrada nos alunos, desenvolvendo a apreciação positiva entre eles. Os passos da atividade são os seguintes:

- Formam-se duplas de alunos, se possível que pouco se conheçam. Cada um deles entrevista o colega seguindo uma lista fornecida pelo docente, perguntando-lhe qual é a flor, o animal, o conto preferidos etc.
- Cada aluno escreve uma história – um conto, uma aventura ou um relato de viagens – que seja protagonizada (com um pseudônimo) por seu colega e que contenha o maior número possível de seus elementos preferidos.

Cada aluno decide se deseja ler em privado a história escrita para ele ou se prefere que seja lida em voz alta para toda a turma.

12.1.2 *Grupos centrados em soluções para lidar com problemas específicos*

Nesta categoria está o trabalho com grupos homogêneos de alunos que compartilham um objetivo, como reduzir a ansiedade em face dos exames (KELLY; KIM; FRANKLIN, 2008), superar as autolesões (SELEKMAN, 2009), reforçar a autoestima (HERRERA DE VEGA; BEYEBACH, 2004) ou conseguir controlar a ira (METCALF, 1992 *apud* DURRANT, 1995). Trata-se em certa medida de grupos de autoajuda centrados em soluções, com um número predeterminado e limitado de cinco a oito sessões.

Essas intervenções grupais podem incluir um elemento psicoeducativo, em que o facilitador expõe certas ideias gerais sobre, por exemplo, a dinâmica da ansiedade ou os efeitos das autolesões. Entretanto, o mais importante é o estabelecimento de objetivos individualizados para cada participante e a ativação de seus próprios recursos mediante o trabalho com as exceções, a atribuição de controle e a descrição dos passos seguintes. De fato, não se trabalha com um modelo predeterminado de como manejar ou resolver o problema, mas sim de forma tipicamente centrada em soluções: com o apoio e a ajuda do grupo, cada aluno encontra suas próprias fórmulas de sucesso. A abordagem dos objetivos em grupo gera forte apoio social e permite que os alunos aprendam com os acertos dos demais. Além disso, o grupo serve como testemunha privilegiada e caixa de ressonância dos avanços (WHITE; EPSTON, 1990).

12.1.3 *Grupos de apoio contra o assédio escolar*

Diferenciam-se dos grupos anteriores na medida em que os alunos não participam com o propósito de trabalhar uma dificuldade própria, mas sim para ajudar um colega que está sofrendo assédio escolar. Na versão de Young (2009), o grupo de apoio inclui entre seis e oito alunos que se incumbem de apoiar o colega assediado. Uma vez por semana, o profissional fala com o grupo de apoio e, separadamente, com o aluno assediado. Na versão desenvolvida por Pilar Ortiz e sua equipe, a turma toda torna-se grupo de apoio, de modo a criar um clima de respeito e segurança no grupo, sem apontar um aluno como vítima. No capítulo 20, Pilar Ortiz oferece uma descrição detalhada dessa intervenção centrada em soluções.

12.1.4 *Pedagogia terapêutica centrada em soluções*

Kelly, Kim e Franklin (2008) e Van Swet, Wichers-Bots e Brown (2011) explicam que a avaliação das necessidades educacionais prévia às adaptações curriculares e à implementação de programas de apoio também pode ser feita de uma maneira centrada em soluções. A ideia é que os recursos e pontos fortes do aluno não sejam apenas um acréscimo mais ou menos decorativo a toda a informação sobre seus déficits e problemas, mas que também se constituam no ponto de partida do processo como um todo. Além disso, os autores propõem a inclusão de uma análise das mudanças ocorridas desde o início da avaliação (mudanças pré-tratamento) e o uso de questionários que avaliem especificamente os pontos fortes.

Uma vez realizada a avaliação de forma mais centrada em soluções, aplicar a perspectiva da IECS às atividades de apoio escolares ou extraescolares implica fundamentalmente incluir os objetivos pessoais dos alunos ao estabelecer o ajuste curricular ou focar as sessões de apoio, atentar para qualquer melhoria e para sua relevância e ter sempre em mente o "para quê" da reabilitação e seus efeitos positivos na vida do aluno. Pode-se incluir a perspectiva centrada em soluções como mais uma parte das atividades de apoio simplesmente introduzindo ao longo da intervenção algumas das perguntas centradas em soluções descritas na segunda parte do livro. Essa é, no nosso entender, a opção ideal. Contudo, cabe também oferecer algumas sessões centradas em soluções para complementar as atividades de apoio; é essa a opção adotada por Daki e Savage (2010), que somaram cinco sessões de terapia breve centrada em soluções a um programa de apoio à leitura; ou por Fearrington, McCallum e Skinner (2011), que também ofereceram cinco sessões centradas em soluções para melhorar o aproveitamento em matemática.

De fato, em quase qualquer intervenção educacional, social ou sanitária é possível incluir elementos que lhe deem uma virada centrada em soluções, tornem mais audível a voz dos usuários e permitam capitalizar melhor suas esperanças e seus recursos (BURNS, 2016; McALLISTER, 2007). Na escola existe essa mesma possibilidade. Como fazer uma reabilitação logopédica, um treinamento cognitivo para alunos com problemas de atenção ou simplesmente algumas aulas de reforço em línguas ou em matemática mais centradas em soluções? Entendemos que aplicar uma intervenção de apoio *de forma centrada em soluções* implica incluir diversos elementos:

1. Esclarecer objetivos, de modo que o aluno saiba exatamente para que o programa lhe servirá e que efeitos positivos lhe trará. A fim de que esse esclarecimento de objetivos esteja

realmente centrado em soluções, o profissional terá de dar espaço suficiente para o aluno poder verbalizar seus desejos e anseios descrevendo seu futuro preferido.

2. Ligar o trabalho a se realizar com o futuro preferido descrito pelo aluno, de modo a aumentar a motivação e criar uma associação com os interesses do aluno.

3. Prestar extrema atenção para detectar, ressaltar e utilizar os recursos e acertos do próprio aluno.

4. Conversar para detectar e conferir sentido e relevância às melhorias que se derem durante a intervenção e trabalhar para que o aluno atribua a si mesmo o controle sobre elas.

5. Utilizar perguntas de escala para monitorar os avanços e negociar os passos seguintes com o aluno.

6. Adaptar o procedimento às preferências e características do aluno, bem como ao momento da intervenção em que estivermos.

7. Fazer um esforço explícito para não empoderar apenas o aluno com quem se trabalha, e sim também dividir o mérito entre pais, docentes e colegas.

12.1.5 Corpo docente centrado em soluções

Na verdade, trata-se de aplicar o enfoque à gestão dos corpos docentes mediante uma metodologia de trabalho em equipe centrado em soluções (McKERGOW, 2012): em lugar de permitir que as reuniões de professores virem um queixume coletivo devido aos problemas e dificuldades sem resolução, estabelecer regras que permitam manter o foco nos pontos fortes e nas possibilidades de solução. Entre essas regras estão: começar as reuniões falando bem dos alunos, examinando os avanços e a contribuição dos docentes para consegui-los; definir sempre objetivos pequenos e atingíveis; ou ponderar constantemente como gerar mais colaboração com os alunos e com os seus pais. Cabem também regras mais globais, como começar e terminar as reuniões com histórias de sucesso, deixando as situações mais conflitivas para a parte intermediária.

12.1.6 Coordenação em rede centrada em soluções

Muitas vezes as situações mais complexas requerem não só a intervenção com o aluno e seus pais como também o amparo de dispositivos de saúde mental e de trabalho social. Isso implica uma importante tarefa de coordenação que pode se dar na escola, desde que os demais atores reconheçam esse papel no profissional (SELEKMAN, 2005). Uma coordenação centrada em soluções implica manter o foco nos interesses e objetivos dos alunos e de seus pais, buscar relações de colaboração (em lugar das de competição) com todos os atores envolvidos, dividir o mérito entre todos e gerar mecanismos que possam ser ativados em emergências. É importante, na coordenação centrada em soluções, orientar as conversas de modo a não criar relatos desempoderadores, saturados de problemas e de culpa, mas sim conversas construtivas que possibilitem o empoderamento de todas as partes. Todas as técnicas descritas na segunda parte deste livro são perfeitamente adaptáveis ao uso em reuniões de trabalho e com toda a rede. Por certo, o sucesso de uma reunião de rede centrada em soluções depende de que se consiga o equilíbrio necessário entre certa *diretividade* (para manter o foco nas soluções) e uma postura humilde e colaborativa (para nenhum dos atores envolvidos se sentir questionado ou desautorizado). Uma forma de facilitar esse trabalho é que, na escola, compareçam ao menos dois profissionais que possam codirigir a reunião.

12.1.7 O WOWW como forma de intervisão

No capítulo 8 apresentamos a metodologia WOWW como um meio destinado a melhorar o ambiente e reduzir o número de problemas de conduta na sala de aula. Aqui a mencionamos novamente, mas não como um processo destinado aos alunos e sim como uma prática de melhoria da qualidade docente. Nesse sentido, encorajamos os professores a se deixarem supervisionar uns pelos outros com essa metodologia que, em razão de seu viés tão voltado para o positivo, reduz a resistência de um docente a ser observado por um colega. Quem conta com um retorno externo sobre o que faz corretamente na sala de aula, bem como com um espaço para comentar possibilidades de melhoria, pode não só melhorar como docente como também ver incentivado seu espírito de trabalho em equipe. Contudo, é importante manter-se com disciplina dentro do protocolo WOWW, sem derivar para descrições de problemas ou carências nem adotar uma postura de conselheiro: o WOWW não visa "ensinar habilidades" ao docente, e sim pretende ajudá-lo a descobrir as suas próprias.

Uma maneira alternativa de realizar essa tarefa de intervisão da docência entre colegas seria a mútua aplicação do protocolo de entrevista centrada em soluções, como mostrou Marcia Devlin (2003) na Austrália com professores universitários.

12.1.8 Visibilizar os sucessos na escola

Em muitos centros educacionais existem sistemas para dar destaque às realizações, do sistema de competição entre "casas" dos colégios britânicos aos tradicionais "quadros de honra" que salientam as contribuições de determinados alunos ou grupos de alunos. No entanto, a perspectiva centrada em soluções vai além da concessão de prêmios e honrarias. A ideia não é a premiação por uma autoridade externa no intuito de fomentar as "boas condutas", e sim a criação de espaços para os alunos poderem adquirir protagonismo e desenvolver narrativas de êxito e de superação pessoal[26]. Portanto, a postura dos profissionais centrados em soluções não é condicionar um determinado resultado, mas sim mostrar curiosidade e interesse genuínos pelo modo como seus alunos atingiram suas metas. Bom exemplo desse tipo de práticas são os "vídeos de sucesso" descritos por John Murphy (1996). Nessa experiência, Murphy convidou 20 professores de ensino fundamental a selecionarem dois alunos de suas respectivas

---

26. Na terminologia da Teoria da Autodeterminação (DECI; RYAN, 1985, 2002), diríamos que se trata de fomentar a autonomia dos alunos e internalizar sua motivação.

turmas que tivessem melhorado seu trabalho acadêmico ou sua conduta ao longo do curso. Depois, ele entrevistou todos os 40 alunos, perguntando-lhes em que haviam melhorado, que efeitos essas melhorias tinham exercido em suas vidas, como conseguiram essas melhorias e que conselhos dariam a outros alunos que pudessem ter as mesmas dificuldades que eles venceram. O vídeo resultante foi posto à disposição de toda a comunidade educativa. Hoje, generalizadas as plataformas *on-line*, práticas desse tipo são ainda mais fáceis de realizar.

12.1.9 Documentando os sucessos: burocracia centrada em soluções

Em instituições complexas como os centros educativos, boa parte da construção da realidade se realiza por meio de relatórios escritos. Infelizmente, essa documentação tende a ser negativa e, embora se apresente com a roupagem dos relatórios "técnicos", frequentemente é apenas uma lista mais ou menos longa de incidentes, dificuldades e déficits, descrições negativas e mesmo desqualificações. Essa documentação acumula-se e constrói narrativas saturadas de problemas que acabam influenciando seus protagonistas de maneira persistente e negativa. Diante disso, mais de duas décadas atrás White e Epston (1995) propuseram a criação de "contradocumentos" para contrabalançar essas narrativas paralisantes. Do ponto de vista da IECS, é importante que os objetivos, recursos e realizações não só impregnem as conversas diárias com alunos, professores e pais como também encontrem espaço na documentação escrita que constitui o substrato administrativo da ação escolar. São exemplos dessas práticas de contradocumentação os "vídeos de sucessos" e os documentos de encaminhamento já descritos, o uso de questionários e o enfoque em pontos fortes e exceções por meio de escalas – por exemplo, a Solution Identification Scale (KRAL, 1988) ou o Solution Focused Inventory, adaptado ao espanhol por Neipp *et al.* (2017) –, bem como a inclusão rotineira em qualquer tipo de relatório, plano de caso ou adaptação curricular de informação detalhada sobre os objetivos dos alunos, seus progressos, o que eles fizeram para consegui-los etc. A tabela 4 reproduz, a título de exemplo, o questionário centrado em soluções desenvolvido por Börger (2015) para preparar as tutorias individuais com alunos; a maneira de formular os diferentes itens encaminha as respostas para uma direção positiva.

TABELA 4
Questionário prévio a uma tutoria com a professora de inglês

Nome _____ 2ª série do Ensino Fundamental Matéria: Inglês					
Marque com uma cruz a resposta que reflete melhor como você esteve nas aulas de inglês desde a última tutoria.	Sempre	Com frequência	Às vezes	Ainda muito pouco
Sei escutar e me concentro naquilo que meus colegas ou a professora falam.				
Quando intervenho em aula, levo em consideração a resposta anterior dos colegas.				
Meus comentários em aula mostram boas ideias.				
Sou corajoso no meu uso do inglês e me arrisco a errar porque tento falar somente inglês.				
Eu pratico logo as coisas novas que aprendo, para fixá-las.				
Quando intervenho em aula, falo alto e bem claro, para que me entendam.				
Se não compreendo algo, tenho a coragem de perguntar.				
Falo inglês em aula, mesmo quando não é estritamente necessário (nos trabalhos em grupo, por exemplo).				
Faço as tarefas nas aulas com muita atenção e cuidado.				
Mantenho o dever de casa atualizado.				

Fonte: adaptado de Börger (2015).

Outra pequena mudança burocrática tem a ver com a denominação dada a algumas unidades ou instâncias; por exemplo, no transcorrer de uma pesquisa sobre a intervenção centrada em soluções em proteção de menores (MEDINA; BEYEBACH, 2014), diversas equipes denominadas "equipes de absenteísmo escolar" passaram a se denominar oficialmente "equipes de assistência escolar". As folhas para questões disciplinares que apresentaremos mais adiante (cf. p. 281-283) seriam outro exemplo dessa forma centrada em soluções de se utilizar a documentação.

12.1.10 *Avaliação centrada em soluções*

Na Áustria, Lueger (2014) propõe substituir as avaliações estáticas tradicionais, nas quais o aluno recebe uma nota única (quer numérica, quer categórica), por avaliações mais fluidas, que reflitam a heterogeneidade do aproveitamento individual e por sua vez gerem um *feedback* mais positivo e específico. A ideia é que um aluno não rende sempre da mesma forma, nem sequer num mesmo aspecto de uma mesma matéria, havendo sempre, portanto, momentos e temas em que rende melhor. Chamado de "avaliação centrada no potencial" por Lueger, esse procedimento tem dois passos.

a) Uma representação visual do aproveitamento, em que a nota única e estática se transforma em uma série de pontos – ou porcentagens – distribuídos em diversas categorias. A tabela 5 representa uma hipotética avaliação, feita à maneira tradicional, de uma apresentação oral em aula. Essa avaliação mostra que a exposição foi rica e muito coerente, mas foi apresentada de maneira insatisfatória no que diz respeito à conexão com o público.

TABELA 5
Exemplo de avaliação tradicional de uma apresentação oral

Riqueza de ideias	8
Coerência	9
Conexão com ouvintes	4

A tabela 6 propõe outra avaliação da mesma apresentação, dessa vez tendo em conta que cada uma das dimensões pode variar no curso da mesma apresentação. Se concentrarmos a atenção na conexão com o público, notamos que houve "momentos 6" e até "momentos 7".

Tabela 6
Exemplo de avaliação centrada em soluções

	1	2	3	4	5	6	7	8	9	10
Riqueza de ideias							**	*****	**	*
Coerência								*	********	*
Conexão com ouvintes		*	***	****	*	*	*			

b) Uma conversa centrada em soluções com o aluno, focada no que foi diferente e em como ele conseguiu obter os picos de rendimento (no caso do exemplo, em que consistiram os momentos de maior conexão com o público e como o aluno os conseguiu). Num segundo momento, a conversa passa a se focar no que seria preciso para o aluno dar mais passos nessa mesma direção positiva.

Esse procedimento está sendo aplicado em escolas austríacas, suíças e alemãs como complemento (e às vezes em substituição) à avaliação tradicional. Além de melhorar o aproveitamento graças ao *feedback* mais direcionado, segundo Lueger o procedimento tem um efeito positivo na comunicação das notas, pois o aluno não tem motivo para reclamar de uma avaliação alegando merecer mais, nem o professor para adotar a postura defensiva oposta, ressaltando os piores aproveitamentos para sustentar a avaliação que efetuou. De mais a mais, também é possível treinar os alunos para que se autoavaliem com essa mesma metodologia.

12.1.11 *Disciplina centrada em soluções*

As questões disciplinares são grande fonte de conflitos na maioria das escolas. Quanto a isso, há diversas formas de adotar uma perspectiva centrada em soluções. De um lado, compreender que em certo nível há normas e regras que podem também ser coconstruídas com os próprios alunos, como exemplificamos com as experiências de intervenção com o grupo-turma descritas no capítulo 9. Pode-se até encorajar os alunos a chegarem a um consenso quanto às consequências da transgressão das normas que eles criaram[27]. De outro lado, uma boa maneira de minimizar as transgressões é salientar as ocasiões em que as normas são cumpridas e manter o foco constante nas exceções e nos sucessos[28]. Quando, apesar de tudo, essas transgressões acontecem, uma maneira centrada em soluções de lidar com elas consiste em manter o rigor quanto à regra, mas atribuir a responsabilidade ao aluno. Como já vimos no capítulo 9, a ideia desse tipo de intervenção é deter a possível escalada de atrito entre professor e aluno e fazer com que o conflito se esvaia. Vejamos um exemplo:

PROFESSOR: (*Aproxima-se de um aluno do ensino fundamental e fala baixinho para ele*) Pedro, vi que você não está fazendo a tarefa. Você sabe qual é o acordo que temos em aula, que só poderá ficar um tempinho no computador quem terminar a tarefa. Eu lhe dou 2 minutos para você decidir o que quer fazer.

Quando a violação da norma persiste, é interessante a prática centrada em soluções proposta por Michael Durrant (1995), da Austrália: quando recebe um aluno encaminhado por um professor devido a problemas de disciplina, ele solicita ao professor o preenchimento de uma folha de encaminhamento centrada em soluções (fig. 22).

---

27. Sue Young (2015) informa que nesses casos os alunos costumam, curiosamente, propor castigos duros demais; logo, às vezes é necessário moderar seu rigor.
28. Com efeito, isso já ficou muito bem estabelecido nos estudos de Becker (1986) com base numa lógica cognitivo-comportamental: quando o professor presta atenção aos alunos que ficam de pé na aula, essa conduta piora, ao passo que quando os ignora e elogia aqueles que estão sentados, ela diminui.

FIGURA 22
Folha para encaminhamento de aluno ao psicólogo escolar

Informação para o encaminhamento

Nome do aluno _____ Curso _____
Data _____

Prezado professor,

Muito obrigado por encaminhar _____
Terei uma entrevista com o aluno, bem como com seus pais, se for conveniente. Por favor, faça abaixo uma relação das ocasiões em que tenha visto o aluno MELHOR em aula. Essas observações serão úteis para ajudar o aluno a resolver os problemas que você indicou; espero ser capaz de ajudar você a avançar baseando-me nesses momentos em que o aluno se comporta um pouco melhor.
   Peço que me devolva este questionário antes de _____
   Por favor, seja tão específico quanto possível; por exemplo, "Susana se comporta melhor em aula quando não está sentada com suas amigas e anota as tarefas".

1 _____
_____
2 _____
_____
3 _____
_____
4 _____
_____
5 _____
_____
6 _____
_____
7 _____
_____
8 _____
_____
9 _____
_____
10 _____
_____

Fonte: Durrant (1995).

FIGURA 23
Folhas para o encaminhamento de um aluno expulso

Informação para _____

Nome do aluno _____ Curso _____
Data _____

Prezado professor,

Muito obrigado por encaminhar _____
Terei uma entrevista com o aluno sobre o incidente que motivou sua expulsão. Seria muito útil para mim que me indicasse brevemente em que o aluno melhorou desde que você o expulsou da aula:

_____
_____
_____
_____
_____
_____
_____
_____
_____
_____
_____
_____
_____
_____
_____
_____
_____
_____
_____
_____
_____
_____
_____
_____
_____

Fonte: Durrant (1995).

FIGURA 24

Folha de reflexão centrada em soluções para expulsões da sala de aula

---

Folha de reflexão para expulsões de aula

Eu gostaria que em minha aula _____
_____
(expresso em tom positivo; por exemplo, "Você prestasse atenção quando os colegas falam")

Que benefício isso traria para o professor e para a sala de aula?
_____
_____

O que ajudaria você a obter esse comportamento?
_____
_____

Como posso ajudar você a consegui-lo?
_____
_____

Como seus colegas podem ajudar você?
_____
_____

Quais de suas qualidades ajudariam a melhorar essa situação?
_____
_____

Como posso lhe avisar para não cometer o mesmo erro?
_____
_____

_____   _____
Assinatura do professor   Assinatura do aluno

Do mesmo modo, é possível propor soluções nas situações em que o aluno é expulso da aula e enviado para falar com o chefe de estudos, o diretor ou a comissão de convivência. Para esses casos, Durrant (1995) projetou uma folha para o professor preencher e entregar ao aluno, e essa folha deve ser encaminhada ao chefe de estudos, ao diretor ou à comissão de convivência (fig. 23).

Nós elaboramos uma "folha de reflexão centrada em soluções para expulsões de aula", baseada em ideias de Ben Furman (fig. 24). O docente entrega a folha ao aluno a quem pretende expulsar da aula, para que a preencha enquanto estiver expulso. O professor deve preencher o primeiro item, o que o induz a pensar em termos de objetivos, não só de problemas. Um efeito colateral positivo é que, em razão da obrigação de preencher esse primeiro item, alguns docentes postergam a expulsão ou até desistem dela.

12.1.12 Análise de necessidades comunitárias centrada em solução

Kelly, Kim e Franklin (2008) descrevem uma prática centrada em soluções que, embora baseada no centro educacional, ambicionava contar com a participação de toda a comunidade da qual o centro fazia parte. Nesse caso, a trabalhadora social de um colégio localizado num bairro de escassos recursos econômicos reparou que era muito difícil envolver os pais na educação dos filhos; eles não compareciam às reuniões convocadas pelo centro de ensino e mal participavam das atividades extraescolares. No colégio, os pais eram descritos como "desmotivados", ao passo que os pais, sobrecarregados por seus próprios problemas econômicos e sociais, percebiam o colégio como "pouco acessível". A trabalhadora social visitou a vizinhança e conseguiu convocar os pais de 15 alunos do colégio para uma reunião, na qual lhes fez a seguinte pergunta: "Se ocorresse um milagre esta noite e, de repente, o colégio virasse um lugar acolhedor para os pais, o que seria diferente?". Isso ensejou uma longa discussão que resultou em uma lista de melhorias que poderiam ser introduzidas no funcionamento do colégio, visando aumentar a participação dos pais; entre elas, que parte dos serviços oferecidos no Centro de Ação Social passasse a ser ofertada nas dependências do colégio, em horário extraescolar. Essa melhora na acessibilidade causou mudanças positivas tanto no uso dos serviços sociais quanto na participação dos pais nas atividades do colégio.

12.1.13 *Abordagem da multiculturalidade*

Como vimos no capítulo 2, um elemento fundamental da abordagem centrada em soluções é a adoção de uma postura construtivista, pela qual o profissional evita apresentar-se como um especialista a ostentar a verdade e prefere posicionar-se como um "antropólogo curioso", desejoso de aprender com os usuários, tratando-os como o que são: os verdadeiros especialistas em sua própria vida. Dessa postura decorrem o interesse e o respeito pelos objetivos dos próprios usuários, a validação de seus pontos fortes e, em definitivo, a atitude de colaboração com eles. Essa postura do profissional é extremamente útil para trabalhar em contextos multiculturais e de diversidade, uma vez que para o profissional centrado em soluções é relativamente fácil pôr em segundo plano seus próprios valores, crenças e preferências a fim de estabelecer relações de colaboração com seus interlocutores.

Desse ponto de vista, o profissional da educação que trabalha de maneira centrada em soluções não precisaria, a rigor, de conhecimentos específicos sobre, por exemplo, as peculiaridades culturais da etnia cigana ou as características diferenciais dos adolescentes transexuais – desde que esteja habituado a ouvir atentamente as pessoas com quem conversa, bem como a intervir com base em seu marco de referência, o profissional terá condições de trabalhar de forma culturalmente sensível e respeitosa com a diversidade. Embora existam ainda poucas publicações a respeito dessa questão no âmbito escolar, há de fato uma bibliografia em crescimento, a sugerir que, com efeito, o enfoque centrado em soluções é especialmente apropriado para a intervenção em contextos de diversidade e multiculturalidade (AVCI-WERNING, 2015; ESTRADA; BEYEBACH, 2007; HOLYOAKE; GOLING, 2012; KIM, 2013; MEYER; COTTONE, 2013; OUER, 2016).

12.2 A IECS como arcabouço integrador: psicoeducação centrada em soluções

Na IECS procuramos que caiba a nossos interlocutores, com nossa ajuda, reconhecer seus pontos fortes e gerar suas próprias soluções. Todavia, isso não significa que seja contraindicado oferecermos nossas próprias ideias e sugestões; acontece que nós as reservamos como segunda opção, para o caso de não conseguirmos que nossos interlocutores gerem alguma alternativa viável ou de verificarmos que aquelas por eles já propostas não funcionam. Em tal caso, seria absurdo guardarmos para nós uma ideia ou proposta potencialmente útil.

Às vezes é melhor optar por uma abordagem mais estratégica, destinada a interromper a sequência problemática, como vimos no capítulo 7 e veremos no capítulo 16. Em outras ocasiões é simplesmente mais oportuno compartilhar algum conhecimento profissional especializado referente aos âmbitos que competem à escola. Logo, é provável que numa conversa com pais seja conveniente lembrar alguma noção básica de criação; por exemplo, que é melhor reforçar uma conduta incompatível do que punir uma conduta negativa. Ou talvez convenha recordar as recomendações pediátricas quanto à quantidade de horas que uma criança deveria dormir ou qual seria o máximo de tempo que uma criança deveria ser autorizada a passar jogando *videogame*. Em uma conversa com um aluno pode ser proveitoso, se ele não conseguir gerar alternativas viáveis, propor algum modelo de estudo, como o uso de sublinhados e resumos, ou sugerir que distribua as horas de estudo de forma mais produtiva. Ou talvez haja ocasião de, no diálogo com um docente, aventurar alguma ideia sobre como configurar a sala de aula de outra maneira, introduzir outro tipo de atividades ou modificar algum critério disciplinar.

O que pode fazer dessas propostas algo mais do que conselhos bem-intencionados e transformá-las em *sugestões centradas em soluções* é, na nossa opinião, que elas atendam a três requisitos. Em primeiro lugar, como já apontamos, que elas fiquem reservadas como segunda opção, apenas para o caso de nosso interlocutor não gerar suas próprias alternativas; em segundo lugar, que, no possível, elas sejam formuladas no marco de referência de nosso usuário, aproveitando sua postura e empregando sua linguagem; por fim, que sejam oferecidas durante os *teachable moments* (SELEKMAN; BEYEBACH, 2013) apresentados ao longo da conversa, isto é, momentos em que nosso interlocutor está disposto a escutar uma sugestão ou uma explicação:

ALUNA: Estou muito frustrada. Não consigo. Não sei o que teria de mudar. Diga-me, o que você acha que eu deveria fazer?
TUTOR: Talvez uma possibilidade seria...
MÃE: Eu já tento não alçar a voz com ele, não berrar, recompensá-lo cada vez que age bem. Mas, sei lá, acho que tanto faz se eu o recompenso ou não. Não sei por que não dá certo.
PROFESSOR TÉCNICO DE SERVIÇOS À COMUNIDADE: Se você quiser, posso explicar meu palpite quanto à razão pela qual isso não dá certo.
MÃE: Sim, diga-me.
PTSC: Veja bem, certamente o que está acontecendo é que...

12.3 Centros educacionais centrados em soluções como meta

Até agora temos apresentado diversas técnicas de intervenção e práticas educativas centradas em soluções passíveis de incorporação em maior ou menor medida a qualquer centro educacional tradicional. Contudo, também é possível organizar todo um centro educacional de maneira centrada em soluções, a fim de que todos os seus procedimentos e atividades tenham esse enfoque como eixo. Obviamente, o modo concreto que a abordagem centrada em soluções assumirá vai depender, em cada caso particular, do tipo de centro de que se trate e do contexto em que estiver inserido. Nesse sentido, apresentamos três exemplos de centros educacionais diferentes, mas que compartilham a mesma aposta radical em uma educação centrada em soluções. Depois sublinharemos algumas das características comuns aos três projetos e que, no nosso entender, determinam que um centro educacional possa ser considerado "centrado em soluções".

12.3.1 Mellansjö Skola

O centro Mellansjö em Täby (Estocolmo) foi fundado em 1928 pela professora e médica Alice Hellström e visava atender a crianças "psicopatas" e promover sua reinserção na sociedade (FRIED, 1995). Com o tempo, transformou-se num centro que acolhia alunos expulsos de outras escolas em razão de graves problemas de comportamento, muitos deles com diagnósticos psiquiátricos. O centro iniciou uma transformação radical quando, na década de 1990, alguns de seus terapeutas formaram-se em terapia breve centrada em soluções no Centro de Terapia Familiar Breve de Milwaukee. Esses terapeutas voltaram com tamanho entusiasmo pelo enfoque centrado em soluções que pouco tempo depois organizaram uma capacitação de dois anos para todo o pessoal docente e não docente do centro, dirigida por Steve de Shazer e Insoo Kim Berg, que mudou profundamente os procedimentos e a identidade da escola.

A Mellansjö Skola localiza-se num entorno natural privilegiado, junto a um grande lago, o que permite que muitas atividades se realizem ao ar livre. Essas atividades constituem o núcleo de um currículo centrado em temas práticos e estéticos. Trabalha-se em Mellansjö com alunos de ensino fundamental e médio, em turmas de idades mistas divididas em grupos de três a dez alunos, sendo cada grupo acompanhado de três professores. O enfoque centrado em soluções se expressa em uma aposta constante na conexão com os sonhos e as aspirações de cada um dos alunos, bem como trabalha com base em suas realizações e possibilidades (MÅHLBERG; SJÖBLOM, 2008). O *feedback* constante e a ênfase nos acertos são outras características de sua maneira de trabalhar. Ademais, discutem-se e decidem-se com cada aluno e sua família as adaptações que podem ser feitas em seu dia a dia, de modo a responder adequadamente às suas necessidades – por exemplo, ter muitas atividades bem estruturadas se o aluno tiver dificuldade em improvisar ou imaginar ou, pelo contrário, contar com mais tempo livre no caso daqueles que demandem mais espaço. Complementam o enfoque centrado em soluções diferentes, recursos e estratégias de comunicação visual desenvolvidos especificamente para alunos com problemas de comunicação.

12.3.2 *Gonzalo Garza High School*

A Gonzalo Garza High School foi fundada em fins da década de 1990 em Austin (Texas) como um centro educativo alternativo de 11ª e 12ª séries para jovens urbanos em risco de abandonarem seus estudos. A escola conta com cerca de 400 estudantes. Concebida como um instituto centrado em soluções, seus diretivos e docentes receberam um treinamento intensivo nesse método antes de a escola começar a funcionar. Dali em diante deu-se a criação da estrutura e dos procedimentos, entre os quais cabe ressaltar (FRANKLIN; STREETER, 2004):

1. Os docentes focam o desenvolvimento dos pontos fortes dos estudantes.

2. Atenta-se para as relações individuais e os progressos de cada aluno.

3. Dá-se espaço para as escolhas e a responsabilidade dos alunos.

4. Há compromisso com o sucesso e o trabalho duro.

5. Existe confiança nas avaliações feitas pelos estudantes.

6. O foco reside nos sucessos futuros dos estudantes, não em seus fracassos do passado.

7. Comemoram-se os pequenos passos em direção ao sucesso.

8. Baseia-se no estabelecimento de objetivos.

Uma característica básica do enfoque centrado em soluções aplicado na Gonzalo Garza High School é que os estudantes têm liberdade para elaborar seu próprio currículo, marcar seus próprios objetivos e estabelecer um ritmo pessoal de aprendizagem. Também é possível incorporar-se ao instituto a qualquer momento do semestre. Para essa liberdade traduzir-se em aproveitamentos satisfatórios, é essencial o apoio individualizado dos docentes que, em vez de ministrar aulas tradicionais, passam a maior parte do tempo sentados, conversando com os estudantes, agindo como facilitadores e motivadores. A fim de que essa relação tão estreita seja possível, é preciso, logicamente, manter uma adequada relação professor/aluno.

Outro aspecto importante da Gonzalo Garza High School é o fato de nela aplicar-se a filosofia da mentorização, isto é, os alunos aprenderem uns com os outros; assim, nas aulas convivem alunos com diferentes níveis de conhecimento, sentados em torno de mesas grupais. Para que o ambiente na aula seja positivo e cooperativo, conduz-se o grupo-turma de forma centrada em soluções, como descrevemos no capítulo 9 (seção 9.1). Por fim, desde o início a Gonzalo Garza High School apostou nas novas tecnologias, tornando-se assim um dos centros de ensino médio de ponta em digitalização nos Estados Unidos.

12.3.3 Volksschule Itter

Do ponto de vista da pedagogia e da didática, também há exemplos muito interessantes de estrita aplicação de uma lógica centrada em soluções no âmbito da rede escolar comum. É o caso da escola rural de ensino fundamental em Itter (Áustria), organizada com base na Potenzial-fokussierte Pädagogik (pedagogia centrada nas potencialidades), uma metodologia centrada em soluções desenvolvida por Günter Lueger (2014) em Viena. Essa metodologia põe em destaque a capacidade de auto-organização e de escolha dos alunos num contexto bem definido. O desenvolvimento típico de um dia escolar obedece à seguinte estrutura (WURZRAINER; LUEGER, 2015):

- Ao chegar à sala de aula, cada aluno organiza sua mesa de trabalho e suas atividades para o dia. Aqueles que na tarde anterior optaram por fazer tarefas em casa revisam essas tarefas com o professor, o qual se interessa pelo que eles fizeram especialmente bem e pergunta-lhes que tema acham que faria sentido trabalhar durante aquela manhã.

• Até o primeiro recreio, os alunos trabalham individualmente. O professor ajuda-os quando solicitado.

• Após o primeiro recreio, faz-se a revisão do trabalho feito até o momento, focando a atenção naquilo que os alunos estão fazendo bem e em como o conseguem. Planejam-se as possíveis tarefas para casa.

• Após o segundo recreio, há espaço para as apresentações aos companheiros. Além disso, trabalha-se coletivamente as seguintes perguntas:

– O que temos trabalhado hoje?
– O que valeria a pena praticar?
– O que deu certo?
– Como conseguimos isso?
– Qual seria o passo seguinte?

Essa maneira de auto-organização do processo de ensino-aprendizagem se complementa com um *feedback* constante e detalhado. Para tanto, Günter Lueger desenvolveu o sistema de avaliação centrado em soluções descrito na seção 12.2, com o qual se evita categorizar de forma estática e numa única avaliação o que na verdade é um aproveitamento dinâmico e variável (LUEGER, 2014). No caso da Volksschule Itter, essa forma de dar nota concretiza-se num sistema de avaliação de cada atividade acadêmica conforme um código de cores.

12.4 O que é um centro educativo centrado em soluções?

Quais poderiam ser os elementos constitutivos do "denominador comum" desses e de outros centros educativos centrados em soluções? No nosso entender, seriam os seguintes:

• Os interesses e os pontos fortes dos alunos são o cerne de todo o projeto educativo.

• O processo educativo é individualizado, dando ao aluno a responsabilidade por sua própria aprendizagem, facilitada pelo docente e apoiada pelos colegas. Os alunos passam a ser os "especialistas" da sua própria aprendizagem.

- Promovem-se os processos individuais do alunato por meio de um ambiente positivo, cooperativo e de apoio na sala de aula. Por sua vez, esse ambiente na sala de aula é trabalhado de maneira centrada em soluções desde o início do curso.
- Em todo momento os acertos têm mais peso do que os erros, e os êxitos mais peso do que os fracassos. Existem rituais de visibilização das realizações e dos avanços.
- Embora reconhecidos, os problemas são considerados temporários e resolúveis. Confia-se na capacidade dos alunos – e de seus familiares e docentes – para superá-los.
- Existe um *feedback* constante não só para os alunos como também para os docentes, os diretores e os pais.
- Desde o início é encorajada uma colaboração ativa entre docentes e pais. Para tanto, são coconstruídos os objetivos e tomam-se decisões de maneira cooperativa entre escola e família.
- A equipe de direção demonstra uma liderança forte e favorável ao enfoque centrado em soluções.
- Docentes e auxiliares compartilham da mesma missão e de uma epistemologia construtivista e centrada em soluções.
- Reconhecem-se e valorizam-se os pontos fortes de cada docente, dando-lhe apoio constante para que possa estabelecer seus próprios objetivos pessoais e neles avançar.
- Encorajam-se o trabalho em equipe e a colaboração horizontal entre todos os profissionais. O pessoal de direção e os especialistas não se consideram "peritos", e sim facilitadores que dão apoio a tutores e docentes.

Segundo os autores que abordaram essa questão (KELLY; KIM; FRANKLIN, 2008; ORBAN, 2015; SCHÖB, 2015), para um centro educativo chegar a ser "centrado em soluções" é preciso haver uma equipe diretiva com iniciativa e capaz não só de gerar uma visão compartilhada como também de "fascinar" os docentes de modo a envolvê-los no projeto, de sorte que se gere sinergia entre o processo de desenvolvimento da organização e os processos de crescimento dos profissionais (ORBAN, 2015).

O resultado de um processo desse tipo será não só que se estabeleçam procedimentos (*o que* se faz) ou se ampliem habilidades dos profissionais (*como* se faz) como também que se afirmem crenças, valores e convicções (*por que* se faz) aos quais, por sua vez, consolidem a identidade do centro (*quem* somos) e seu sentido de missão (*para que* educamos). Dito de outro modo, as três experiências que acabamos de apresentar têm em comum o desenvolvimento de uma "cultura escolar centrada em soluções" compartilhada por todos os atores (SCHÖB, 2015). Essa cultura compartilhada fomenta um contexto favorável para os docentes permitirem-se reformular de forma não ameaçadora o seu próprio papel profissional, que, em uma escola centrada em soluções, há de se basear mais em suas competências comunicacionais e relacionais do que em seus conhecimentos de uma ou outra matéria.

Pontos de reflexão

- De que projeto curricular ou extracurricular estou participando na atualidade?
- Como seria possível levá-lo adiante de uma maneira (ainda) mais centrada em soluções?
- Como eu poderia transmitir (ainda mais) minha convicção de que os participantes são os verdadeiros "peritos" nesse tema?
- Como eu poderia incluir descrições mais detalhadas do futuro preferido?
- São suficientemente aproveitados os pontos fortes dos participantes e as exceções? De que forma seria possível dar a eles mais visibilidade?
- Os participantes contam com ajuda para se atribuírem o mérito pelos avanços? Como encorajá-los ainda mais?
- Que variantes de perguntas de escala poderiam ser utilizadas? Como se poderia tirar delas o máximo proveito?
- Há espaço para elogios? Como se poderia encorajar os participantes a se elogiarem mais reciprocamente?

PARTE IV

Experiências

13

Uma escola de pais centrada em soluções

*María Garrapucho**

Este capítulo apresenta uma intervenção que teve lugar no período de 2013-2014 num centro público de educação infantil e ensino primário (Ceip) da cidade de Palência. A intervenção consistiu em desenvolver um projeto de estimulação da linguagem com os alunos de educação infantil e suas famílias no qual se aplicou uma parte das bases teóricas e técnicas da terapia breve centrada em soluções.

Começaremos com uma breve descrição do contexto e do centro educativo, bem como das necessidades que levaram a equipe de orientação educativa e psicopedagógica que atua no centro (doravante EOEP) a pôr em prática a intervenção. Depois explicaremos o projeto de estimulação da linguagem e nos aprofundaremos na oficina de trabalho com as famílias, à qual se incorporaram as técnicas e ferramentas centradas em soluções.

13.1 Onde começamos

O Ceip Juan Mena é um centro educativo público localizado num bairro operário da periferia da cidade de Palência em que

---

* Psicopedagoga y educadora social. Profesora Técnico de Servicios a la Comunidad en el ceip Juan Mena de Palencia. mariagarrapucho@yahoo.es

residem muitas famílias de cultura cigana, cuja renda provém de ajuda social ou do comércio nos mercados de ambulantes. Em 2013-2014, o Ceip Juan Mena tinha um total de 124 alunos matriculados, dos quais 56 tinham sido avaliados pela EOEP como alunos com necessidades específicas de apoio educacional. O ciclo de educação infantil abrangia ao todo 44 alunos.

No intuito de dar resposta às necessidades educativas dos alunos, o centro mantém um sistema organizacional de agrupamento flexível em educação primária e dispõe de uma equipe de atendimento à diversidade, formada por uma professora de PT em tempo integral, uma professora de audição e linguagem compartilhada, duas professoras de educação compensatória e a equipe de orientação educativa, composta da professora de orientação educativa e da professora técnica de serviços à comunidade (doravante PTSC). Como em muitas outras comunidades autônomas, em Castela e Leão as EOEPs são serviços de orientação educacional externos aos centros que têm entre suas funções a de assessorar o professorado no atendimento à diversidade do alunato de ensino infantil e fundamental, colaborando na adoção e na aplicação das medidas educativas adequadas, em especial as de caráter preventivo.

Com base nas necessidades detectadas durante o período anterior e expressas na memória da EOEP, constata-se que muitas das avaliações psicopedagógicas efetuadas têm relação com dificuldades na área da linguagem. Observa-se que as carências de linguagem (qualidade e quantidade de vocabulário, qualidade na expressão, na pronúncia, na compreensão etc.) dificultam a aprendizagem.

13.2 Projeto de estimulação da linguagem oral na etapa de educação infantil

Tendo em vista o elevado número de alunos com carências na linguagem, o centro é instado a pôr em marcha um projeto de estimulação da linguagem no ciclo de educação infantil para complementar o trabalho realizado pelas tutoras nas salas de aula. Uma vez que as carências na linguagem são determinadas em grande medida pelo contexto sociofamiliar dos alunos, parece-nos essencial incluir nesse trabalho os pais de família, envolvendo assim os três agentes-chave no processo de ensino-aprendizagem de uma criança: professorado, alunato e família.

Uma vez apresentada a ideia à equipe diretiva do centro e obtida a sua concordância, o projeto é proposto às professoras do primeiro ciclo de educação infantil e à equipe de atendimento à diversidade. Com o aporte de todos e sob a coordenação da professora de orientação educacional, cria-se o projeto de estimulação da linguagem oral na fase de educação infantil. Eis os objetivos propostos:

• Melhorar a articulação e a pronúncia das palavras dos alunos.

• Incrementar o vocabulário dos alunos.

• Prevenir o aparecimento de dificuldades de aprendizagem relacionadas à linguagem.

O projeto consta de duas partes que são abordadas simultaneamente: uma destinada ao trabalho com os alunos e outra ao trabalho com as famílias. A coordenação e a implementação da primeira parte ficaram ao cuidado da professora de orientação educativa, ao passo que a PTSC encarregou-se da segunda parte com as famílias.

Visto que o programa tem lugar no primeiro e no segundo trimestres do curso, opta-se por aplicá-lo na 2ª e na 3ª série de educação infantil, excluindo a 1ª série para respeitar o período de adaptação dos alunos de 3 anos. Ao fim, 35 crianças foram beneficiárias da intervenção.

A agenda da intervenção consistiu em uma sessão semanal com as crianças e outra quinzenal com as famílias, de modo a flexibilizar o tempo dedicado pela PTSC para a implementação do mencionado projeto.

Houve dois tipos de atividades dirigidas aos alunos em cada sessão:

• A leitura de uma história ou um conto de estimulação linguística com a participação dos alunos (realizando nela as praxias marcadas).

• Uma atividade baseada no trabalho dos distintos componentes linguísticos (praxias, respiração, sopro, consciência fonológica, consciência semântica, vocabulário expressivo e compreensivo etc.) e focada no centro de interesse que estava sendo trabalhado na sala de aula.

No caso das atividades realizadas com as famílias, cada sessão constou de duas partes:

• Na primeira parte, em cada sessão os pais eram informados acerca das atividades desenvolvidas nas salas de aula com seus filhos e das praxias e dos campos semânticos que estavam sendo abordados, a fim de que conhecessem todas as palavras que haviam sido trabalhadas com eles. Pretendia-se que os alunos generalizassem o uso das palavras, que assim passariam a fazer parte de seu léxico pessoal.

• Na segunda parte, as atividades desenvolvidas foram as da oficina centrada em soluções *Como estimulo a linguagem do meu filho?*, que detalhamos na seção a seguir.

13.3 Oficina Como estimulo a linguagem do meu filho?: características gerais

13.3.1 *Destinatários*

Dos 35 alunos a cursarem as 2ª e 3ª séries de educação infantil, 15 mães e pais participaram da primeira atividade destinada às famílias. Somente as mães fizeram a oficina completa, a maioria delas mães de alunos com necessidades específicas de apoio educativo.

13.3.2 *Localização*

As atividades aconteceram na biblioteca e na sala de aula de informática do centro entre as 9h e as 10h30.

13.3.3 *Objetivos*

• Dotar as famílias de recursos e estratégias que contribuam para o adequado desenvolvimento da linguagem de seus filhos.

- Favorecer a continuidade do trabalho na sala de aula de modo a potencializar o envolvimento das famílias no trabalho da escola.

13.3.4 Metodologia/estratégias de intervenção

Trabalhou-se com base nos princípios de normalização (o reconhecimento de que todos os alunos têm os mesmos direitos, embora tenham diferentes necessidades), individualização (a adaptação da oficina às capacidades, às aptidões, aos interesses e às motivações das famílias participantes) e subsidiariedade (o reconhecimento da autonomia de cada família para estabelecer seus objetivos e decidir como atingi-los). Quanto à estratégia de intervenção, procurou-se na medida do possível fomentar os processos de pesquisa-ação-participação; assim, o grupo de mães detectou e analisou suas necessidades para depois oferecer soluções mediante o uso de seus pontos fortes e dos do resto da comunidade. Para isso recorreu-se ao uso das técnicas da IECS.

13.3.5 Recursos humanos

A professora de serviços à comunidade da EOEP coordenou as sessões com as mães. A professora de audição e linguagem ministrou a atividade de estimulação da linguagem. A professora de compensatória colaborou na captação de famílias.

13.4 Oficina Como estimulo a linguagem do meu filho? Descrição das atividades realizadas

13.4.1 Sessão 1

Definição de contexto

Apresentamos às mães as equipes de orientação e de audição e linguagem; depois, o programa de estimulação da linguagem.

Fase social

Pusemos em prática uma dinâmica de apresentação, durante a qual os presentes dizem seus nomes, quantos filhos têm, seu nível de escolarização e as atividades que gostam de realizar em família.

Debate

Abrimos um pequeno debate sobre o nível de importância que os pais atribuem a questões como falar com as crianças, ler contos, compartilhar em família.

Como estimular a linguagem em nossos filhos

A professora de audição e linguagem ministrou uma breve lição a respeito da importância da linguagem e do que podemos fazer como pais para estimular a linguagem de nossos filhos.

Pergunta de escala

Convidamos as mães participantes a avaliarem, numa escala de 1 a 10 de estimulação da linguagem, onde se situam seus filhos, considerando que 1 significa que não fazem nada para estimular a linguagem e 10 indica que põem em prática tudo mencionado na lição e empregam ainda outros meios para estimulá-la. Analisamos com elas o que já estão fazendo e suas ideias sobre outras coisas que poderiam fazer em um ponto a mais.

13.4.2 Sessão 2

Revisão de avanços

Perguntamos às mães que coisas novas elas estão fazendo para estimular a linguagem de seus filhos. Dedicamos tempo a descrever em que consistiram essas coisas, como elas se sentiram ao realizá-las, bem como seus efeitos. Essa atividade será a primeira de cada sessão com as famílias.

Debate

Abrimos um breve debate com as mães sobre as coisas que elas estão fazendo, já cientes de que são boas para a aquisição da linguagem de seus filhos, e quais estão fazendo sem saber que servem para estimulá-la. As contribuições das mães ficam escritas num mural.

Pergunta de escala

Repetimos a pergunta da primeira sessão, trabalhando com suas respostas.

Um ponto a mais na escala

Falamos sobre as coisas novas que elas gostariam de fazer para ajudar a melhorar a linguagem de seus filhos. Uma proposta é contar-lhes contos.

13.4.3 Sessão 3

Revisão de avanços

Com a mesma metodologia aplicada na sessão anterior, pedimos detalhes sobre as mudanças introduzidas e sobre os efeitos verificados.

Os contos

Resgatamos os contos como recurso para brincar e estimular a linguagem das crianças. As participantes trabalham nas questões de como contar um conto, mudar os contos, criar seus próprios contos etc.; assim, o grupo de mães resolve começar a criar seu próprio conto.

13.4.4 Sessões 4, 5, 6 e 7

Revisão de melhorias

As mães inventam um conto que inclui o vocabulário e as praxias trabalhadas por seus filhos no programa de estimulação da linguagem. Prepara-se a apresentação do conto para os três grupos de educação infantil. As mães resolveram que o conto seria encenado com marionetes que elas elaborariam em seu tempo livre.

13.4.5 Sessão 8

Encenação do conto

As mães encenam o conto para as três turmas de educação infantil. Além disso, distribuímos entre elas o conto impresso.

Encerramento da oficina

Elaboramos um folheto com orientações sobre o que convém e não convém fazer, visando estimular o desenvolvimento da linguagem dos filhos; o folheto contém também tudo o que foi falado com as mães e o que elas propuseram nas sessões. Entregamos o folheto a todos os pais das crianças do centro que estão na fase de educação infantil.

13.5 Avaliação da experiência

Em geral, a equipe de orientação, as famílias e as professoras avaliaram o programa de forma muito positiva. Com isso, o trabalho com as mães e com os alunos forneceu ao pessoal especializado da equipe de orientação uma visão de conjunto, destinada a enriquecer o posterior atendimento individual de cada criança. Houve a proposta de se prosseguir com a experiência em anos seguintes, desde que o tempo disponível dos profissionais envolvidos permitisse.

Por sua vez, a avaliação feita pelas famílias, colhida num questionário elaborado para esse fim, focou principalmente a aprendizagem de novas ideias para trabalhar com os filhos, compartilhar tempo e preocupações comuns com outras mães e, acima de tudo, participar de uma atividade com seus filhos dentro do centro escolar. De fato, as mães que compareceram a todas as etapas da oficina solicitaram a repetição da experiência no ano letivo seguinte.

Quanto às professoras, a avaliação delas salientou a participação das famílias no programa, tanto por aumentar a possibilidade de generalização das aprendizagens dos alunos quanto por fomentar seu envolvimento na vida do centro educativo. Tudo isso ficou registrado no relatório de final de curso da EOEP e nas atas das reuniões do ciclo realizadas no centro escolar.

13.6 Conclusões

A semelhança entre a terapia breve centrada em soluções e a metodologia própria da educação social, ambas envolvidas na oficina de estimulação da linguagem, permitiu que o trabalho com as famílias fosse realizado de maneira muito mais próxima, personalizada e adaptada a cada realidade, tornando possível ocorrerem mais mudanças. As ferramentas centradas em soluções permitiram dar protagonismo aos recursos das mães e facilitaram sua ativação e seu empoderamento. Especialmente úteis foram o trabalho com as exceções e as perguntas de escala, técnicas que permitiram conhecer os recursos de que as famílias já dispunham, reforçar todas as suas ações positivas e motivá-las para pôr em prática as propostas geradas na própria oficina.

Entretanto, também é verdade que esse tipo de intervenção preventiva demanda no início mais tempo dos profissionais que as intervenções pontuais ante os problemas que surgirem, as conversas sobre temas que preocupam ou as intervenções dos professores especialistas com os alunos. Seria interessante poder realizar um estudo mais exaustivo dessas experiências, de modo a corroborar a hipótese segundo a qual a prevenção e a personalização das ações compensam o tempo investido por diversos profissionais, em comparação com a intervenção que se dá quando os problemas já surgiram.

14

Intervenção grupal centrada em soluções para reduzir a segregação por gênero em uma sala de aula

*Nerea Gardeta**

14.1 Segregação por gênero na escola

Nas relações entre iguais no âmbito escolar, as crianças procuram se sentir aceitas e pertencer a um grupo. Nessas interações, os papéis de gênero tornam-se muito visíveis e têm grande influência na conduta. De um modo geral, a segregação por gênero fica evidente a partir dos 5 ou 6 anos, quando as brincadeiras começam a ser organizadas em função do sexo, e a amizade com pessoas do sexo oposto acaba sendo menos frequente (SHAFFER; KIPP, 2007). Por consequência, as crianças desenvolvem habilidades para interagir com membros de seu próprio sexo, mas as oportunidades para desenvolverem habilidades para interagir com o sexo oposto são cada vez menores. Nesse sentido, em razão de não compartilharem a mesma cultura de gênero, as crianças podem ter dificuldades em compreender as perspectivas dos demais, o que é uma possível causa de conflitos quando elas começam a se relacionar na adolescência e na idade adulta.

---

* Mestra no Liceu Monjardín de Pamplona. ngardeta@liceomonjardin.com

A escola mista é um grande passo rumo à diminuição da segregação por gênero, entretanto não basta para garantir seu desaparecimento. Portanto, é preciso desenvolver uma série de ações que permitam pôr em prática os projetos de escola coeducativa, capazes de oferecer aos alunos mais oportunidades para interagir com pessoas do outro sexo. Trata-se de facilitar que ambos os sexos aprendam a se relacionar com base no reconhecimento mútuo, a evitar discriminações e estereótipos sexistas e a desenvolver as capacidades afetivas e comunicativas nas relações com outrem. Com efeito, diversos programas para diminuir a segregação por gênero na escola já foram aplicados, a exemplo de Brinkman *et al.* (2011) e Katz e Walsh (1991). Essas intervenções costumam ser de caráter psicoeducativo e têm mostrado resultados promissores, ao menos no curto prazo. Contudo, não existe programa algum desse tipo que tenha utilizado uma metodologia centrada em soluções. Este capítulo visa apresentar uma intervenção centrada em soluções para a redução da segregação por gênero em uma escola de Navarra.

14.2 Descrição da intervenção

A intervenção, que realizei na qualidade de tutora do curso, teve lugar no centro educativo Liceu Monjardín de Pamplona, entre abril e maio de 2015, com um grupo formado por 28 alunos da 4ª série do ensino fundamental, 14 meninas e 14 meninos, em seis sessões grupais de uma hora de duração.

O clima emocional do grupo era positivo, tanto na sala de aula como nos recreios. Todavia, quando lhes era oferecida a oportunidade de escolher um colega, meninas e meninos não se relacionavam entre si, tanto que em um momento se observou que alguns alunos preferiam esperar sozinhos até seus pais chegarem, na porta da escola, a terem a companhia de colegas do outro sexo. No início do curso, os alunos preencheram um sociograma para avaliar as relações dentro do grupo e o quanto cada um era popular entre os outros.

Entre outras perguntas, os alunos eram solicitados a responder: "Quem são os três meninos ou as três meninas da sua turma com quem você mais gosta de brincar?". Após a análise dos resultados, constatou-se que as meninas só mencionaram outras meninas como suas amigas, e os meninos só outros meninos. A única exceção foi uma menina que adorava jogar futebol e foi mencionada por vários garotos. Sendo assim, o objetivo principal da intervenção foi reduzir a segregação por gênero, de modo a conseguir uma maior coesão dentro do grupo.

14.2.1 Sessão 1

Início da intervenção e temática

A fim de começarmos a intervenção com uma temática motivadora para todos e encorajá-los a realizar a projeção de futuro, criamos a imagem de um vilão montado em sua criatura de duas cabeças e separando os gauleses das gaulesas na vila de Astérix. A figura 25 mostra uma montagem sobre uma foto, tirada na sala de aula, em que o vilão separa os alunos das alunas.

FIGURA 25
Vilão entre os alunos e as alunas

Com o material preparado e disposto para ensinar no quadro digital interativo, dei início à intervenção. Em primeiro lugar, mostrei a foto do vilão na aldeia gala e narrei uma breve história: "Desde muitos anos atrás existe um vilão, dono de grande poder, a cavalgar no seu dragão de duas cabeças". Em seguida, perguntei qual eles achavam que era o poder desse vilão:

HOMEM (MENINOS): Ele controla os dragões.

MULHER (MENINAS): O dragão pode cuspir fogo.

M: Faz com que os dragões possam voar.

TUTORA: Além de voar com o dragão, vendo a imagem, vocês acham que ele tem algum outro poder?

H: Fazer as pessoas brigarem.

H: Não, faz meninos brigarem com meninas.

H: Eu sei, o dragão cospe um veneno que faz gauleses e gaulesas brigarem.

Naquele momento, mostrei aos alunos a foto da turma modificada (fig. 25). O recurso das fotos ajudou a atrair a atenção do grupo todo:

T: Que diferenças e semelhanças vocês veem nas imagens?

H: A foto não é na época dos romanos, somos nós.

M: Não é isso, é que as meninas também ficam separadas.

H: Os garotos se sentam com garotos.

A pergunta milagre

TUTORA: Imaginem que esta noite, enquanto dormimos, chegam um super-herói ou uma super-heroína e, finalmente, derrotam o vilão. Como estamos dormindo, não reparamos nessa batalha. No dia seguinte, em nossa aula, o que seria diferente? Como a gente se daria conta de que esse vilão foi derrotado?

Assim comecei o trabalho com a pergunta milagre. Tentei criar um ambiente positivo e gerador de ilusão, atribuindo aos alunos o papel de heróis e heroínas capazes de destruir o vilão.

Além disso, procurei envolver todos os participantes. Nas linhas a seguir, apresento o essencial dessa conversa com o grupo:

H: Brincaremos todos no pátio.

T: Muito bem. Qual será a primeira brincadeira em que todos vocês estarão?

H: Polícia e ladrão, a gente costuma brincar muito.

M: Sim, mas às vezes vocês não nos deixam brincar.

M: E ainda por cima sempre vão pegar outros garotos.

T: E como isso mudará se o poder do vilão for vencido?

H: Aí vamos pegar qualquer um.

M: Pois é... faremos equipes mais equilibradas.

T: Equipes mais equilibradas... Como seriam essas equipes?

H: Ora, mistas, com garotos e garotas e gente correndo muito nas duas equipes.

M: Podemos brincar também de outras brincadeiras de que todos gostemos, não só futebol ou basquete.

H: Mas eu gosto!

T: E o que vão fazer em vez de jogar só futebol e basquete?

H: Podemos chegar a acordos.

M: Isso, acordos, que alguém escolha.

M: Depois disso, fazemos um calendário de jogos.

H: Ótimo, calendário de jogos.

T: Perfeito. Além de brincarem no pátio, o que vai mudar?

M: Utilizaremos os pontos para brincar em aula com os garotos também[29].

H: Um dia desses eu fiquei com as meninas.

T: É mesmo! Vocês já estão derrotando o poder do vilão!

M: E nas atividades do dia do livro fizemos grupos mistos!

T: Verdade! Então já estamos no caminho certo!

---

29. O grupo tem um sistema de pontos com prêmios, entre os quais mudar de lugar em aula, ficar com dois ou três colegas e brincar com o quadro digital, com jogos de mesa que eles trazem, ou ver curtas ou notícias e depois debater entre todos.

[...]

T: O que mais vai mudar na aula?

M: Mudará que não estarão os garotos num grupo num canto da sala e as garotas no outro pela manhã.

T: Sei, e o que vocês vão fazer em vez de estar em grupos separados?

M: Estaremos todos no centro da sala de aula, onde há espaço.

T: Como vão se sentir estando todos no centro?

H: Melhor, claro, mais gente.

T: Como vão notar que está tudo melhor?

H: Vamos rir mais.

M: Falaremos de diferentes assuntos, já que somos mais.

H: Ninguém ficará sozinho se seu amigo ficar doente.

M: Isso, teremos mais amigos.

T: E o que será que vão fazer com mais amigos?

[...]

T: Ótimo, são ideias geniais. Quer dizer que vocês terão novos amigos e amigas, vão brincar juntos, convidarão uns aos outros para os aniversários e descobrirão que têm coisas em comum, certo? O que mais vai ser diferente?

H: Poderemos planejar o que fazer no acampamento.

T: No acampamento?

M: Sim, quase a turma toda se inscreveu para o acampamento de verão!

T: Isso é ótimo! Estarão todos juntos no verão! Mais uma coisa que vocês já estão fazendo para vencer o poder do vilão.

M: Mesmo assim acontece como nas excursões, em que não nos juntamos depois.

H: Sim, mas agora tentaremos fazer como nos aniversários.

H: Podemos brincar juntos de polícia e ladrão e sentar-nos todos para almoçar.

M: Meninos e meninas podem se sentar juntos no ônibus.

H: Eu não aguento duas horas ao lado de uma garota!
T: Já vi que é assim. Como é que isso vai mudar?
H: Não sei, tentar falar de alguma coisa que agrade aos dois.
M: Ou todos planejarmos no ônibus o que podemos fazer na excursão.
M: Isso, decidir que todos nós queremos brincar.
T: Acho essas ideias muito boas. Então vocês irão juntos no ônibus, vão decidir brincadeiras e almoçarão juntos, compartilhando tudo, não é mesmo?

Trabalho em grupo e propostas

Terminamos fazendo a projeção de futuro em grupos de seis ou sete alunos. Cada grupo ficou encarregado de desenhar uma imagem relacionada a um dos temas que haviam sido identificados na pergunta milagre, bem como de escrever os objetivos concretos a ele associados. A título de sugestão, propus aos alunos que observassem os momentos em que essas imagens e esses objetivos se tornavam concretos durante a semana seguinte.

FIGURA 26
Desenhos das mudanças desejadas após a derrota do vilão, com objetivos

Conclusão e observações

A primeira sessão foi um sucesso. Os alunos entenderam com clareza o que era preciso para derrotar o vilão e participaram ativamente da atividade. Exprimiram ideias muito claras e falaram, na maior parte do tempo, fazendo referência ao grupo e não de maneira individual. Além disso, trabalharam em grupos mistos e geraram imagens muito completas junto com os objetivos que já haviam descrito (fig. 26).

14.2.2 Sessão 2

Trabalho com exceções

Antes de iniciar a sessão, distribuí na sala os desenhos e os objetivos gerados na sessão anterior. Iniciei a conversa com o grupo perguntando sobre os momentos em que tinham começado a derrotar o poder do vilão:

T: Que melhorias vocês têm visto nesses últimos dias?

H: Um dia desses Marta dividiu o Kinder Bueno com Sara, Pablo e comigo.

M: Nos aniversários trazemos bolo ou doces para todos.

M: Isso é verdade! Nos aniversários trazemos para todos e distribuímos.

T: Muito bem, vocês compartilham o almoço dos aniversários. Já estão em um bom caminho. Marta, como você teve a ideia de compartilhar seu almoço?

M: É que eu também tinha fruta, Pablo e Sara estavam brincando comigo e eu lhes ofereci.

T: Como você se sentiu ao fazer isso?

M: Muito bem, porque eles agradeceram, e eu não ia comer tudo.

T: Ótimo. Tiveram outras vitórias ao enfrentar o vilão?

H: No pátio do refeitório, quatro garotas jogaram futebol conosco.

T: Opa! Como foi o jogo?

M: Muito legal.

[...]

T: Houve outros momentos em que vocês fizeram coisas como em seus desenhos?

M: Marcos deu figurinhas a vários da turma, inclusive meninas.

M: Sim, ele me deu.

T: Como você teve a ideia de dar figurinhas de presente? É muito generoso da sua parte.

H: É que estavam dando essas figurinhas na porta do colégio, porque é uma nova coleção, aí eu passei várias vezes (*risos*).

T: Ah, muito bem! E o que achou de compartilhar e brincar com todos?

H: É mais divertido.

T: Sensacionais as respostas! São razões muito boas.

(*Todos aplaudem os colegas que responderam*)

H: Acho injusto que no primeiro pátio (*o da manhã*) não brinquemos de tudo o que os colegas do refeitório brincam.

T: Entendo. O que vocês poderiam fazer para mudar isso?

M: Poderíamos formar as equipes antes de descer.

T: Boa ideia. Alguma outra?

[...]

H: Fazer equipes mistas, mas mudando-as sempre, fazer um sorteio cada dia e ver o que dá.

H: Quando a campainha tocar, fazemos cara e coroa (*sorteio*) e descemos.

[...]

H: Quero falar outra coisa que eu vi. Agora na aula temos mais respeito uns pelos outros; por exemplo, Marta tem dito "escutem, que o Nicolás está falando!", e antes não era comum alguém fazer isso.

T: Acho sensacional, outro jeito muito bom de derrotar o vilão, além disso cumprimos a norma de respeito.

Pergunta de escala

Uma vez comentadas as exceções, apresentei a escala de 0 a 10 estendida na largura da sala de aula: numa parede estava o vilão com todo o seu poder (colocamos as imagens dos alunos separados por ele); na outra parede, estava o mural com o vilão derrotado por eles transformados em heróis e heroínas. No chão, fixei com fita adesiva os demais números da escala.

T: Vejam que há uma escala de 0 a 10 no chão. Em uma parede está o vilão com todo o seu poder, que seria 0, e na outra os desenhos de vocês de como estaríamos se o poder dele finalmente fosse derrotado, que seria 10. Quero que vocês se levantem e cada um decida em qual número, de 0 a 10, considera estar agora com o que contaram e viram nos últimos dias.

(*Os alunos se põem de pé e, em sua maioria, posicionam-se no 6 e no 7*)

T: Vejo que vocês decidiram e... já estamos acima de 5! Bom trabalho! Os que estão no número 7, o que faz com que se posicionem nesse número?

M: É que enquanto esperamos para entrar no refeitório, os garotos que ficam brincam de bater palmas conosco.

H: Muitos do refeitório estão nesse grupo.

T: Por que vocês acham que se deram nota mais alta?

H: Porque sendo menos, a gente se juntou num só grupo.

H: Também porque no pátio há mais espaço para brincarmos todos juntos.

T: Muito bem, agora os do número 6. O que se inclui nesse 6?

[...]

T: Agora uma pergunta. Para vocês conseguirem passar de 6 para 7, e os de 7 para 8, o que podem fazer? O que seria preciso?

M: Nos recreios, brincar mais misturados.

H: O que já dissemos, que outras pessoas tragam bolas e possam brincar, para não ser injusto.

M: Sim, mas não só futebol.
M: Não, brincar de mais coisas.
M: É o que dissemos, sobre fazer um calendário!
H: Sim, e a questão de sortear equipes, para não ficar zangados.
T: Fazer o calendário e sortear equipes. Para mim, são ótimas ideias.
H: Sim, mas futebol também, certo?
H: Brincadeiras que fazemos na educação física também.
T: Então eu proponho que para segunda-feira vocês pensem em coisas de que possam brincar no pátio, assim organizaremos o calendário para semana que vem.
VÁRIOS ALUNOS: Ótimo!

Conclusão e proposta

Para concluir a sessão, expliquei que os super-heróis costumam ser anônimos, ocultam sua verdadeira identidade por trás de uma máscara. Distribuí três máscaras de cartolina a cada um e mostrei uma caixa com mais máscaras. A missão seria distribuí-las aos colegas a quem vissem fazendo esforços para derrotar o poder do vilão. Quem recebesse a máscara teria de escrever no verso a razão pela qual a recebera.

Todos acolheram muito bem a ideia. No dia seguinte, alguns alunos trouxeram as máscaras recortadas e pintadas. Eles adoraram ter mais máscaras à sua disposição, e vários comentaram comigo que já tinham entregado algumas delas.

14.2.3 Sessão 3
Melhorias

No início da sessão pedi aos alunos que mostrassem as máscaras que tivessem recebido de algum colega. Todos haviam conseguido pelo menos uma máscara, e os mais populares do grupo, até dez. O fato de ter mais máscaras à mão para entregar contribuiu para que todos os alunos, não apenas os líderes do grupo, recebessem pelo menos uma. Começamos a comentar as razões pelas quais eles acreditavam ter recebido as máscaras:

T: Vamos lá, comecemos. Alex, quantas máscaras você conseguiu?

ALEX: Recebi três máscaras porque ajudei quando terminei a prova de matemática. Ajudei vários colegas, garotos e garotas, porque não se lembravam de como fazer as divisões.

T: E três pessoas lhe agradeceram com máscaras, muito legal. Como você se sentiu ao ajudá-las?

ALEX: Muito bem, pois gosto de ser tutor, mas um pouco nervoso porque mesmo assim talvez não percebesse algum erro.

T: Entendo. Alguém mais recebeu máscaras?

ELENA: Eu ganhei uma por respeitar as regras no polícia e ladrão.

T: Como foi que você escreveu aquilo de respeitar regras na máscara?

ELENA: Porque joguei limpo quando outros trapaceavam para fugir ou quando eram pegos, e eu tentei fazer com que cumprissem as regras para ninguém se zangar.

H: (*Colega de carteira de Elena*) Opa! Muito bem, Elena!

T: Como você se sentiu ao respeitar as regras do jogo?

ELENA: Muito bem, porque quem faz trapaça acaba sendo pego e expulso do jogo e não serve para coisa nenhuma. É melhor ficarmos todos juntos e não brigarmos.

T: Boa resposta. Mais máscaras?

M: Eu ganhei por ter ajudado os garotos em artes plásticas. A gente estava fazendo o presente do Dia das Mães, e era o último dia para deixá-lo pronto. Aí, quando terminei, em vez de ficar sem fazer nada, perguntei à professora se eu podia ajudar.

T: Muito bom gesto. Como teve a ideia de pedir licença para ajudar?

M: Porque desse jeito não fico fazendo coisas sozinha e aproveito mais.

T: Ótimo, vocês compartilharam, jogaram limpo, ajudaram. O que mais estão fazendo?

PAULA: Eu pedi ao Gorka que ficasse comigo na fila.

T: Muito bom. Como decidiu fazer isso?

PAULA: Gorka estava ali, eu fui e perguntei: "Você vai descer com alguém?". Ele disse que não, e fomos juntos.

T: Ótimo, Paula, parece-me algo novo isso de as garotas toparem ir falar e perguntar aos colegas.

PAULA: Tive vergonha, sabe? Mas como a gente combinou isso para chegar a 10...

T: Muito corajosa, Paula. Algo mais?

H: Um dia desses eu estava no pátio, entediado, procurei Aitana e fomos pegar bichos.

M: Que nojo!

AITANA: Que nada! São uma gracinha, os nomes deles são Carlos e Martina.

H: São uma praga no colégio, há milhares!

H: Estavam namorando! Um em cima do outro.

(*Ficam emocionados com a questão dos insetos e é preciso reorientar*)

T: Ótimo. Alguém quer comentar algo novo?

[...]

H: Eu recebi máscaras porque deixei as garotas jogarem futebol. [...] Vieram perguntar se podiam jogar, e a gente deixou. Antes elas não vinham.

M: E vários garotos estão brincando de bater palmas no refeitório.

H: Isso, estamos bolando uma nova canção.

T: Muito bom! De que maneira essas mudanças estão nos ajudando a conseguir nosso objetivo?

Pergunta de escala

Naquele momento, eu propus que eles indicassem em qual degrau da escala se encontravam após todas as mudanças mencionadas. Dessa vez, a maioria se situou no 8, embora alguns tenham ficado no 6.

T: Tudo bem, vejo que vocês já decidiram. Os do número 6, por que se situam no 6 e não no 4?

M: Porque estou ajudando os garotos e brincando no pátio, mas ainda prefiro falar com minhas amigas, ou seja, preciso tentar mais.

H: Como eu não fico no refeitório, não fico tanto assim com os outros e tenho recebido menos máscaras.

T: O que seria diferente no número 7?

H: Tentar fazer como outros colegas, ficar na fila e falar com garotas na aula.

M: Eu também, em vez de esperar sozinha até minha mãe chegar, ficar com os garotos e trocar figurinhas, por exemplo.

T: Boas ideias. E os do número 8, o que entra no 8?

H: É o que já dissemos antes, todos nós jogarmos limpo, compartilhar, falar mais...

T: Muito bem. Uma pergunta: se eu perguntasse ao vilão com quais ações vocês conseguiram derrotá-lo, o que ele me diria?

H: Que compartilhamos coisas e ajudamos uns aos outros.

M: Que emprestamos mais nossas coisas e brincamos mais no pátio.

M: Que agora, quando alguém fala com um garoto ou lhe faz uma pergunta, a gente não assobia nem vaia.

T: O que fazem em vez disso?

H: Em geral, nada, isso ainda acontece, mas bem menos. Somos amigos.

T: Acho muito bom. E o que seria estar no 9?

H: A gente seguir desse jeito, mas com maior esforço e maior frequência.

M: Poderíamos começar a compartilhar pontos para os prêmios de aula. Não temos feito isso.

H: E a conversar mais no começo e no fim das aulas e quando esperamos os pais.

H: Fazer novas brincadeiras, para não ficarmos entediados.

T: Ótimo, já temos novas ideias.

Conclusão e nova proposta

Apresentei aos alunos uma nova proposta que consistiu em uma série de desenhos com as ações que, segundo eles, estavam fazendo com que o vilão perdesse seu poder. Preparei esses desenhos em forma de figurinhas para trocar: "amizade", "compartilhar", "respeitar", "confiar", "todos brincamos" e "ajudar". Uma vez que todos tentariam obter a coleção completa, se algum deles tivesse figurinhas repetidas, teria de trocá-las com outros colegas para conseguir aquelas que lhe faltavam. Perguntei também como iam querer celebrar sua vitória ao atingirem o nível 10. Surgiram diversas ideias (ter uma merenda farta, brincar no pátio com material esportivo, assistir a um filme em aula, entre outras), e a proposta vencedora foi a de fazer experimentos científicos nos laboratórios do centro educativo.

14.2.4 Sessão 4

Melhorias

A estrutura desta sessão foi semelhante à anterior, a saber, comentar as figurinhas que cada um conseguira, ampliar e atribuir controle.

T: Vocês têm as figurinhas. Quem quer começar a contar como conseguiu a sua coleção?

H: Eu tenho a de "compartilhar" e a de "ajudamos uns aos outros". A figurinha de "compartilhar" eu ganhei da Noa porque no recreio sempre dou um pouco do meu almoço, e a de "ajudamos uns aos outros" foi a Elena que me deu, por ajudá-la na compreensão de texto.

T: Muito bem. Como você decidiu ajudar Elena na compreensão?

H: Foi de repente, eu terminei, a professora estava de plantão e não nos deu mais trabalho, então ajudei a Elena, e ela me deu a figurinha.

T: Ótimo. Alguém mais quer comentar sobre suas figurinhas?

M: Eu ganhei a de "ajudamos uns aos outros" e a de "confiança". A de "confiança" foi a Noa que me deu, pois ontem esteve doente e alguns não acreditaram nela, mas eu sim. A de "ajudamos uns aos outros" eu ganhei do Pablo, porque fizemos o problema de matemática juntos.

T: Boa explicação. Obrigada. Mais alguém?

H: Eu tenho todas! A de "confiança" ganhei do Ivan porque ele me pediu e eu lhe dei as figurinhas de Magic. A de "todos brincamos" por estar no pátio brincando em equipes. As de "amizade" e "compartilhar" foi o Vicente (*colega de turma com quem em anos anteriores e no início daquele teve conflitos*) quem me deu porque agora falo mais com ele. Beatriz me deu a figurinha de "ajudamos uns aos outros" porque um dia desses a ajudei a recolher as provas que caíram no chão. A de "respeito" ganhei também da Bia, por brincar direito de polícia e ladrão.

[...]

T: Muito bem, vejo muitas figurinhas de "confiança", gosto disso. Quem mais quer comentar sobre suas figurinhas?

[...]

H: Eu tenho a de "amizade" que ganhei do Nicolás, porque antes nos conhecíamos menos e agora conversamos mais. A de "confiança", do Alejandro, recebi porque ele me pediu que guardasse para ele um lugar na fila de saída e eu guardei.

[...]

T: Quem mais?

[...]

T: Como mudou a relação entre vocês agora que estão conversando mais?

M: Como nos sentamos mais perto, acabamos falando todos das coisas da aula.

H: E a gente se dá bem, formamos um grupo em Science.

M: Sim, tem vários grupos mistos na turma! Não só o nosso.

T: Acho sensacional! Como vocês resolveram fazer grupos mistos?

M: É porque estamos sentados aqui, lado a lado, e é mais confortável, mas também porque nos damos bem e assim nos organizamos.

H: O vilão já foi derrotado! (*risos*).

Pergunta de escala

Ao chegarmos neste ponto, propus que se colocassem na escala. Depois de tudo o que tinham comentado, as pontuações foram muito altas. Alguns se situaram no 8, a maioria no 9. Após analisarmos brevemente quais melhorias se incluíam no 8 e no 9, falamos dos avanços futuros:

T: Estou muito contente com tudo o que ouço, temos avançado muito. Estando já perto do final, o que seria preciso para chegar ao nível 10?

M: Continuarmos a falar mais, todos, pois eu ainda fico com vergonha às vezes.

H: Acontece que precisamos ir em algum aniversário ou alguma excursão para poder fazer tudo o que planejamos.

T: Então o que poderiam fazer para chegar ao 10?

H: Andar de ônibus com garotas.

H: E no verão temos o acampamento!

H: Utilizar os pontos de aula para estar em aula, pois fazemos isso muito pouco.

M: Aliás, ontem Alejandro, Alex e Fermin ficaram dançando conosco.

H: Certo, mas todos precisamos fazer isso mais.

Conclusão e nova proposta

Para concluir a sessão, apresentei uma sugestão visando fomentar as conversas entre meninos e meninas:

Cada um de vocês vai desenhar seu autorretrato como super-herói ou super-heroína e colocá-lo no quadro de cortiça onde fixamos nossos objetivos finais. Ao lado de cada herói, os colegas vão poder escrever sobre ele ou ela: caráter, gostos, inclinações, o que lhes ocorrer. Vocês terão papéis e grampeadores para escrever e pôr no quadro. Todos devem se esforçar e escrever sobre diversos colegas, assinando embaixo.

Os alunos gostaram muito da ideia, e já antes de a sessão terminar alguns meninos e meninas pediram ajuda uns para os outros para desenhar o herói. Uma semana depois, todos os desenhos tinham recebido um bom número de elogios (fig. 27).

Figura 27
Os super-heróis e as super-heroínas na semana seguinte

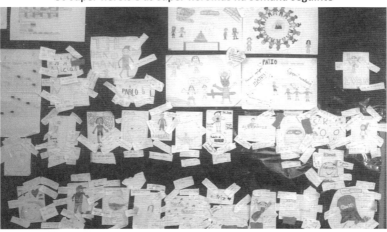

14.2.5 *Sessão 5*

Melhorias após a intervenção

Nesta última sessão houve debate sobre todas as tarefas e mudanças realizadas pelos alunos durante toda a intervenção, bem como sobre os efeitos que isso causara no grupo.

T: Na semana passada vocês tiveram aniversário, e na sexta-feira a excursão de fim de ano. Nos seus objetivos e desenhos para vencer o vilão apareciam as duas situações. Além disso, vocês têm escrito sobre gostos e formas de ser dos heróis desta turma. Que efeito vocês veem como resultado dessa atividade e das anteriores no grupo?

M: Na excursão, algumas de nós se sentaram com garotos. Também houve garotos sentados com garotos e garotas com garotas, mas estávamos misturados nas fileiras e bem perto para conversar.

H: Eu me sentei com três garotas porque muitas enjoavam no banco de trás e eu troquei de lugar com elas.

H: Falei com Elena e Sara, que estavam atrás, sobre histórias assustadoras, sobre o motorista do ônibus!

M: Na hora do almoço, na excursão, quase toda a turma ficou sentada num grupo grande, e as outras turmas em grupos menores.

M: Como não gostei do suco, eu o dei para o Alejandro.

M: Nós, um grupo de quatro garotas, estávamos sentadas afastadas da turma. Os outros disseram "Venham!", e a gente se juntou a eles.

T: Os demais convidaram vocês para almoçarem todos juntos. Fico muito feliz com isso. Como se sentiram ao ser convidadas a se unirem ao grupo?

M: Muito bem, é claro, porque nós quatro nos sentamos sem pensar, e assim todos pudemos almoçar juntos.

T: Quais foram as vantagens de estarem todos juntos na excursão?

M: A gente riu muito.

H: Falamos do acampamento de verão e das Festas de São Firmino.

M: A gente perguntou coisas para escrever hoje nos heróis, sobre comidas preferidas e esportes.

M: Depois alguns garotos falaram para brincar do jogo da pelota. Alguns se zangaram porque jogamos todos contra todos, mas depois decidimos as regras e foi melhor.

[...]

T: Vejo que em muitos momentos e atividades ficaram com os colegas de turma. Qual foi o efeito disso em vocês?

H: A gente se diverte mais com mais colegas e se conhece mais. Eu não sabia quase nada da Katalin ou da Marta nem de alguns garotos, como o Alberto.

M: Todos nos conhecemos mais porque tínhamos que conversar para trocar figurinhas e agora para falar da questão dos heróis.

M: Por causa das máscaras também falamos porque nos perguntávamos sobre as razões de tê-las recebido e nas brincadeiras em que todos estamos.

H: Nas brincadeiras no pátio e nas filas do refeitório estamos todos mais misturados, conversamos mais.

M: Eu conheci melhor os colegas para poder escrever mais, entre as aulas, nos seus heróis, e na excursão fiquei atrás com o Alberto, que me contou muitas coisas, é legal.

H: Eu só brincava e ficava com garotos, mas agora tento formar equipes mistas e chamá-las para brincar conosco. Gosto de estar com mais gente.

H: Antes a gente brincava com as meninas, mas agora também fala com elas. No aniversário todos aproveitamos muito.

[...]

Aproveitei para lhes fazer a projeção de futuro e falar sobre a manutenção das mudanças:

T: Acho ótimo. Vocês se esforçaram muito nas tarefas e participaram das sessões com muita vontade. Estou muito feliz com o que vejo neste grupo. O que poderiam fazer para continuar com essas mudanças depois de junho?

H: No acampamento estaremos juntos em atividades e nas refeições, pois eu gostei muito e quero continuar fazendo isso.

H: Eu gostei de fazer brincadeiras diferentes no pátio porque éramos mais amigos da turma brincando.

M: Como eu e Beatriz nos inscrevemos para o futebol do colégio no ano que vem, estaremos com garotos da turma.

H: Podemos continuar formando grupos mistos quando nos fizerem escolher colegas em trabalhos.

H: Eu me diverti muito com as garotas no meu aniversário. No ano que vem também vou convidá-las.

[...]

T: Levando em consideração todas as atividades que vocês fizeram, tudo o que têm comentado hoje que mudou e o que têm pensado fazer, acham que podemos considerar que atingimos todos os objetivos que escrevemos nos desenhos?

H: Acho que sim, porque todos estivemos em aniversários, compartilhamos coisas, brincamos, fomos juntos no ônibus e tudo mais, fizemos muitas coisas novas.

M: Eu também acho, além disso conversamos muito mais antes de começar as aulas.

M: Tudo é mais legal.

M: Eu acho que agora conheço melhor mais colegas e quero continuar assim no ano que vem.

H: Aprendemos mais sobre os outros.

VÁRIOS ALUNOS: Sim, é verdade.

Celebração

O encerramento da intervenção foi, conforme se decidira, a realização de uma série de experimentos nos quais todos tiveram oportunidade de participar. Foi grata surpresa verificar que os alunos não saíram dos grupos mistos em que se sentavam em aula.

14.3 Resultados

No intuito de observar se haviam ocorrido as mudanças esperadas no grupo, um mês depois da intervenção centrada nas soluções, eu fiz um novo sociograma. Consoante com o desenvolvimento das sessões, daquela vez o sociograma apresentou bem mais escolhas de colegas do outro sexo.

Também obtive um *feedback* muito positivo dos pais nas reuniões finais. Ficavam felizes ao ver que seus filhos mencionavam nomes novos para eles, tanto do outro sexo quanto do mesmo. Aliás, uma mãe agradeceu muitíssimo que por meio dessa intervenção se tivesse resolvido um conflito crônico de seu filho com outro garoto do grupo, a quem até convidou para seu aniversário. Ademais, nos meses seguintes à intervenção, observou-se uma maior interação entre meninos e meninas em sala de aula, em educação física e nas saídas culturais.

Com base nisso, é possível concluir que a intervenção conseguiu encorajar ambos os sexos a compartilharem brincadeiras e atividades e, sobretudo, criou oportunidades de interação entre os alunos. Com isso, não só diminuiu a segregação por gênero como também fomentou novas relações entre colegas do mesmo sexo que até então mal se relacionavam.

Repetimos o sociograma no início do ano seguinte, na 5ª série (seis meses após o fim da intervenção) e na 6ª (18 meses após a intervenção) do ensino fundamental, com o mesmo grupo de alunos. Os dados mostraram um paulatino retorno da segregação por gênero aos níveis prévios à intervenção. O fato de o efeito positivo da intervenção não ter persistido no longo prazo (o que também se verificou na maioria dos estudos de intervenção realizados a esse respeito) sugere que provavelmente seja necessária uma intervenção mais prolongada para conseguir a persistência dos resultados. Conforme se constatou neste trabalho, para os alunos e as alunas seria simples e satisfatório prolongar o tempo de intervenção.

15

Como ajudar os alunos a resolverem problemas mediante o enfoque *Kids' Skills*
Um estudo de caso

Elin Carlsson*
Ben Furman**

Mark, 9 anos, era um de meus alunos. Em geral feliz e contente, tinha diversos amigos com quem gostava de brincar. Mas também tinha um problema grave. Quando as coisas não saíam como ele queria ou alguém o contrariava, muitas vezes ficava zangado. Nesses momentos, ele berrava, batia nos amigos, jogava as coisas ao chão, destruía os livros ou o material escolar. Várias vezes também se zangou muito comigo. Por exemplo, certo dia em que fazia frio e eu recomendei que se agasalhasse para sair ao recreio, ele começou a gritar comigo de maneira inaceitável.

Depois de participar de uma oficina sobre Kids' Skills (Habilidades de Crianças), método centrado em soluções para ajudar as crianças a superarem seus problemas (FURMAN, 2010), resolvi tentar esse novo enfoque com o Mark. A proposta-chave de Kids' Skills consiste em, antes de falar com um aluno, transformar seus

---

* Professora de educação primária do colégio Thoren Framtid, em Karlstad, Suécia.
** Psiquiatra infantil, terapeuta centrado em soluções e criador do enfoque Kids' Skills. Ben criou a *Kids' Skills* App, aplicação gratuita que pode ser baixada no Google Play e na App Store. ben@furman.com

problemas em habilidades que ele precise aprender. A ideia é que os garotos estão muito mais dispostos a falar das habilidades de que possam precisar para melhorar do que dos problemas que tenham de superar.

Entretanto, nem sempre é fácil estabelecer qual habilidade uma criança com determinado problema comportamental precisa desenvolver. Eu sabia que Mark necessitaria controlar seu temperamento, mas não sabia ao certo qual habilidade lhe era necessária para fazê-lo. Depois de ponderar o assunto, cheguei à conclusão de que Mark precisava desenvolver algum tipo de "resiliência", a capacidade de, quando algo não lhe agradasse, deixá-lo de lado e prosseguir.

Essa era minha ideia do que Mark necessitava melhorar para superar seu problema, mas eu relutava em propô-la. Sei que é muito mais provável uma criança se sentir motivada a aprender uma habilidade se a ideia é dela e não de um adulto. Chamei Mark para vir falar comigo no fim do dia. Ele aceitou, e a gente se sentou para conversar. Mostrei-lhe uma cópia do livreto de trabalho Kids' Skills e expliquei que eu tinha feito uma oficina sobre o uso desse método, que pode ser utilizado para ajudar as crianças a superarem problemas por meio da aprendizagem de habilidades. Mark deu uma olhada no livreto e pareceu interessado. Resolvi não lhe apresentar minha própria ideia sobre a habilidade de que ele precisava. Em lugar disso, fiz uma série de perguntas para que ele próprio averiguasse em que aspecto precisava melhorar:

- O que acontece com você quando não consegue o que deseja?
- O que você sente no corpo nesses casos?
- O que você faz então?
- Como reagem seus amigos?
- E seus professores?
- O que acha que seus amigos pensam sobre você quando isso acontece?
- O que gostaria que seus amigos pensassem sobre você em vez disso?

Mark respondeu de maneira muito ponderada às minhas perguntas. Entendeu que sua raiva afetava os outros. Pensei que aquele fosse o momento adequado para lhe propor a seguinte questão:

> O que você gostaria de aprender, ou em que gostaria de melhorar, para seus amigos pensarem sempre coisas boas a seu respeito?

Minha ideia era que essa pergunta o ajudasse a discernir que habilidade queria adquirir. Mark ficou pensando e em seguida disse que precisava aprender a habilidade de se acalmar, de manter a cabeça fria. "Que boa habilidade!", exclamei. Fiquei encantada. Tinha conseguido fazer com que o Mark propusesse a habilidade. "O que poderia ajudar você a aprender essa habilidade, Mark? O que é que poderia ajudá-lo a manter a cabeça fria quando está prestes a ficar furioso? O que você poderia fazer em vez do que costuma fazer nessas situações?"

Segundo Mark, o que o ajudaria a se acalmar seria "ir embora, ficar sozinho por um momento e depois voltar, ou ir até a mesa da professora e pedir ajuda". Achei boa a ideia e pensei que tínhamos condições de dar este passo em Kids' Skills: aumentar a motivação ajudando os garotos a se conscientizarem dos benefícios que a habilidade pode proporcionar.

ELIN: Como isso seria bom para você? O que você ganhará ao aprender essa habilidade?

MARK: Os outros não vão ficar com raiva de mim.

Certamente Mark estava ciente das vantagens de aprender a sua habilidade. Creio que os psicólogos da motivação se referem a isso quando distinguem a motivação interna da externa. A motivação interna consiste em lutarmos para conseguir algo não só porque alguém nos pede mas também porque nós próprios vemos os benefícios que isso nos trará.

O passo seguinte em Kids' Skills é identificar os *aliados (supporters)*, as pessoas que ajudarão Mark a adquirir a habilidade. Em Kids' Skills o papel dos aliados é crucial. Se quisermos que as crianças aprendam habilidades, elas necessitarão de apoio, ajuda e incentivo, bem como ter seus sucessos valorizados. Os aliados costumam ser pais, avós, amigos e professores, mas na verdade qualquer pessoa disposta a apoiar a criança pode ser um aliado. Ser aliado de uma criança não é especialmente difícil. Pode-se apoiá-la simplesmente reconhecendo a decisão da criança de aprender uma habilidade ou mostrando interesse em seus progressos.

E: Você pode decidir a quem deseja solicitar apoio para aprender a habilidade de se acalmar (*mostrando-lhe a página dos aliados no livreto de trabalho*).

M: (*Com brilho nos olhos*) De minha mãe, meu pai e minha irmãzinha.

E: E como você quer que eles o apoiem?

M: Podem perguntar todos os dias, quando eu chegar em casa, como foi meu treinamento no colégio.

E: Boa ideia. E seus amigos? Qual deles gostaria de ser seu aliado no colégio?

Mark mencionou dois de seus colegas e acrescentou que gostaria que eu e outra professora de seu agrado fôssemos também suas aliadas. Quando perguntei como ele queria ser apoiado no colégio, respondeu que, quando necessário, nós o lembrássemos de sua habilidade dizendo-lhe "neve". Ele dera esse nome à sua habilidade de se acalmar e manter a cabeça fria quando lhe perguntei como queria chamá-la.

Além dos aliados humanos, no método Kids' Skills podemos convidar as crianças a pensarem também em um aliado imaginário ou uma figura de poder que as ajude a adquirir suas habilidades. O símbolo do poder pode ser, por exemplo, um animal favorito, um personagem de gibi ou um super-herói. Muitas crianças gostam da ideia de ter um aliado imaginário e divertem-se gerando ideias criativas acerca de como ele pode ajudá-las a lembrar-se de sua habilidade. Como aliado imaginário, Mark escolheu um super-herói de seu *videogame* preferido e mostrou para mim a foto em seu celular. Depois, ele imprimiu algumas fotos do super-herói, coloriu cada uma delas e colocou em diferentes lugares como lembrete da habilidade que ele queria adquirir.

Outro passo importante em Kids' Skills é planejar uma comemoração. A maioria das crianças adora a ideia de comemorar quando a habilidade é adquirida, e a expectativa de uma comemoração dá um impulso adicional à sua motivação de dominar a habilidade. Ao contrário do que se possa supor, a comemoração em Kids' Skills não é entendida como um prêmio que a criança recebe por ter aprendido a habilidade, e sim pretende, antes, ser um ritual social, uma maneira de a comunidade reconhecer a conquista da criança, demonstrando-lhe respeito e admiração por ter atingido seu objetivo. "Quando tiver aprendido a sua habilidade, você terá de comemorá-la de alguma forma, fazendo algo agradável com seus aliados, no colégio ou depois das aulas", eu disse para apresentar a ideia. Mark pensou por um instante e em seguida se propôs a convidar seus dois aliados da turma para lanchar num McDonald's ou ir ao cinema. "Boa ideia", eu disse, "mas é claro que você terá que pedir a autorização de seus pais". Ele o fez naquela tarde, e seus pais aprovaram a ideia com entusiasmo.

Um plano Kids' Skills não está completo se não incluir algumas ideias práticas sobre como lidar com as recaídas, isto é, situações nas quais a criança reincide – ou está prestes a reincidir – nas condutas que tenta superar. Em Kids' Skills as recaídas são consideradas uma parte natural da aprendizagem de qualquer habilidade e, portanto, são descritas com benevolência como "esquecer a habilidade".

E: Mark, quando alguém tenta aprender uma habilidade, qualquer habilidade, não raro as coisas não dão tão certo assim, porque às vezes a pessoa esquece a habilidade que está aprendendo. Quando isso acontecer, você precisará contar com a ajuda dos demais, de uma maneira ou outra. Qual a sua ideia de como nós, seus aliados, poderíamos ajudar em uma situação como essa?

M: (*Compreende a ideia*) Não gosto que me façam lembrar da habilidade me criticando ou brigando comigo, pois isso só faz com que me zangue mais e esqueça mesmo da habilidade que tento aprender.

E: Então, em vez disso, como você gostaria de ser lembrado da habilidade?

M: Digam "neve". Simplesmente digam "neve". Isso basta.

Ponderei como essa sugestão poderia funcionar na vida real. Receava que ouvir a palavra "neve" num momento de tensão poderia piorar a fúria de Mark em vez de acalmá-la. Assim, perguntei como ele responderia se algum de seus aliados utilizasse a palavra "neve".

E: O que você fará se um de nós usar a palavra "neve"?

M: Vou dizer para mim mesmo "pare", depois direi "sinto muito".

Para nos certificarmos de que ele seria capaz de agir dessa maneira em momentos de tensão, experimentamos a sua resposta em diversos jogos de desempenho de papéis. Interpretamos diversas cenas nas quais ele fingia estar furioso porque não conseguia o que queria. Nesses momentos eu falava "neve", e, com efeito, ele conseguiu responder, por diversas vezes, dizendo "pare" e "sinto muito". Foi uma surpresa para mim que isso funcionasse tão bem assim. Mark adorou os jogos de desempenho de papéis, e minha impressão é que eles foram realmente úteis para mudar a conduta dele na vida real.

Nas semanas seguintes, Mark empenhou-se muito para aperfeiçoar a sua habilidade. Toda vez em que eu ou algum de seus outros aliados utilizamos a palavra "neve" para lembrá-lo de acalmar-se, ele soube o que fazer. Além disso, às vezes eu o lembrei de sua habilidade com antecipação, quando, por exemplo, via que se dispunha a brincar com um grupo de garotos: "Mark, lembre-se da sua habilidade. Agora você tem uma boa oportunidade para praticá-la". A meu ver, esses lembretes preventivos foram úteis para ele.

Mark desfrutou do trabalho que fizemos juntos. "Podemos trabalhar de novo com esse livreto?", perguntou-me várias vezes. Era evidente que ele vinha às breves entrevistas comigo com muita vontade.

Ele progrediu rápido. Quatro semanas depois tinha melhorado tanto que todos concordamos que chegara a hora de comemorar seus sucessos com seus dois amigos. Na sexta-feira seguinte, como havíamos combinado, Mark convidou seus dois colegas de turma aliados para lanchar no McDonald's e depois foram ao cinema. Seus amigos adoraram o plano, e pelo visto a tarde foi muito agradável.

Kids' Skills não é um método behaviorista para os adultos serem mais eficazes em modificar a má conduta das crianças. É, antes, um conjunto de orientações sobre a maneira de falar com as crianças, treiná-las e despertar seu interesse em gerar formas criativas de superarem seus problemas. A aplicação dessas orientações em meu trabalho teve grande impacto na minha relação com as crianças. Parei de dizer a elas como devem se comportar ou o que devem pensar. Em lugar disso, aprendi a escutá-las e a valorizar suas ideias. Na atualidade eu me vejo mais como uma *coach* do que como uma professora. Minha relação com as crianças é de respeito mútuo, o que tem muitos efeitos positivos.

Kids' Skills ajuda a mudar não só as crianças como também os adultos. No meu caso, mudou de modo determinante minha maneira de ver as crianças: já não acho que elas optem por se comportar mal, mas simplesmente não têm as habilidades de que precisam para se portarem bem. Essa virada na minha forma de pensar tem sido de grande ajuda, não apenas no meu papel de professora, mas também no de apoio aos pais.

16

Um caso de problema de comportamento
Do porquê ao como[*]

David Riera[**]
Anna Sala[***]

Se há uma área da psicologia infantil particularmente submetida a tópicos quanto à etiologia de seus problemas, é a dos transtornos do comportamento. "A culpa é dos pais", "O problema é causado pelo atual sistema educacional, muito pior do que o anterior" ou "Isso tudo resulta de um excesso de tecnologia e do acesso indiscriminado a todo o tipo de informação" são algumas dessas explicações de causa-efeito que, além de serem empiricamente difíceis de contestar, pouco nos proporcionam formas de resolver as problemáticas nessa área.

Do nosso ponto de vista, para pesquisarmos os problemas de comportamento com um mínimo rigor científico, teremos de desistir da busca das causas diretas de tais "transtornos". Nesse sentido, é bom lembrar que, na verdade, emprega-se o termo transtorno em vez de doença, já que o primeiro não exige que a

---

[*] RIERA, D.; SALA, A. Um cas de problemes de comportament. Del perquè al com. *Revista de Psicologia Enginy*, n. 19, p. 43-51, 2013.
[**] Psicólogo e terapeuta familiar em prática privada, Centro Es Calidoscopi, Palma de Maiorca. davidriera@escalidoscopi.net
[***] Psicóloga e terapeuta familiar em prática privada, Centro Es Calidoscopi, Palma de Maiorca.

etiologia seja conhecida. No entanto, um dos mitos da ciência é o de que para resolver um problema é preciso conhecer sua causa. Contudo, mesmo numa área como a da matemática, o *porquê* não é objeto de estudo. Com efeito, as afirmações matemáticas são mais bem compreendidas como elementos interrelacionados dentro de um sistema, prescindindo de explicações quanto à origem ou às causas. Nessa direção tem-se observado que, quando em nosso trabalho clínico atendemos a uma família que nos apresenta um problema de comportamento, a incógnita sobre as causas deste nunca se estende demais se conseguimos algo que consideramos crucial: extrair da própria experiência da família mudanças capazes de explicar o funcionamento do problema que ela expõe; mudanças essas que, além de resolvê-lo, ajudem a compreender o mecanismo e a modificá-lo. Em outras palavras, o objetivo será a solução do problema e a explicação de sua resolução, não de sua causa (WATZLAWICK; WEAKLAND; FISCH, 1992).

16.1 Como trabalhar?

Em casos como o aqui apresentado, costumamos trabalhar com os adultos envolvidos (pais e profissionais da educação), dispensando a participação direta da criança. Precisamente quando o problema é de comportamento e de conflito com a autoridade, pode representar uma grave lesão para ela ver-se questionada ao ser delegada a figuras que não a exercem como "educadores naturais" (e que a Supernanny nos perdoe por essa afirmação).

Dessa maneira, a metodologia que expomos representa uma intervenção *breve*, proposta com base num enfoque *estratégico* e indireto, isto é, sem trabalhar de forma direta no contexto do serviço de atendimento psicológico. Queremos salientar que, no nível de aplicação da intervenção, é perfeitamente possível ajudar uma criança a resolver seu problema sem ter de comparecer (AMPUDIA, 2010).

Descrevemos o enfoque teórico subjacente a essas intervenções como uma compilação de subsídios oferecidos por modelos sistêmicos e construtivistas da terapia psicológica breve (NARDONE; PORTELLI, 2005; WATZLAWICK; WEAKLAND; FISCH, 1992). No nosso entender, esses modelos permitem uma abordagem especialmente apropriada na infância. O trabalho indireto permite evitar, além do mencionado prejuízo à autoridade dos educadores, uma das causas da considerável quantidade de *efeitos secundários adversos* dos tratamentos psicológicos com crianças: os diagnósticos.

16.2 Descrição do problema

Conforme as classificações diagnósticas de transtornos mentais, o caso que exporemos a seguir seria considerado um transtorno desafiador de oposição. Isso posto, procuraremos fazer uma descrição mais operacional e funcional com o propósito de favorecer a proposta para a resolução do problema.

Trata-se de um menino de 9 anos que apresenta uma tendência a ter um comportamento rebelde com uma série de adultos em face de normas que estes tentam estabelecer. Tanto os pais quanto a tutora escolar descrevem uma série de episódios que se dão com maior frequência e intensidade nos últimos tempos. Os pais relatam que, em casa, desde alguns meses atrás, toda ordem deles acaba desencadeando um conflito grave com o menino. A negativa a obedecer dá-se, basicamente, em duas modalidades: não obedecer quando existe a demanda dos pais para fazer algo, ou não fazer, caso deles quando pedem que pare com um determinado comportamento.

O primeiro grupo abrange comportamentos típicos das crianças nesse estágio de desenvolvimento (fazer o dever escolar, arrumar o quarto, manter hábitos de higiene e cuidado pessoal etc.); o segundo grupo envolve atividades lúdicas que devem ser interrompidas num determinado momento (jogar *videogames*, assistir à televisão, ir embora do parque etc.). O problema reside não apenas na desobediência frequente em algumas dessas situações mas também na escalada de confrontos entre o menino e os pais, repetida várias vezes ao dia. A situação agravou-se a ponto de os pais admitirem certa sensação de impotência que, no caso da mãe e segundo o especialista em psiquiatria que a atende, tem causado um transtorno de ansiedade que requer tratamento farmacológico.

No contexto escolar, os pais relatam problemas similares. A desobediência em ambas as modalidades ("não quero fazer" e "não quero parar de fazer") ocorre com muita frequência. Aqui podemos acrescentar a problemática de interação social com o resto do grupo-turma, que os pais só mencionam de passagem, embora requeira uma abordagem específica, como veremos na seção sobre intervenção com a escola. A rejeição direta de boa parte dos colegas do grupo manifesta-se muitas vezes com a recusa em compartilhar atividades com o menino, os constantes conflitos por desrespeito e as atitudes que causam desconforto a outros, bem como as frequentes "denúncias" que a tutora recebe das outras crianças. Aqui se desencadeiam os respectivos "julgamentos", nem sempre levando em conta a "presunção de inocência" do menino. Chegou-se até ao ponto de vários pais de outros alunos do grupo-turma terem pedido à direção do centro escolar a adoção de medidas imediatas para resolver o problema.

Uma vez concluída a descrição do problema e em conjunto com os pais, definimos como objetivo a supressão desse comportamento desafiador. Também acordamos a meta de adquirir novas formas de comunicação que permitam a obediência e a aquisição de rotinas e, ao mesmo tempo, reduzam a necessidade de dar tantas ordens, de modo a gerar uma mudança no estilo educativo dos pais.

16.3 O que fizemos até agora para resolver o problema e não deu certo?

Quando os pais nos expõem essa problemática, passamos a fazer uma análise exaustiva das tentativas feitas para resolver o problema nos diferentes contextos em que ele se apresenta.

Queremos saber o que têm feito as pessoas adultas que intervieram em suas tentativas de resolvê-lo.

Entre as tentativas de solução, os pais descrevem que tanto eles como a professora responderam à atitude do menino com diversas ações que podemos considerar "de senso comum", entre as quais: ignorar suas provocações, refletir conjuntamente para levá-lo a raciocinar, pedir que pare com esse comportamento, adverti-lo de castigos e castigá-lo. Nada disso teve um efeito positivo minimamente duradouro e, portanto, não resolveu o problema. De mais a mais, essa série de ações levou a situação a um cenário no qual o menino é protagonista e com isso obtém as vantagens secundárias em forma de *cuidados especiais* por seu comportamento. Essa descrição, portanto, já esclarece quais intervenções não resolveram o problema e talvez até o mantiveram e pioraram. Dito de outro modo, com isso sabemos quais foram as *tentativas ineficazes de solução* do caso.

16.4 Estratégias para resolver o problema

Assim, na primeira entrevista já temos uma descrição do problema, um primeiro objetivo e uma análise das soluções tentadas e posicionamo-nos em face da primeira tomada de decisão quanto a manobras terapêuticas. Como costumamos fazer, quando o problema que nos é apresentado afeta também o contexto escolar e este solicita ajuda e assessoramento, oferecemos aos pais a opção de estabelecer um primeiro contato com os profissionais de educação envolvidos. Nesse caso, trata-se de intervir simultaneamente com os professores e os pais, com estratégias que visam bloquear o problema em ambos os contextos.

Isso posto, voltemos ao desfecho da primeira entrevista com os pais. Necessitamos de uma primeira intervenção que possibilite uma mudança positiva inicial, ainda que nem tão generalizada. Vamos basear essa primeira intervenção em duas manobras. Em primeiro lugar, instruímos os pais a, nas próximas duas semanas, exercitarem uma nova maneira de pedir coisas ao menino. Sugerimos que em diversas ocasiões eles tentem aplicar o seguinte formato: "Eu gostaria que você fizesse (ou parasse de fazer) isso, mas como tenho quase certeza de que não será capaz, não se preocupe se não conseguir, não tem problema". Antes dessa proposta, analisamos com os pais de que maneira a tendência de o menino pender sempre para a opção contrária àquilo que eles demandam é sempre precedida de uma preparação ou posição deles, do tipo "Agora vou lhe ordenar uma coisa que você terá de fazer, e insistirei muito, mesmo que você se oponha". Essa mensagem, frequentemente transmitida por meio de comunicação não verbal, desencadeia uma iminente reação de oposição do menino, sendo o início da escalada simétrica de confrontos com a figura que a impõe. Obviamente, a formulação que propomos bloqueia essa posição. Em razão de inconvenientes de aplicação fáceis de inferir, não poderemos trabalhar com essa mesma estratégia no contexto escolar e com o grupo-turma como espectador.

A segunda manobra que propomos aos pais consiste em incumbi-los de observar as próprias atitudes educativas. O registro de ordens consiste em pedir aos pais que escolham dois dias da semana, representativos no que tange a ordens e hábitos para fazer cumprir, e anotem todas as ordens que derem da manhã até a noite, incluindo nessa anotação quantas vezes tiveram de repetir, recordar ou insistir em cada uma delas. Sugerimos também que cada um faça uma lista individualmente. Apresentamos-lhes a tarefa desse registro como uma mera coleta de informação sobre como se dá o problema, sem antecipar a descoberta que eles farão na experiência de sua aplicação.

16.5 Mudanças obtidas na segunda sessão

Duas semanas depois, entrevistamos os pais novamente, tendo já iniciado o trabalho com os profissionais da educação, aqui descrito mais adiante. Aproveitamos para informá-los dessa coordenação e passamos a analisar a evolução do comportamento do menino. Quanto aos efeitos das duas propostas, os pais nos fazem saber que conseguiram uma mudança mais positiva do que esperavam – embora não absoluta – mediante a fórmula "Eu gostaria que você fizesse isso, mas como tenho quase certeza de que não será capaz...". Relatam que por diversas vezes viram que essa solicitação implicou um verdadeiro desafio para o menino, que queria desafiar a *parte* de "como com certeza não conseguirá" e cumpriu a ordem, agora disfarçada de sugestão ou proposta.

Quanto ao registro, sua confecção parece ter resultado em uma interessante descoberta: "Dos quatro registros que fizemos, os últimos são bem mais breves tanto em ordens dadas quanto em vezes que tivemos de insistir". Eis o efeito terapêutico de um registro que não pretendia apenas colher informação. Serviu para que os pais ficassem cientes de quantas vezes dão e repetem ordens, dando-se conta de que eram numerosas demais, e assim, espontaneamente, começaram a corrigir essa tendência. Agora sim, nós sinalizamos o verdadeiro objetivo da proposta para eles compreenderem o mecanismo do problema de mandar em excesso e repetir as ordens. Eles próprios oferecem argumentações e explicações sobre o funcionamento do problema decorrente de mandar em excesso. Assim nós os predispomos à aplicação de nossa proposta seguinte, já mais direta, pois contamos com uma primeira mudança que os fortaleceu com relação aos efeitos do tratamento e à confiança neste.

Passamos então a propor a técnica de mandar pouco para obedecer à primeira ordem. Consiste em aplicar de modo metódico algo que, como já dissemos, eles começaram a fazer espontaneamente. Pedimos aos pais que, nas duas semanas seguintes, escolham cada dia umas poucas ordens que considerem imprescindíveis entre as que anotaram no registro. Feita a escolha, os pais devem tentar passar o dia inteiro mandando apenas nesses casos e deixando o menino agir sem imposição direta nas demais coisas. Aqui também pretendemos que os pais descubram de que maneira, deslanchada a dinâmica de uma mudança positiva em seu comportamento, o menino cumprirá espontaneamente com várias de suas responsabilidades sem precisar de tantas ordens dadas pelos pais.

E agora voltamos a atenção para a parte da proposta sobre "obedecer à primeira ordem". A partir desse momento os pais devem ser estritos na seguinte regra: se ordenam uma coisa, não podem repetir a ordem nem, por óbvio, permitir que ela seja descumprida. Se o menino não acatar, eles devem agir e podem fazê-lo acompanhando-o para executar a ordem, avisando que haverá um castigo se não a obedecer, iludindo-o para fazê-lo cumprir etc. Pedimos que, de alguma maneira, os pais mandem pouco, mas sejam muito rigorosos quando o fizerem. Já constatamos muitas vezes que essa mudança traz uma diminuição da tensão no sistema familiar como um todo.

O fato de ser estrito ao mandar não acaba por constituir um problema de excesso de exigência, pois são dadas poucas ordens, e o menino está mais predisposto a obedecer do que quando recebe ordens durante todo o dia. Com a maneira antiga de obedecer, ademais, o menino depara-se com o paradoxo de que, quanto mais vezes recebe a ordem, mais difícil lhe é obedecê-la, simplesmente porque, quando a acata depois de várias repetições, ele tem de contrariar a postura que foi consolidando nas tentativas anteriores. Nesse sentido, a desobediência pode ser até considerada um hábito, e não é difícil imaginar atitudes dos pais com clara tendência a repetir ordens sem esperar uma resposta dos filhos, com o que o menino se habitua a não obedecer da primeira vez. É um claro exemplo desse fato a piada do adolescente que diz: "Minha mãe sempre tem de repetir muitas vezes que eu desça para jantar. Eu desço depois de ouvi-la repetir isso cinco ou seis vezes. Aliás, um dia desci logo na primeira vez e o jantar nem sequer estava pronto".

16.6 Intervenção no contexto escolar

Como temos dito, entre a primeira e a segunda sessão iniciamos o trabalho de assessoramento aos profissionais da educação que trabalhavam com o menino. Na primeira entrevista com a equipe educativa, verificamos a existência de peculiaridades do entorno escolar na definição do problema. Com frequência, uma preocupação dos pais com a rebeldia e o mau comportamento do menino é estendida, do ponto de vista da escola, a um problema de relação social que assume um caráter prioritário nesse contexto. Em tal caso, até mesmo os professores descrevem o problema dando muito mais ênfase aos aspectos sociais do que ao comportamento negativista. Portanto, após uma nova análise das tentativas de solução efetuadas, vemos que na escola se costuma julgar o comportamento do menino como desrespeitoso e pouco empático com os demais e tenta-se reconciliá-lo com eles, agrupá-los em diferentes formatos e afastá-lo para evitar conflitos. Essa situação levou o menino a uma constante justificação de seus atos, sempre a negar qualquer responsabilidade e com frequentes acusações aos colegas. Gradualmente, ele ganhou o papel de "inimigo de todos": professores, colegas de turma, todo mundo espera dele reações e confrontos cada vez piores.

Decidimos, assim, propor duas manobras para a intervenção. Em primeiro lugar, a estratégia de observador do comportamento do grupo (BALBI; ARTINI, 2011). O tutor explicará ao menino que ultimamente vem analisando os problemas de comportamento da turma para tentar fazer alguma coisa e promover sua solução. A pretexto disso, pedirá ajuda ao garoto para observar como se dão esses problemas no resto do grupo, fazendo uma tarefa de pesquisa em que fornecerá pequenos relatórios orais ao professor após cada dia de aula. Pedirá isso justamente a *ele*, porque "sei que você teve desentendimentos, ainda que já tenha melhorado bastante (mesmo que não seja bem assim), e isso nos ajudará a observar melhor, com maior detalhe, do ponto de vista do aluno". A informação pode ser anônima a respeito de quem teve o desentendimento, mas deve ser muito detalhada sobre como se agiu, como se sentiram as pessoas que o tiveram, como o resolveram, como ele o teria feito etc. É essencial evitar julgar e, em especial, fazer paralelismos entre as atitudes observadas e seu comportamento habitual.

A lógica dessa estratégia está embasada em dois pressupostos. Em primeiro lugar, a dificuldade adicional que decorre, na hora de iniciar conflitos, do fato de se ter sido nomeado observador de tais conflitos. Em segundo lugar, a relação complementar de colaboração professor-aluno estabelecida com essa estratégia bloqueia a simetria dos enfrentamentos entre eles. De certa forma, "Agora nosso inimigo são os conflitos da turma que você e eu [aluno e professor] temos de combater". Se os conflitos são o inimigo, os enfrentamentos criança-professor não mais são o fator primordial, e ao voltarmos a atenção para o comportamento do grupo teremos também mais chances de começar a desfazer o conflito entre eles.

Em seguida, depois de verificar que os enfrentamentos do menino são abundantes não só com os adultos como também com os próprios colegas, pedimos aos professores a aplicação de uma segunda manobra terapêutica: o presente oculto (FIORENZA; NARDONE, 2004). Como soluções tentadas, vemos que o mecanismo habitual desses confrontos continuados entre alunos costuma basear-se numa comunicação mútua muito carregada de mensagens de rejeição e desafio, tanto na linguagem verbal como na não verbal. Nesse clima, qualquer pequeno mal-entendido basta para deflagrar um grande conflito. Ambas as partes alternam constantemente entre posturas defensivas e agressivas. A técnica para bloquear essa escalada de confronto consiste em o professor falar com um dos alunos afrontados e entregar-lhe um pequeno presente em nome do outro aluno, dizendo-lhe, por exemplo:

PROFESSOR: Juan me deu este presente para entregá-lo a você. Ele tinha muita vontade de presenteá-lo, mas teve vergonha, por isso me pediu que eu o entregasse. Aliás, se você lhe agradecer, ele certamente negará que tenha dado o presente, não vai querer reconhecer, você vai ver...

Assim, temos a certeza de que se o aluno que receber o presente quiser comprovar o pequeno engano, a resposta que obterá há de confirmar que não foi engano (não reconhecerá, como previu o professor). Nesse momento, o aluno presenteado ficará em uma situação de incerteza na relação com o outro, o que dificultará os ataques e inclusive a atitude defensiva. Será para ele consideravelmente mais difícil agredir ou atacar alguém que o presenteou. Essa manobra constitui, portanto, um primeiro passo visando desfazer o conflito entre iguais.

Após algumas semanas, os professores relatam-nos os efeitos positivos dessas duas propostas. Quanto à tarefa de observar o comportamento do grupo, eles verificaram que, no início, o menino entregou autênticas pérolas em forma de relatório. Depois, a tarefa começou a entediá-lo. Os professores não têm dúvida alguma de que houve uma mudança em sua percepção dos conflitos e relatam uma mudança positiva em seu comportamento. Os confrontos com os demais diminuíram bastante e, quando ocorrem, têm menor intensidade do que algumas semanas atrás.

Quanto à técnica do presente oculto, os professores aplicaram-na nos dois sentidos, ou seja, presentes para crianças do grupo, dados pelo menino que motiva a consulta, e presentes para ele, feitos por diversos meninos do grupo (com os quais ele tem mais confrontos). Eles comprovaram também que o fato de receber o presente dos demais deixou o menino confuso, em situação desconfortável e logicamente em nada favorável para o assédio a quem lhe envia presentes. Por outro lado, outros meninos também foram surpreendidos por seu presente e começaram a ter uma atitude de menor rejeição à sua intervenção dentro do grupo.

Tudo isso permitiu uma reconstrução da dinâmica da turma, sendo agora possível estabelecer normas sem uma luta contínua com o menino. Os professores descrevem a situação que decorreu da mudança como "um contexto em que agora se pode trabalhar com o grupo".

16.7 Consolidação das mudanças

Na terceira sessão com os pais constatamos que as coisas têm dado bastante certo com a proposta de mandar pouco para obedecer à primeira ordem. Eles descrevem a atitude do menino como "mais descontraída" e, exceto por algum episódio no início da sua aplicação, estão muito satisfeitos com o nível de obediência às ordens que conseguiram atingir (tanto na forma "você tem de fazer..." como na de "você tem de parar de fazer..."). Agora vamos apoiar nossa intervenção na técnica de como piorar (VERBITZ; PETTENO; MURIANA, 2009), solicitando aos pais que se perguntem uma vez ao dia o que deveriam fazer para voltar à situação anterior no comportamento do menino. Dessa maneira, nós levamos os pais a recordarem constantemente as soluções antigas que mantiveram e pioraram o problema e que agora, para consolidar a mudança, devem ser evitadas.

Como sempre acontece nesse tipo de intervenções, as últimas sessões estão focadas no acompanhamento e na explicação completa e detalhada das manobras realizadas, com o propósito de que os pais conheçam o mecanismo a fundo e assim compreendam a engrenagem que mantinha o problema. Com base nos enfoques da terapia breve, sustenta-se que se chega à explicação dos problemas por meio de suas soluções e que a própria intervenção é sempre a melhor maneira de conhecê-los. Mediante a intervenção no problema de comportamento de seu filho, vemos que os pais, que agora sabem mais sobre como se dá o problema, já não perguntam "por que acontece". Essa passagem do *porquê* ao *como* é talvez o aspecto mais característico de um bom resultado terapêutico.

17

O programa EmPeCemos
Uma experiência de intervenção sobre os problemas de conduta a partir da escola

*Paula Villar**
*Estrella Romero***
*Laura López-Romero****

Os comportamentos problemáticos das crianças, evidenciados pelas dificuldades em acatar normas e seguir regras, por condutas hostis aos demais e por explosões de ira e chiliques, complicam muito a convivência escolar e social, prejudicam a harmonia familiar e interferem, em definitivo, no bem-estar dos indivíduos e sistemas afetados. Esse fenômeno gera grande preocupação nas comunidades educativas e uma demanda cada vez maior de intervenção psicológica nas escolas.

A adolescência é um período em que são frequentes os comportamentos antinormativos (MOFFITT, 2006), porém a bibliografia recente sobre o tema sugere que as manifestações mais

---

* Psicóloga. Professora do Departamento de Psicologia Clínica e Psicobiologia da Universidade de Santiago de Compostela. paula.villar@usc.es
** Psicóloga. Professora do Departamento de Psicologia Clínica e Psicobiologia da Universidade de Santiago de Compostela.
***Psicóloga. Pesquisadora de pós-doutoramento no Departamento de Psicologia Clínica e Psicobiologia da Universidade de Santiago de Compostela.

graves dos problemas de conduta não surgem de repente na fase adolescente, tendo de ser estudadas no contexto mais amplo do desenvolvimento infantojuvenil. Esses comportamentos perturbadores severos são denominados "problemas de conduta de início precoce" (SIMONOFF *et al.*, 2004), são detectados já nos primeiros anos de escolarização e costumam seguir um curso crônico ao longo do desenvolvimento do indivíduo, dando lugar, na juventude, a uma ampla variedade de dificuldades e estilos de vida antissociais de difícil tratamento.

Atualmente, diversos modelos teóricos tentam explicar a origem e a evolução dos problemas de conduta de início precoce, e todos compartilham de um mesmo esquema básico. Esses paradigmas entendem, em essência, que tais alterações comportamentais aparecem precocemente nos primeiros anos de vida da criança, tendo seu início assinalado por redes de interação entre as características pessoais (impulsividade, irritabilidade, problemas de atenção) e o funcionamento familiar (práticas educativas punitivas ou inconsistentes, supervisão deficiente, estresse familiar). Quando a criança ingressa na escola, os problemas tendem a acentuar-se, e surgem desarranjos entre as normas e as demandas acadêmicas. Tornam-se então frequentes os confrontos com professores, e aparecem o fracasso escolar e os conflitos entre a família e a escola, bem como a rejeição das outras crianças. Disso decorre um acúmulo de efeitos chamado de "bola de neve" (ROMERO, 2001), de sorte que as dificuldades em uma área de funcionamento geram dificuldades em outras, provocando a amplificação dos desarranjos preexistentes e contribuindo para a persistência dos problemas.

Nesse cenário, as inadaptações da criança e de seu meio resultarão no desenvolvimento de certos padrões cognitivo-emocionais, em nível individual, que tolhem cada vez mais o estabelecimento de relações adequadas com outras crianças e com os adultos: dificuldades de autocontrole e autorregulação, desarranjos na identificação de emoções e na empatia e resolução impulsiva de problemas. Esse conjunto de "transações" entre subsistemas encadeados reforça um estilo de vida desajustado, que já é evidente nos primeiros anos e que se consolida com o passar do tempo. Essa trajetória é capaz de limitar significativamente as oportunidades de bem-estar e desenvolvimento salutar do indivíduo (LÓPEZ-ROMERO; ROMERO; ANDERSHED, 2015).

17.1 O programa EmPeCemos: uma intervenção multicomponente para a prevenção indicada dos problemas de conduta

Tendo em vista os elevados custos pessoais e sociais ligados a esse perfil de inadaptação crônica, bem como a alta probabilidade de as tentativas de revertê-lo realizadas depois da infância mostrarem-se infrutíferas, faz-se necessário desenvolver intervenções que permitam uma atuação precoce. Para tanto, a equipe de pesquisa Udipre da Universidade de Santiago de Compostela desenvolveu o programa "EmPeCemos. Emoções, Pensamentos e Condutas para um desenvolvimento salutar" (ROMERO *et al.*, 2013). O EmPeCemos ("Comecemos") tem por objetivo promover a competência social e diminuir os problemas de conduta no âmbito escolar detectados em crianças de 6 a 10 anos. Seu propósito é não só mitigar as dificuldades atuais das crianças afetadas e seu entorno como também servir de intervenção proativa (prevenção *indicada*) que contribua para evitar problemas posteriores de desajuste psicológico e social. Portanto, o EmPeCemos pretende um efeito "cascata" e a geração de uma cadeia de mudanças positivas na relação do indivíduo com o ambiente capaz de alterar substancialmente a trajetória psicossocial da pessoa.

O EmPeCemos considera o entorno escolar o âmbito apropriado para a aplicação de seus componentes. Qualquer intervenção desenvolvida nesse contexto há de adquirir um caráter "natural" que protegerá seus destinatários do risco de estigmatização e poderá chegar a crianças e famílias de origens socioeconômicas e culturais muito distintas. Esse contexto facilita o acesso efetivo e eficiente à população com alto risco de condutas problemáticas crônicas, bem como possibilita fomentar a colaboração entre diferentes agentes (pais, professores, colegas) na intervenção.

Durante a preparação do EmPeCemos, consideramos a evidência disponível quanto a iniciativas de prevenção já avaliadas em outros contextos (por exemplo, Coping Power, Incredible Years, Fast Track) e, em consonância com os princípios teóricos descritos, elaboramos um programa multicomponente projetado para intervir nos ciclos de risco existentes no sistema familiar e no escolar, bem como nas próprias crianças. Cada um dos três componentes foi definido com base em um processo sistemático de projeto, comprovação empírica e reajuste de cada intervenção em separado (família, professores e crianças). Esse processo começou em 2004 com uma pesquisa na qual os diferentes componentes foram aplicados em diversas experiências-piloto em 27 centros de ensino de várias localidades da Galiza. A integração e o teste sincronizado dos três componentes do programa tiveram lugar durante os anos letivos 2006-2007 e 2007-2008, num estudo que envolveu a designação de oito centros escolares como de "tratamento" e seis como de "controle"[30]. Ao todo, o processo de desenvolvimento de EmPeCemos envolveu 153 pais de família, 254 professores e 74 crianças que foram objeto direto da aplicação da intervenção. A avaliação do programa foi concluída sete anos depois mediante uma avaliação de acompanhamento efetuada no ano letivo 2014-2015, da qual participaram 58 famílias (37 de intervenção e 21 de controle).

17.2 Componentes do programa EmPeCemos
17.2.1 *Componente destinado às famílias*

Trata-se de um programa de treinamento em técnicas educativas para pais que visa promover estilos educativos adequados e restaurar os laços afetivos deteriorados entre pais e filhos. As práticas educativas parentais são uma das chaves para a com-

---

[30]. Tudo isso foi possível com a execução de três projetos subvencionados, respectivamente, pelo Ministério da Educação, pela Fundação María José Jove e pela Delegação do Governo para o Plano Nacional sobre Drogas.

preensão do desenvolvimento dos problemas de conduta, uma vez que sua inadequação gera um clima de socialização incapaz de responder às necessidades de crianças que, por temperamento, podem ser mais "difíceis" (DARLING; STEINBERG, 1993; WEBSTER-STRATTON; HAMMOND, 1997).

O programa EmPeCemos para pais consta de 12 sessões que visam, em essência, impulsionar o estabelecimento de vínculos positivos e o fortalecimento de condutas pró-sociais nas crianças por meio do reforço positivo. De modo complementar, os pais aprendem a fixar regras e expectativas adequadas à idade de seus filhos, bem como a lidar com seus comportamentos perturbadores. O programa inclui sessões dedicadas a estilos de comunicação, autocontrole e resolução de problemas, fatores com frequência enlaçados com os estilos educativos disfuncionais das crianças com problemas de conduta. Ademais, com isso se pretende fomentar a vinculação entre a família e a escola e desenvolver nos pais habilidades para apoiar o desenvolvimento sociocognitivo e acadêmico da criança.

17.2.2 *Componente destinado aos professores*

Consiste em um programa de treinamento em habilidades da relação professor-aluno que pretende ajudar a estimular o comportamento ajustado no âmbito escolar. Os problemas de conduta na sala de aula constituem geralmente um desafio ao alterar o clima da turma e provocar o fracasso das crianças na aquisição das aprendizagens acadêmicas básicas, dois fatos capazes de causar desânimo e rejeição nos próprios professores. Somados às dificuldades de entendimento com a família, isso resulta em maior inadaptação da criança ao meio escolar.

Ao longo de oito sessões, o programa EmPeCemos para professores pretende melhorar suas habilidades para lidar com o comportamento perturbador dos alunos e potencializar a conduta desejável e construtiva em sala de aula. Além disso, visa melhorar a comunicação com os pais e instaurar modelos de atuação apropriados e coordenados entre a família e a escola. Os conteúdos das sessões incluem o uso de elogios e programas de incentivo, o estabelecimento de regras e expectativas, o controle dos comportamentos perturbadores e a comunicação positiva com crianças e pais. Esses conteúdos são reforçados com a proposta de atividades breves que os professores põem em prática em sala de aula, buscando desenvolver uma série de habilidades socioemocionais básicas no conjunto da turma. Seu propósito é familiarizar o colégio com a linguagem do programa, de modo que seja compartilhado e praticado não só pelas crianças problemáticas e seus professores mas também pela totalidade de seus colegas e do pessoal educativo.

17.2.3 Componente destinado às crianças

O terceiro componente do EmPeCemos é um programa de treinamento em habilidades cognitivas, emocionais e sociais destinadas a facilitar a adaptação das crianças com problemas de conduta às demandas do meio escolar e social. Ele fundamenta-se numa ampla base de pesquisas que mostram que essas crianças têm, em muitos casos, uma percepção inadequada das emoções próprias e alheias, além de grandes dificuldades em controlar suas emoções negativas e interpretar apropriadamente os estímulos sociais. O componente consta de 12 sessões destinadas a fomentar nas crianças as competências pessoais e sociais que lhes permitam autorregular-se e estabelecer relações sociais satisfatórias; além disso, ele incorpora um sistema de economia de fichas, por meio do qual as crianças trabalham na obtenção de uma série de objetivos concretos e atingíveis, escolhidos por elas próprias entre uma lista de opções estabelecida pelos responsáveis do programa em colaboração com os pais e professores.

Os três componentes do programa EmPeCemos estão dispostos de modo a serem aplicados de maneira coordenada, seguindo uma coerência que permite que a intervenção em cada sistema seja também reforçada nos outros âmbitos dessa intervenção. Consegue-se essa integração motivando seus destinatários a colaborarem na consecução dos objetivos do programa. Assim, por exemplo, pais e professores somam esforços na prática de habilidades de relação com as crianças. Outrossim, eles chegam a acordos no que tange aos objetivos e ao plano de trabalho a desenvolver com as crianças em casa e na sala de aula. Por sua vez, as próprias crianças exercitam suas habilidades mediante tarefas que envolvem seus pais e seus professores, entre outros.

17.2.4 *Módulos de manutenção*

Depois de seis meses e de um ano do programa "base", o EmPeCemos inclui a aplicação de módulos de apoio com o intuito de favorecer a manutenção dos efeitos do programa. Os módulos de apoio para pais e crianças consistem em duas sessões presenciais após seis meses e em outra após um ano da conclusão do programa inicial.

O módulo de professores envolve a realização de uma sessão presencial aos seis meses e a distribuição de material recordatório um ano após a intervenção. Os módulos de manutenção pretendem sustentar a lembrança das estratégias treinadas e motivar os destinatários a utilizarem-se das habilidades aprendidas ao longo da intervenção. Neles também se examinam as dificuldades que surgiram desde a conclusão do programa, bem como se indaga a respeito dos problemas previsíveis para o futuro imediato, a fim de tentar neutralizá-los.

17.3 Procedimento de aplicação do programa: elementos sistêmicos e centrados em soluções

EmPeCemos é um programa "manualizado" que incorpora diversos recursos adicionais: materiais audiovisuais, fichas de trabalho para os participantes e notas recordatórias dos conteúdos básicos. Cada um dos componentes do programa é aplicado em grupos de cinco a dez participantes dirigidos por um ou dois profissionais (necessariamente dois no componente de crianças) previamente treinados. A metodologia das sessões inclui psicoeducação, atividades de discussão, modelagem, ensaios comportamentais guiados e prática em contextos naturais mediantes tarefas para casa.

Todas as atividades do EmPeCemos baseiam-se nos preceitos da aprendizagem social e nos princípios cognitivo-comportamentais, enquanto as principais diretrizes para a aplicação do programa coincidem em grande medida com os princípios e recursos terapêuticos próprios da terapia sistêmica breve, em especial da terapia breve centrada em soluções (BEYEBACH, 1998; RODRÍGUEZ MOREJÓN; BEYEBACH, 1994). Essas diretrizes fornecem estratégias para ajudar os guias dos grupos de intervenção a enfrentarem circunstâncias capazes de dificultar o envolvimento de pais e professores.

Além de coincidirem no reconhecimento dos aportes da teoria geral dos sistemas (BERTALANFFY, 1968), conforme a qual o indivíduo, a família e a escola seriam *sistemas* em contínua interação cujas transações contribuem para a configuração do problema, o programa EmPeCemos e a terapia breve centrada em soluções também compartilhariam uma *base construtivista*. De acordo com esta, uma realidade problemática é resultado da construção feita pelas pessoas em cima de seus próprios condicionantes culturais, históricos, biográficos e sociais. Assim, os problemas de conduta na infância seriam "construídos" primeiramente nas famílias afetadas, para depois serem "reconstruídos" quando essa realidade se transferisse para o contexto escolar e pessoas alheias ao núcleo familiar (professores, colegas) entrassem na equação.

17.3.1 Uso da linguagem e normalização dos problemas

Coerentemente com essas premissas, no EmPeCemos aceitam-se e adotam-se os valores e a linguagem dos destinatários (pais e professores), bem como se parte de seus próprios recursos, visando ampliá-los e reforçá-los. Isso é evidente desde o início, pois o programa põe ênfase em "normalizar os problemas". A experiência com famílias de crianças com problemas de conduta mostrou que, em muitos casos, os pais abrigam um sentimento de fracasso, sentem que "falharam", o que gera neles impotência e desesperança quanto a suas possibilidades de educar os filhos. Com frequência eles se sentem isolados e estigmatizados por outros adultos (parentes, professores, vizinhos). Na tentativa de manter distância da situação problemática, outros pais atribuirão toda a responsabilidade a seus filhos, no que diz respeito tanto à origem dos problemas quanto à sua solução. Os professores, do mesmo modo, podem desenvolver padrões de pensamento equivalentes e chegar a conclusões similares quanto aos problemas de conduta de seus alunos. Por contraste, com o programa EmPeCemos tenta-se reconhecer e normalizar seus sentimentos num ambiente de abertura e diálogo no qual pais e professores serão ouvidos, independentemente de terem maior ou menor capacidade linguística ou mais ou menos habilidades sociais, e os significados que eles derem aos problemas de comportamento serão aceitos. Ao longo da intervenção tentar-se-á *desconstruir* sua definição do problema e gerar neles um enfoque alternativo capaz de promover uma visão positiva das crianças e motivá-los para a mudança em suas interações com elas. A principal maneira de conseguir isso é *reforçar* os integrantes dos grupos de intervenção e adotar uma postura otimista.

17.3.2 *O papel central dos elogios*

O reforço por meio do *elogio* é um recurso central da conversa do terapeuta com clientes na terapia breve centrada em soluções, constituindo o elemento principal da intervenção psicológica no programa EmPeCemos. Nas sessões do programa, utiliza-se o elogio continuamente com as crianças e os adultos como promotor da mudança para conferir sentido a suas intervenções, evitando que se sintam ignorados, ridículos ou rejeitados. Na interação com pais e professores, em especial, o uso do elogio e da paráfrase contribui para validar suas ideias, detectar seus pontos fortes e descobrir as melhorias percebidas na situação problemática. É claro o paralelismo com os propósitos da "conversação" com os clientes na terapia centrada nas soluções; mostrar a eles *aceitação* incondicional, *ressaltar suas qualidades* e procurar as *exceções* de seu problema são três dos pilares da intervenção nesse modelo terapêutico.

O uso adequado do elogio implica apoiar seus destinatários de modo que possam continuar a melhorar. Mostrar-lhes otimismo, isto é, transmitir-lhes expectativas positivas sobre sua própria mudança, contribuirá para reforçar os possíveis avanços. Professores e pais – sobretudo os últimos – podem ser céticos quanto a suas possibilidades de melhora. É preciso encorajá-los diante de todo indício de mudança e expressar nossa confiança em seu progresso. Em EmPeCemos, o elogio desempenha outro papel fundamental: é reconhecido como o *motor da mudança* nas crianças, alimentado por seus pais e professores. Assim, a eles atribui-se o controle da transformação de sua realidade, convidando-os a exercer o papel de "coterapeutas" e a deslocar o elogio específico dado nas sessões para o lar ou a sala de aula.

Com a ressalva das distâncias entre o programa EmPeCemos, essencialmente de corte cognitivo-comportamental, e as intervenções da terapia sistêmica breve, ambos coincidem no esquema de duas partes – *comentário positivo* e *tarefa* – aplicado para finalizar as sessões de intervenção. Sua adoção pelo EmPeCemos pressupõe a proposição de tarefas para casa a serem realizadas entre uma e outra sessão, o que permitirá potencializar a eficácia do elogio. As tarefas são cruciais para conseguir as mudanças desejadas, sobretudo no caso da intervenção destinada aos pais, pois elas permitem a prática das soluções construídas com os participantes na intervenção. Reforçar seu cumprimento torna-se, portanto, uma prioridade dentro dos três componentes do programa.

17.3.3 Atenção à aliança terapêutica

De um modo geral, o abandono do programa é uma das maiores ameaças à eficácia dos programas de intervenção nos problemas de conduta. Logo, conseguir o envolvimento e a adesão dos pais e professores é uma prioridade para o EmPeCemos. A experiência da equipe Udipre a esse respeito leva-nos a considerar essencial cuidar tanto do primeiro contato com pais, professores e crianças quanto da aliança ao longo da intervenção. Ambos os fatores aproximam novamente o programa EmPeCemos da terapia breve centrada em soluções.

No que se refere ao primeiro contato com os destinatários da intervenção, é crucial reconhecer o valor da entrevista inicial como elemento fundamental para conhecer o problema (ou *queixa*, na linguagem centrada em soluções), esclarecer expectativas e explicitar o *contexto* de intervenção, aspectos esses que, acompanhados da expressão da aceitação e do elogio, são vistos como motivadores em si mesmos (BEYEBACH, 1998). Em geral, pais e professores definem seu problema com as crianças de maneira muito específica e esperam que a intervenção seja focada nesse problema. Surpreendem-se repetidamente quando o programa lhes propõe uma *redefinição* e explica-lhes a necessidade de fomentarem condutas positivas nas crianças em lugar de concentrarem-se exclusivamente no problema que prende a sua atenção.

Outra situação frequente é aquela apresentada por pais e professores que pretendem que se intervenha exclusivamente na criança, convencidos de que o problema reside exclusivamente nela, sendo, portanto, nela que o profissional deveria cuidar de desenvolver seu tratamento. Diante de tais casos, no programa EmPeCemos enfatiza-se o contexto relacional em que a problemática da criança apresenta-se, bem como explica-se como ela responde às interações ocorridas entre diversos sistemas interpessoais, entre os quais o sistema familiar adquire máxima relevância em virtude de seu potencial de geração da mudança. Além disso, da aplicação de um programa em si preventivo decorre a possibilidade de alguns pais e docentes relutarem em envolver-se nele, uma vez que se trata de um produto oferecido[31] e não da resposta a uma demanda. Nesses casos é fundamental trabalhar, na entrevista inicial, no *enquadramento* da intervenção.

Transpor essa ideia ao programa EmPeCemos implica salientar que se trata de um recurso de apoio que poderia ser útil para qualquer família ou escola e que, se estas aceitarem aproveitar a oportunidade que lhes é oferecida e fazer parte dessa experiência, todos os envolvidos poderão obter um benefício especialmente significativo.

Em segundo lugar, para fazer com que as famílias e as escolas permaneçam na intervenção e os progressos esperados sejam atingidos, é fundamental estabelecer uma relação de confiança e cumplicidade com os pais, principalmente, e com os professores. Para tanto, importa *antecipar possíveis frustrações e retrocessos*. Com frequência os destinatários do programa EmPeCemos esperam curas rápidas ou fórmulas mágicas para os problemas das crianças e as dificuldades que elas geram à sua volta. Em tais casos, a prescrição da necessidade de "ir devagar" ajuda a reorientar possíveis expectativas pouco realistas e refrear a frustração inicial dos pais e professores. Por sua vez, essa mensagem oferece o tempo necessário para que seus pontos fortes, a princípio ofuscados pela saturação de problemas que se experimentam, venham à luz e ampliem-se. Por outro lado, ao anteciparmos os possíveis retrocessos nas crianças, considerando-os inevitáveis e explicando que, paradoxalmente, os problemas sempre pioram

---

31. A aplicação de EmPeCemos em um contexto de prevenção requer uma prévia análise explicitamente consentida que obtenha informação de pais e professores. A premissa a se observar na entrevista inicial com pais ou professores é que, com base nessas avaliações e levando em consideração a própria informação fornecida por pais e professores sobre o comportamento das crianças, o programa EmPeCemos é um recurso que ajudará a melhorar a adaptação da criança ao contexto escolar e a fomentar as relações positivas na família, bem como contribuirá para o desenvolvimento na criança de interações satisfatórias com os demais (outras crianças e adultos).

antes de melhorar, permitiremos aos pais e professores – em certa medida – "prevenir-se" dos obstáculos.

Outra ameaça ao envolvimento na intervenção é a *resistência à mudança* que pode manifestar certos pais e professores. Essa resistência resulta de nossa tendência "natural" a desejar manter as fórmulas de funcionamento que nos são mais confortáveis e conhecidas. No EmPeCemos, a resistência costuma se manifestar em coisas como não fazer as tarefas em casa, chegar tarde às sessões, desafiar sempre as colocações do guia etc. A estratégia implementada pelo programa para debilitar essa ameaça é oferecer um *apoio individualizado* no transcurso da intervenção. Além das sessões grupais, pais e professores precisam sentir que sua situação particular e suas necessidades são atendidas. A resposta oferecida é dar apoio individualizado, pincipalmente por telefone, também marcando sessões individuais com as famílias.

17.3.4 O trabalho com exceções e recursos

Por fim, é importante concluir o programa com *confiança e realismo*. No âmbito de que tratamos, o reaparecimento dos problemas é não só possível como também provável; assim, é normal que tanto o desenvolvimento da criança quanto a evolução da vida familiar ocasionem recaídas. A tática a se aplicar para evitar que os retrocessos experimentados pelos participantes impactem negativamente os avanços obtidos é mostrar empatia e transmitir segurança nos recursos de que eles dispõem, perguntando-lhes em que momentos sentiram-se capazes de superar situações difíceis semelhantes e reforçando sua percepção da mudança alcançada.

17.4 Resultados do programa EmPeCemos: avaliação e acompanhamento após sete anos

A avaliação da implementação do programa EmPeCemos tem demonstrado que sua aplicação no contexto escolar é não só viável como também factível e eficaz, uma vez que consegue envolver muitos participantes. O programa tem por foco principal as famílias, nas quais obteve altíssimas taxas de retenção (houve apenas 8,2% de desistência). Um dos fatores essenciais para isso é a percepção dos pais de que o corpo docente do centro educativo em que seus filhos estudam também tem compromisso com o programa e de que se realiza uma intervenção conjunta. Nesse sentido, cabe salientar que a taxa de desistência dos professores tem sido maior (15,2%), embora seu envolvimento tenha sido em geral satisfatório, especialmente se levarmos em conta que o programa somou-se às suas tarefas cotidianas, sem que houvesse nenhum tipo de incentivo externo. Verificou-se também que a aceitação e a satisfação com a intervenção atingem níveis muito positivos em pais, professores e crianças. Dessa forma, EmPeCemos mostra ser um programa bem-aceito, culturalmente pertinente e percebido como útil pelos participantes (ROMERO *et al.*, 2009).

Os efeitos do programa no curto prazo foram examinados num projeto pré-pós com grupo controle (ROMERO *et al.*, 2013) que mostrou a capacidade do EmPeCemos para melhorar a qualidade das interações familiares e as práticas educativas (maior uso de elogios, persistência na aplicação de reforços, supervisão, diminuição de práticas punitivas), fomentar as habilidades cognitivo-sociais das crianças (capacidade de identificar emoções, resolução de problemas, habilidades sociais) e melhorar a autoeficácia dos professores na hora de enfrentarem situações problemáticas. Ademais, o programa mostrou seus efeitos de mitigação dos problemas de conduta perturbadora (problemas relacionados com a atenção, condutas impulsivas, comportamentos negativistas-desafiadores) que se verificam tanto na escola como no contexto familiar.

Finalmente, um acompanhamento feito sete anos após a intervenção mostrou que os efeitos positivos do programa persistiam no longo prazo (ROMERO *et al.*, 2016). As crianças que participaram da intervenção apresentavam, na adolescência, não apenas menores níveis de problemas de conduta como também menor relacionamento com outros adolescentes problemáticos, mais habilidades sociais e comunicativas, bem como menor envolvimento em condutas de consumo de drogas. Esses resultados mostram que uma intervenção multicomponente coordenada nos problemas de conduta precoces pode não só resolver os problemas no curto prazo como também prevenir estilos de vida problemáticos ao longo do desenvolvimento infantil e adolescente (LÓPEZ-ROMERO; ROMERO; VILLAR, 2016).

O programa EmPeCemos mostrou-se aplicável em nosso contexto e eficaz para intervir nos fatores envolvidos nas trajetórias de alto risco. A qualidade do projeto do programa, de sua implementação e da avaliação fez com que, em 2009, o EmPeCemos fosse incluído na base europeia Eddra com a máxima pontuação de qualidade[32].

---

32. O portal Best Practice da base europeia Eddra foi criado pelo European Monitoring Center of Drug Addiction (EMCDDA) para divulgar as intervenções que funcionam e as que não funcionam na Comunidade Europeia para a prevenção dos problemas de conduta graves e do abuso de drogas. A informação oferecida a respeito do programa EmPeCemos encontra-se no seguinte link:
https://www.emcdda.europa.eu/best-practice/xchange/empecemos-lets-start-indicated-prevention-programme-children-early-onset-conduct-problems-their-families-and-teachers_en.

18

The Good Boys
Salvos da expulsão

*Hans Pier Jara Iglesias**

"Doutor, queremos que avalie três garotos e faça um relatório que permita expulsá-los do colégio, não dá mais para tolerá-los, parecem criminosos." Eis o que me pedia a direção de um centro educativo, quase de supetão, quando eu iniciava minha vida profissional como psicólogo, acerca de três estudantes (homens) da última série do ensino médio, acrescido de uma frase que ainda ressoa em minha mente: "São como maçãs podres que já estão contagiando outros". Escutei com atenção e quis entender essas palavras da melhor maneira possível, pois elas certamente refletiam frustração, impotência, aborrecimento, desespero.

Gerardo, William e Carlos eram três adolescentes de 16 anos que cursavam a 5ª série do ensino médio, último ano de estudos no colégio. Gerardo era magro, alto, de pele branca e olhar desafiante; William era robusto, branco, alto, com olhar de menino curioso; Carlos era de estatura média, pele escura, magro e de olhar irrequieto. Eu os conhecera um ano antes, percebia-se a afinidade entre eles, e não parecia fácil conquistar sua confiança. Assim respondi ao pedido do relatório:

---

* Psicólogo e psicoterapeuta em prática privada e diretor do Centro Latino de Terapia Breve Centrada em Soluções em Trujillo, Peru. hans.jara.iglesias@hotmail.com

HANS: O que eles fizeram?

DIREÇÃO: Nossa... Comportam-se mal nas aulas, não deixam os professores lecionarem, "mobilizam" (influenciam) os colegas para não prestarem atenção às aulas e fazem *bullying*.

H: Sei... Ok, mas acho que fazer um relatório para expulsá-los é perigoso e precipitado.

D: Não! Eles têm que ir embora.

H: Existe a possibilidade de que, se os expulsarmos, eles façam uma denúncia... Isso foi levado em consideração? (*tentando dissuadir e lançar minha proposta*).

D: Na verdade, não. Mas não há nada que se possa fazer.

H: Vocês poderiam me dar um mês para trabalhar com eles e, se não houver mudanças, a gente faz o relatório?

D: Não creio que você possa fazer alguma coisa...

H: Apenas um mês, depois me comprometo com a questão da avaliação.

D: Não acredito, mas tudo bem.

H: Ok! Preciso que eles saiam da aula uma vez por semana, de uma matéria em que não tenham nota ruim, para reunir-se comigo na sala de psicologia.

D: Ok, vou autorizar isso.

H: Obrigado!

D: Vai precisar de sorte...

Confesso que eu não sabia ao certo o que fazer, mas tinha ideias na cabeça a sustentar meu sutil desafio de não fazer o relatório: "a mudança é inevitável"; "nem sempre os problemas acontecem"; "tudo tem solução"; "será que eles concordam com o que se diz deles?" e mais algumas.

Fui em busca dos alunos para conversar com eles. Esperei o recreio para falar com cada um num contexto descontraído; de mais a mais, eu contava para isso com um aceitável grau de confiança com eles, tanto que um deles me chamava de "Dr. Haaans", brincando com a analogia com o Dr. House, o que eu achava muito engraçado. Fiz a mesma pergunta a todos os três:

HANS: Olá, William. Você se incomodaria em ir ao meu escritório na hora da aula de religião? Preciso da sua ajuda.

WILLIAM: Claro que não, doutor, mas... as duas horas de religião!

H: Acho que não, mas vamos ver...

HANS: Carlos, por favor, você se incomodaria em ir ao meu escritório no período de religião? Preciso da sua ajuda.

CARLOS: Não, doutor. Quem precisamos matar? (*risos*). É brincadeira.

H: (*risos*) Lá eu falo... A gente se vê depois.

HANS: Gerardo, tudo bem?

GERARDO: Tudo, doutor.

H: Uma pergunta: você se incomodaria de ir ao meu escritório na hora de religião? Preciso da sua ajuda.

G: O que houve, doutor?

H: Nada complicado. Você vai poder?

G: Posso sim, doutor.

H: Combinado, a gente se vê.

Eu ainda pensava em como gerar a conversa e o que fazer. Era um desafio, apesar da confiança instaurada; eu sentia que desejava ser honesto com eles e ao mesmo tempo suscitar sua maior cooperação. Um desafio e tanto.

Ao informar a direção de que eu tinha o compromisso de fazer os "garotos maus" participarem do grupo de conversa semanal, aconteceu um fato anedótico e importante, pois me disseram o seguinte: "Doutor, o senhor acha que podemos incluir mais quatro garotos antes que a situação se complique e eles se comportem como esses da 5ª série?" "É claro que sim!", respondi, porque senti que já havia algo diferente, que talvez se começasse a perceber a "pequena mudança". O desafio começava a ficar mais interessante, e eu continuava pensando em tomar cuidado com a "postura de ir um passo atrás" e recordar que eu representava o sistema escolar, o que poderia ser uma desvantagem na relação de cooperação com os garotos.

Como conversar com eles sabendo que contam com recursos, sem esquecer que suas práticas às vezes são perigosas? Como conversar com eles sem encará-los como problemáticos ou agressores? Como conversar com eles sem pensar no desafio a que eu próprio me expusera? A resposta: ter respeito, confiança e carinho e manter a curiosidade.

Esclareço que o que vou desenvolver aqui tem mais a ver com as conversas que tiveram a participação de Gerardo, Carlos e William do que com aquelas que envolvem os demais participantes do grupo. Tomei essa decisão porque foram eles que estiveram na lista de expulsão, não por considerar menos importante a contribuição dos outros garotos, mas porque entendo que os garotos de 5ª série estavam numa situação difícil e que poderia ser de mais utilidade para os leitores deste texto.

18.1 De hoje em diante todos contaremos piadas... e falaremos de exceções

A primeira reunião foi um encontro mais do que agradável e inquietador. Fui em busca dos sete garotos, sala por sala. Encontrei garotos tensos, risonhos, piadistas, irrequietos, curiosos, alertas e com certa atitude de vergonha, com uma imprecisa pergunta: por que só eles? O início da conversa foi do seguinte teor:

HANS: Vejam, rapazes, é bem verdade que eu os convidei para esta reunião e lhes dei alguma ideia sobre ela, mas vocês têm alguma outra curiosidade?

GRUPO: Não.

H: Ok, em princípio, a ideia destas reuniões é saber o que desejam que seja diferente para cada um de vocês no colégio e saber como posso ajudar, no que me cabe, para que o olhar dos outros sobre vocês seja diferente e um pouco mais positivo. Finalmente, quero que saibam que vou fazer um trabalho muito respeitoso, que tudo o que aqui se falar com respeito e intuito de apoiar aqui ficará aqui, a menos que se trate de algo que ponha em risco o grupo ou a comunidade do colégio; todos conversaremos e nos escutaremos, lembrando que não tenho a razão absoluta e que minha opinião é mais uma dentro do grupo. Nos reuniremos uma vez por semana durante seis semanas. Concordam?

GRUPO: Sim!

Em seguida, todos nos apresentamos e falamos das coisas que nos agradam ou nos agradam mais, como jogar futsal, navegar na internet, sair com a galera, ver televisão, ler e ir a festas de 15 anos. Joguei a pergunta:

H: Eu que convidei vocês, mas do que vocês gostariam de falar hoje?

G: (*Silêncio*)

H: Então sabemos fazer silêncio... Mais alguma coisa? (*em tom brincalhão*).

GERARDO: Contar piadas... Hehehe!

H: Hehehe!

GRUPO: Hehehe! (*Entre olhares de surpresa*).

H: Tudo bem, é uma boa ideia, mas todos temos de contar uma piada... Eu conto no final. Quem começa?

G: É sério, doutor?

H: É sim, Gerardo. Que tal você começar?

Contar piadas foi uma coisa inesperada, pelo menos não tinha sido planejado; contudo, foi útil para entrar em sintonia com eles e seus sistemas de referência e gerou conforto, um clima ameno, cooperação, cumplicidade e vínculos de horizontalidade com quem supostamente conduzia o grupo. Após a rodada de piadas foi mais fácil falar sobre a questão principal: por que eles estavam lá?

H: Então, do que vamos conversar agora? Por que vocês estão aqui?

CARLOS: Hehe... Por que nos comportamos mal?

H: Como assim, Carlos?

C: Não obedecemos aos professores, saímos da sala de aula, incomodamos os colegas...

G: Mas nem todos eles.

H: Ah! Já estou entendendo...Quer dizer, fazem coisas como não fazer anotações, resolvem fazer outra coisa em vez de aquilo que os professores indicam e, às vezes, incomodam alguns colegas... É isso?

G: Sim, doutor...

H: Certo... Chamou-me a atenção, Gerardo, você dizer que não incomodam todos... Então há alguns colegas que vocês não provocam, é isso?

G: Sim, doutor, não incomodamos todos...

H: Entendi... Aliás, como é que fazem para não incomodar os demais colegas?

Começavam a surgir *exceções*, o tesouro do trabalho da terapia breve centrada em soluções, uma mensagem de que eles não eram um problema e seu agir não era constante quanto ao "problema". Seria preciso estar mais alerta para poder percebê-lo e atentar para ele. Aquilo em que se confiava começava a aparecer, e cabia centrar o foco naquelas ações, como faria um diretor de iluminação num teatro durante uma cena importante e crucial – aqui uma ação a abordar como eles sabiam o que fazer e como "incomodar menos" ou, ainda melhor, "respeitar mais".

As piadas, longe de serem uma suposta perda de tempo, criaram um espaço importante para a cooperação, para que, aos poucos, pudessem surgir relatos dos momentos (e a respeito deles) em que os problemas não se apresentavam, onde era preciso fazer o trabalho de um "arqueólogo do sucesso" e examinar com cuidado aquelas peças importantes que tinham de ser cuidadas e "descobertas" na conversa com eles. Isso contribuiria para que eles se vissem com outra perspectiva e que pudéssemos conversar não sobre um problema, mas sim sobre as coisas que poderiam fazer com que eles fossem posicionados de outra maneira e gerassem uma imagem diferente perante quem os chamava de "maçãs podres".

"Se funcionar, faça mais do mesmo." Então, vamos pôr mãos à obra. Se as piadas haviam sido tão úteis, não se utilizar delas teria significado não só abandonar um aspecto útil como também renunciar à possibilidade de continuar a gerar a cooperação e o espaço de conhecer aquilo que eles desejavam atingir para seguir dizendo: "Podemos fazer as coisas de um jeito melhor". Logo, ao finalizar a primeira reunião, concordamos que, para continuar participando das reuniões, teríamos de trazer uma piada, "de qualquer tipo", para iniciar as sessões. Além disso, propus o seguinte: "Eu também gostaria que vocês pensassem no que pensam e como fazem para respeitar seus demais colegas".

18.2 Milagres acontecem?

A segunda reunião começou como ficou combinado: com as piadas. Reconheço que era um momento muito agradável, pois comecei a reparar que os garotos trouxeram piadas "mais respeitosas", talvez até "elegantes", por assim dizer. Isso já fazia uma diferença importante, que aliás eu fiz questão de ressaltar:

HANS: Devo admitir que as suas piadas me surpreenderam, gostei delas, pois percebi vocês engraçados de forma respeitosa. Muito boas piadas, garotos.

WILLIAM: Com certeza, doutor...

Eu tinha pensado em conversar com eles sobre a pergunta milagre. Mesmo sem saber o que aconteceria nem como eles iam responder, era claro para mim que manter a atitude da primeira sessão era importante, uma vez que tínhamos começado a tecer a rede de cooperação.

A pergunta milagre não é uma aplicação de uma única pergunta, mas sim a construção dessa pergunta com base nas respostas de nossos interlocutores. Portanto, é preciso gerar um clima apropriado para sua recepção e seu "sucesso", especialmente no caso de adolescentes:

HANS: Muito bem, garotos, agora eu gostaria que pudéssemos fazer um exercício de imaginação e depois conversar. Vocês concordam?

G: E a tarefa que o senhor nos passou?

H: É mesmo! Podemos ver isso antes de terminar esta reunião?

GRUPO: Sim.

H: Ok! Então vamos para o exercício de imaginação. Vamos precisar ser respeitosos entre nós, contribuir com tudo o que pudermos imaginar. Talvez seja mais difícil para uns do que para outros, o importante é fazermos nossa melhor tentativa... Estamos de acordo?

GRUPO: Sim!

H: Ok, vamos nessa. Primeiro sugiro fechar os olhos, quem tiver dificuldade nisso pode olhar para um ponto que não o distraia. Agora deem licença para sua imaginação fazer o melhor trabalho possível para vocês. William, também confio em você (*estava um pouco inquieto*). Então, agora imaginem que nossa reunião de hoje acabou. Vocês voltam para sua sala de aula, para a mesma aula da semana passada, talvez pensando neste exercício. Ao saírem do colégio vão para casa, lá encontram alguém, almoçam, talvez depois troquem de roupa e se disponham a fazer suas coisas, seu dever, a ajudar em casa ou o que tiverem a fazer. Já vai ficando de noite e vocês se preparam para descansar. Quando se deitam, vocês se lembram mais uma vez deste exercício e, enquanto dormem profundamente, ocorre um milagre... Vocês não precisam fazer nada, os milagres acontecem sem quê nem pra quê... Desaparecem as dificuldades que tinham aqui no colégio. O que seria diferente amanhã ao acordarem? Qual seria o primeiro sinal de que esse milagre aconteceu?

GRUPO: (*Silêncio*)

WILLIAM: Doutor, desculpe, mas milagres acontecem?

H: Boa pergunta, William. Há quem diga que sim e quem diga o contrário; mas aqui é um exercício de imaginação. Então, o que seria diferente amanhã?

W: Ora, não me repreenderiam, eu ficaria mais tranquilo...

H: Claro, parece bom! Wiliam, posso perguntar mais uma coisa?

W: Pode sim...

H: O que você faria primeiro depois de se levantar?

W: Bem... Eu acordaria com mais tempo para vir para o colégio, cumprimentaria minha mãe e meu pai...

H: Parece bom. O que mais?

W: Tomaria o café da manhã, pois quase nunca tomo, porque me levanto em cima da hora, brigam comigo, eu fico zangado e saio sem tomar o café...

H: É mesmo? Continue...

W: É sim, eu chegaria cedo no colégio. Não marcariam nada na caderneta de controle, não me mandariam fazer prancha, então eu entraria tranquilo na sala de aula.

H: Veja só! Tanto assim? Isso soa realmente como "um milagre" (*fazendo com as mãos o gesto de aspas*); quero dizer, as pessoas do colégio falariam isso. Você não acha?

W: Talvez...

H: William, quem mais repararia nisso que você está me contando?

W: Minha irmã (*a irmã estuda no mesmo colégio e está na mesma série*).

H: Como assim, William?

W: É que, quando eu chegava tarde no colégio e era repreendido, ela não gostava, às vezes até brigava comigo; ela ficaria mais tranquila... Talvez não passaria vergonha por ser minha irmã...

H: Parece bastante razoável. Daqui a pouco volto com você, William. Ok, mais alguém?

CARLOS: Eu também teria um dia diferente.

H: Diferente como?

C: Eu também tomaria o café da manhã... Chegaria cedo...

H: Conte isso com mais detalhe, se puder.

C: Pois é... Eu chegaria mais cedo no colégio, teria tomado o café com minha mãe antes de ela ir trabalhar. No colégio, a moça da porta diria "Carlos, que milagre!".

H: Ela acredita em milagres (*risos*). Desculpe, piada ruim... Continue, Carlos.

C: Também entraria tranquilo na sala, sem estar suado pelos exercícios, quando a gente chega tarde. Não olhariam para mim como para alguém que faz coisas erradas...

H: Onde?

C: Em aula...

H: Em vez de olhar para você como alguém que faz o mal, como olhariam?

C: Com surpresa, como se fosse alguém diferente.

GERARDO: Como se tivessem trocado seu chip...

(*Todos sorrimos ou rimos*)

H: E é ruim que o chip mude a gente?

C: Não, talvez sirva para ter outra imagem...

H: Como assim "outra imagem"?

C: Para que não olhem para nós como se fôssemos o pior do colégio.

H: Certo, e em vez disso...

C: Como alunos comuns, que também podem fazer coisas boas...

H: Como quando jogam futebol pelo seu colégio?

C: Isso.

H: Poxa, o que vocês estão contando parece muito bom. Alguém mais topa contar o que aconteceria amanhã?

Tudo o que ocorreu após a pergunta milagre foi surpreendente para mim; estava bastante claro para eles como fazer diferença com seu comportamento e de que maneira fazer alguma coisa para sua "imagem" ser mais aceita, não só em casa como também no colégio. Comecei a me perguntar quão diferente teria sido se alguém tivesse tido interesse em escutá-los; como era útil escutar a voz deles; o que diriam aqueles que os tacharam de "maçãs podres" se os escutassem. Tive muita esperança e falei isso para eles. Também elogiei tudo o que tinham manifestado após o milagre, compartilhando com eles a minha surpresa por tudo o que sabem sobre ter uma "melhor imagem", bem como que estava muito curioso por ver a cara de quem achava que eles não iam mudar no colégio, quando a partir do dia seguinte começassem a ganhar uma "melhor imagem".

Foi uma sessão na qual se respiraram otimismo e esperança. Talvez o fato de olhar para aqueles alunos como pessoas com habilidades para além da suposta imagem que eles tinham, pensar que "os problemas nem sempre se apresentam" e manter uma atitude normalizadora e sem patologização tenha encorajado esses rapazes a consentirem e gerarem possibilidades após a pergunta milagre.

18.3 Um nome para o grupo

Na terceira reunião, William, Carlos e Gerardo mostraram mudanças interessantes e inesperadas, que ampliei e salientei de maneira que eles pudessem assumir o protagonismo. Os demais garotos também apresentaram mudanças. Como você teve essa ideia? Como você conseguiu que se dessem conta dessa mudança? Como acha que sua irmã se sentiu ao ver que você ia conseguindo uma "melhor imagem"? Quem terá se dado conta de que você está chegando cedo ao colégio? – foram as perguntas que, entre outras, utilizei para ressaltar as mudanças. O mais significativo momento se deu quando Gerardo fez a seguinte proposta: "E se a gente der um nome a este grupo?". Ressaltei que era uma boa sugestão, e o grupo todo concordou. A ideia era que, se eles começavam a ter uma "melhor imagem", o grupo também deveria ter um nome condizente com isso. Concordei e sugeri que até a próxima sessão eles trouxessem três propostas para nomear o grupo. Encerrei a reunião com elogios pelo bom trabalho realizado, pelas ideias que haviam surgido e pelo desejo de dar um nome ao grupo, compartilhando minha curiosidade quanto aos nomes que eles trariam.

18.4 *The Good Boys*

Ao iniciarmos a quarta sessão com as já costumeiras piadas, combinamos dedicar a primeira hora a conversar sobre as coisas que haviam melhorado ou tinham se mantido, para depois falar e escolher o nome. Para minha surpresa, depois de termos conversado sobre o que foi melhor e 30 minutos antes do fim da reunião, William tomou a palavra: "Doutor, o grupo já tem um nome, a gente se reuniu no sábado depois do ensaio da banda e chegou a um acordo: o nome é *The Good Boys*". Parabenizei-os pela iniciativa e admiti a minha surpresa; reconheci que no início do grupo tive algum receio pelo que poderia acontecer, já que realmente queria ser de ajuda para eles e percebia que eles também tinham me ajudado. Em seguida, eu disse:

HANS: Hoje terei uma reunião com a direção para falar sobre os progressos e, embora tenha combinado com vocês que seriam seis reuniões, pedi a eles que me dessem um mês e acredito ter condições de ressaltar as mudanças que ocorreram por meio de vocês. E quero agradecer-lhes porque percebo que, ao apostar em vocês, vocês também apostaram no meu trabalho. Muito obrigado, *The Good Boys*, a gente se vê semana que vem.

Saí da reunião com os alunos e fui falar diretamente com a direção do colégio, pedindo que o assistente de educação e o tutor da sala de aula de William, Carlos e Gerardo fossem convidados para a reunião. Então, todos reunidos, tomei a iniciativa:

HANS: Gostaria que, por gentileza, vocês me dissessem o que notaram de diferente, em especial em William, Gerardo e Carlos.

TUTOR: Estou realmente surpreso, já que nas últimas três semanas não ouvi queixas de seus colegas nem de outros tutores a respeito deles, talvez algum atraso, mas fora isso nada que me preocupasse. Aliás, já acabaram as reclamações de séries inferiores.

H: O que se diz deles agora ou o que você poderia dizer deles?

T: Que estão mudando. Não sei se isso vai durar, mas estão mudando, sim, até o Carlos agora chega mais bem arrumado, com o uniforme do colégio completo. Fiorella (*irmã de William*) agora se senta ao lado dele e junto a Gerardo, suas notas têm melhorado.

H: Obrigado, professor. (*Ao professor assistente*) Professor Júlio, o senhor poderia me dizer o que notou neles?

PROFESSOR ASSISTENTE: De fato, tenho visto coisas novas, mas não sei se estão mudando verdadeiramente ou se estão fazendo isso porque sabem que podem ser expulsos...

H: Talvez... Mesmo assim, eu gostaria de saber o que o senhor notou...

PA: Veja, agora eles chegam mais cedo, e nas três últimas semanas não precisei mandá-los pular, fazer prancha ou correr no pátio nem, claro, marcar nada no cartão de controle.

H: Mais alguma coisa, professor?

PA: Sim, agora usam o uniforme como corresponde, completo e limpo. Até cortaram o cabelo, não do jeito que deveriam, mas não tão comprido.

H: O senhor chamou a atenção deles para essas coisas que está mencionando?

PA: Ao William, sim. Aos outros, não.

H: Que disse o William quando o senhor falou sobre isso?

PA: Ele disse "Beleza, professor".

H: Sra. Martha e Sra. Gissela, o que pensam sobre o que os professores estão dizendo?

SRA. GISSELA: Estou verdadeiramente surpresa, o senhor parece ser mágico, não psicólogo.

(*Risos*)

H: Não acho que seja eu... o trabalho mais forte foi dos garotos.

SRA. G: Pode ser, mas quero dizer que foi o senhor quem os reuniu e falou com eles.

H: A senhora acredita agora que seria preciso um relatório para expulsá-los do colégio?

SRA. G: Se continuarem a se comportar assim, acho que não. Por que expulsá-los se se comportam direito?

H: Ok! E você, Sra. Martha?

SRA. MARTHA: Na verdade, eu preferiria que eles terminassem a terapia e, depois de um mês, fosse verificado se as coisas seguem como estão até agora.

H: É uma boa estratégia. E qual a sua opinião sobre as mudanças observadas pelos professores?

SRA. M: A mesma, que está muito bem e que é assim que eles deveriam se comportar sempre. Porque aqui devem vir para estudar, não para portar-se mal...

H: Concordo com a senhora. Sendo assim, o que acha que podemos fazer, como colégio, para eles encontrarem condições para se comportarem como nas últimas semanas ou até melhor?

SRA. M: Acho que devem terminar a terapia, que os professores não devem lhes permitir fazer o que bem entendem e que, talvez, seria bom falar com seus pais e suas mães...

H: Parece razoável. Posso fazer um pedido?

SRA. M: Claro, doutor, pode falar...

H: Estou pensando em, talvez na última sessão, daqui a duas semanas, entregar a eles algo assim como um diploma pelo que conseguiram. A gente se reúne na sala de psicologia, e a senhora e Gissela entregam esses diplomas. O que acha?

SRA. M: O senhor sabe pedir mesmo... Mas tudo bem, doutor.

H: Obrigado. Finalmente, eu gostaria de sugerir, se estiver dentro de suas possibilidades, que ao longo dessas duas semanas ajudemos a salientar para os garotos as mudanças que estão conseguindo, em especial vocês, professores. Quanto ao mais, agradeço o apoio de vocês.

A quinta sessão transcorreu com a participação do grupo completo. Continuamos a ampliar e atribuir controle sobre as mudanças obtidas, como ajudar a promover o respeito aos alunos mais novos do colégio, chegar cedo, de maneira que *The Good Boys* começou a ter melhor imagem e até boa fama e que seu cartão de controle estivesse já há um mês sem marcas.

18.5 Do milagre à surpresa

Para a última sessão preparamos os diplomas, em segredo, embora essa não fosse a única surpresa, aliás uma surpresa também para mim. A direção do colégio convocara as mães e os pais dos garotos, solicitando-os a escreverem uma carta de parabenização por aquilo que eles haviam conseguido nas últimas sessões. Isso gerou um clima bastante emotivo e otimista no grupo, e o fato de os diplomas virem acompanhados das cartas dos pais e das mães fez enorme diferença. Confesso que me senti comovido, sem dissimular diante deles, já que em algum momento falamos também de como poderia ser útil nos mostrarmos emotivos, de como isso é inerente a todos.

Os diplomas foram preparados conforme o que os alunos tinham conseguido de maneira individual e grupal, reconhecendo-se também o esforço de todos eles em cada uma das suas ações. Antes de compartilhar entre todos, pedi aos três alunos uma lista das coisas que haviam sido úteis para eles durante o processo das conversas; eis a lista:

- Milagres existem.
- Foi bom que alguém nos ouvisse.
- Obrigado por acreditar em nós.
- Sempre podemos mudar.
- Sempre podemos ser melhores.
- Formamos como que um grupo de irmãos.
- Nossos tutores nos disseram que estamos mudando.
- Confiaram em nós.

- Existia um grupo de terapia.
- Conversamos sobre o que podemos mudar.
- Fazer listas de nossas mudanças.
- Parabenizarmo-nos entre nós.
- Saber que temos talentos.

A lista denota a importância de ter posicionado o grupo com base numa perspectiva positiva e não patológica, que mostra a identidade que eles geraram e coconstruíram, bem como a oportunidade de gerar um espaço para refletir e não acusar, para desconstruir e não afirmar, para rir, para nos conhecermos e apoiarmos.

18.6 Reflexões

18.6.1 Se algo não dá certo, faça algo diferente

Este princípio é útil não só na terapia de família, mas também em qualquer contexto e lugar no qual tenhamos a oportunidade de nos relacionarmos, inclusive quando se trata de um colégio. Foi um princípio que orientou meu trabalho, sobretudo em face de "faça um relatório para expulsá-los". Esse princípio não é uma panaceia, mas sim um convite que nos desafia a ir além do que às vezes parece ser uma "realidade tangível".

18.6.2 Todas as pessoas têm recursos... inclusive os adolescentes

Contrapor-se ao discurso de que eles se "comportam desse jeito porque são adolescentes" era preciso, até mesmo quando se tratava do aspecto biológico. Isso me lembra a *posição ateórica* a se levar em consideração, que Insoo Kim Berg (BERG; MILLER, 2002, p. 38) sustenta, a respeito do trabalho da terapia breve centrada em soluções: "Simplesmente, aceita-se a visão do paciente em seu significado literal!". Encontrar essas *pedras preciosas* em sua vida permitiu a esses garotos se reconhecerem para além da culpabilização e da punição, uma identidade plena de possibilidades e esperança.

18.6.3 Um passo atrás

Fazer as vezes de especialista nesse contexto teria significado um movimento inoportuno no tabuleiro de xadrez que começou a se configurar quando solicitei à direção do colégio um mês para provocar alguma mudança. Com a postura de seguir "um passo atrás", pude aproximar-me dos alunos com respeito, tolerância, paciência, engenhosidade, criatividade, curiosidade por sua vida e suas realizações, carinho e solidariedade. Talvez não se ensine nada disso na faculdade, mas é de suma importância aplicar essas habilidades ao trabalho com as pessoas, neste caso com adolescentes.

18.6.4 Um arqueólogo do êxito

Sempre chamou minha atenção o fato de que nós que trabalhamos com base nas ideias centradas em soluções podemos apropriar-nos da metáfora ou do papel de um arqueólogo, de alguém que se reveste de muita paciência e otimismo. Com efeito, para exercer esse trabalho é preciso ter paciência e otimismo, bem como conjugá-los com a atenção, uma atenção muito direcionada a descobrir as exceções, esse momento bem-sucedido na vida das pessoas, quando elas não são vistas como um problema ou parte do problema e sim como parte da solução, como alguém que sabe o que fazer e como fazer para construir a sua própria alternativa de solução. No trabalho com exceções, "o exotismo abre caminho com suavidade através do véu das coisas familiares" (GEERTZ, 1989, p. 83); trata-se de salientar essas exceções com perguntas que permitam obter mais detalhes de como elas foram conquistadas e sobre seu significado.

Por fim, entendo que é importante formular algumas perguntas:

- O que teria sido diferente se eu tivesse aceitado o desafio de avaliar os três alunos e depois redigir relatórios?
- Que diferença seria obtida se eu tivesse aceitado a ideia de que eles não sabiam o que fazer de suas vidas?
- Que efeitos eu teria causado neles se os olhasse como "maçãs podres"?
- A que nos convidam os alunos nos colégios?
- Como psicólogos, docentes, tutores e demais, qual é nossa missão nas escolas?
- Que diferença pode decorrer de escutarmos a voz dos estudantes?

19

Uma tutoria epistolar centrada em soluções

*Marian Casarrubios**

19.1 O ponto de partida

No Instituto Antonio Gaudí de Madri, fui incumbida, para o ano letivo de 2011-2012, da tutoria de um grupo de 2ª série do ensino médio de ciências. Não havia um período letivo destinado à tutoria com o grupo. Era preciso adicionar uma hora a seu horário, das 14h20 às 15h15. Nesse ponto os alunos já sentiam, desde o início, uma exigência excessiva, estando atarefados com o trabalho e os exames. Ficar mais uma hora na escola implicava um esforço acrescido que eles cumpriam a contragosto. Essa era uma dificuldade inicial.

O grupo era formado por 30 estudantes, 18 garotos e 12 garotas. Esperava-se que, no que tange ao estudo e ao aproveitamento, o grupo fosse bom, tendo em conta os resultados do curso anterior. Uma vez que eram 30 alunos, não era possível fazer um trabalho direto, aluno por aluno, com entrevistas personalizadas. Portanto, a tarefa de tutoria teria de ser elaborada em dois planos:

---

* Psicopedagoga e professora do Instituto Antonio Gaudí de Madri. mariancasadiaz@gmail.com

• Um plano individual: uma interação baseada principalmente em material escrito e, apenas quando a situação demandasse, uma conversa direta com o aluno.

• Outro plano grupal: aqui eu abordaria assuntos de interesse geral no grupo-turma, conversando com o grupo como um todo.

19.2 A primeira carta

Realizei uma primeira "intervenção" na qual colhi informação na primeira ficha que os alunos costumam preencher ao começarem o curso. Pensei em não solicitar apenas informação sobre seus dados pessoais e de sua família, ou aqueles que diziam respeito a sua vida acadêmica prévia, por exemplo, se haviam repetido ano ou tinham matérias pendentes. Entendi que seria conveniente iniciar o curso propondo uma projeção de futuro, começar com uma pergunta semelhante à pergunta milagre elaborada por De Shazer (1991), adaptada à situação em que os alunos se encontravam: um início de aulas com um horizonte final de encerramento de ano letivo e de ciclo, e de abertura das portas de ensino superior, talvez da universidade. Resolvi situá-los desde o primeiro instante nesse momento final de seu sonho alcançado, o sonho que tinham fantasiado ao vê-lo realizado em colegas anteriores, em irmãos, em amigos.

Poderia ser interessante que no primeiro dia de aula da última série que cursariam eles se vissem já no último dia; todavia, ver-se como? Logo, era preciso perguntar-lhes, de modo a partir de seus próprios objetivos e colaborar com eles, em lugar de impor-lhes ou pressupor objetivos valendo-me da minha posição de professora ou tutora. Era evidente que, para uns, o sonho seria apenas ser aprovado em tudo, ao passo que para outros isso seria um fracasso, já que aspirariam a obter excelência em todas as matérias, até mesmo 10 com menção elogiosa. Portanto, redigi a primeira pergunta como segue:

1. Imagine que já é 21 de maio e... os exames finais acabaram! Você está exultante porque conseguiu exatamente o que desejava, concretizou seus sonhos. Conte com todos os detalhes

o que se inclui nesse sonho, com o máximo de precisão que puder, mas também com certo realismo.

Interessava-me também que os estudantes percebessem quais eram os obstáculos com que se deparariam no caminho para alcançar essa meta, porque assim seria mais fácil reconhecê-los quando topassem com eles, e fazer um trabalho com passos intermediários no modo de abordá-los. A segunda pergunta focou esses obstáculos. Se comparados com uma situação de psicoterapia, os obstáculos equivaleriam ao problema exposto pelo cliente. Esta foi a segunda pergunta:

2. Qual é, a seu ver, o principal obstáculo para atingir esse objetivo?

A terceira pergunta, que na verdade reunia uma série de perguntas, referia-se ao momento em que o problema já não existe, isto é, o obstáculo já foi superado. Trata-se de ressaltar aquilo que então seria diferente:

3. Pense que esse obstáculo já desapareceu. O que você se vê fazendo? Quem percebe a mudança? Que outras coisas mudaram?

Em seguida, introduzi perguntas de escala. Em *Words were originally magic* (1994), De Shazer refere-se a elas como entidades livres de conteúdo, aplicáveis a qualquer material, uma vez que quem as propõe não precisa compreender exatamente o que a pessoa entende por qualquer dos números da escala, por exemplo, 3 ou 5. Basta que o número faça sentido para a pessoa a responder e que isso lhe sirva para chegar a uma solução. As escalas têm a virtude de tornar concreto e real o que é confuso e amorfo (DE SHAZER, 1994). E a essa indubitável utilidade há de se acrescentar que elas motivam, alentam, dividem o caminho em objetivos abordáveis e ensejam soluções. As perguntas 4, 5 e 6 representam uma escala de avanço:

4. Numa escala de 1 a 10, onde 10 é quando você já superou essa dificuldade e 1 é o momento em que ela se apresentava com maior intensidade, em que ponto você está agora? Qual o significado dessa pontuação?

5. O que seria estar um ponto mais acima?

6. O que você poderia fazer para aumentar esse ponto?

Elaborei as perguntas seguintes de modo a explorar recursos, habilidades e pontos fortes com os quais os estudantes já contavam. A terapia breve centrada em soluções baseia-se no fato de todos nós possuirmos capacidades, destrezas que às vezes não percebemos e que, se as trouxermos à tona, podemos aplicar para resolver nossas dificuldades (o "princípio de utilização", de Erickson). Por outro lado, falarmos de nossos pontos fortes nos dá confiança e estímulo:

7. Relate alguma ocasião em que você se deparou com uma situação difícil e foi bem-sucedido(a). Como você conseguiu? Quais de suas capacidades ajudaram nessa situação?

8. Que recursos seus você pode utilizar nessa ocasião?

9. Duas tarefas fáceis para ir devagar rumo a essa subida de um ponto na escala...

10. Escreva o que você quiser.

A última pergunta é uma que eu sempre incluo em qualquer questionário destinado a meus alunos, inclusive nos exames. Deixo-os totalmente livres para expressarem o que desejam, pois há a possibilidade de que não lhes tenha perguntado o que para eles é importante, relevante, interessante ou simplesmente esperado.

As primeiras reações em face dessas perguntas foram interessantes: os alunos se mostraram surpresos, riram, fizeram diversas exclamações, com uma certa inquietação. Todos responderam com bastante sinceridade. Ao terminar, uma aluna ousou perguntar:

ALUNA: Você vai lê-la?

MARIAN: É claro... Você estranha isso?

A: Acho estranho tanto interesse de uma professora...

Acredito que uma boa porcentagem dos professores tem sincero interesse em seus alunos, mas os alunos não o sabem. Com as perguntas acima, essa realidade se evidenciou claramente para eles, o que me pareceu importante, uma vez que, se atentarmos para os estudos sobre a efetividade das terapias, seu efeito deve ser atribuído em parte a aspectos de relação entre terapeuta e cliente, bem como ao interesse e à proximidade demonstrados pelo terapeuta. Isso acontece também na relação professor-aluno.

19.3 Primeira avaliação

Ao fim da primeira avaliação entreguei aos alunos uma nova ficha, que apresento a seguir, na qual os indagava sobre seu progresso em uma escala de avanço, bem como sobre sua motivação e sua disposição para se esforçarem, também medidas com uma escala de motivação.

Com base nas respostas de meus alunos, eu elaboro uma resposta pessoal para cada um, usando suas palavras (como eles sabem o significado que dão aos termos de que se utilizam, quando usamos a linguagem deles há menos confusões, e eles se sentem compreendidos), registrando seus objetivos sem pretender impô-los a eles ("ir por trás", não normativismo), parabenizando-os pelo que já estão fazendo e valorizando seus esforços (usando a força dos elogios em favor deles) e pedindo que especifiquem suas propostas de melhora (objetivos concretos, comportamentais, em tom positivo, trabalháveis).

Em função da sua resposta, pedi a cada aluno que especificasse em que consistia o que entendia ser necessário fazer para subir um ponto na escala. Por exemplo, se o aluno dizia "Vou estudar todos os dias", eu perguntava em que momento se poria a estudar e por quanto tempo; se o aluno respondia "Preciso concentrar-me mais", eu o convidava a explicar o que ele entendia por "maior concentração".

Ao responderem a essa segunda série de perguntas, alguns alunos já falaram de muitas melhorias que tinham conseguido desde a ficha anterior:

- Boa notícia, acabo de passar na recuperação de biologia!
- A primeira coisa que fiz foi me colocar objetivos para cada tarde, com isso estou indo bem melhor porque são como que desafios.
- Quanto à concentração, no exame de biologia me concentrei nele e não pensei em mais nada.
- A atenção é o que consegui melhorar mais.

Ficha 1ª avaliação

1. Situe numa escala de 1 a 10 o progresso que você obtete visando ao seu sonho, onde 1 significa que não fez nada para alcançá-lo, e 10 que tem feito tudo da sua parte para torná-lo uma realidade:
   _____
   _____

2. O que significa esse ponto?
   _____
   _____

3. Como você conseguiu? (Se considera que seu nível é baixo, menor do que ao começar, como conseguiu não cair ainda mais?)
   _____
   _____

4. O que acontecerá quando você estiver um ponto acima?
   _____
   _____

5. O que você precisaria fazer para estar um ponto acima?
   _____
   _____

6. Entre 1 e 10, quanto você está disposto a esforçar-se para subir esse ponto?
   _____
   _____

7. Por onde vai começar?
   _____
   _____

8. Escreva o que quiser:
   _____
   _____

19.4 Exemplos de "conversações por carta"

Respostas de uma aluna à ficha da primeira avaliação:
• Pontos do progresso: 4.

• Esses 4 pontos significam que, apesar de ter me esforçado muito, não tirei as notas que eu esperava nessa avaliação e ainda estou longe de conseguir o que queria.

• Consegui chegar a 4 com meu esforço, mas não tirei notas altas, eu esperava um melhor rendimento.

• Um ponto a mais seria meus esforços darem certo, que minhas horas de estudo fossem recompensadas.

• Da minha parte eu daria 10, tudo o que estiver dentro de minhas possibilidades.

• Eu renunciaria à ginástica, ainda que agora compense eliminando horas e estudando o tempo todo.

* * *

Minha resposta:

* * *

• Entendo que você se sinta um pouco contrariada porque, embora tenha se esforçado muito, as notas não foram como você esperava. Com seu esforço, conseguiu não ficar abaixo de 4.

• Estar um ponto acima seria ver que seus esforços deram resultado, que suas horas de estudo são recompensadas. É admirável você estar totalmente (10) disposta a dar tudo para subir esse ponto, que até cogite abrir mão da ginástica.

• Antes de sacrificar algo que considera tão importante, eu diria para você se perguntar o seguinte: considerando ser

verdade que a recompensa direta que esperamos por nosso estudo é uma boa nota, no mínimo um "aprovado", o que você acha que está conseguindo graças a seu enorme esforço e suas horas de estudo? Acha que tudo isso está sendo inútil?
• Gostaria que você pensasse nisso e fizesse uma lista de quatro ou cinco resultados de seu enorme trabalho e o que isso diz a respeito de você mesma.

* * *

Respostas de outra aluna à ficha da primeira avaliação:

* * *

• Eu estou no 7.
• Significa que estou a caminho de conseguir o 10, que é ser aprovada no exame da universidade e tirar a nota necessária para entrar na carreira que quero fazer, mas ainda tenho muito esforço pela frente, então vou me esforçar muito mais.
• Consegui chegar ali com meu esforço, às vezes foi bem difícil porque neste ano aconteceram muitas coisas comigo que influenciaram em mim nessa parte do curso, mas às vezes consegui superar meus problemas e me concentrar nos estudos, pois é o que mais me interessa.
• Para subir um ponto, eu teria de tentar me concentrar mais.
• Começarei por me dedicar mais e, mesmo que esteja sem vontade, rever tudo o que foi ensinado no dia, para depois o estudo ficar mais fácil.

* * *

Minha resposta:

* * *

• Meus parabéns por já ter chegado ao nível 7 e por estar tão resolvida a atingir o 10 na realização de seus objetivos, que se resumem em ser aprovada em tudo com a nota de que precisa para ingressar na carreira que deseja, e também por ser tão realista e perceber que para isso tem de fazer muito esforço, ainda mais do que tem feito até agora.

• É admirável que você tenha sido capaz de chegar ao nível 7 e esforçar-se, apesar dos problemas que teve de enfrentar, conseguindo vencê-los e concentrar-se nos estudos.

• Para subir um ponto a mais você está disposta – num nível de 7 – a *melhorar a sua concentração quando estuda e a estudar pelo menos meia hora por dia*. Você esclarece que pretende *rever todo dia* tudo o que tiver sido ensinado em aula para depois ter mais facilidade ao estudar, como também que *vai se dedicar mais*.

• Gostaria que você esclarecesse mais um pouco algumas questões:

– O que você vai fazer para se concentrar mais? Em que consiste essa concentração e como você a conseguirá?

– O que você quer dizer com dedicar-se mais? Explique o modo como você vai organizar a leitura e a revisão do que foi ensinado cada dia.

– Pense nisso e escreva. Entendo que isso pode ajudá-la.

* * *

Minha resposta a outro aluno:

* * *

• É de se valorizar o fato de você ter percebido com tamanha clareza que aquilo a que em princípio se propôs (estudar diariamente, manter tudo em dia etc.) o teria levado a chegar mais alto em relação a seus objetivos do que ora se encontra. Admira-me que na próxima avaliação você não queira subir apenas 1 ponto, mas pretenda uma evolução de 6 pontos, estando para tanto disposto a *estudar diariamente e manter tudo em dia*, ou seja, o que você via desde o início. Com isso espera recuperar a nota das matérias em que reprovou e ser aprovado com ótimas notas nos próximos exames. Você vê que para conseguir isso vai ter que *estar menos "atordoado" com a música e não se deixar distrair tanto por ela*, o que lhe demandará um grande esforço. A música é estupenda, você acerta ao não querer transformá-la em sua inimiga.

• Eu gostaria que você especificasse:

– Quanto tempo e em que momento da tarde você vai dedicar ao estudo.

– como vai fazer para manter tudo em dia.

– e, sobretudo, o que vai fazer para se distrair menos com a música.

Na volta das férias entreguei minhas respostas a todos os 30 alunos, por escrito, com o nome de cada um e o conteúdo mencionado. Impressionados, eles logo começaram a ler, sorrindo, cochichando uns com outros, mostrando-se suas "cartas". Em seguida, pedi que respondessem ao que eu solicitava em minha carta de resposta e lhes fiz diversas perguntas:

• As mudanças podem ser pequenas, mas se mantidas resultam em grandes mudanças. Toda mudança é difícil, temos de contar com isso. E se conseguimos fazê-las, elas podem ensejar importantes efeitos.

• Quando você fizer as coisas que eu lhe sugiro, que efeitos isso terá em seus estudos?

- Quem reparará nisso?
- Mudarão alguns outros aspectos de sua vida?
- Isso lhe dirá algo novo sobre você?
- O que lhe agradou mais na resposta que recebeu e no fato de receber uma resposta?

* * *

Eis um resumo das respostas dos alunos a minhas perguntas:

* * *

- A maioria consegue especificar o bastante.
- Afirmam que as melhorias serão percebidas sobretudo por eles próprios e, para muitos, também por seus professores e sua família.
- Todos, sem exceção, dizem que isso lhes dirá a respeito deles próprios que são capazes de conseguir aquilo a que se propõem, que podem superar-se. Alguns dizem que lhes dirá que são mais do que pensam ser.

* * *

Quanto a seu modo de avaliar o fato de terem recebido uma resposta minha:

* * *

- Todos o avaliam muito positivamente.
- Ressaltam aspectos como:
– Encoraja-nos para ir em frente.
– Há muita motivação.

– O interesse em nós demostrado por uma professora.
– Salienta o positivo.
– O reconhecimento e o valor de si mesmo.
• Alguns apontavam outras peculiaridades:
– Parece que você me compreende melhor do que minha família.
– É como se me conhecesse desde sempre.
– Gosto que você me diga que mereço elogio por estar ciente de que preciso me esforçar... porque recebo poucos elogios.

A aluna do primeiro exemplo responde às minhas respostas/perguntas desta maneira:

• O que você crê estar conseguindo?
– Estou conseguindo tirar essas notas em vez de tirar notas ainda piores. Ao menos, se continuar a me esforçar assim, poderei obter os resultados que quero, porque se não o fizer não teria nem chance de sucesso.

• Você pensa que seus esforços têm sido inúteis?
– No início, sim, eu sentia que meus esforços não serviam para nada, mas estou achando que eles fazem alguma coisa e já darão seus resultados.

• 4 ou 5 resultados de seu enorme trabalho:
– Ter conseguido a aprovação em biologia, que me parecia muito difícil.
– Ter tirado 7 em química, em que eu ia muito mal.
– Ter passado em língua.
– Que meus pais estejam orgulhosos de mim.

• Da sua resposta, gostei de:
– Que meu sacrifício seja valorizado.
– O que me pediu que pensasse, acredito que foi útil para mim.

19.5 Segunda avaliação

Bem no início da segunda avaliação, eu permiti que eles trabalhassem nos objetivos a que se haviam proposto depois de refletirem sobre a primeira avaliação, de terem determinado suas metas e os passos para se encaminharem a elas. Por volta da metade da segunda avaliação, pedi que tornassem a examinar suas melhorias na ficha 2, bem como o que tinham feito para consegui-las e o que podiam continuar a fazer para mantê-las. Essa é a atitude básica da terapia breve centrada em soluções: buscar melhorias, ampliar, atribuir controle.

Os alunos preencheram a ficha em casa e entregaram-na no dia seguinte. Vejamos alguns resultados:

- Dos 30 alunos, 24 entregaram a resposta.
- Dos 24, 22 falaram de melhorias, algumas delas muito importantes e que refletem uma grande mudança com relação ao ponto de partida. Há também outras que, embora menos espetaculares, os alunos assinalaram como melhorias.
- Dois alunos, um garoto e uma garota, entendem que não há melhorias: ela porque não pôs em prática aquilo a que se propôs; ele porque não obteve, nas notas, os resultados que procura. Contudo, neste último caso todos os professores e os pais do aluno indicam evidentes melhorias em seu trabalho e sua atitude.

Ficha 2ª avaliação (metade)

1. Quais melhorias você notou desde o início da segunda avaliação, na qual você começou a dar passos visando subir um ponto no avanço em direção a seus objetivos?
___
___
___

2. Quem reparou nessas melhorias? O que lhe disseram?
___
___
___

3. Que efeitos elas tiveram?
___
___
___

4. Como você conseguiu dar esses passos?
___
___
___

5. O que isso significa para você?
___
___
___

6. Como você vai manter todas essas conquistas?
___
___
___

Vejamos agora alguns exemplos de respostas. No caso de uma garota que fazia sestas tão longas que perdia a tarde inteira e propôs-se a dormir apenas um pouquinho e aproveitar a tarde para estudar, ela dizia:

Percebi que durmo MENOS, portanto tenho melhor rendimento em aula e estou mais disposta a melhorar... Até meus colegas repararam nisso (disseram que estou mais ativa), também minha família, que está feliz porque aproveito melhor a tarde.

Um garoto, que se dizia incapaz de dar mais de si porque Deus não lhe dera mais capacidade, respondeu:

Melhorias novas e abrangentes acontecem na minha vida de aluno. Consegui recuperar as três matérias pendentes dobrando a nota anterior... Minha família me chamou de campeão e me deu uns tapinhas nas costas.

As respostas a essas perguntas foram mais breves, porém mais específicas; os alunos pareciam saber o que tinham de fazer. Eles focaram especialmente a carta do futuro, que me entregaram, eu li e guardei. Falamos delas numa sessão em grupo.

No fim do ano letivo eu quis saber em que e como tinha sido útil para eles – se é que tinha sido – a tutoria que realizáramos ao longo do ano letivo, informação que incluí numa ficha de avaliação sobre o trabalho de tutoria (p. 392).

Quase todas as respostas dos alunos referiam-se a mais motivação, esperança e confiança em si mesmos, dizendo que a tutoria havia ajudado no seu aproveitamento escolar. Em sua maioria, eles diziam para si mesmos que tinham conseguido e sentiam-se satisfeitos e orgulhosos de seu trabalho.

Ao terminar o ano letivo, entreguei a eles as cartas que tinham escrito. Eles gostaram desse gesto, e alguns se emocionaram. Uma aluna entregou as notas ao pai, que leu a carta: "A sua tutora conhece você como você se conhece", ele disse. A garota, entre risos, contou que era ela própria quem tinha escrito essa carta, seu pai não entendia nada, mas estava muito contente.

Na formatura de meus alunos, recebi diversas demonstrações de agradecimento de pais e mães. Mais do que em toda a minha vida de docente, já muito extensa.

Ficha final 2ª avaliação

1. Quais aspectos de seu trabalho e seu esforço você considera satisfatórios nesta segunda avaliação?
   _____
   _____
   _____

2. O que você vai manter para a terceira?
   _____
   _____
   _____

3. Como vai fazer isso e o que vai ajudar você a fazê-lo?
   _____
   _____
   _____

4. Que aspectos você entende que precisa melhorar?
   _____
   _____
   _____

5. O que você pretende fazer para alcançá-lo?
   _____
   _____
   _____

6. Escreva para si mesmo uma carta do futuro, do dia seguinte ao da entrega das notas finais, quando você já conseguiu o que pretende. Nessa carta, conte como conseguiu chegar até ali, quais dificuldades teve de enfrentar, o que lhe ajudou a superá-las, de que recursos lançou mão nos momentos de desânimo. Anime-se para encarar novos momentos difíceis. Fale consigo mesmo a partir dessa posição de um ponto mais alto na escala da sabedoria da vida.
   _____
   _____
   _____

Ficha de avaliação do trabalho de tutoria

1. O que lhe pareceu mais útil nas perguntas que fizemos na tutoria ao longo do ano letivo?
_____
_____
_____

2. Para que e como elas lhe foram úteis?
_____
_____
_____

3. O que essa atividade ajudou você a ver de si mesmo?
_____
_____
_____

4. O que você diria para si mesmo agora, quando o ano letivo praticamente acabou?
_____
_____

5. Em uma escala de 1 a 10:

- Onde você situaria suas anotações e seus livros, seu nível de estudo e seu aproveitamento? O que isso significa? _____
- Onde você situaria o cumprimento de seus objetivos do início do ano letivo? _____
- Qual o seu nível de satisfação? _____

6. O que você gostaria de acrescentar?
_____
_____
_____

20

Intervenção centrada em soluções num caso de assédio na escola
Anti-bullying em ação

*Pilar Ortiz**

20.1 História prévia e contexto da intervenção

No início do ano letivo de 2014-2015 eu colaborava com uma tutora de 1ª série da ESO num caso de suposto assédio na escola na fase de análise e avaliação, para depois projetar a intervenção. Um ano antes, eu tinha feito uma formação intensiva no modelo centrado em soluções com a Aliança Espanhola de Terapia Sistêmica Breve e estava empolgada com a chance de aplicar as técnicas que aprendera. No entanto, acreditava que não era possível aplicar a IECS nos casos de assédio na escola, por entender que nessas situações era imprescindível pôr o foco no exame do problema e punir os assediadores, no intuito de fazer com que o assédio desaparecesse e a vítima se sentisse melhor.

Junto com minha colega, falávamos com as garotas que pareciam estar importunando outra aluna da sua turma (a quem chamaremos de Ângela) e com Ângela, a fim de confrontar seus pontos de vista. Ouvíamos as famílias delas para termos uma perspectiva geral do que se passava. Queríamos chegar ao cerne

---

* Psicóloga no Colégio Quercus, em Boadilla del Monte. luaror@hotmail.com

da situação e saber exatamente como se dava o problema. Conforme avançávamos no processo, víamo-nos cada vez mais atoladas e envolvidas. Portanto, descobrimos que, paradoxalmente, as soluções que tentávamos pôr em prática agravavam o problema. Quando falávamos com as alunas sobre o que se passava, não conseguíamos ir além da reclamação, das críticas, das censuras e da acusação recíproca.

Depois de nos sentarmos para pensar e avaliar os passos que tínhamos dado, chegamos às seguintes conclusões:

• A aluna assediada relatava situações de olhares maldosos, risos, piadas, boatos, isolamento, apelidos, exclusão etc. Entretanto, era difícil intervir ou aplicar punições, uma vez que as supostas agressoras atribuíam seu comportamento a uma reação à conduta da suposta vítima e vice-versa.

• Detectamos que se gerava uma violência mais obscura, mais encoberta, quando acusávamos as alunas diretamente ou quando as castigávamos.

• Quanto mais se falava do problema, maior ele se tornava, e quanto mais falávamos da reclamação, mais ela crescia.

• O problema aumentava justamente em razão das soluções que púnhamos em prática para resolvê-lo (repreender, punir, reprovar as supostas agressoras).

• Para obtermos resultados diferentes tínhamos de fazer algo diferente.

• Receávamos tomar decisões que pudessem piorar a situação.

• Em lugar de nos concentrarmos naquilo que *não* queríamos que acontecesse nos casos de assédio na escola, talvez fosse mais proveitoso centrar-nos naquilo que queríamos *sim* que ocorresse.

Começamos a pesquisar modos alternativos de abordar a situação, modos mais centrados em soluções, e encontramos um artigo de Sue Young sobre soluções para o assédio na escola em instituições de ensino fundamental, por ela denominadas *anti-bullying* (YOUNG, 2009). Com base nas ideias dela, elaboramos nosso programa de intervenção em casos de assédio na escola sobre um modelo centrado em soluções.

Contudo, a situação com esse grupo de alunas estava consolidada de tal maneira que não pudemos aplicar esse novo programa no caso delas. As posturas haviam ficado ainda mais rígidas, e não conseguíamos que cada parte entendesse o ponto de vista da outra. Por outro lado, as famílias também mantinham posturas conflitantes, e a colaboração era difícil. Enquanto lidávamos com esse caso, surgiu uma demanda de solicitação da família de outra aluna, que afirmava que sua filha "poderia estar sofrendo assédio"; daí que, depois de avaliarmos a experiência com essa turma e o grau de complicação das coisas, resolvemos experimentar por um tempo e aplicar o programa centrado em soluções.

Aqui gostaria de frisar que no programa de Young explica-se aos integrantes do grupo de apoio que "nós os escolhemos porque queremos ajudar uma pessoa (menciona-se o nome do aluno) a ser feliz na escola". Decidimos chamar os pais das alunas que formariam o primeiro grupo de apoio e explicar-lhes que queríamos contar com elas "para ajudar uma colega a se sentir melhor no colégio", sem explicitar o nome da aluna. Esperávamos uma resposta positiva das famílias, mas, para nossa surpresa, a maioria delas respondeu que concordavam com a participação de suas filhas, desde que não se tratasse de Ângela, pois preferiam que se mantivessem afastadas, já que a situação era tão confusa. Depois de esclarecer que a ajuda era para outra garota da mesma turma, pudemos prosseguir.

Obtivemos resultados muito positivos quando trabalhamos com o grupo de apoio, pois houve a participação de meninas que também estavam envolvidas no outro caso, e com isso as coisas melhoraram em geral, inclusive para Ângela.

Quase ao mesmo tempo recebemos a demanda de um grupo de alunas de 3ª série da ESO a respeito de um possível novo caso de assédio, que expomos a seguir com maior detalhe e no qual incluímos algumas outras modificações no programa de intervenção em assédio na escola de Sue Young.

20.2 Fazendo algo diferente: o caso de Luís

Um novo aluno, a quem chamaremos de Luís, chegara ao nosso colégio para cursar a 3ª série da ESO. Seus pais nos contaram que o ano anterior tinha sido muito difícil para o filho porque estudava num colégio onde sofria assédio, tanto que teve de terminar o curso em casa, por medo de frequentar as aulas. Diante disso, ficamos atentos com o Luís desde o início. A experiência ensina que as vítimas de assédio não costumam falar do que sofrem por temerem que a coisa fique pior. Luís vinha de uma experiência em que os professores tinham feito pouco caso e até facilitaram tudo para que ele fosse embora do colégio.

Portanto, observamos o grupo e Luís bem de perto, mas não detectamos xingamentos, empurrões, pontapés nem outros comportamentos que nos preocupassem. Além disso, a turma de Luís estava trabalhando sobre resolução de conflitos e convivência nas sessões de tutoria. Mesmo assim, Luís não conseguia um bom aproveitamento escolar, não se concentrava, verbalizava para seus pais que não queria frequentar o colégio, estava isolado, calado, mostrando-se angustiado, nervoso e desmotivado.

Certo dia, um grupo de meninas colegas de Luís atreveu-se a falar com seu tutor a sós para dizer que Luís estava sendo assediado por um grupo de colegas da sua turma. Esses colegas o marginalizavam, botavam apelidos nele e o xingavam, zombavam dele por suas notas ou seus erros, ficavam calados quando ele chegava, faziam troça, debochavam dele. Elas tinham resolvido ser corajosas, tomar a iniciativa e pedir ajuda.

Imediatamente, o tutor de Luís levou a situação ao conhecimento do chefe de estudos, e começamos a projetar a intervenção. Determinamos a criação de uma equipe de trabalho, formada pelo diretor, pelo chefe de estudos, pelo tutor e pela orientadora, que se reuniria semanalmente para fazer o acompanhamento do caso.

Na primeira reunião de análise e avaliação, a gente se deparou com duas posturas diferentes. Tratando-se de um aluno que já sofrera assédio na escola, não era fácil tomar decisões, já que nos preocupávamos com a reação dele e de seus colegas. Houve debate na equipe entre a postura mais punitiva e aquela que procura a colaboração e os recursos dos alunos. Finalmente, resolvemos dar-nos duas semanas de prazo para abordar o problema a partir de um modelo centrado em soluções e recursos dos alunos. Se essa abordagem inovadora não desse certo ou se a situação piorasse, lançaríamos mão das sanções. Em cada reunião semanal avaliaríamos se havia melhorias, para então decidir como continuar com as sessões do grupo de apoio, as sessões com Luís e as sessões individuais com cada assediador que colaborasse no grupo de apoio.

20.2.1 O grupo de apoio
Formação do grupo de apoio

Conforme o programa de intervenção centrado em soluções, o grupo de apoio deve incluir alunos que participam do assédio, alunos que não participam do assédio, mas o testemunham, e alunos que apoiam o colega assediado. O primeiro passo consistiu em manter uma conversa com Luís. Explicamos que queríamos ajudá-lo e, para tanto, lhe fizemos três perguntas durante a entrevista:

1. Quem são os colegas que estão tornando as coisas difíceis para você nesses momentos?
2. Quem é que está a seu lado quando as coisas ficam difíceis?
3. Quem são seus apoios e seus amigos na sua turma?

Assim que obtivemos os nomes dos colegas que Luís e as meninas colegas de turma mencionaram, decidimos criar o grupo de apoio, a incluir especialmente aqueles que, a nosso entender, possuíam as qualidades adequadas para dele participarem:

- Dois alunos que haviam participado do assédio (embora nunca tenham sido informados de que eram identificados como tais).
- Dois alunos observadores.
- As três colegas de Luís que tinham denunciado a situação ao tutor.

O grupo de apoio reuniu-se com o tutor e a orientadora durante cinco sessões, uma por semana, na hora de tutoria. Chamamos os pais para explicar-lhes que queríamos trabalhar com seus filhos visando melhorar o clima da sua turma, pois acreditávamos que eles tinham recursos e qualidades para ajudar-nos a atingir esse objetivo, e pedimos que os encorajassem e apoiassem para isso. Ao mesmo tempo, o grupo-turma continuava a trabalhar na sessão de tutoria com o chefe de estudos sobre questões de convivência.

O tutor reuniu-se com Luís em duas sessões para avaliar as melhorias. Houve também duas sessões individuais com cada um dos dois alunos que tinham participado no assédio a Luís e faziam parte do grupo de apoio.

Sessão 1 com o grupo de apoio

Tiramos de aula os seis alunos nomeados para formar o grupo de apoio e fomos com eles a uma sala onde nos sentamos em círculo. Acolhemos a todos amavelmente e perguntamos: "Para que vocês acham que estão aqui?". Os rostos refletiam surpresa, incerteza e confusão, em especial os das alunas que tinham denunciado a situação, que não compreendiam o que estava acontecendo. A sessão desenrolou-se como segue:

- Conversamos com os alunos, explicando que tinham sido escolhidos porque acreditávamos que possuíam habilidades e competências para ajudar-nos a melhorar o clima da turma e confiávamos que teriam boas ideias para esse projeto. Dissemos também que a participação no grupo era absolutamente voluntária, e todos aceitaram colaborar.
- Dedicamos algum tempo a fazer uma fase social – perguntamos aos alunos sobre suas qualidades, suas inclinações e as áreas em que se consideravam bons.
- Pedimos que avaliassem o clima da turma por meio de uma escala de avanço: "Numa escala em que 1 significa que o clima da turma está no seu pior momento e 10 será quando o clima estiver como vocês gostariam". As avaliações oscila-

ram entre 3 e 5. Segundo nos explicaram, eles davam essas pontuações porque nas aulas "pregavam-se peças pesadas das quais só uns poucos riam, havia algum garoto que ficava isolado e ninguém chegava perto dele para ajudá-lo, alguns davam apelidos que não eram aceitos por quem os recebia"; também comentaram que "acreditamos que há pessoas que querem que as coisas mudem, e nós podemos inspirar outros colegas para também ajudarem a mudar essa situação". Todos confirmaram que essas coisas aconteciam, sem dar nomes nem culpar nenhum colega.

• Fizemos uma discussão de ideias para os alunos comentarem o que podiam fazer para subir um ponto na escala de avanço; nós lhes fizemos as seguintes perguntas: "Que pequeno passo vocês poderiam dar para as coisas melhorarem? Como o farão? Em que medida vocês acreditam ser capazes de dar esses passos?".

• Depois que todos contribuíram com suas ideias, nós os encorajamos a pô-las em prática e observarem o efeito que elas tinham no grupo, para que depois nos contassem.

• Encerramos a sessão com elogios e agradecimentos. Convocamos todos para a semana seguinte e dissemos que o assunto que íamos abordar no grupo não era secreto, que podiam compartilhá-lo com seus colegas.

Sessão 2 com o grupo de apoio

Demos boas-vindas aos alunos e agradecemos a presença de todos; uma vez que a participação era voluntária, dávamos muito valor ao fato de eles terem resolvido continuar a participar do grupo de apoio. Nessa sessão:

• Perguntamos aos alunos sobre as melhorias e como as haviam conseguido. A maioria admitiu que as coisas não tinham melhorado, mas também não tinham piorado, o que se refletia na escala que eles realizaram.

• Em seguida utilizamos a formulação estratégica de *como piorar* e fizemos uma discussão de ideias, em que os alunos disseram tudo o que achavam que se podia fazer ou deixar de fazer para o clima da turma ficar ainda pior: castigar o grupo todo; advertências escritas e expulsões para aqueles que incomodam; quando alguém está implicando com um colega, ficar calado e não lhe dizer que pare; rir dos erros dos demais ou de uma nota ruim; dar apelidos que não agradam; ver que há colegas que estão sozinhos e infelizes e não fazer nada para incluí-los no grupo; calar-se e não agir para que a situação melhore.

• Sugerimos a eles que pensassem qual pequeno passo cada um poderia dar, de modo a subir um ponto na escala de avanço, que o pusessem em prática, observassem seu efeito e depois nos informassem na reunião seguinte. Também pedimos que observassem que coisas eles acreditavam que os colegas do grupo de apoio estavam fazendo para melhorar a situação, que brincassem de "ver quem pegavam fazendo coisas para a turma melhorar".

• Pedimos que ficassem muito atentos se fizessem algo que pudesse piorar o problema, que seria responsabilidade deles.

• Encerramos a sessão com elogios e agradecimentos.

Sessões 3 e 4 com o grupo de apoio

• Revimos as melhorias e fizemos a atribuição de controle.
• Trabalhamos a escala de avanço.
• Fizemos uma discussão de ideias para os passos seguintes.
• Agradecimentos e elogios.

Nestas sessões falamos de todas aquelas coisas que eles tinham feito "em segredo". Em suas avaliações, todos os alunos concordaram quanto às melhorias:

Percebemos que há um melhor entrosamento entre nós, se alguns estão zombando de alguém e vemos que essa pessoa não ri, pedimos que eles parem; paramos de chamar os outros por apelidos quando vemos que isso não agrada; a gente ofereceu ajuda a algum colega em aula que não sabia fazer alguma coisa; falamos mais daquilo que nos incomoda; se vemos que alguém está sozinho, procuramos nos aproximar e conversar; há menos xingamentos e menos mágoas.

Os alunos também haviam prestado atenção uns nos outros e reconheciam os passos que tinham dado entre eles. Isso foi muito importante, uma vez que o grupo incluía as alunas que tinham denunciado a situação de Luís com os colegas que dela participavam e, portanto, por vezes se percebia uma tensão entre eles; conforme a intervenção avançava, essa tensão foi virando colaboração. Uma das coisas que nos surpreenderam foi que eles próprios, naquela semana, tinham batizado o grupo de apoio de G7, orgulhavam-se de fazer parte dele e exprimiam esse orgulho aos demais colegas e aos pais. A coesão no grupo de apoio estava em aumento.

Sessão 5 com o grupo de apoio
- Revisão de melhorias e atribuição de controle.
- Pontuação na escala de avanço.
- *Feedback* dos alunos.
- Possibilidade de contar com a ajuda deles em outros momentos em face de situações similares.
- Elogios e agradecimentos.

Quando perguntados sobre as melhorias, os alunos disseram ter observado que os colegas que costumavam ficar sozinhos agora estavam quase sempre com alguém, especialmente um deles; que quando alguém errava em aula, outros já não riam, mas sim mostravam mais respeito; havia menos mágoas e xingamentos; percebiam que se ajudavam mais uns aos outros, sobretudo os colegas mais tímidos; tinham acabado os apelidos que não agradavam, e, se viam alguém fazer uma brincadeira que pudesse desagradar, intervinham para evitar a situação. Em geral, todos concordaram que havia um "ambiente melhor" entre eles. As pontuações nas escalas de clima variaram entre 7 e 8,5. Quando perguntamos como tinham conseguido isso, responderam que gostavam de participar do grupo, que lhes agradava ajudar os colegas e pensar nas consequências antes de fazer alguma coisa.

Também lhes pedimos um *feedback* de sua participação no grupo. Disseram que ela servira para se darem conta de que, se eles faziam algo diferente, os demais também mudavam, que tinham gostado de participar e nos ajudar. Quando perguntamos o que os professores poderiam ter feito diferente, eles responderam que teriam gostado "que agíssemos antes".

20.2.2 Sessões individuais com Luís

O tutor de Luís reuniu-se com ele em duas sessões com o propósito de avaliar se as coisas estavam melhorando. Embora nunca tenha sido informado de que o grupo de apoio fora constituído para ajudá-lo, Luís reparava que seus colegas tinham mudado seu comportamento, pois já não o xingavam nem riam dele. Em lugar disso, eles eram mais amáveis, tentavam incluí-lo no grupo e o tratavam com respeito. Aliás, ele até observara que quando alguém ia zombar dele, esse colega era contido por outro.

Nas sessões de acompanhamento com Luís, nós utilizamos uma escala de bem-estar na aula com pontuações negativas (-10 até +10). Conforme as pontuações dele, as coisas eram piores para ele no colégio anterior, onde chegara a -10. Ao começarmos a intervenção, ele avaliava a pontuação em 3. No fim do ano letivo passou para 8,5, e no acompanhamento durante o ano letivo seguinte a escala de bem-estar subiu para 9,5.

20.2.3 Sessões individuais com os dois "assediadores" incluídos no grupo de apoio

Tivemos duas sessões com cada um deles, em separado, entre a segunda e a quarta sessão do grupo de apoio. Nunca lhes dissemos que estavam nesse grupo por terem sido apontados como "assediadores", nem lhes atribuímos esse papel. A fase social foi muito útil para eles, pois gostavam muito de andar de skate e vinham empolgados mostrar os vídeos de suas manobras.

Dedicamos um tempo a agradecer a participação desses alunos, reconhecemos as boas ideias abordadas no grupo e a importância da liderança deles para esse projeto, bem como fizemos reestruturações dos aspectos que eles viam como negativos neles próprios. Evitamos culpá-los e trabalhamos com exercícios de empatia. Ambos os alunos reconheceram espontaneamente que haviam participado de situações que geravam um clima ruim, que tinham reparado num garoto que estava isolado, pensavam que ele podia estar incomodado e queriam ajudá-lo. Encorajamos os dois a darem passos nesse sentido e pedimos que depois nos contassem o efeito que observassem. Terminamos as sessões com elogios e agradecimentos.

20.3 Análise da experiência

20.3.1 Equipe de trabalho

Quando começamos a intervir no caso de Luís, a equipe estava dividida quanto ao enfoque que deveríamos aplicar para investigar e agir. Finalmente resolvemos apostar numa abordagem centrada nas soluções, e até nós próprios ficamos surpresos com os resultados obtidos, o que nos encorajou a seguir nessa direção, cheios de otimismo. Uma vez concluídas as sessões com os alunos, fizemos a nossa análise do processo e chegamos às seguintes conclusões:

- É essencial abordarmos casos como esse em equipe e sentindo-nos apoiados, proporm-nos a atingir objetivos em comum e estabelecermos por consenso os passos a dar para esse fim.
- Houve uma mudança de crença nos colegas da equipe que se mostravam mais propensos a um modelo exclusivamente punitivo. Eles acabaram por demonstrar mais confiança nos recursos de que os adolescentes dispõem para resolver seus próprios conflitos.

- É possível resolver conflitos nos grupos, sem castigos.
- Pode-se explicar o bom resultado da intervenção como produto de um efeito sistêmico e um efeito Pigmaleão positivo.
- Quando se fala do problema, ele cresce; quando se fala das soluções, elas aumentam.
- É preferível colaborarmos com os adolescentes a exigir que eles colaborem conosco com base em nossos sermões, repreensões etc.
- É importante atribuir aos alunos suas qualidades, seus pontos fortes e suas competências.

20.3.2 Grupo de apoio

Ao longo das sessões, o grupo de apoio foi aos poucos ganhando coesão e acreditou que era capaz de influir na turma por meio de seus pequenos passos. No início, os alunos estavam confusos e surpresos, uma vez que não compreendiam bem o motivo pelo qual tinham sido escolhidos (o grupo reunia alunos assediadores, observadores passivos e apoiadores de Luís). Todos os membros do grupo continuaram a participar de forma voluntária até o fim do projeto, mencionaram que se sentiam motivados ao ver que as coisas iam melhorando e contaram que seus pais os encorajavam e instavam a prosseguir. Eles apresentaram as seguintes conclusões:

- Havia surgido a convicção de que cada um deles poderia fazer alguma coisa para melhorar as situações, poderia provocar mudanças nos outros ao mudar eles próprios.
- A importância de concordar, falar e colaborar entre eles para resolver um conflito.
- "Às vezes a gente pode fazer mal a alguém sem se dar conta, porque não se põe no lugar do outro e está mais preocupado em se divertir com os amigos."
- "Pensar antes de agir."
- "O projeto nos ajudou a ver uma parte de nós mesmos que desconhecíamos."
- "Gostaríamos de participar de novo, caso vocês precisem de nós."

20.3.3 Familiares

O tutor informou os pais de Luís a respeito da intervenção que pretendíamos fazer e pediu que observassem se havia melhorias ou se as coisas pioravam. Relataram que notavam mudanças para melhor em Luís. Os pais dos alunos do grupo expressaram sua alegria pela escolha de seus filhos para o projeto; os garotos contavam em casa o que faziam na escola e eram incentivados pelos pais a irem adiante. Houve pais que se mostraram gratamente surpresos pelo fato de seus filhos terem sido escolhidos para desempenhar um papel positivo dentro do grupo.

20.3.4 Certificado de colaboração no grupo

No dia da entrega de notas, juntamente com os pais, entregamos a cada participante do grupo de apoio um certificado de reconhecimento por sua colaboração para melhorar as relações entre os colegas. Agradecemos a contribuição e o envolvimento deles visando ajudar outras pessoas a se sentirem melhor, encorajando-os a continuarem a colaborar conosco em futuras ocasiões. A reação dos alunos foi muito positiva, mostraram-se surpresos, já que não esperavam esse reconhecimento. Seus pais diziam estar emocionados e orgulhosos dos filhos. O tutor ficou comovido e satisfeito pelos resultados e pelo trabalho que tinha sido realizado.

20.3.5 Medidas organizativas do centro educacional e orientações ao corpo docente

De modo complementar à intervenção, medidas organizativas que foram postas em prática incumbiram determinados professores de observarem a situação de Luís para ver se íamos em boa direção, em especial nos espaços em que existia maior risco, como locais de conversa, pátios ou refeitório. Sugeriu-se também aos professores que aplicassem o modelo "elogios públicos e crítica privada", pois percebíamos que isso era um elemento importante no funcionamento da turma, já que os garotos diziam que riam dos erros dos colegas, e isso resultava na imposição de determinados apelidos.

20.3.6 *Continuação do projeto*

A partir dessa primeira experiência de *anti-bullying* no centro de ensino, foram criados mais grupos de apoio em diversos cursos da ESO, nos quais membros do G7 intervieram para oferecer suas ideias e sua experiência. Em todos os casos em que aplicamos essa intervenção centrada em soluções, a situação foi resolvida de maneira positiva.

20.4 Conclusões

Durante dois anos temos continuado com essa abordagem, centrada em favorecer a colaboração, a empatia e a mútua valorização por meio de grupos de apoio entre iguais para trabalhar na prevenção, na investigação e na intervenção em casos de assédio na escola. Depois desse tempo de trabalho baseado no modelo centrado em soluções para assédio na escola, ratifico minha convicção de que os alunos precisam ser ouvidos e sentem-se motivados quando são levados em consideração, de maneira que, quando solicitados a colaborar, eles põem em prática seus recursos e sentem-se mais envolvidos.

Durante esses dois anos, cada caso foi analisado individualmente, embora se tenha mantido a filosofia de trabalho, adaptando-se a estrutura geral do projeto a alguns conteúdos das sessões em função dos grupos. Os alunos nos surpreenderam com ideias criativas para melhorar o clima de suas aulas e fizeram sugestões, como a de fazer um Mannequin Challenge da turma no fim do ano letivo. Juntos, todos decidiram que tipos de comportamento gostariam que surgissem entre eles como grupo. Depois, representaram esses comportamentos e os filmaram para poder mostrá-los a outros colegas. Outra ideia criativa foi a de gerar uma corrente de favores: a sugestão do grupo de apoio consistiu em escolher, cada um deles, diversos colegas da sua turma e, sem lhes dizer nada, fazer coisas para que se sentissem melhor, observando o efeito no grupo. A corrente incluía também os professores.

Vale ressaltar que nos casos em que aplicamos esse procedimento não existia violência física e que durante todo momento nós observamos e avaliamos a situação com os alunos que não se sentiam à vontade no grupo. Não sabemos em que medida e com quais variações seria possível aplicar esse procedimento nos casos em que o assédio na escola incluísse violência física.

A intervenção em assédio na escola é muito complexa, e às vezes não é fácil distinguir uma situação de assédio psicológico de um conflito. A emoção básica a invadir o sistema é o medo, que sustenta um pacto de silêncio. A vítima tem medo de falar, os observadores têm medo de denunciar, os profissionais temem agir porque receiam errar, os pais têm medo de que a situação não seja resolvida etc. Daí que é fundamental enfrentar o medo e transformá-lo em coragem. Coragem para a vítima falar, coragem para os observadores denunciarem, coragem para os profissionais agirem e coragem para os pais evitarem superproteger.

Algumas vezes os pais de um aluno vítima de assédio nos pediram ajuda quando, depois de terem falado com os pais das crianças que supostamente estavam assediando seu filho, viam que, longe de ser resolvida, a questão se agravava, mas de modo mais sutil. As redes sociais são um instrumento utilizado também para assediar, às vezes pelo que nelas se diz, outras vezes pelo que não se diz, visto que algumas crianças não têm permissão para entrar nos grupos de WhatsApp, ninguém responde quando elas falam, são bloqueadas ou todos zombam do que elas escrevem.

Nossa experiência mostra que quando nos focamos em indagar em profundidade para conhecer a verdade, acabamos por atolar nas versões contrapostas e no conteúdo daquilo que nos relatam e temos dificuldade em achar soluções. Também observamos que, às vezes, a solução que havíamos tentado tinha virado um problema, e o que fizemos para resolvê-lo nos acarretou um problema maior. Os alunos receiam que, se falarem com seus pais ou com os professores, a intervenção dos adultos possa fazer a situação piorar, receio esse que, infelizmente, às vezes se torna realidade. Portanto, é importante ser prudente e agir com reflexão, avaliando a eficácia das ações de modo a garantir a segurança dos alunos.

No grupo de trabalho houve muito debate a respeito da aplicação imediata de punições, que era precisamente o que assustava as vítimas, porque por vezes já tinham notado que as sanções geravam maior ressentimento e a violência não acabava; ela se tornava mais difícil de detectar por ser exercida de maneira mais dissimulada.

Uma das questões sobre as quais temos refletido é o uso do termo *assédio na escola* com os alunos. Por enquanto temos evitado empregar esse termo, não por medo de reconhecer uma situação concreta, mas sim porque ele implica juízo e culpa, o que dificulta a colaboração.

Outra questão em aberto é se poderia ser adequado os grupos de apoio focarem explicitamente a ajuda a uma determinada pessoa, identificada perante o grupo como alguém que "não está se sentindo à vontade em aula", como propõe Young (2009). Ainda que isso tenha a vantagem de conferir um foco mais claro à intervenção do grupo de apoio, parece-nos que implica um certo risco de estigmatizar a pessoa em quem a intervenção está centrada e talvez limite demais a intervenção, dificultando a sua extensão ao grupo-turma como um todo.

Em 2017, o Departamento de Educação, Juventude e Esporte da Comunidade Autônoma de Madri publicou o *Guía de actuación contra el acoso escolar en los centros educativos* (2017), em que se descrevem procedimentos de prevenção do assédio na escola, detecção de situações de risco, bem como o protocolo de intervenção (instruções de aplicação, diagrama de ações, resumo de critérios e indicadores e anexos). Uma vez que o centro é obrigado a pôr em prática um protocolo assim que informado de fatos que possam constituir assédio na escola, nós sempre avaliamos a situação antes de decidir se incluiremos o grupo de apoio na intervenção-observação. Além disso, fazemos um acompanhamento periódico exaustivo das melhorias, de modo a avaliar se é preciso tomar medidas mais punitivas. Também complementamos o grupo de apoio com medidas organizativas, como nomear dois professores como observadores, evitar que nas trocas de aula o grupo esteja sozinho e observar as supostas vítimas e os supostos assediadores. A depender do funcionamento do grupo, os professores recebem sugestões, e a convivência é trabalhada com base no Plano de Ação Tutorial.

Finalmente, eu gostaria de insistir na importância do trabalho em equipe, que é um aspecto fundamental em intervenções desse tipo, nas quais é muito importante refletir junto e decidir ações por consenso, já que se trata de questões muito delicadas em que a confiança e o apoio mútuo são essenciais. Quero frisar que tenho a sorte de contar a todo momento com os colegas com quem trabalhei nessas situações, todos eles profissionais sensíveis e compromissados. A eles agradeço a confiança e a segurança que me ofereceram, bem como a coragem com que ousaram fazer algo diferente.

21

Como criar uma turma universitária centrada em soluções

*Jorge Ayala**

Sempre tive vontade de levar o pensamento e a prática centrados em soluções para outros contextos fora da terapia. Por isso resolvi começar o semestre acadêmico na universidade criando uma turma centrada em soluções em cada um dos cursos que tive aos meus cuidados. Era meu desejo transformar a heterogeneidade das pessoas que compõem uma turma de aulas num recurso com o qual pudéssemos, entre todos, obter bons resultados acadêmicos, somando nossas diferenças. De um modo geral, a cultura universitária é composta de individualização do aproveitamento e de vontade de avançar sem levar em consideração as possibilidades das outras pessoas. Vemos grupos que se reafirmam a cada semestre, polarizando as condições de desenvolvimento de uma turma e limitando as possibilidades que a diversidade pode proporcionar. Minha experiência de trabalho em semestres anteriores indicava que, numa turma, as diferenças no aproveitamento dos estudantes são enormes exatamente em razão do caráter individual do aproveitamento. Sendo assim, como podíamos constituir uma turma na qual todos conseguíssemos

---

* Psicólogo com prática privada e docente. Divulga seu trabalho em sua página *web* (www.ayalajorge.com) e nas redes sociais. jorge@ayalajorge.com

aquilo a que cada um se propunha? Essa foi a pergunta que tentei responder ao fazer este trabalho.

21.1 A primeira sessão com o grupo

Resolvi iniciar o meu primeiro dia de aula seguindo cinco passos com um grupo de 35 estudantes do segundo ano do curso, em uma das turmas que me foram atribuídas para o curso de Teoria de Grupos na Faculdade de Psicologia.

21.1.1 *Criando o futuro desejado*

Comecei o processo compartilhando minha curiosidade:
Se hoje fosse nosso último dia de aula e vocês fossem para casa contar a seus pais que este foi o melhor semestre de seu curso, o que lhes diriam? Como vocês se dariam conta de que este semestre foi o melhor?
Fizemos uma lista de todas as ações que os estudantes imaginavam que iriam comprovar que eles tinham atingido seu destino. Entre elas, as seguintes:
- Convidaríamos um profissional para expor um tema relacionado ao curso.
- Seríamos capazes de identificar as características dos grupos.
- Teríamos domínio de diferentes dinâmicas de grupo.
- De 15 em 15 dias avaliaríamos o processo e o desenvolvimento do curso.
- Cada aula teria 50% de teoria e 50% de prática.
- Levaríamos adiante um projeto de projeção social.
- Mediríamos a satisfação do clima na turma ao terminar cada aula.
- Nossas médias ficariam entre 15 e 20.
- Trabalharíamos com um rodízio entre os grupos, abandonando o hábito de formar grupos permanentes.

Nessa etapa do processo, é importante incluir em uma lista tudo o que cada estudante indica, de modo a estimular a participação da turma toda. Precisamos ampliar cada um desses objetivos para que possamos construir com detalhes uma imagem do que ocorreria. Alguns deles demandam mais detalhes e conhecimentos do que outros para fornecer uma imagem clara do futuro; portanto, é preciso dar tempo a todos.

21.1.2 Escala

Geramos uma escala na qual situamos todas as ações do futuro desejado no número 10, supondo que, no outro extremo, o 0 indica que estamos no pior momento. Fazemos isso mediante as perguntas: "Onde vocês se situam com relação a tudo o que desejamos que aconteça? Onde vocês diriam que estão agora?". O grupo situou-se consensualmente no número 4, com as seguintes respostas:

- Neste momento mantemos boa convivência e respeito.
- Sentimo-nos preparados para enfrentar desafios.
- Sabemos o que precisamos fazer.
- Nós nos conhecemos muito bem.
- Temos experiência de trabalho em equipe.

21.1.3 Como conseguimos chegar até aqui e quão longe chegamos?

Após termos conhecido tudo o que se mostrou útil até agora, indagamos sobre as ações que o grupo desenvolveu para concretizar tudo o que mencionou no segundo passo. Aqui surgem muitas histórias valiosas representativas da cultura local que cada grupo foi elaborando aos poucos. É importante reconhecer e valorizar todos os passos que o grupo deu. Valorizar e elogiar esses conhecimentos e recursos gera otimismo e confiança no processo. Depois compartilhamos outra pergunta com o grupo:

"Quão longe vocês chegaram, considerando o ponto mais próximo de 10 em que estiveram em algum momento?".

O grupo concordou que seu melhor momento foi no ponto 9. Perguntei aos alunos o que tinha sido diferente nesse momento, e eles responderam o seguinte:
- Terminávamos os trabalhos antecipadamente.
- Tínhamos toda capacidade para superar desafios.
- Investigávamos de modo responsável.
- O docente perguntava-nos se havíamos compreendido a lição em sua totalidade, apoiando esse processo.
- Sentimos que havia domínio do tema e que se valorizava a experiência pessoal.

Novamente, prezamos e elogiamos todas essas descobertas antes de irmos para o passo seguinte.

21.1.4 *Conhecimentos, pontos fortes, recursos e habilidades*

Este passo consiste em perguntar sobre os conhecimentos, pontos fortes, recursos e habilidades que no passado permitiram ao grupo situar-se no número 9. Aqui o grupo lista o seguinte: "Motivação, vontade de seguir em frente, a diversidade do grupo, familiaridade com o docente, compartilhamento de visão, projeção social". Depois de ouvir essas respostas, é preciso incentivar o grupo de estudantes a definir tais pontos fortes, apontando no passado evidências de momentos em que eles os tenham posto em prática. Não basta ouvir "motivação" ou "vontade de seguir em frente", é preciso reconhecer o significado de "motivação" e de "vontade de seguir em frente" para o grupo e entender como conseguiram concretizá-lo.

21.1.5 *O passo seguinte*

O último passo consiste em conhecer detalhes do passo seguinte que o grupo planeja desenvolver, de modo a propor ações com as quais possam se aproximar cada vez mais do 10, destino do futuro desejado. Aqui compartilhamos esta pergunta: "Como nos daríamos conta de que demos o primeiro passo rumo ao 10?". É importante que a pergunta frise esse ponto: um primeiro passo. Não é preciso fazer uma lista extensa, basta com duas ou três ações que o grupo decida realizar. O passo seguinte deve ser definido concretamente em ações. No presente caso, após uma escolha entre diversas opções de uma longa lista, o grupo elaborou a seguinte relação:

- Iniciar o Projeto de Projeção Social, definindo o tema.
- Começar a aula formando grupos com pessoas com quem não tivermos trabalhado antes, de modo a promover o rodízio de grupos.
- Finalizar a aula de hoje com uma boa pontuação em nossa escala de satisfação.
- Terminar a aula aceitando que não trabalharemos de novo com os mesmos grupos e iremos mudando em cada aula.

O processo dos cinco passos costuma levar cerca de duas horas. Convém trabalhar durante o tempo necessário para não apressar o processo e para que cada estudante participe, de maneira que cada opinião seja valorizada. Trata-se de um processo a se implementar na aula, e é de suma importância que o grupo se sinta no controle do presente e do futuro, reconhecendo os êxitos do passado.

21.2 Como acompanhamos esse processo e como o avaliamos nas aulas seguintes?

Vimos que em um dos objetivos do grupo concordamos quanto à conveniência de fazer um acompanhamento de nosso desenvolvimento a cada 15 dias; portanto, quando o momento chegou, desenvolvemos um novo processo de quatro passos que apresento em detalhe a seguir.

21.2.1 O que deu melhor resultado?

Começamos este processo indagando sobre o que deu melhor resultado nessas duas semanas e encorajamos o grupo a participar descrevendo concretamente cada uma das coisas que ocorreram para melhorar a situação. Entre várias outras, o grupo mencionou as seguintes:
- Tirar altas notas nos primeiros trabalhos.
- Notamos que a aprendizagem das duas primeiras semanas já se consolidou em nós.
- Demos início à nossa pesquisa.
- Estamos confortáveis com o rodízio de grupos, o que fica evidente nas notas.

21.2.2 Escala

Após duas semanas, perguntei ao grupo onde se encontrava na escala, e o grupo respondeu, em média, que se situava no 7.

Como vocês conseguiram chegar ao 7?

O grupo respondeu com uma lista de atitudes que revelam conhecimentos e ações úteis. É útil para o grupo que nos movimentemos com curiosidade, reconhecendo detalhes de cada uma dessas ações a fim de enriquecer cada história:
- Estamos envolvidos num verdadeiro trabalho em equipe. Todos participamos reconhecendo o melhor que cada um pode fazer e estamos tendo sucesso.
- Criamos um bom método de investigação.
- A aprendizagem consolidou-se melhor por meio de filmes.
- A aprendizagem foi facilitada pelo uso do *feedback* do docente e dos exemplos da vida real apresentados em filmes.
- Dá resultado fazer uma revisão do que foi aprendido antes de desenvolver uma avaliação.

21.2.3 Que recursos e pontos fortes foram necessários para chegar ao 7?

Com esta pergunta posicionamos cada membro do grupo como responsável e protagonista do que está acontecendo. É preciso continuar a encorajar a participação de todos os membros do grupo. Entre diversos recursos e pontos fortes, ressalto os seguintes:
- A capacidade de análise que desenvolvemos.
- Tivemos o protagonismo em cada uma das atividades em sala de aula e a todo momento.
- Sempre tomamos a iniciativa.

21.2.4 O passo seguinte

Aqui compartilhamos duas perguntas: "Como nos daríamos conta de que demos um passo à frente de onde ora estamos? O que teria de acontecer?". As respostas do grupo foram realmente criativas, e eles apontaram algumas atividades que já existiam e queriam manter:
- Haver complementação das exposições pelo professor, com sua intervenção sobre o tema.
- Continuar recebendo do professor *feedbacks* e avaliações do processo, passo a passo.
- Fazer uma revisão antes de cada prova.
- Reunir os trabalhos de todos os grupos e compartilhá-los para que possamos levá-los para casa e conhecer o trabalho que todos fazemos.

21.3 Terceira e última sessão com o grupo

As sessões de acompanhamento seguintes foram desenvolvidas mais uma vez conforme esses passos. O grupo avançou de três em três pontos na escala, de modo que na terceira sessão estávamos no nível 10. Foram necessárias apenas três sessões para os alunos viverem e relacionarem-se como desejavam fazê-lo. Situar-nos no 10 na terceira sessão implicou viver essas histórias desejadas na sexta aula das 17 que compõem um semestre acadêmico. Foi um processo realmente breve e de resultados muito efetivos que persistiram ao longo do semestre. Nós todos fazemos a mudança juntos.

Epílogo
Como começar

A virada para as soluções só é possível se o docente está disposto a trabalhar seu próprio desenvolvimento na mesma medida em que trabalha o desenvolvimento de seus alunos.
Jacques Peyer

Neste livro apresentamos uma maneira de intervir na escola que em boa medida afasta-se da lógica tradicional centrada nos problemas, da análise das causas e do diagnóstico. Talvez o prezado leitor já tenha experimentado em seu trabalho cotidiano algumas das técnicas e dos procedimentos que apresentamos nestas páginas e tenha tido, portanto, a oportunidade de ter uma ideia inicial quanto a quais podem mostrar-se mais úteis. Porém, quiçá o leitor tenha esperado terminar a leitura do livro e agora tenha dúvidas sobre como começar a aplicar alguma dessas ideias. Talvez tenha até um certo receio de experimentar algo novo que possa gerar rejeição em seus colegas, não seja entendido pelos pais ou não produza efeito algum nos alunos. Estas páginas finais pretendem acompanhar o leitor nesse processo e dar-lhe algumas dicas para facilitá-lo.

Por onde começar?

Logicamente, por onde começar vai depender da posição profissional de cada um no centro de ensino. Quer se trate de um diretor, orientador, tutor, professor ou especialista, terá um poder diferente e, portanto, uma diferente capacidade de influir no resto do centro de ensino. Disso dependerá que possa começar a mudar as coisas "de cima", modificando alguns procedimentos ou mesmo envolvendo seus colegas num processo de reciclagem centrado em soluções, ou que seja preferível começar modestamente e proceder "de baixo para cima", modificando primeiro seu próprio modo de agir e deixando que a mudança se espalhe. Em qualquer caso, recomendamos que o profissional imagine como gostaria que fosse a situação no seu centro de ensino um ano depois e pense naquilo que se vê fazendo diferente com seus alunos, seus colegas ou os pais (sim, faça uma projeção de futuro de si mesmo!). Mas analise também as coisas que gostaria de ver mantidas tão bem quanto até agora, de modo a continuar a fazê-las. Depois, determine o que seria um pequeno passo que você possa dar rumo a seu futuro preferido, avalie a melhor maneira de dar esse passo e proceda à ação.

Como persistir?

Qualquer mudança precisa não só da decisão de levá-la adiante como também de persistência para mantê-la. Isso é de especial importância em sistemas poderosos como o educacional, sistema que aliás está tradicionalmente voltado para os déficits e problemas, bem como limitado por muitos condicionantes de tipo econômico, organizacional e inclusive pessoal. Daí o risco de as pequenas sementes centradas em soluções se perderem no deserto dos problemas escolares do dia a dia e das exigências curriculares. Oferecemos a seguir algumas ideias de como manter o foco nas soluções mesmo num "ambiente hostil".

- Estabeleça objetivos de mudança alcançáveis e modestos.
- Valorize devidamente qualquer pequeno avanço, sobretudo a sua própria contribuição para que ele aconteça.
- Perdoe seus possíveis erros e falhas na aplicação das novas técnicas.

• Dê visibilidade aos sucessos de seus alunos, às contribuições dos pais e aos acertos de seus colegas. Mantenha as conversações com os colegas centradas nas realizações e nos avanços.

• Faça pausas para pensar e procure espaços para a reflexão mediante formação, supervisão ou intervisão.

Consiga aliados

Para sobreviver num entorno centrado nos problemas, o profissional centrado em soluções necessita de boa companhia. Por isso, para efetuar e manter mudanças centradas em soluções é fundamental conseguir aliados no centro de ensino. Para tanto:

• Deixe os efeitos de sua virada para as soluções falarem por si mesmos e despertarem o interesse de seus colegas. Não precisa convencer ninguém das bondades da abordagem centrada em soluções; os bons resultados serão seu melhor argumento.

• Lembre-se de que não é necessário que seus aliados compartilhem de sua posição teórica, basta eles terem um genuíno interesse em ajudar e estarem dispostos a experimentar coisas novas.

• Não tente ensiná-los, antes aprenda deles. Seja curioso e fique atento às exceções, às ocasiões em que seus aliados futuros ou atuais já agem centrados em soluções. Mostre interesse e pergunte por elas.

• Se alguém perguntar o que é que você está fazendo e que parece funcionar, explique da maneira mais simples possível.

Cuide da equipe

Uma vez que você tiver começado a introduzir mudanças e a conseguir aliados, será importante que eles se protejam mutuamente e procurem contagiar os demais do centro de ensino. Para isso, algumas destas sugestões podem ser de utilidade:

• Procurem criar uma estrutura de trabalho comum, um conjunto de procedimentos que combinem com seu estilo e o do centro de ensino. Ter um quadro de referência estabelecido ajudará nos momentos de dúvida.

• Falem tanto quanto possível dos pais simpáticos, dos alunos brilhantes, das situações problemáticas que foram reencaminhadas, dos casos em que vocês de fato puderam ajudar. Deem visibilidade aos sucessos de seus alunos, às contribuições dos pais e aos acertos de seus colegas.

• Conversem sobre o papel que vocês desempenharam nesses processos positivos; determinem onde acertaram e como podem fazê-lo outras vezes.

• Elogiem e elogiem-se sempre.

• Espalhem a palavra para além da sua turma, de seu curso, da sua escola. Usem as redes sociais para compartilhar histórias de sucesso e para contatar outros profissionais. Apresentem as novas ideias em reuniões, jornadas e congressos ou por meio de publicações, como fizeram os autores dos capítulos da quarta parte deste livro.

Essas ideias nada mais são do que dicas para manter o foco nas soluções, sugestões cuja utilidade dependerá de suas circunstâncias e seu contexto. Aliás, o mais importante é que, para além das técnicas e dos procedimentos, persista a confiança nos recursos e nas possibilidades dos alunos, dos pais e dos próprios colegas. Esperamos que este livro tenha contribuído para esse fim.

Referências

ADAMS, J.F.; PIERCY, F.P.; YURICH, J.A. Effects of Solution Focused Therapy's "Formula First Session Task" on compliance and outcome in family therapy. *Journal of Marital and Family Therapy*, v. 17, n. 3, p. 277-290, 1991.

ALGOZZINE, B.; DAUNIC, A.; SMITH, S.W. *Preventing behavior problems*: Schoolwide programas and classroom practices. 2. ed. Thousand Oaks: Corwin, 2010.

AMPUDIA, M. *Con la mejor intención*. Cuentos para entender lo que sienten los niños. Barcelona: Herder, 2010.

ANDERSON, H.; GOOLISHIAN, H. Human systems as linguistic systems: Evolving ideas about the implications for theory and practice. *Family Process*, v. 27, n. 4, p. 371-393, 1988.

AVCI-WERNING, M. Das ABC der interkulturellen Arbeit und Beratung und Therapie im Kontext Schule. Ressourcen von Kinder und Jugendlichen mit Migrationshintergrund. *In*: VOGT, M. (ed.). *woww in Aktion. Lösungsfokussierte Praxis macht Schule*. Bremen: Verlag Modernes Lernen, 2015. p. 175-191.

AYECHU SOLA, I. *Intervención centrada en soluciones*: los detectives de 5.º B. [trabalho de graduação]. Pamplona: Universidade Pública de Navarra, 2016.

AZAROLA VELASCO, E. *Intervención centrada en soluciones*: los mejores marineros [trabalho de graduação]. Pamplona: Universidade Pública de Navarra, 2016.

BALBI, E.; ARTINI, A. *Curar la escuela*. Barcelona: Herder, 2011.

BANNINK, F. Solution-focused mediation: The future with a difference. *Conflict Resolution Quarterly*, v. 25, n. 2, p. 163-183, 2007.

BANNINK, F.; JACKSON, P.Z. Positive Psychology and Solution Focus: looking at similarities and differences. Interaction. *The Journal of Solution Focus in Organizations*, v. 3, p. 8-20, 2011.

BARRISH, H.H.; SAUNDERS, M.; WOLF, H.H. Good behavior game: Effects of individual contingencies for group consequences on disruptive behavior in a classroom. *Journal of Applied Behavior Analysis*, v. 2, n. 2, p. 119-124, 1969.

BATESON, G. *Naven*: A Survey of the Problems suggested by a Composite Picture of the Culture of a New Guinea Tribe drawn from Three Points of View. 2nd. ed. Stanford: Stanford University Press, 1958.

BATESON, G. *Pasos hacia una ecología de la mente*. Buenos Aires: Carlos Lohé, 1976.

BAUTE HIDALGO, D.; DORTA RODRÍGUEZ, N.; FERNÁNDEZ SANFIEL, C.M.; HERNÁNDEZ, M.D.; MARTÍNEZ, P.; DÍAZ, M.C.; MORALES, I.R.; LÓPEZ, E.M. Clases caleidoscópicas: una experiencia de indagación apreciativa en la escuela. *Mosaico*, v. 58, p. 96-107, 2014.

BAVELAS, J.B. The two solitudes: Reconciling Social Psychology and Language and Social Interaction. *In*: FITCH, K.; SANDERS, R. (ed.). *Handbook of Language and Social Interaction*. Mahwah: Erlbaum, p. 179-200, 2005.

BAVELAS, J.B.; DE JONG, P.; SMOCK JORDAN, S.; KORMAN, H. The theoretical and research basis of co-constructing meaning in dialogue. *Journal of Solution-Focused Brief Therapy*, v. 2, p. 1-24, 2014.

BECKER, W.C. *Applied psychology for teachers*: a behavioral cognitive approach. Chicago: Science Research Associates, 1986.

BERG, I.K. *Family-based services: a solution-focused approach*. Nova York: Norton, 1994.

BERG, I.K.; KELLY, S. *Building solutions in child protective services*. Nova York: Norton, 2000.

BERG, I.K.; MILLER, S. *Trabajando con el problema del alcohol*. Orientaciones y sugerencias para la terapia breve de familia. Barcelona: Gedisa, 2002.

BERTALANFFY, L.V. *General System Theory*: Foundations, Development, Applications. Nova York: Braziller, 1968.

BEYEBACH, M. *24 ideas para una psicoterapia breve*. Barcelona: Herder, 2006.

BEYEBACH, M. Change factors in Solution-focused Brief Therapy: a review of the Salamanca studies. *Journal of Systemic Therapies*, v. 33, p. 62-77, 2014.

BEYEBACH, M. El modelo centrado en soluciones en la orientación escolar. *ACCLP Informa*, v. 28, p. 5-9, 2012.

BEYEBACH, M. *Fundamentos de la terapia familiar breve en la intervención escolar*. Valencia: Valencian International University, 2013.

BEYEBACH, M. Integrative brief solution-focused therapy: a provisional roadmap. *Journal of Systemic Therapies*, v. 28, p. 18-35, 2009.

BEYEBACH, M. La terapia familiar breve en el trabajo con niños y sus familias. *Revista de Ciencias y Orientación Familiar*, v. 16, p. 27-46, 1998.

BEYEBACH, M. La terapia sistémica breve como práctica integradora. *In*: GARCIA, F.; CEBERIO, M.R. (ed.). *Manual práctico de terapia sistémica breve*. Santiago de Chile: Mediterráneo, p. 29-67, 2016.

BEYEBACH, M.; HERRERO DE VEGA, M. *200 tareas en terapia breve individual familiar y de parejas*. Barcelona: Herder, 2010.

BEYEBACH, M.; HERRERO DE VEGA, M. *Cómo criar hijos tiranos*. Un manual de antiayuda para padres de niños y adolescentes. Barcelona: Herder, 2013.

BEYEBACH, M.; RODRÍGUEZ MOREJÓN, A.; PALENZUELA, D.L.; RODRÍGUEZ-ARIAS, J.L. Research on the process of solution-focused therapy. *In*: MILLER, S.D.; HUBBLE, M. A.; B. DUNCAN, B. (ed.). *Handbook of solution-focused brief therapy*: foundations, applications, and research. San Francisco: Jossey-Bass, p. 299-334, 1996.

BISQUERRA, R. *Educación para la ciudadanía y convivencia*. El enfoque de la educación emocional. Barcelona: Wolters Kluwer, 2008.

BOND, C.; WOODS, K.; HUMPHREY, N.; SYMES, W.; GREEN, L. The effectiveness of solution focused brief therapy with children and families: a systematic and critical evaluation of the literature from 1990-2010. *Journal of Child Psychology and Psychiatry*, v. 54, n. 7, p. 707-723, 2013.

BÖRGER, C. "Guten Morgen" statt "Du Idiot" – Lösungsorientierte Lernberatung in der Schule. *In*: VOGT, M. (ed.). *woww in Aktion*. Lösungsfokussierte Praxis macht Schule. Bremen: Verlag Modernes Lernen, p. 158-174, 2015.

BOYER, B.E.; GEURTS, H.M.; PRINS, P.J.M.; VAN DER OORD, S. One-year follow-up of two CBTS for Adolescents with ADHD. *European Child and Adolescent Psychiatry*, v. 25, p. 333-337, 2015.

BOYER, B.E.; GEURTS, H.M.; PRINS, P.J.M.; VAN DER OORD, S. Two novel CBTS for adolescents with ADHD: The value of planning skills. *European Child and Adolescent Psychiatry*, v. 24, p. 1.075-1.090, 2014.

BRINKMAN, B.; JEDINAK, A.; ROSEN, L.; ZIMMERMAN, T. Teaching children fairness: Decreasing gender prejudice among children. *Analyses of Social Issues and Public Policy*, v. 11, p. 61-81, 2011.

BRONFENBRENNER, U.; CECI, S.J. Nature-nurture reconceptualized in developmental perspective: A bioecological model. *Psychological Review*, v. 101, p. 568-586, 1994.

BURNS, K. *Focus on solutions*. A health professional's guide. 2. ed. Londres: Solutions Books, 2016.

CADE, B.; O'HANLON, W.H. *A brief guide to brief therapy*. Nova York: Norton, 1993.

CADUFF SCHEUNER, A. Kinder im Unterricht stärken – eine Ideensammlung. *In*: VOGT, M. (ed.). *woww in Aktion*. Lösungsfokussierte Praxis macht Schule. Bremen: Verlag Modernes Lernen, p. 205-215, 2015.

CANTWELL, P.; HOLMES, S. Social construction: A paradigm shift for systemic therapy and training. *Australian and New Zealand Journal of Family Therapy*, v. 15, p. 17-26, 1994.

CARR, A.; HARTNETT, D.; BROSNAN, E.; SHARRY, J. Parents Plus systemic, solution-focused parent training programs: Description, review of the evidence-base, and meta-analysis. *Family Process*, v. 56, p. 652-668, 2017.

CIDAD MAESTRO, E. *Modificación de conducta en el aula e integración escolar*. Madri: Uned, 1991.

COHEN, J. *Statistical power analysis for the behavioral Sciences*. 2. ed. Hillsdale: Lawrence Erlbaum, 1988.

COLVIN, G. *Defusing disruptive behavior in the classroom*. Thousand Oaks: Corwin, 2010.

COLVIN, G.; SCOTT, T.M. *Managing the cycle of acting-out behavior in the classroom*. 2. ed. Thousand Oaks: Corwin, 2015.

CONSEJERÍA DE EDUCACIÓN, JUVENTUD Y DEPORTE DE LA COMUNIDAD AUTÓNOMA DE MADRID. *Guía de actuación contra el acoso escolar en los centros educativos*. Madrid: Comunidad de Madrid, 2017.

COOPERRIDER, D.; SORENSEN, P.F.; WHITNEY, D.; YAEGER, T.F. (ed.). *Appreciative inquiry*: rethinking human organization toward a positive theory of change. Champaign: Stipes Publishing, 1999.

CORCORAN, J.; PILLAI, V. A review of the research on solution-focused therapy. *British Journal of Social Work*, v. 10, p. 1-9, 2007.

COX, E.; BACHKIROVA, T.; CLUTTERBUCK, D. (ed.). *The Complete Handbook of Coaching*. 2. ed. Londres: Sage, 2014.

DAKI, J.; SAVAGE, R.S. Solution-focused brief therapy: impacts on academic and emotional difficulties. *The Journal of Educational Research*, v. 103, p. 309-326, 2010.

DARLING, N.; STEINBERG, L. Parenting styles as a context: an integrative model. *Psychological Bulletin*, v. 113, p. 487-496, 1993.

DE JONG, P.; BAVELAS, J.B.; KORMAN, H. An introduction to using microanalysis to observe co-construction in psychotherapy. *Journal of Systemic Therapies*, v. 32, p. 18-31, 2013.

DE SHAZER, S. *Clues*: investigating solutions in brief therapy. Nova York: Norton, 1988.

DE SHAZER, S. *Putting difference to work*. Nova York: Norton, 1991.

DE SHAZER, S. *Words were originally magic*. Nova York: Norton, 1994.

DE SHAZER, S.; BERG I.K.; LIPCHIK, E.; NUNNALLY, E.; MOLNAR, A.; GINGERICH, W.; WEINER-DAVIS, M. Brief therapy: Focused solution development. *Family Process*, v. 25, n. 2, p. 207-221, 1986.

DE SHAZER, S.; DOLAN, Y.; KORMAN, H.; TREPPER, T.; McCULLOM, E.; BERG, I.K. *More than miracles*: the state of the art of solution-focused brief therapy. Nova York: Haworth, 2007.

DECI, E.L.; KOESTNER, R.; RYAN, R.M. A meta-analytic review of experiments examining the effects of extrinsic rewards on intrinsic motivation. *Psychological Bulletin*, v. 125, p. 627-668, 1999.

DECI, E.L.; RYAN, R.M. *Intrinsic motivation and self-determination in human behavior*. Nova York: Plenum, 1985.

DECI, E.L.; RYAN, R.M. The paradox of achievement: The harder you push, the worse it gets. *In*: ARONSON, J. (ed.). *Impro-

ving academic achievement: impact of psychological factors on education. San Diego: Academic Press, p. 61-87, 2002.

DEVLIN, M. A Solution-focused Model for Improving Individual University Teaching. *International Journal for Academic Development*, v. 8, p. 77-89, 2003.

DOMEZAIN VICENTE, D. *Terapia breve centrada en Soluciones*: "Nos ponemos las gafas rosas" [trabalho de graduação]. Pamplona: Universidade Pública de Navarra, 2016.

DREESEN, H.; EBERLING, W. Das Speil mit Ressourcen. *In*: EBERGLING, W.; VOGT-HILLMAN, M. (ed.). *Kurzgefasst –* zum Stand der lösungsorientierten Praxis in Europa. Dortmund: Modernes Lernen, p. 50-73, 1998.

DURRANT, M. *Creative strategies for school problems*. Solutions for psychologists and teachers. Nova York: Norton, 1995.

ESTRADA, B.; BEYEBACH, M. Solution-focused therapy with depressed prelocutive deaf persons. *Journal of Family Psychotherapy*, v. 18, n. 3, p. 45-63, 2007.

EZAMA, E.; ALONSO, Y.; FONTANIL, Y. Pacientes, síntomas, trastornos, organicidad y psicopatología. *International Journal of Psychology and Psychological Therapy*, v. 10, p. 293-314, 2010.

FEARRINGTON, J.Y.; McCALLUM, R.S.; SKINNER, C.H. Increasing math assignment completion using solution-focused brief counselling. *Education and Treatment of Children*, v. 34, p. 61-80, 2011.

FERNÁNDEZ MÉNDEZ, J. *Apego y disfunciones psíquicas*: relación de los vínculos afectivos con el estado clínico de los consultantes y la efectividad de la psicoterapia [tese de doutorado]. Oviedo: Universidade de Oviedo, 2015.

FIORENZA, A.; NARDONE, G. *La intervención estratégica en los contextos educativos*. Barcelona: Herder, 2004.

FISCH, R.; SCHLANGER, K. *Cambiando lo incambiable*: la terapia breve en casos intimidantes. Barcelona: Herder, 2002.

FISCH, R.; WEAKLAND, J.H.; SEGAL, L. *The tactics of change*. Doing therapy briefly. San Francisco: Jossey-Bass, 1982.

FRANCES, A. The debate over DSM-5: a step backwards. *Psychotherapy Networker*, v. 38, p. 33-49, 2014.

FRANK, J.D. *Persuasion and healing*. A comparative study of psychotherapy. Baltimore: John Hopkins, 1961.

FRANKLIN, C.; STREETER, C.L. *Solution-focused Alternatives for Education*: An Evaluation of Gonzalo Garza Independence High School. Austin: The University of Texas, 2004.

FRANKLIN, C.; STREETER, C.L.; KIM, J.S.; TRIPODI, S.J. The effectiveness of a solution-focused, public alternative school for drop-out prevention and retrieval. *Children & Schools*, v. 29, p. 133-144, 2007.

FRANKLIN, C.; ZHANG, A.; FROERER A.; JOHNSON, S. Solution Focused Brief Therapy: A Systematic Review and Meta-Summary of Process Research. *Journal of Marital and Family Therapy*, v. 43, p. 16-30, 2017.

FRIED, I. Mellansjö school-home. Psychopathic children admitted 1928-1940, their social adaptation over 30 years: a longitudinal prospective follow-up. *Acta Paediatrica Supplement*, v. 408, p. 1-42, 1995.

FRIEDLANDER, M.L.; ESCUDERO, V.; HEATHERINGTON, L. *Therapeutic alliances in couple and family therapy*: An empirically-informed guide to practice. Washington: Associação Psicológica Americana, 2006.

FURMAN, B. *Kids' Skills in action. Stories of playful and practical solution-finding with children*. Australia: St.Luke's Innovative Resources, 2010.

FURMAN, B. *Reteaming*. Haapalahdenkatu: Instituto de Terapia Breve de Helsinki, 2009.

FURMAN, B.; AHOLA, T. *Solution talk*: Hosting therapeutic conversations. Nova York: Norton, 1992.

GARCÍA DE VINUESA, F.; GONZÁLEZ PARDO, H.; PÉREZ ÁLVAREZ, M. *Volviendo a la normalidad*. La invención del TDAH y del trastorno bipolar infantil. Madri: Alianza, 2014.

GARCÍA VALDECASAS CAMPELO, J.; VISPE ASTOLA, A. Mercaderes en el templo. Hegemonía del paradigma bio-comercial en psiquiatría. *Revista de la Asociación Española de Neuropsiquiatría*, v. 31, p. 321-341, 2011.

GARDETA, N. *Intervención centrada en soluciones en el aula*: reduciendo la segregación de género [trabalho de graduação]. Pamplona: Universidade Pública de Navarra, 2015.

GEERTZ, C. *El antropólogo como autor*. Barcelona: Paidós, 1989.

GEORGE, E.; IVESON, C.; RATNER, H. *Problem to solution*: Brief therapy with individuals and families. Londres: Brief Therapy Press, 1999.

GERGEN, K. The social constructionist movement in modern psychology. *American Psychologist*, v. 40, p. 266-275, 1985.

GINGERICH, W.J.; EISENGART, S. Solution focused brief therapy: a review of the outcome research. *Family Process*, v. 39, p. 477-498, 2000.

GINGERICH, W.J.; PETERSON, L.T. Effectiveness of Solution-Focused Brief Therapy: A Systematic Qualitative Review of Controlled Outcome Studies. *Research on Social Work Practice*, v. 23, p. 266-283, 2013.

GONG, H.; HSU, W.S. A meta-analysis on the effectiveness of solution-focused brief therapy: evidences from mainland and Taiwan. *Studies of Psychology and Behaviors (cssci)*, v. 13, p. 709-803, 2015.

GONG, H.; HSU, W.S. The effectiveness of solution-focused group therapy in ethnic Chinese school settings: a meta-analysis. *International Journal of Group Psychotherapy*, v. 67, p. 383-409, 2016.

GONZÁLEZ PARDO, H.; PÉREZ ÁLVAREZ, M. *La invención de los trastornos mentales*. ¿Escuchando al fármaco o al paciente? Madrid: Alianza, 2007.

GRANT, A.M. The impact of life coaching on goal attainment, metacognition and mental health. *Social Behavior and Personality*, v. 31, p. 253-264, 2003.

HALEY, J. *Uncommon therapy*: the psychiatric techniques of Milton H. Erickson. Nova York: Grune e Stratton, 1973.

HEALING, S.; BAVELAS, J.B. Can questions lead to change? An analogue experiment. *Journal of Systemic Therapies*, v. 30, p. 30-47, 2011.

HELD, B. Solution-focused therapy and the postmodern. A critical analysis. *In*: MILLER, S.D.; HUBBLE, M.; DUNCAN, B. (ed.). *Handbook of solution-focused therapy*. San Francisco: Jossey-Bass, p. 27-43, 1996.

HERNÁNDEZ MONTAÑO, A.; GONZÁLEZ TOVAR, J.; TORRES PADILLA, M.I. peraj: grupos de padres enfocados a la solución y la reflexión. *Revista electrónica de Psicología Iztacala*, v. 17, p. 765-783, 2014.

HERRERO DE VEGA M.; BEYEBACH M. Lösungsorientierte Selbstwertgefühl-gruppen. *Zeitschrift für Systemische Therapie und Beratung*, v. 22, p. 239-246, 2004.

HINSHAW, S.P.; SCHEFFLER, R.M. *The adhd explosion*: Myths, medications, money, and today's push for performance. Nova York: Oxford University Press, 2014.

HJERTH, M. The scaling party. *In*: RÖHRIG, P.; CLARKE, J. (ed.). *57 SF activities for facilitators and consultants*: putting solution focus into action. Cheltenham: Solutions Books, p. 266-270, 2008.

HOFFMAN, L. Constructing realities: an art of lenses. *Family Process*, v. 29, p. 1-13, 1990.

HOLYOAKE, D.D.; GOLDING, E. Multiculturalism and solution-focused psychotherapy: an exploration of the nonexpert role. *Asia Pacific Journal of Counselling and Psychotherapy*, v. 3, p. 72-81, 2012.

JUSUÉ GARCÉS, S. *Intervención centrada en soluciones*: "librándonos de los vírus" [trabalho de graduação]. Pamplona: Universidade Pública de Navarra, 2017.

KATZ, P.; WALSH, P. Modification of children's gender stereotyped behaviour. *Child Development*, v. 62, p. 338-351, 1991.

KELLY, M.S.; BLUESTONE-MILLER, R. Working on What Works (woww): Coaching teachers to do more of what's working. *Children & Schools*, v. 3, p. 35-39, 2009.

KELLY, M.S.; KIM, J.S.; FRANKLIN, C. *Solution-focused brief therapy in schools*. A 360-degree view of research and practice. Nova York: Oxford University Press, 2008.

KELLY, M.S.; LISCIO, M.; BLUESTONE-MILLER, R.; SHILTS, L. Making classrooms more solution-focused for teachers and students. *In*: FRANKLIN, C.; TREPPER, T.S.; GINGERICH, W.; McCOLLUM, E.E. (ed.). *Solution-focused brief therapy*: a handbook of evidenced-based practice. Nova York: Oxford University Press, p. 354-370, 2012.

KIM DONG IL; LEE HYE EUN; PARK EUNJI. The Effect of Solution-Focused Group Counseling: Effect Size Analysis by Multilevel Meta-Analysis. *Research in Counseling*, v. 18, p. 157-179, 2017.

KIM, J.S. A systematic review of single-case design studies on solution-focused brief therapy. *In*: FRANKLIN, C.; TREPPER, T.S.; GINGERICH, W.; McCOLLUM, E.E. (ed.). *Solution-focused brief therapy*: a handbook of evidenced-based practice. Nova York: Oxford University Press, p. 112-120, 2012.

KIM, J.S. Examining the effectiveness of solution-focused brief therapy: a meta-analysis. *Research on Social Work Practice*, v. 18, p. 107-116, 2008.

KIM, J.S. *Solution focused brief therapy*: a multicultural approach. Londres: Sage, 2013.

KIM, J.S.; FRANKLIN, C. Solution-focused brief therapy in schools: A review of the outcome literature. *Children and Youth Services Review*, v. 31, p. 464-470, 2009.

KIM, J.S.; FRANKLIN, C.; ZHANG, Y.; LIU, X.; QU, Y.; CHEN, H. Solution-Focused Brief Therapy in China: A Meta-Analysis. *Journal of Ethnic and Cultural Diversity in Social Work*, v. 24, p. 187-201, 2015.

KOLLAR, C.A. *Solution-focused pastoral counseling*: an effective short-term approach for getting people back on track. Grand Rapids: Zondervan, 1997.

KORMAN, H.; BAVELAS, J.B.; DE JONG, P. Microanalysis of formulations in solution-focused brief therapy, cognitive behavioral therapy, and motivational interviewing. *Journal of Systemic Therapies*, v. 32, p. 32-46, 2013.

KRAL, R. *Solution Identification Scale*. Milwaukee: Brief Family Therapy Center, 1988.

KRAL, R.; KOWALSKI, K. After the miracle: The second stage in Solution-focused therapy. *Journal of Strategic and Systemic Therapies*, v. 8, p. 73-76, 1989.

KVARME, L.S.; HELSETH, S.; SØRUM, R.; LUTH-HANSEN, V.; HAUGLAND, S.; NATVIG, G.K. The effect of a solution-focused approach to improve self-efficacy in socially withdrawn school children: A non-randomized controlled trial. *International Journal of Nursing Studies*, v. 47, p. 1.389-1.396, 2010.

LIPCHIK, E.; DERKS, J.; LACOURT, M.; NUNNALLY, E. The Evolution of Solution Focused Brief Therapy. *In*: FRANKLIN, C.; TREPPER, T.S.; GINGERICH, W.; McCOLLUM, E.E. (ed.). *Solution-focused brief therapy*: a handbook of evidenced-based practice. Nova York: Oxford University Press, 2012, p. 3-19.

LIU, X.; ZHANG, Y.P.; FRANKLIN, C.; QU, Y.; CHEN, H.; KIM, J.S. The practice of solution-focused therapy in mainland China. *Health and Social Work*, v. 40, p. 84-90, 2015.

LLOYD, H.; DALLOS, R. First session solution-focused brief therapy with families who have a child with severe intelectual disabilities: Mothers' experiences and views. *Journal of Family Therapy*, v. 30, p. 5-28, 2008.

LÓPEZ-ROMERO, L.; ROMERO, E.; ANDERSHED, H. Conduct Problems in Childhood and Adolescence: Developmental Trajectories, Predictors and Outcomes in a Six-Year Follow Up. *Child Psychiatry and Human Development*, v. 46, p. 762-773, 2015.

LÓPEZ-ROMERO, L.; ROMERO, E.; VILLAR, P. DEVELOPMENTAL Trajectories of Youth Conduct Problems: Testing Later Development and Related Outcomes in a 12- Year Period. *Child Psychiatry & Human Development*, v. 48, p. 619- 631, 2016.

LUEGER, G. *Potenzialfokussierte Schule*. Viena: Solution Management Center, 2014.

MAcDONALD, A. *Solution-focused Evaluation list*. Disponível em: http://www. solutionsdoc.co.uk/sft.html.

MAcMARTIN, C. Resisting optimistic questions in narrative and solution-focused therapies. *In*: PERKYLA, A.; ANTAKI, C.; VEHVILAINEN, S.; LEUDAR, I. (ed.). *Conversational analysis and psychotherapy*. Nova York: University Cambridge Press, p. 80-99, 2008.

MÅHLBERG, K.; SJÖBLOM, M. *Oplossingsgericht Onderwijzen*: Naar een gelukkiger School! Antwerpen/Apeldoorn: Garant, 2008.

MARTIN, G.; PEAR, G. *Modificación de conducta*. Qué es y cómo aplicarla. Madrid: Pearson, 2007.

McALLISTER, M. *Solution Focused Nursing*: Rethinking Practice. Basingstoke: Macmillan Palgrave, 2007.

McGEE, D.R.; DEL VENTO, A.; BAVELAS, J.B. An interactional model of questions as therapeutic interventions. *Journal of Marital and Family Therapy*, v. 31, p. 371-384, 2005.

McKERGOW, M. Solution-focused approaches in management. *In*: FRANKLIN, C.; TREPPER, T.S.; GINGERICH, W.; McCOLLUM, E.E. (ed.). *Solution-focused brief therapy*: a handbook of evidenced-based practice. Nova York: Oxford University Press, p. 3-19, 2012.

MEDINA, M.; BEYEBACH, M. The Impact of Solution-focused Training on Professionals' Beliefs, Practices and Burnout of Child Protection Workers in Tenerife Island. *Child Care in Practice*, v. 20, p. 7-36, 2014.

METCALF, L. *Counseling toward solutions*: a practical solution-focused program for working with students, teachers, and parents. San Francisco: Jossey-Bass, 1995.

METCALF, L. *Solution focused group therapy*: ideas for groups in private practice, schools, agencies, and treatment programs. Nova York: The Free Press, 1998.

METCALF, L. *Teaching Toward Solutions*: A Solution Focused Guide to Improving Student Behaviour, Grades, Parental Support and Staff Morale. Carmarthen: Crown House Publishing, 2003.

MEYER, D.D.; COTTONE, R.R. Solution-focused therapy as a culturally acknowledging approach with american indians. *Journal of Multicultural Counseling and Development*, v. 41, p. 47-55, 2013.

MOFFITT, T.E. A review of research on the taxonomy of life-course persistent versus adolescence-limited antisocial behavior. *In*: CULLEN, F.T.; WRIGHT, J.P.; BLEVINS, K.R. (ed.). *Taking stock*: the status of criminological theory. New Brunswick: Transaction, p. 277-312, 2006.

MORALES GONZÁLEZ, L. *Intervención escolar centrada en soluciones*: los piratas de 3.º B [trabalho de graduação]. Pamplona: Universidade Pública de Navarra, 2017.

MURPHY, J.J. Solution-focused brief therapy in the school. *In*: MILLER, S.D.; HUBBLE, M.A.; DUNCAN, B.S. (ed.). *Handbook of solution-focused brief therapy*. San Francisco: Jossey-Bass, p. 184-204, 1996.

NARDONE, G.; PORTELLI, C. *Conocer a través del cambio*. Barcelona: Herder, 2005.

NARDONE, G.; WATZLAWICK, P. *El arte del cambio*. Barcelona: Herder, 1992.

NAVARRO GÓNGORA, J. La entrevista: formatos y aplicaciones. *In*: NAVARRO GÓNGORA, J.; BEYEBACH, M. (ed.). *Avances en terapia familiar sistémica*. Barcelona: Paidós, p. 23-40, 1995.

NEIPP, M.C.; BEYEBACH, M.; NÚÑEZ, R.M.; MARTÍNEZ-GONZÁLEZ, M.C. The effect of solution-focused versus problem-focused questions: A replication. *Journal of Marital and Family Therapy*, v. 42, p. 525-535, 2016.

NEIPP, M.C.; TIRADO, S.; BEYEBACH, M.; MARTÍNEZ-GONZÁLEZ, M.C. Spanish adaptation of the Solution-Focused Inventory. *Terapia Psicológica*, v. 35, p. 5-14, 2017.

NEWSOME, W.S. The Impact of Solution-Focused Brief Therapy with At-Risk Junior High School. *Children & Schools*, v. 27, p. 83-90, 2004.

NORMANDEAU, S.; GUAY, F. Preschool behavior and first-grade school achievement: The mediational role of cognitive self-control. *Journal of Educational Psychology*, v. 90, p. 111-121, 1998.

O'HANLON, W.H.; WEINER-DAVIS, M. *In search of solutions*: a new direction in psychotherapy. Nova York: Norton, 1989.

OMER, H. *Non violent resistance*. A new approach to violence and self-destructive children. Cambridge: Cambridge University Press, 2004.

ORBAN, R. Stärken stärken- Image gestalten. Der woww Ansatz für Leitungskräfte in der Schule. *In*: VOGT, M. (ed.). *woww in Aktion. Lösungsfokussierte Praxis macht Schule*. Bremen: Verlag Modernes Lernen, p. 234-248, 2015.

ORDUNA ONECA, L. *Una intervención centrada en soluciones*. "Somos la mejor clase del mundo" [trabalho de graduação]. Pamplona: Universidade Pública de Navarra, 2015.

OSENTON, T.; CHANG, J. Solution-oriented classroom management: A proactive application with young children. *Journal of Systemic Therapies*, v. 18, p. 65-75, 1999.

OUER, R. *Solution-focused brief therapy with the LBGT community*. Creating futures through hope and resilience. Nova York: Routledge, 2016.

PAKROSNIS, R.; CEPUKIENE, V. Solution-focused self-help for improving university students' well-being. *Innovations in Education and Teaching International*, v. 52, p. 437-447, 2015.

PARK, J.-I. Meta-analysis of the effect of the solution-focused group counseling program for elementary school students. *Journal of the Korea Contents Association*, v. 14, p. 476-485, 2014.

PETERSON, C.; SELIGMAN, M.E.P. *Character strengths and virtues*: a handbook and classification. Nova York: Oxford University Press; American Psychological Association, 2004.

PRIOR, M.; WINKLER, H. *Minimax für Lehrer*. Weinheim: Beltz, 2009.

PROCHASKA, J.O.; DICLEMENTE, C.C. *Stages of change in the modification of problem behaviors*. Newbury Park: Sage, 1992.

PROCHASKA, J.O.; DICLEMENTE, C.C. Transtheoretical therapy: Toward a more integrative model of change. *Psychotherapy: Theory, Research and Practice*, v. 19, p. 276-288, 1982.

REDÍN ESLAVA, I. *Educar sin drogas*. Pamplona: Katakrak, 2017.

RHODES, J.; AJMAL, Y. *Solution focused thinking in schools*. Behaviour, reading and organization. Londres: Brief Therapy Press, 1995.

RODRÍGUEZ MOREJÓN, A.; BEYEBACH, M. Terapia centrada en soluciones: trabajando con los recursos de las personas. *In*: GARRIDO, M.; GARCÍA, J. (ed.). *Psicoterapia*. Modelos contemporáneos y aplicaciones. Valencia: Promolibro, p. 365-386, 1994.

ROMERO, E. El constructo psicopatía en la infancia y la adolescencia: del trastorno de conducta a la personalidad antisocial. *Anuario de Psicología*, v. 32, p. 25-49, 2001.

ROMERO, E.; RODRÍGUEZ, C.; VILLAR, P.; GÓMEZ-FRAGUELA, J.A. (2016). Intervención sobre problemas de conducta tempranos como prevención indicada del consumo de drogas: siete años de seguimiento. *Adicciones*, v. 29, n. 3, p. 150-162, 2016.

ROMERO, E.; VILLAR, P.; LUENGO, M.A.; GÓMEZ-FRAGUELA, J.A. EmPeCemos: un programa multicomponente para la prevención indicada de los problemas de conducta y el abuso de drogas. *Revista Española de Drogodependencias*, v. 4, p. 420-447, 2009.

ROMERO, E.; VILLAR, P.; LUENGO, M.A.; GÓMEZ-FRAGUELA, J.A.; ROBLES, Z. *EmPeCemos. Programa para la intervención sobre los problemas de conducta infantiles*. Madrid: TEA Ediciones, 2013.

ROSENTHAL, R.; JACOBSON, L. *Pygmalion in the classroom*: teacher expectation and pupils' intellectual development. Nova York: Holt, Rinehart & Winston, 1968.

SCHÖB, F. Entwicklung von Schulkultur der lösungsorientierte Weg. *In*: VOGT, M. (ed.). *woww in Aktion*. Lösungsfokussierte Praxis macht Schule. Bremen: Verlag Modernes Lernen, p. 33-51, 2015.

SELEKMAN, M. *Pathways to change*: brief therapy with difficult adolescents. 2. ed. Nova York: Guilford, 2005.

SELEKMAN, M. *The adolescent and young adult self-harming treatment manual*: a collaborative strengths-based brief therapy approach. Nova York: Norton, 2009.

SELEKMAN, M.; BEYEBACH, M. *Changing self-destructive habits*. Pathways to solutions with couples and families. Nova York: Routledge, 2013.

SELIGMAN, M.E.P. *Authentic happiness.* Nova York: The Free Press, 2002.

SELVINI PALAZZOLI, M.; BOSCOLO, L.; CECCHIN, G.; PRATA, G. Hypothesizing-Circularity-neutrality: Three guidelines for the conductor of the session. *Family Process*, v. 19, n. 1, p. 3-13, 1980.

SELVINI PALAZZOLI, M.; CIRILLO, S.; D'ETTORRE, L.; GARBELLINI, M.; GHEZZI, D.; LERMA, M.; LUCCHINI, M.; MARTINO, C.; MAZZONI, G.; MAZZUCCHELLI, F.; NICHELE, M. *El mago sin magia*. Cómo cambiar la situación paradójica del mago en la escuela. Barcelona: Paidós, 1986.

SHAFFER, D.R.; KIPP, K. *Developmental Psychology*: childhood and adolescence. Belmont: Thompson Wadsworth, 2007.

SHARRY, J. *Solution-focused groupwork*. Londres: Sage, 2001.

SIMONOFF, E.; ELANDER, J.; HOLMSHAW, J.; PICKLES, A.; MURRAY, R.; RUTTER, M. Predictors of antisocial personality: Continuities from childhood to adult life. *The British Journal of Psychiatry*, v. 184, p. 118-127, 2004.

SKINNER, C.H.; CASHWELL, T.H.; SKINNER, A.L. Increasing tootling: The effects of a peer-monitored group contingency program on students' reports of peers' prosocial behaviors. *Psyhology in the Schools*, v. 37, p. 263-270, 2000.

SMOCK JORDAN, S.; FROERER, A.; BAVELAS, J.B. Microanalysis of positive and negative content in solution-focused brief therapy and cognitive behavioral therapy expert sessions. *Journal of Systemic Therapies*, v. 32, p. 47-60, 2013.

STAMS, G.J.J.; DEKOVIC, M.; BUIST, K.; DE VRIES, L. Effectiviteit van oplossingsgerichte korte therapie: een meta-analyse. *Tijdschrift voor Gedragstherapie*, v. 39, p. 81-95, 2006.

SUITT, K.G.; FRANKLIN, C.; KIM, J. Solution-Focused Brief Therapy with Latinos: A Systematic Review. *Journal of Ethnic and Cultural Diversity in Social Work*, v. 25, p. 50-67, 2016.

SUTHERLAND, K.S.; LEWIS-PALMER, T.; STICHTER, J.; MORGAN, P.L. Examining the influence of teacher behavior and classroom context on the behavioral and academic outcomes for students with emotional or behavioral disorders. *The Journal of Special Education*, v. 41, p. 223-233, 2008.

THOMAS, F. Complimenting in solution-focused therapy. *Journal of Solution-Focused Brief Therapy*, v. 2, p. 18-39, 2016.

TOMM, K. Interventive interviewing: Part ii. Reflexive questioning as a means to enable self-healing. *Family Process*, v. 26, p. 167-183, 1987.

TOMORI, C.; BAVELAS, J.B. Using microanalysis of communication to compare solution-focused and client-centered therapies. *Journal of Family Psychotherapy*, v. 18, p. 25-43, 2007.

TURNELL, A.; EDWARDS, S. *Signs of safety*. Nova York: Norton, 1999.

VAN SWET, J.; WICHERS-BOTS, J.; BROWN, K. Solution-focused assessment: rethinking labels to support inclusive education. *International Journal of Inclusive Education*, v. 15, n. 9, p. 1-15, 2011.

VERBITZ, T.; PETTENO, L.; MURIANA, E. *Las caras de la depresión*. Barcelona: Herder, 2009.

VOGT, M. *woww in Aktion. Lösungsfokussierte Praxis macht Schule*. Bremen: Verlag Modernes Lernen, 2015.

VOGT, M.; DREESEN, H. *Das Zahlenskalen- Malbuch*. Bremen: Manfred Vogt Spielverlag, 2010.

WATZLAWICK, P. *¿Es real la realidad?* Barcelona: Herder, 1984.

WATZLAWICK, P.; WEAKLAND, J. *The interactional view*. Nova York: Norton, 1977.

WATZLAWICK, P.; WEAKLAND, J.; FISCH, R. *Cambio*. Barcelona: Herder, 1992.

WEBSTER-STRATTON, C.; HAMMOND, M. Treating children with early-onset conduct problems: A comparison of child and parent training interventions. *Journal of Consulting and Clinical Psychology*, v. 65, p. 93-109, 1997.

WEHR, T. The phenomenology of exception times: qualitative diferences between problem-focused and solution-focused interventions. *Applied Cognitive Psychology*, v. 24, p. 467-480, 2010.

WEINER-DAVIS, M.; DE SHAZER, S.; GINGERICH, W.J. Building on pretreatment change to construct the therapeutic solution. *Journal of Marital and Family Therapy*, v. 13, p. 359-363, 1987.

WHITE, M.; EPSTON, D. *Narrative means to therapeutic ends*. Adelaida: Dulwich Centre Publications, 1990.

WURZRAINER, A.; LUEGER, K. Das Modell der Potenzialfokussierten Schule in Itter/Tirol. *In*: VOGT, M. (ed.). *woww in Aktion*. Lösungsfokussierte Praxis macht Schule. Bremen: Verlag Modernes Lernen, p. 101-110, 2015.

YANG, B.; LIU, X.; ZHANG, Y. Solution focused brief counseling and school counseling. *Journal of Chongqing University (Social Sciences)*, v. 3, p. 136-140, 2005.

YOUNG, S. Lösungsfokusierte Strategien im Klassenzimmer. *In*: VOGT, M. (ed.). *woww in Aktion*. Lösungsfokussierte Praxis macht Schule. Bremen: Verlag Modernes Lernen, p. 18-24, 2015.

YOUNG, S. *Solution-focused schools*. Anti-bullying and beyond. Londres: Brief Therapy Practice, 2009.

ZEHNDER SCHLAPBACH, S. woww! Soft skills spielend mit den Selbst- um Sozialkompetenzkarten im Schulkontext trainieren. *In*: VOGT, M. (ed.). *woww in Aktion*. Lösungsfokussierte Praxis macht Schule. Bremen: Verlag Modernes Lernen, p. 216-222, 2015.

ZHOU, Q.; LUO, H. Application of solution-focused model in college English teaching. *College English*, v. 1, p. 236-240, 2011.

Conecte-se conosco:

- facebook.com/editoravozes
- @editoravozes
- @editora_vozes
- youtube.com/editoravozes
- +55 24 2233-9033

www.vozes.com.br

Conheça nossas lojas:

www.livrariavozes.com.br

Belo Horizonte – Brasília – Campinas – Cuiabá – Curitiba
Fortaleza – Juiz de Fora – Petrópolis – Recife – São Paulo

  Vozes de Bolso

EDITORA VOZES LTDA.
Rua Frei Luís, 100 – Centro – Cep 25689-900 – Petrópolis, RJ
Tel.: (24) 2233-9000 – E-mail: vendas@vozes.com.br